DOCE VIOLÊNCIA

FUNDAÇÃO EDITORA DA UNESP

Presidente do Conselho Curador
Mário Sérgio Vasconcelos

Diretor-Presidente
Jézio Hernani Bomfim Gutierre

Superintendente Administrativo e Financeiro
William de Souza Agostinho

Conselho Editorial Acadêmico
Danilo Rothberg
Luis Fernando Ayerbe
Marcelo Takeshi Yamashita
Maria Cristina Pereira Lima
Milton Terumitsu Sogabe
Newton La Scala Júnior
Pedro Angelo Pagni
Renata Junqueira de Souza
Sandra Aparecida Ferreira
Valéria dos Santos Guimarães

Editores-Adjuntos
Anderson Nobara
Leandro Rodrigues

TERRY EAGLETON

DOCE VIOLÊNCIA

A ideia do trágico

Tradução
Alzira Allegro

Título original: *Sweet Violence: The Idea of the Tragic*
© 2003 Terry Eagleton

Todos os direitos reservados. Tradução da edição em língua inglesa autorizada pela Blackwell Publishing Ltd. A responsabilidade pela precisão da tradução é somente da Fundação Editora da Unesp. Nenhuma parte deste livro pode ser reproduzida sem autorização por escrito da Blackwell Publishing Ltd., detentora original dos direitos da obra.

© 2012 Editora Unesp

Direitos de publicação reservados à:
Fundação Editora da Unesp (FEU)
Praça da Sé, 108
01001-900 – São Paulo – SP
Tel.: (0x11) 3242-7171
Fax: (0x11) 3242-7172
www.editoraunesp.com.br
www.livrariaunesp.com.br
atendimento.editora@unesp.br

CIP-Brasil. Catalogação na publicação
Sindicato Nacional dos Editores de Livros, RJ

E11d

Eagleton, Terry, 1943-
   Doce violência: a ideia do trágico / Terry Eagleton; tradução Alzira Allegro. – 1.ed. – São Paulo: Editora Unesp, 2013.

Tradução de: *Sweet Violence: The Idea of the Tragic*
ISBN 978-85-393-0469-1

1. Política e literatura. 2. Literatura – História e crítica. I. Título.

13-04307   CDD: 801.95
                                      CDU: 82.09

Editora afiliada:

Asociación de Editoriales Universitarias de América Latina y el Caribe

Associação Brasileira de Editoras Universitárias

In memoriam de Herbert McCabe

AGRADECIMENTOS

Terry Collins, Peter Dews, Franco Moretti e Tony Nuttall foram todos muito gentis em ler o manuscrito do livro por inteiro ou partes dele, e fizeram valiosas sugestões para melhorá-lo. Agradeço também a meu editor, Andrew McNeillie, cuja amizade, lealdade e sábios conselhos têm sido para mim um bem precioso há tantos anos.

SUMÁRIO

Introdução 11

    1 Uma teoria em ruínas 23
    2 O valor da agonia 51
    3 De Hegel a Beckett 75
    4 Heróis 119
    5 Liberdade, destino e justiça 151
    6 Compaixão, medo e prazer 217
    7 A tragédia e o romance 249
    8 A tragédia e a modernidade 281
    9 Demônios 329
  10 O ouriço de Thomas Mann 371

Referências bibliográficas 401
Índice remissivo 413

INTRODUÇÃO

Nos tempos atuais, a arte da tragédia é assunto fora de moda, o que nos dá motivo para escrevermos sobre ela. O termo sugere guerreiros viris e virgens imoladas, fatalidade cósmica e aquiescência estoica. Há uma profundidade ontológica e um alto rigor nesse gênero que tanto exaspera a sensibilidade pós-moderna com sua insuportável leveza do ser. Como uma aristocrata entre as formas de arte, seu tom é solene e portentoso demais para uma cultura cética, mais popular. Na verdade, o termo passa ao largo do léxico pós-moderno. Para certas feministas, a arte trágica é por demais enamorada do sacrifício, dos falsos heroísmos e de uma nobreza de espírito assaz chauvinista, uma espécie de versão erudita de histórias para garotos. Para a esquerda em geral, ela guarda uma desagradável aura de deuses, mitos e ritos de sangue, culpa metafísica e destino inexorável.

O raro simpatizante da esquerda que hoje decide escrever sobre tragédia geralmente admite como certa uma versão altamente reacionária da forma, que ele então passa a rejeitar. Trata-se de uma manobra que economiza um belo tempo. É mais ou menos como supor que toda a filosofia não marxista nega a existência de um mundo material e, assim, poupa-nos do tédio de termos que lê-la. Jonathan Dollimore parece presumir que a tragédia versa invariavelmente sobre fatalismo, resignação e inevitabilidade,[1] enquanto Francis Barker expressa seu desagrado em relação à tragédia vista como "celebração de uma soberana presença sob a forma de uma

---

[1] Dollimore, *Death, Desire and Loss in Western Culture*, p.xviii. Ainda assim, há muito a ser admirado nesse estudo ambicioso, abrangente, apaixonado e sério.

plenitude perdida".² Barker vê a tragédia como inerentemente a-histórica, qualidade que é mais verdadeira quando atribuída à visão que ele próprio tem dela do que à coisa em si. Tanto ele como Dollimore essencializam a forma; acontece que, enquanto outros o fazem de modo afirmativo, eles o fazem de modo negativo. Barker, com bastante relutância, termina seu excelente estudo reconhecendo que "O fato de que nós, habitantes de uma terra aparentemente comum, não o fazemos com o mesmo espaço, validade e prazer, pode com mais propriedade ser descrito como trágico". Realmente é o que ocorre; na verdade, se isso não merece o título, é difícil saber o que o merece. Barker, no entanto, sente-se forçado a inserir de imediato uma advertência: "Mas não [tragédia] definida como um dado inescapável, irremediável, um historicismo que não pode ser atenuado ou uma condição misteriosa".³ Sem dúvida, não; mas por que permitimos que nossos adversários políticos monopolizem a definição da forma enquanto nós, assim como Barker, somos cautelosos em usar o termo? E isso, inacreditavelmente, em uma época em que mais homens e mulheres são mortos ou nós, deliberadamente, permitimos que morram – algo que nunca aconteceu antes na história da humanidade.⁴ Uma recente estimativa das "megamortes" do século XX indica 187 milhões, o equivalente a mais de um em cada dez indivíduos da população mundial em 1900. Ainda assim, a tragédia continua sendo um termo que deixa a esquerda nitidamente nervosa.

Se certo pós-modernismo é evasivo demais para a tragédia, certo pós-estruturalismo, de modo geral, leva a questão muito a sério. Uma recente coletânea de ensaios intitulada *Philosophy and Tragedy*,⁵ um volume de extraordinária força, amplitude e complexidade, não tem sequer uma palavra crítica para emitir a respeito de noções clássicas do trágico, como destino e heroísmo, deuses e essências, frenesi dionisíaco, a função enobrecedora do sofrimento, o caráter do Absoluto, a necessidade do sacrifício individual em prol do geral, a natureza transcendente da afirmação do trágico e outras grandiosas platitudes da teoria tradicional do trágico. A função do pós-estruturalismo, aparentemente, é reinterpretar

---

2 Barker, *The Culture of Violence*, p.213. Não posso mencionar a obra de Francis Barker e menos ainda criticá-la sem manifestar meu pesar perante a morte precoce desse estudioso brilhante, rigorosamente empenhado, meu amigo e outrora meu aluno.
3 Ibid., p.233.
4 Ver Hobsbawm, *Age of Extremes:* The Short Twentieth Century, 1914-1991, p.12.
5 Ver Beistegui; Sparks (Eds.), *Philosophy and Tragedy*.

o conceito mais do que alterá-lo. A despeito da inequívoca profundidade de seu *insight*, as políticas da tragédia implícitas na obra são inteiramente aceitáveis àqueles acadêmicos que, à mais leve menção do significado flutuante, acorreriam à sua eterna sabedoria sofocliana. Do começo ao fim, a coletânea não tem sequer uma palavra para falar da tragédia como agonia, desespero, transtorno e desventura humanos. Como veremos mais adiante, ela segue a persuasiva tese de que na modernidade a tragédia é uma continuação da filosofia por outros meios; mas ela não parece consciente de que seu próprio e soberbo desdém pelo histórico representa o lado menos atraente dessa cumplicidade entre ambas.

Não que o presente livro seja, ele próprio, um estudo histórico da tragédia.[6] Ele é antes uma obra política. Os dois termos não são sinônimos. Na verdade, sou quase tentado a dizer que, atualmente, eles correm certo risco de se tornarem opostos. Argumentei em outra parte, embora com pouco efeito, que historicizar não é, de forma alguma, um movimento inerentemente radicalista.[7] Muito historicismo, de Edmund Burke a Michael Oakshott, tem sido politicamente conservador. A esquerda está enganada se acredita que tem o monopólio da contextualização histórica. Historicizar é, de fato, fundamental; mas hoje está na moda certo tipo de historicismo de esquerda que parece estar mais em dívida com a ideologia capitalista do que com a teoria socialista. Em um mundo de contratos de curto prazo, entregas na hora exata, infindáveis medidas de redução de custos e reestruturações, mudanças na moda e investimentos de capital da noite para o dia, carreiras múltiplas e produção para fins diversos, esses teóricos parecem imaginar, surpreendentemente, que o maior inimigo é o que se apresenta naturalizado, estático e imutável; enquanto a verdade é que para milhões de operários atormentados ao redor do mundo – poucos deles acadêmicos – uma trégua do dinamismo, da metamorfose e da multiplicidade de identidades viria como um abençoado alívio.

Fé na pluralidade, na plasticidade, no desmantelamento, na desestabilização, no poder de interminável autoinvenção – tudo isso, embora, sem dúvida, radical em alguns contextos, também sugere uma cultura claramente ocidental e um mundo capitalista avançado. Na verdade, sugere mais especificamente certo nicho especial da cultura ocidental – os Estados Unidos – em que ideologias de automodelagem, ao lado de uma modelagem tenazmente autoafirmativa da Natureza, sempre capturaram

---

6 Para um estudo extraordinário e fundamental desse tipo, ver Cohen, *Drama of a Nation*.
7 Ver, por exemplo, Eagleton, *The Illusions of Postmodernism*.

a imaginação de forma mais convincente do que nas culturas mais céticas, tímidas e deterministas da Europa. Acontece que, em um estágio posterior de produção capitalista, somos confrontados com o espetáculo singular da automodelagem sem sujeito. Uma abertura para a "alteridade" cultural vem pré-embalada em ideias do multifacetado, do temporário e do performativo, o que pode parecer para alguns dos "outros" culturais em questão mercadorias nitidamente estrangeiras. Entretanto, pouco surpreende que aqueles mais sensíveis à diferença cultural devam inconscientemente projetar as ideologias de seu próprio pedaço de mundo sobre a humanidade em geral. Afinal de contas, é disso que seus governantes vêm se ocupando há bastante tempo.

Em seu nível mais extremo, então, trata-se de uma escolha entre um sufocar-se sob a história em Lisboa e um asfixiar-se pela falta dela em Los Angeles. Porém, em que sentido essa marca de historicismo bastante otimista corre o risco de se tornar o oposto de políticas radicais em vez de um aliado intelectual? Simplesmente porque ela se vê constrangida por muito daquilo que tal política deve abordar: antigas estruturas de poder que, obstinadas, ainda estão no lugar original; doutrinas que parecem conter toda a intransigência de um tornado; desejos e resistências arraigados e profundos, que não se vergam com facilidade a mudanças. Se o tipo menos experiente de historicismo está certo, como é possível que ainda não tenhamos nos reinventado e saído dessas abomináveis continuidades? Ademais, aqueles que insistem com estridência suspeita na maleabilidade das coisas, e para os quais "dinâmico" é um termo inequivocamente positivo, da mesma forma que "estático" é, sem dúvida, negativo, tendem a se esquecer que há certos tipos de mudança que são profundamente desagradáveis e indesejáveis, assim como há formas de permanência e continuidade que devem ser afirmadas e admiradas. O capitalismo pode ser censurado – e com razão – por muitos defeitos, mas dificilmente a falta de dinamismo é um deles. Pensamos na famosa sentença de Walter Benjamin de que a revolução não é um trem desgovernado, mas a aplicação do freio de emergência. É o capitalismo que é anárquico, extravagante, fora de controle, e é o socialismo que é moderado, pragmático e realista. Essa é, pelo menos, uma razão por que certo pós-estruturalismo anárquico e extravagante tem sido bastante cauteloso em relação ao socialismo. De qualquer forma, se de fato os sujeitos humanos são sempre historicamente constituídos, então aqui está pelo menos uma verdade não histórica de importância vital.

A maior parte do historicismo de esquerda dos tempos atuais é reducionista. Ele não reconhece que a história é sulcada de ritmos de mudança.

Se existe a temporalidade veloz da "conjuntura", existe também a *longue durée* de um modo de produção que algumas vezes parece girar da mesma forma imperceptível como o próprio planeta, e mais ou menos no meio, o tempo de médio alcance, digamos, da situação política. Um evento histórico em particular – uma greve, por exemplo – pode envolver todos os três aspectos. Atentar apenas para o primeiro, como argumenta Francis Mulhern, é reduzir a história a mudanças.[8] Entretanto, há também muita coisa nos registros da humanidade que não se altera, ou que se altera apenas muito gradativamente, o que é uma boa razão para que políticas radicais estejam em atividade. A maior parte de qualquer presente é feita de passado. A história, como insiste Mulhern, é em grande medida continuidade. Faz parte de seu complexo peso material não poder ser constantemente remodelada. E, mesmo quando conseguimos transformá--la de fato, podemos perceber que seu peso repousa como um pesadelo no cérebro dos vivos.

Essa é uma receita para um realismo sóbrio, não para a descrença política. O materialismo tem a ver com o choque súbito de conjunturas políticas, deslocamentos drásticos no equilíbrio de forças políticas. Quem acreditaria, poucos anos apenas antes do evento, que o bloco soviético chegaria ao fim quase da noite para o dia e com um mínimo de violência? Contudo, um materialismo genuíno, em oposição a um relativismo histórico ou idealismo, está também atento a esses aspectos de nossa existência, que são estruturas permanentes de nosso ser genérico. Ele lida com as dimensões humanas e ecológicas de nossa existência, não apenas com valor cultural e determinante histórico. E, entre essas, está a realidade do sofrimento. Como Theodor Adorno observou de maneira absolutamente notável, "O Um e o Todo que continua se desdobrando até nossos dias – com ocasionais períodos de respiro – seria teleologicamente o absoluto do sofrimento".[9]

O momento aqui não é oportuno para uma réplica culturalista ou historicista de que tal sofrimento é sempre contextualmente específico. Como poderia aquele que vivenciou o genocídio de seu próprio povo ter deixado de notar isso? É como se alguém apontasse o quão curioso é o fato de que todos na festa estão usando espessos óculos verdes de proteção apenas para receber a desalentadora informação de que cada um o faz por razões bem diferentes. O argumento de Adorno não é que a tortura

---

8 Ver Mulhern, *Contemporary Marxist Literary Criticism*, p.22.
9 Adorno, *Negative Dialectics*, p.320.

e a aflição sejam não contextuais, mas que elas surgem subitamente com uma regularidade alarmante em *tantos* contextos, do Neolítico à Otan. Não seria esse fato, embora "não histórico", digno de nota? Não seria sua trans-historicidade exatamente a questão? Se alguns esquerdistas estão instintivamente alarmados pela noção do trans-histórico, isso ocorre em parte porque eles não conseguem assimilar o fato de que *longues durées* fazem parte da história humana tanto quanto a poesia pastoral ou os parlamentos, e em parte porque a única alternativa que eles podem imaginar para a mudança histórica é a essência eterna. Por que a imaginação deles está tão tomada por idealismo nesse sentido é outra questão. Não permitem que o próprio materialismo ofereça alternativas bem mais plausíveis a essa parelha contingência/essencialismo, porque temem um biologismo reducionista. Entretanto, parecem bem destemidos em relação a um historicismo reducionista. Também não parece que admitem que a distinção entre mudança e permanência não é a mesma coisa que o contraste entre cultura e natureza. Atualmente, tem se mostrado bem mais factível alterar certas estruturas genéticas do que interferir no capitalismo ou no patriarcado.

Os radicais desconfiam do trans-histórico porque este sugere a existência de coisas que não podem ser mudadas, daí o fato de promoverem um fatalismo político. Realmente, aqui há boas razões para desconfiança. Entretanto, a verdade é que *existem* coisas que não podem ser mudadas, assim como existem outras cuja probabilidade de mudança é muito pequena e, em alguns casos, essa é mais uma questão para comemoração do que para lamento. É reconfortante saber que não massacrar ritualmente todos aqueles acima dos 40 parece ser um traço razoavelmente permanente das culturas humanas. Há outras situações que não podem ser mudadas, mas em detrimento de nada em especial; e há algumas outras que, para nosso grande desconsolo, não podem ser mudadas. A tragédia envolve-se com o embate acalorado das conjunturas históricas, mas, visto que há aspectos do sofrimento que estão também arraigados em nosso ser genérico, ela também presta atenção a esses fatos mais naturais, mais materiais da natureza humana. Como afirma o filósofo italiano Sebastiano Timpanaro, fenômenos tais como o amor, o envelhecimento, doenças, o medo da própria morte e o sofrimento pela morte de outros, a brevidade e a fragilidade da existência humana, o contraste entre a fragilidade da humanidade e a aparente eternidade do cosmos, são traços recorrentes das culturas humanas, não importa de quantas maneiras diferentes eles possam ser representados.¹⁰ Por mais que o historicismo de esquerda possa suspeitar que princípios universais sejam conspirações das classes governantes, o fato é que, de qualquer forma, todos nós morreremos. Para os pluralistas, é certamente um pensamento consolador chegarmos ao nosso fim em uma série de formas tão ricamente diversas, que nossos modos de nos retirarmos da existência são de uma heterogeneidade tão esplêndida que não há nenhuma "morte" abominavelmente essencialista, mas uma variação difusa de maneiras de expirar. Na verdade, talvez devêssemos falar da morte como uma forma de "desafio", um modo de ser que não é nem inferior nem superior ao respirar, ao fazer amor; é simplesmente diferente. Talvez os mortos não estejam de fato mortos, apenas capacitados de uma maneira diferente. Porém, de qualquer forma, nós morremos.

Continuidades culturais, afirma Timpanaro, "tornaram-se possíveis porque o homem como um ser biológico permaneceu essencialmente o mesmo desde o início da civilização até o presente; e aqueles sentimentos e representações que estão mais próximos dos fatos biológicos da existência humana pouco mudaram".¹¹ Por mais que os culturalistas se retraiam diante dessa associação tão próxima entre "sentimentos e representações" e "fatos biológicos", é, sem dúvida, verdade que perguntar, digamos, por que sentimos empatia por Filoctetes é um pseudoproblema gerado por um falso historicismo. Nós nos compadecemos de Filoctetes porque ele está sofrendo dores lancinantes por causa de seu pé infeccionado e purulento. Não adianta fingir que seu pé é um domínio de alteridade impenetrável que nossas noções modernas podem apreender somente à custa da colonização brutal do passado. Não há nada hermeneuticamente obscuro acerca do fato de que Filoctetes coxeava e urrava de dor. Há, sem dúvida, muita coisa sobre a forma artística em que ele é retratado que é profundamente obscura para nós. Sentimo-nos, por exemplo, perturbados e levemente escandalizados com a declaração de Antígona de que ela não teria infringido a lei por um marido ou por um filho, mas sim por um irmão. Um bom liberal não diria algo desse tipo. Entretanto, nós compreendemos muito bem Filoctetes em sua agonia, da mesma maneira que compreendemos a aflição daqueles ao nosso redor. Não é que tal reação seja "a-histórica"; pelo contrário, é que a história humana inclui a história do corpo, que, com relação ao sofrimento físico, provavelmente mudou muito pouco no decorrer dos séculos. Não há dúvida de que essa é a razão pela qual o

---

10 Ver Timpanaro, *On Materialism*, capítulo 1.
11 Ibid., p.52.

corpo que sofre, apesar de ser objeto de descrições muitíssimo criteriosas, dificilmente é visto como o mais popular dos tópicos de uma academia de ginástica, e mal tem condições de competir com o corpo sexual, disciplinado ou carnavalesco. Isso confirma menos prontamente determinado caso de maleabilidade histórica. E o corpo em sofrimento é sobretudo um corpo passivo, não adequado a certa ideologia de automodelagem. Vítimas de tortura não encontram nenhum consolo especial em ser informadas que sua angústia é culturalmente construída; talvez isso não ocorra quando somos informados que o lugar inferior que ocupamos nas hierarquias de gênero ou de etnia é uma questão histórica sujeita a mudanças.

A preocupação atual com o corpo aumentou em parte como reação contra uma perspectiva racionalista e objetivista. Isso é irônico, já que o corpo humano é o que nos concede um mundo objetivo. É aí que se enraíza a objetividade. Há, inegavelmente, toda uma galáxia de mundos culturais, todos eles reivindicando algum tipo de condição objetiva; mas eles são possíveis apenas dentro da matriz formada pelo "corpo genérico" como tal. Não seria possível existir um mundo cultural em que as pessoas brindassem regularmente por seus feitos com grandes doses de ácido sulfúrico, um mundo em que não houvesse relações sociais de nenhum tipo ou um mundo em que não existisse nenhum conceito sobre algo. Mesmo que esses mundos pudessem vir a existir, o que não seria possível, eles rapidamente deixariam de sê-lo outra vez. Talvez isso seja o que Ludwig Wittgenstein tenha em mente quando comenta de forma misteriosa, em suas *Investigações filosóficas*, que se um leão pudesse falar não seríamos capazes de compreender o que ele disse. Mesmo que pudéssemos, não conseguiríamos argumentar com ele sobre qual era a questão, já que o que é uma questão para um leão não é uma questão para nós.

Apesar de venerarmos os furões e respeitarmos a autonomia ontológica das fuinhas, o especismo precisa manter-se epistemologicamente, se não moralmente; já o conceito de objetividade significa que podemos sempre debater uns com os outros a respeito de qual é a questão. Em outras palavras, como compartilhamos uma forma de corpo material, constrói-se um conflito dentro de nossa existência, tal qual não se constrói em nossas relações com os texugos. O corpo é, por si mesmo, uma espécie de signo em que estamos presentes mais como o significado está presente em uma palavra; mas o corpo também estabelece os limites externos para a significação como tal. O historicismo está certo em insistir que o mundo que nos foi dado por nosso ser genérico não é, de forma alguma, o mais significante ou estimulante. O universal pode ser absolutamente banal. Não é o fato de que Orestes precise dormir ou que Cordélia tenha joelhos que reclama nossa atenção; mas é ilógico negar a significação do corpo genérico em sua totalidade, enquanto fazemos afirmações retóricas acerca do materialismo.

O historicismo está equivocado em acreditar que o que pertence ao nosso ser genérico precisa sempre ser politicamente retrógrado ou irrelevante. Na verdade, pode ser assim, mas esperaríamos que esses adeptos da relatividade cultural fossem universalistas um pouco menos rígidos em suas concepções. É verdade que há muito a respeito de nosso ser genérico que é passivo, limitado e inerte. Isso, porém, pode ser fonte de uma política radical, não um obstáculo a ela. Nossa passividade, por exemplo, está intimamente ligada à nossa fragilidade e vulnerabilidade, nas quais qualquer política autêntica precisa estar ancorada. A tragédia pode ser, entre outras coisas, uma conciliação simbólica com nossa finitude e fragilidade, sem a qual qualquer projeto político pode soçobrar; mas essa fragilidade é também fonte de poder, já que está onde algumas de nossas necessidades se estabelecem. Se essas necessidades são repelidas, então elas têm atrás de si uma força mais recalcitrante do que o puramente cultural. Os defensores do multiforme não conseguem avaliar que a recalcitrância, algumas vezes, é exatamente aquilo de que precisamos. Se podemos enfrentar com sucesso forças mortíferas, opressivas, não é porque a história é mero barro cultural em nossas mãos ou (uma versão mais vulgarizada da mesma ideologia) porque querer é poder. É porque o impulso de liberdade diante da opressão, não importa quão culturalmente estruturada seja essa meta, parece tão obstinado e implacável quanto o impulso para a sobrevivência material – o que de forma alguma significa que ele seja evidente em toda parte ou que sempre triunfará.

Abordei em diferentes sentidos alguns aspectos em que a tragédia vai de encontro à ortodoxia da esquerda cultural. Não significa que esses aspectos definam a forma em geral, que, como tento mostrar, não é inteiramente totalizável. E há elementos na forma que vão diretamente contra essas preocupações. No entanto, meu interesse neste livro está em como uma parte da arte trágica realça o que é perecível, constritivo, frágil, movendo-se lentamente em relação a nós como censura à arrogância culturalista ou historicista. Ele enfatiza o quanto nos submetemos mais do que empreendemos com vigor, bem como quão pouco espaço temos disponível para manobras. O reconhecimento disso, na verdade, é o lado positivo de uma crença mistificadora no destino. O que para alguns sugere fatalismo ou pessimismo, para outros significa o tipo de realismo sóbrio que é a única base segura para uma política ou ética efetivas. É somente quando compreendemos as restrições com que nos defrontamos que podemos agir de forma construtiva.

Os aspectos da tragédia que tenho em mente consideram com a maior seriedade o letal, assim como as heranças revigorantes das quais o presente se forma, e que certo pós-modernismo amnésico convenientemente suprimiu. Se não podemos nos modelar da forma que escolhemos, como bem sabia Henrik Ibsen, é por causa do peso da história sob o qual vacilamos, e não apenas por causa das constrições do presente. Essa verdade é talvez menos compreendida naquelas sociedades com um mínimo de história, mas, mesmo assim, trata-se de uma verdade universal. E, no que concerne à tragédia, a questão da universalidade não pode ser posta de lado por um particularismo superficial. Em certo sentido, sem dúvida, todas as tragédias são específicas: há tragédias de povos e gêneros específicos, de nações e de grupos sociais específicos. Há a destruição dos tecelões ingleses, a longa degradação do escravagismo afro-americano, as indignidades do dia a dia cometidas contra as mulheres, para não falarmos daquelas calamidades dissimuladas de vidas individuais obscuras, que carecem até mesmo da dignidade de um título político coletivo. E nenhuma dessas experiências é abstratamente permutável com as outras. Elas não compartilham de qualquer essência, exceto no aspecto do sofrimento; mas o sofrimento é uma linguagem extremamente poderosa para se compartilhar, uma linguagem pela qual muitas diferentes formas de vida podem iniciar um diálogo. É um comunalismo de significados. É sinal do quanto muitos dos assim chamados radicais se distanciaram do socialismo – se é que em algum momento eles realmente estiveram próximos dele, para começar –, para quem toda conversa sobre comunalismo é um embuste insidioso. Parece que não perceberam que a diferença, a diversidade e a desestabilização são o *dernier cri* das corporações transnacionais. Porém, uma comunidade de sofrimento não é a mesma coisa que espírito de equipe, chauvinismo, homogeneidade, unidade orgânica ou consenso despoticamente normativo. Para tal comunidade, danos, divisão e antagonismo são o costume prevalente compartilhado.

A tragédia perturba parte da esquerda cultural por sua "profundidade" desconcertantemente portentosa. Na verdade, alguns leitores, sem dúvida, acharão este livro um pouco metafísico demais para seu gosto, com sua conversa acerca do demoníaco e do satânico, seu uso antiquado do jargão teológico para lançar luz sobre realidades políticas. O silêncio da esquerda política a respeito da religião é curioso, considerando que, em termos de escopo, apelo e longevidade, ela é de longe a forma simbólica mais importante que a humanidade já conheceu. Até mesmo o tema esporte perde o brilho quando comparado com ela, para não falarmos da arte. Ainda assim, aqueles ansiosos por estudar a cultura popular ignoram de forma constrangedora essa forma global, duradoura e extremamente efetiva de cultura, enquanto os esquerdistas que levam a sério, digamos, o racionalismo de Spinoza ou o idealismo de Schelling descartam-na da maneira mais crua, como mera falsa consciência. Uma das poucas exceções é a sugestiva coletânea de documentação histórica sobre as relações entre capitalismo e protestantismo. Quanto aos pós-modernistas, é bastante curioso que eles possam estar afinados com outras culturas de forma tão respeitosa e, no entanto, ainda sejam liberais ocidentais tão estereotipados em sua indiferença às crenças religiosas que frequentemente alimentam em seu íntimo. Intelectuais que se orgulham de um entendimento iluminado, digamos, da cosmologia aborígene, não sentem nenhum constrangimento em exibir a mais dogmática, caricatural e redutora das reações quando se trata do cristianismo. Aqueles que estão acostumados a discutir qualquer outra questão de forma desapaixonada podem tornar-se extravagantemente irracionais em relação a ele.

Em certo sentido, isso é plenamente compreensível. A religião – e talvez o cristianismo em especial – causou danos enormes aos negócios humanos. Intolerância, falso consolo, autoritarismo brutal, opressão sexual – essas são apenas algumas das características pelas quais ela é condenada nos tribunais da história. Seu papel, com poucas e honrosas exceções, tem sido o de consagrar a pilhagem e canonizar a injustiça. Em muitos de seus aspectos, a religião hoje representa uma das formas mais odiosas de reação política no planeta, uma praga que ataca a liberdade humana e um anteparo para os ricos e poderosos. Entretanto, há também ideias teológicas que podem ser politicamente esclarecedoras, e este livro, entre outras coisas, explora-as. Portanto, talvez seja válido fazermos alusão, já no início, ao meu argumento final – de que, embora não seja exatamente de um discurso metafísico, teológico ou de base que a esquerda cultural continua carente, sem dúvida seria útil a ela alargar sua visão teórica e ampliar o circuito estreito e repetitivo das preocupações às quais está atualmente presa. Essas preocupações não devem, de forma alguma, ser abandonadas; elas devem simplesmente ser aprofundadas em sua ressonância. Este estudo é, entre outras coisas, uma contribuição para esse fim.

CAPÍTULO 1
Uma teoria em ruínas

Na linguagem do dia a dia, a palavra "tragédia" significa algo como "muito triste". Falamos do trágico acidente de carro que a jovem sofreu no cruzamento, exatamente como os gregos antigos usavam esse epíteto para um drama sobre o assassinato de um rei em local semelhante. Na verdade, pode acontecer que "muito triste" seja também sobre o melhor que tenhamos a dizer quando se trata da esfera mais glorificada da arte trágica.

Não há dúvida, entretanto, de que tragédia envolve muito mais do que isso. Não seria uma questão de destino e catástrofe, de reviravoltas calamitosas da sorte, de heróis aristocráticos e imperfeitos, de deuses vingativos, de conspurcação e expiação, de finais deploráveis, de ordem cósmica e sua transgressão, de um sofrimento que pune e transfigura? De qualquer forma, isso não significaria confundir o trágico com o patético? A tragédia pode ser pungente, mas supõe-se que haja também algo de atemorizante a respeito dela, alguma característica assustadora que transtorna e atordoa. Ela é traumática e angustiante. E o trágico não difere do patético naquilo que tem de purificador, revigorante, inspirador? Susanne K. Langer fala do "caráter triste, mas não trágico do drama francês clássico"[1] – não trágico, em sua visão, porque tal drama envolve-se mais com infortúnio do que com destino, carece de qualquer realização profunda da personalidade individual e está por demais enamorado do racional. Racine e Corneille, propõe ela, escrevem "comédias heroicas" em vez de tragédias, o que, sem dúvida, soa como surpresa a qualquer

---

[1] Langer, *Feeling and Form*, p.336.

um que tenha assistido por inteiro a *Andrômaca* ou *Polieucte*. Os franceses devem ter um estranho senso de humor.

Tragédia – afirmam alguns – é, sem dúvida, um termo *técnico*, ao passo que "muito triste" claramente não o é. Na verdade, é possível utilizar o termo em ambos os sentidos ao mesmo tempo, como, por exemplo, na sentença "O que é realmente trágico acerca de Beckett é que a tragédia (resistência heroica, autoafirmação exultante, tolerância com dignidade, a paz que provém de saber que nossas ações são predestinadas e situações afins) não é mais possível". E podemos dizer que algo é muito triste – a morte serena e previsível de uma pessoa idosa, por exemplo – sem sentirmos a necessidade de qualificar isso como trágico. Podemos também sentir tristeza em relação a nada em especial, à maneira da melancolia de Freud, mas é difícil ser trágico em relação a nada em especial. "Trágico" é um termo mais transitivo do que "triste". Ademais, "trágico" é uma palavra forte, como "escória" ou "sórdido", ao passo que "triste" é um termo constrangedoramente fraco. Geoffrey Brereton comenta que é difícil encontrar um sinônimo para "trágico",[2] uma verdade na qual tropeçou um aluno meu em Cambridge, ao perceber que exprimir adequadamente e de maneira fulminante a palavra "Trágico!" poderia facilmente superar qualquer outro comentário, por mais sagaz, mordaz ou veemente que pudesse ser. O problema é como não roubar da palavra essa carga peculiar e tampouco sentir uma exclusividade ciumenta acerca dela.

"Trágico" e "muito triste" são, de fato, noções diferentes; mas tal diferença não ocorre porque a primeira é técnica e a última é retirada da linguagem do dia a dia. "Triste, mas não trágico" não guarda a mesma distinção que existe em "errático, mas não psicótico", "petulante, mas não megalomaníaco" ou "flácido, mas não obeso". O cônjuge de longa data da pessoa idosa que morreu pode muito bem sentir o evento como trágico, mesmo que ele não seja nem chocante, nem atemorizante, catastrófico, decretado pelo destino ou resultado de alguma transgressão presunçosa da lei divina. "Trágico" aqui significa algo como "muito, *muito* triste" para o cônjuge, e simplesmente triste ou muito triste para as demais pessoas. R. P. Draper nos diz que "há uma enorme diferença entre as intuições cultas e não cultas do significado (de tragédia)",[3] mas não se pode concluir, como ele parece imaginar, que intuições "cultas" são sempre as mais confiáveis. Poderíamos até protestar afirmando que a tragédia envolve mais do que

---

2 Brereton, *Principles of Tragedy*, p.5.
3 Draper, *Tragedy:* Developments in Criticism, p.11.

apenas tristeza e, em certo sentido, estaríamos corretos. Porém, a mesma coisa ocorre com a tristeza. Tristeza implica valor. Normalmente não sentimos pesar porque um hematoma está desaparecendo, ou sentimos que o espargir de uma gota de chuva seja algo melancólico. Essas não são destruições do que classificamos como sendo de valor especial.

É por isso que há dificuldade com relação à definição que Paul Allen oferece da tragédia, como sendo "uma história com um final infeliz que é enternecedor de uma forma memorável e edificante, em vez de simplesmente triste".[4] Veremos mais adiante que nem todas as tragédias têm de fato um final infeliz; mas é também difícil saber o que "simplesmente triste" significa. Pode uma obra ser triste, mas não enternecedora? Talvez enternecedora de uma forma "edificante" faça a diferença; mas não está claro que *Blasted, Fim de jogo* ou *Adeus às armas* são exatamente isso, o que, sem dúvida, explica por que críticos conservadores se recusam a chamá-las de tragédia em primeiro lugar; porém, eles provavelmente concederiam esse título a *Tito Andrônico, O judeu de Malta* ou *Antonio's Revenge*, cujos efeitos edificantes são quase tão questionáveis quanto os anteriores. E Aristóteles nada diz a respeito de edificação. Para certo tipo de tradicionalista, Auschwitz não é trágico porque lhe falta uma nota de afirmação. Mas em que medida a característica revigorante de uma boa tragédia é a característica revigorante de qualquer obra de arte bem-sucedida? E somos arrebatados pela tristeza ou apesar dela? Será que a tristeza, de qualquer forma, não depende de um senso de valor humano que a abrande, de modo que "simples tristeza" é uma entidade um tanto quanto espúria?

A verdade é que nenhuma definição de tragédia mais elaborada do que "muito triste" jamais funcionou. Sem dúvida, seria falso concluir, a partir disso, que obras ou eventos que classificamos como tragédias nada têm de significativo em comum. O nominalismo não é a única alternativa ao essencialismo, seja o que for que a teoria moderna possa considerar. Por um lado, há essencialistas vigorosos, como Paul Ricoeur, que acredita que "é ao apreendermos a essência [da tragédia] no fenômeno grego que podemos compreender todas as outras tragédias como análogas à tragédia grega".[5] Para Ricoeur, presumimos, *Um bonde chamado desejo* fica mais bem iluminado por *Agamênon*. Por outro lado, há nominalistas, como Leo Aylen – que declara não existir tal coisa como tragédia: "Há apenas peças, algumas sempre foram chamadas de tragédias, outras normalmente

---

4 Allen, *Alan Ayckbourn:* Grinning at the Edge, p.224.
5 Ricoeur, *The Symbolism of Evil*, p.221.

têm sido chamadas de tragédias".⁶ Isso, porém, como acontece com a maior parte do nominalismo, simplesmente faz a questão retroceder um estágio: *por que* essas peças sempre ou normalmente têm sido chamadas de tragédias? Por que, em vez disso, algumas delas não são chamadas de pastorais ou pantomimas? Raymond Williams aponta que "tragédia é [...] não um tipo de fato único e permanente, mas uma série de experiências, convenções e instituições".⁷ Entretanto, embora isso seja bastante verdadeiro, ainda deixa de responder à questão de por que usamos o mesmo termo para *Medeia* e *Macbeth*, para o assassínio de um adolescente e um desastre em uma mina.

Na verdade, a tragédia parece servir como exemplo das "semelhanças de família", de Wittgenstein, constituída mais por uma *combinatoire* de traços sobrepostos e nem tanto por um conjunto de formas ou conteúdos invariáveis. Não há necessidade de padecer nas garras de uma oposição binária e presumir que, à falta de uma essência comum aos membros de uma classe, estes não têm absolutamente nada em comum. Já em 1908, o estudioso norte-americano Ashley Thorndike alertava seus colegas em sua obra *Tragedy* de que nenhuma definição de tragédia era possível além da clamorosamente pouco elucidativa "todas as peças que apresentam ações angustiantes ou destrutivas", mas poucos parecem ter acatado seu ponto de vista. A descrição que Aristóteles faz de tragédia na *Poética*, de fato, pouco se refere à destruição, morte ou calamidade; na verdade, em determinado ponto, ele fala de uma "tragédia do sofrimento", quase como se isso pudesse ser apenas uma espécie do gênero. A *Poética* avança bem em seu argumento antes de começar a usar palavras como "infortúnio". Como exemplo precoce da teoria da recepção, a obra define tragédia mais por seus efeitos, trabalhando em sentido reverso a partir destes até chegar ao que poderia estruturalmente melhor causá-los. Uma pessoa malvada, que passa da miséria para a prosperidade, por exemplo, não pode ser trágica porque o processo não pode inspirar nem piedade nem temor. Isso deixa aberta a questão do que chamamos obra estruturada para despertar piedade e temor, mas, na realidade, não o faz. Uma comédia que não consegue suscitar a menor centelha de divertimento seria uma comédia pobre ou de forma alguma seria comédia?

Quanto mais lacônica a definição, menos chance ela tem de inadvertidamente ignorar trechos inteiros da experiência trágica. Schopenhauer

---

6 Aylen, *Greek Tragedy and the Modern World*, p.8.
7 Williams, *Modern Tragedy*, p.45-6.

afirma que "a apresentação de um grande infortúnio é, isoladamente, essencial à [tragédia]",⁸ e tal cautela justifica-se bem. É uma pena, então, que ele prossiga e afirme que a resignação e a renúncia são cruciais para a forma, uma questão que o obriga a rebaixar os gregos antigos e – o que é implausível – promover alguns modernos mais voltados para o estoicismo. Samuel Johnson, sem dúvida, igualmente ansioso por esquivar-se de toda uma gama de questões espinhosas, define tragédia em seu dicionário como "uma representação dramática de ações sérias", que, a despeito de sua estudada vagueza, chega bem perto, como veremos logo adiante, da forma como a questão era compreendida no período medieval. O termo "sérias", apesar da aparente imprecisão, é um componente essencial de toda a concepção – de Aristóteles a Geoffrey Chaucer. O primeiro faz do que chama *spoudaios* o aspecto central a toda a questão. Na verdade, ele continua central mais tarde no *Discours de l'utilité et des parties du poème dramatique*, de Pierre Corneille, que descreve a tragédia como "*illustre, extraordinaire, sérieuse*". Horácio comenta em *A arte poética* que a "tragédia desdenha o balbuciar de trivialidades".⁹ Por um longo período, a tragédia realmente significou nada mais do que um drama de alta seriedade, relativo aos infortúnios dos poderosos. Não há, necessariamente, nenhuma alusão a destino, expiação, defeitos morais, aos deuses e aos demais obstáculos que os críticos conservadores tendem a supor que sejam indispensáveis a ela. Como diz F. L. Lucas: para os antigos, tragédia significa drama sério; para a Idade Média, uma história com um final infeliz, e, para os modernos, um drama com um final infeliz.¹⁰ É difícil conseguir ser mais impreciso do que isso.

John Orr afirma que "a experiência trágica essencial é aquela da perda humana irreparável", embora, de certa forma, ele macule essa definição impressionantemente concisa ao prosseguir e desenvolver uma teoria mais elaborada de tragédia como alienação.¹¹ Richard Kuhns fala, com um leve anacronismo, do conflito entre o privado, o sexual e o psicológico, por um lado, e o público, o político e o obrigatório, por outro, como centrais a toda tragédia, inclusive a dos gregos antigos.¹² Não está claro em que sentido o sexual ou o psicológico eram "privados" para a Antiguidade

---

8 Schopenhauer, *The World as Will and Representation*, v.I, p.254.
9 Horácio, On the Art of Poetry. In: Dorsch (Ed.), *Classical Literary Criticism* [1984], p.87.
10 Lucas, *Serious Drama in Relation to Aristotle's Poetics*, p.25.
11 Orr, *Tragic Drama and Modern Society*, p.xii.
12 Kuhns, *Tragedy, Contradiction and Repression*, p.76.

clássica. O *Oxford English Dictionary [OED]* registra como tragédia "agonia ou sofrimento profundo", embora, ironicamente, prossiga para ilustrar essa definição com a sentença "o tiroteio foi um trágico acidente", que, a levar em conta certa teoria clássica do trágico, seria um oximoro. Tragédias, nessa visão tradicional, não podem ser acidentais.

O *OED* também registra "piedade ou sofrimento" para *páthos*, assim aproximando o último termo do sentido comum de tragédia. Há, entretanto, diferenças gramaticais entre os dois termos. Para o significado informal de "patético", o *OED* oferece "o controle que ele tinha da bola era patético", que dificilmente poderíamos substituir por "o controle que ele tinha da bola era trágico", até mesmo nas categorias mais inferiores da liga de futebol. Dizemos que uma pessoa parecia triste, mas não – sem uma leve ideia de tensão – que ela parecia trágica, pois o primeiro termo tende a denotar uma reação e o último, uma condição. Porém, Walter Kaufmann, em um dos estudos modernos mais criteriosos de tragédia, recusa-se a distinguir o trágico do meramente lamentável, e duvida que os gregos antigos ou Shakespeare também o tenham feito.[13] Entretanto, ele realmente sugere que, na visão clássica, o sofrimento precisa ser "filosoficamente" interessante para se qualificar como trágico, o que, sem dúvida, excluiria questões filosoficamente triviais, como ter os pés amputados ou os globos oculares arrancados.

A despeito de todas essas admoestações sombrias, os críticos têm persistido em sua busca do santo graal de uma definição perfeita da questão. A definição que Kenneth Burke faz de tragédia em *A Grammar of Motives*, como a de Francis Fergusson em seu muito influente *Evolução e sentido do teatro*, envolve um momento essencial de reconhecimento trágico ou *anagnorisis*,[14] mas, embora isso possa ser válido para Édipo, serve apenas, discutivelmente, para Otelo e dificilmente para Willy Loman, de Arthur Miller. No caso de Fedra, tal reconhecimento não é necessário porque tudo se revela de uma clareza intolerável desde o início. David Hume, em contrapartida, acredita que um indivíduo "é tão mais digno de compaixão quanto mais sensível for à sua condição de infeliz", encontrando algo peculiarmente pungente em relação a uma infelicidade que parecia ignorar-se a si mesma.[15] Georg Simmel observa que "em geral referimo-nos a uma relação como sendo trágica – em oposição a meramente triste ou

---

13 Kaufmann, *Tragedy and Philosophy*, p.135.
14 Para um excelente estudo sobre o assunto, ver Cave, *Recognitions*.
15 Hume, *A Treatise of Human Nature*, p.420.

extrinsecamente destrutiva – quando as forças destrutivas dirigidas contra algum ser provêm dos níveis mais profundos do próprio ser".¹⁶ Teremos a oportunidade de revisitar essa insistência na natureza imanente, irônica ou dialética do trágico, em contraste com o puramente extrínseco ou acidental; mas vale a pena ressaltar que, como qualquer outra fórmula geral na área, isso se aplica a apenas algumas tragédias. A ruína do Fausto de Goethe, ou a de Penteus em *As bacantes*, de Eurípides, pode ter emergido dessa maneira, mas é difícil afirmar caso semelhante em relação à morte de Cordélia, de Shakespeare, ou Anna Karienina, de Tolstoi.

A. C. Bradley sustenta o argumento de que uma tragédia é "qualquer conflito espiritual que envolve um vazio espiritual",¹⁷ ao passo que, em um floreio corajoso mas imprudente, Oscar Mandel oferece, como uma definição bem abrangente da forma, uma situação em que

> [...] um protagonista que inspira nossa sincera boa vontade é impelido em determinado mundo por um propósito ou empreende uma ação de certa seriedade e magnitude; e, por esse exato propósito ou ação, sujeito a esse mesmo determinado mundo, necessária e inevitavelmente, defronta-se com um profundo sofrimento espiritual e físico.¹⁸

Apesar de todo seu burocratês à *la* Casa Branca e ponderados contornos subordinativos, isso leva falsamente a supor, juntamente com Simmel e outros, que a tragédia é sempre imanente ou irônica, apostando demais no que os gregos chamam de *peripeteia*, ou mudança drástica nas circunstâncias; de quebra, lança também uma ênfase na ideia da necessidade que, como veremos adiante, igualmente, não é garantida. Aristóteles, por exemplo, na maior parte das vezes, cala-se com relação a essa questão. Leo Aylen acredita que tragédia tenha a ver principalmente com morte, embora admita com generosidade que isso não se aplica a certas tragédias. Mostrando uma percepção profunda, aliada a uma complexidade decididamente kantiana, ele nos informa que, diante da morte, "Certas coisas tornam-se muito menos importantes e outras, muito mais".¹⁹ Para Geoffrey Brereton, "uma tragédia é um desastre definitivo e impressionante por causa de um fracasso imprevisto ou não percebido, envolvendo pessoas

---

16 Simmel, *The Conflict in Modern Culture and Other Essays*, p.43.
17 Bradley, *Oxford Lectures on Poetry*, p.381.
18 Mandel, *A Definition of Tragedy*, p.20.
19 Aylen, op. cit., p.164.

que inspiram respeito e compaixão".²⁰ Isso sugere que não julgamos trágicos aqueles pelos quais sentimos compaixão limitada, uma proposição comum mas questionável da teoria do trágico. Também sugere, de uma forma bastante esdrúxula, que alguns desastres não impressionam.

Em *The Case for Tragedy*, uma resposta à corrente de pensamento que insiste na morte da tragédia, Mark Harris define a forma de maneira bastante desajeitada, ou seja, como "a projeção de valores pessoais e coletivos que são potencial ou realmente colocados em risco pelo curso da ação dramática".²¹ Isso nos diz extraordinariamente pouco, embora o título do livro nos diga bem mais. É revelador que críticos como Harris devam sentir a necessidade de argumentar, em tom defensivo, um pouco ansioso, que a tragédia ainda pode, de fato, prosperar nas condições contemporâneas, como se fosse uma perda inquestionável se ela não pudesse. Poderia revelar-se uma perda, mas não podemos meramente presumir o fato. Para alguns, isso seria quase como insistir que ainda é possível ser cruel e ganancioso na era moderna, apesar dos céticos que degradam a época negando-a. John Holloway nos diz, com laboriosa inutilidade, que "cada tragédia ou quase tragédia é uma peça séria, em que as personagens, incluindo o protagonista, provavelmente falam com muita seriedade a respeito do mundo, ou a respeito de como ele opera, ou a respeito de como eles gostariam que operasse".²² Não é fácil ver nessa noção o que distingue a tragédia de um congresso sobre aquecimento global. Como sua essência trágica particular, Walter Kerr oferece-nos "uma investigação das possibilidades da *liberdade* humana" – noção que pode ter mais a ver com a ideologia norte-americana e menos com Büchner ou Lorca do que ele suspeita.²³ Uma ameaça a tal liberdade é o dogmatismo que a propõe como o *topos* central de toda tragédia. Tragédia, à maneira de Schlegel, permite-nos perseguir "aquele anseio pelo infinito que é inerente ao nosso ser," e ocorre "quando o homem usa sua liberdade sem restrições".²⁴ Seu oposto começa a soar menos como uma comédia do que a União Soviética.

Por sua definição libertária, Kerr é obrigado a rejeitar como não trágicas obras que não afirmam a liberdade e em circunstâncias em que a

---

20 Brereton, op. cit., p.20.
21 Harris, *The Case for Tragedy*, p.182. Este livro contém alguns juízos históricos bastante questionáveis; por exemplo, a afirmação de que "A Idade Média foi um período tranquilo" (p.88).
22 Holloway, *The Story of the Night*, p.136.
23 Kerr, *Tragedy and Comedy*, p.121.
24 Ibid., p.128.

destruição não faz parte de um processo evolutivo que leva a uma nova vida. Por encontrar muito pouco dessa realidade no período moderno, ele acaba por negar, completamente, a possibilidade de tragédia moderna. A época moderna carece de irreversibilidade e determinabilidade, ambos pré-requisitos trágicos, e a liberdade foi minada tanto pelo determinismo darwiniano quando pelo freudiano. Dominado por uma ideologia ocidental de liberdade ilimitada, juntamente com um impiedoso entusiasmo norte-americano, Kerr vê a tragédia como originária de "uma sociedade ferozmente otimista", carente de "arrogância", robustez e certeza.[25] Em resumo, a tragédia começa a parecer um pouco como a divisão de fuzileiros navais dos Estados Unidos. Mas o Homem trágico, que não questiona, seguro de si mesmo e espontâneo, foi agora subvertido por vários determinismos sórdidos; e, ao negar a liberdade, despachamos com ela a tragédia. Aparentemente, Kerr não tem dúvida de que a tragédia é uma coisa absolutamente esplêndida, uma nocividade que precisa ser tolerada para que o progresso humano tenha sucesso. A forma, entretanto, pode estar menos extinta do que se fazendo de morta: em uma estimulante e definitiva explosão de esperança no Novo Mundo, Kerr sugere que a morte aparente da arte trágica pode, ela própria, ser simplesmente um estágio de sua evolução. Assim, podemos aguardar, exultantes, mais desordem, sofrimento e massacres nos palcos do futuro.

Dorothea Krook, que se situa em algum lugar da ala direita da teoria do trágico, argumenta que a tragédia retrata uma ação de significado universal, envolvendo um herói de grande estatura, mas que possui defeitos e passa a sofrer por causa dessa deficiência, de modo que a peça termina mal e, ao fazê-lo, mostra algo do poder dos deuses ou do destino, enquanto revela que o sofrimento humano é parte de um padrão significativo.[26] Aqui talvez esteja o que poderíamos chamar de concepção popular da tragédia, se tal coisa existe; ou se não exatamente popular, então acadêmico-popular. É, portanto, ainda mais desafortunado que, como veremos, dificilmente uma palavra dessa definição possa, de maneira geral, ser considerada verdadeira. Ela obriga Krook a concluir, juntamente com George Steiner, que Ibsen, por exemplo, não escreve tragédias autênticas, exatamente como Mandel faz, de forma absurda, uma manobra consigo mesmo para negar o status de trágico a *Romeu e Julieta* e às peças de Webster e Tourneur.

---

25 Ibid., p.274 e 279.
26 Krook, *Elements of Tragedy*.

I. A. Richards, que considera a tragédia como a coisa mais importante e mais rara em literatura, também acredita que a maior parte das tragédias gregas e as tragédias elisabetanas, exceto Shakespeare, são "pseudotragédias".[27] Outros críticos excluem obras em que a derrocada do protagonista é acidental, ou em que ele merece seu destino, ou em que é meramente uma vítima. É como definir um aspirador de pó de tal maneira que, inexplicavelmente, omite o aspirador. Se alguém surge com uma definição supostamente universal de tragédia que abranja apenas cinco ou seis peças, a opção mais simples é proclamar que outras peças chamadas tragédias são espécimes falsos do gênero. Por outro lado, Samuel Johnson duvidava que as peças escritas por Shakespeare fossem estritamente tragédia, mas não achava que isso as prejudicava.

Outra dificuldade relativa à definição de tragédia é que, como "natureza" ou "cultura", o termo flutua de forma ambígua entre o descritivo e o normativo. Para a maior parte dos críticos, como veremos no próximo capítulo, tragédia não é apenas uma questão de valor, mas, estranhamente, é a forma suprema dele. Contudo, o termo também pode significar somente muito sangue, morte e destruição, independentemente de suas conotações morais e sem o envolvimento de uma interioridade muito complexa. No início dos tempos modernos, poderia ser simplesmente sinônimo de morte ou ruína, como em Thomas Kyd, que diz "Aí começarei sua infinita tragédia'(*A tragédia espanhola*, Ato IV, cena 5). Nesse sentido do termo, podemos dizer se algo é trágico apenas observando-o, da mesma forma que podemos dizer se um papagaio está morto cutucando-o. Mesmo com o volume de som totalmente reduzido, saberíamos que, nesse sentido do termo, uma peça apresentada na televisão é uma tragédia. Se as baixas, ao final de *A tragédia espanhola*, rondam o número nove, exatamente um terço do elenco total da peça, então o espetáculo é tão indubitavelmente trágico quanto aquele no qual há muitas gargalhadas é indiscutivelmente cômico. *Tamburlaine,* de Marlowe, peça que parece bastante não trágica em sua perspectiva e sensibilidade, qualifica-se como tragédia por causa da sua sanguinolência, mesmo que a primeira parte não seja, de forma alguma, trágica e tenha sido escrita sem a ideia de que teria uma sequência. Algo semelhante acontece em *Women Beware Women*, de Middleton, com sua devastação final, ou na mórbida, brutal e sádica *Antonio's Revenge*, de Marston. Aristóteles acreditava que o épico podia ser trágico; entretanto,

---

27 Richards, *Principles of Literary Criticism*, p.247.

embora se ocupe de morte e destruição, o épico não as utiliza como motivo para reflexões sobre justiça, destino e sofrimento em geral, à maneira de uma peça de Sófocles. Ela é, portanto, trágica no sentido descritivo mais do que normativo.

Ou pensemos nas esplêndidas extravagâncias de Sêneca – *Tiéstes*, *Medeia*, *Fedra* e as demais – com sua linguagem bombástica e sua carnificina, sua visão do mundo como sendo vil, sangrento e caótico e de homens e mulheres como passíveis de revelar uma capacidade infinita de crueldade. Nesse teatro do grotesco, a ação tem precedência sobre o significado, ao contrário do que ocorre quando a comédia pende para a farsa. É o que Northrop Frye chama de "tragédia mimética baixa".[28] Para esse estilo de arte, a tragédia pode apenas significar algo sombrio e doloroso; ela não precisa satisfazer tão normativas exigências, como a de que o sofrimento seja grandemente imerecido, predeterminado, causado de maneira não contingente, infligido a uma figura eminente, em parte por sua responsabilidade, revelador de ordem divina, afirmador da existência, conducente a dignidade e autoconhecimento e assim por diante. Alguém que se prendesse ao sentido normativo do termo sempre poderia exclamar "Não considero *isso* trágico!", não importa quanto sangue tenha sido derramado e quanto tormento tenha sido infligido. Do ponto de vista normativo, somente certos tipos de morte, conflito, sofrimento e destruição, tratados de certas maneiras, qualificam-se para a láurea de tragédia. Tragédia aqui é mais uma questão de reação do que de ocorrência. E é verdade que quase ninguém vê destruição como algo inerentemente negativo, que somente o tipo mais brando de liberal considera conflito intrinsecamente indesejável, e que a maioria das pessoas não considera a morte calamitosa *ipso facto*. Para Aristóteles e para a maioria dos outros críticos, a morte de um vilão não seria trágica, ao passo que, para certa linha da filosofia existencialista, a morte é, como tal, trágica, independentemente de sua causa, forma, tema ou efeito. Mesmo assim, tragédia "normativa" ou "moral" trai com frequência certo subtexto sensacionalista, uma aura de violência ou exotismo, de sensações suavemente intensificadas e prazeres eróticos velados, o que a liga com relutância à sua irmã melodramática. Como acontece em relação à maioria dos fenômenos mais sofisticados, ela esconde algumas raízes menos conceituadas.

Mesmo assim, há um contraste significativo entre tragédia "descritiva" e tragédia "normativa". O primeiro tipo de arte tende a ser sombrio,

---

28 Frye, *Anatomy of Criticism:* Four Essays, p.38.

lúgubre, às vezes até niilista, e isso, para sua contrapartida mais normativa, é exatamente o que a tragédia não pode permitir. É uma curiosa ironia a noção de que, para boa parte da teoria tradicional do trágico, o infortúnio e a desesperança ameacem subverter a tragédia mais do que realçá-la. Quanto mais triste o drama, menos trágica é sua condição. Isso ocorre porque a tragédia precisa incorporar valor; mas é curioso, mesmo assim, que uma forma de arte que retrata a angústia e a aflição humanas deva ter sido com tanta frequência brandida como uma arma para combater um pessimismo e uma passividade tipicamente "modernos". Para muitos críticos, a tragédia tem a função de nos alegrar.

Outro problema de definição surge do fato de que "tragédia" pode ter um triplo sentido. Da mesma forma que a comédia, ela pode referir-se ao mesmo tempo a obras de arte, eventos da vida real e visões de mundo ou estruturas de sentimento. Podemos ser cômicos sem sermos otimistas, ou cômicos mas não engraçados, como a obra mais conhecida de Dante. Quanto à distinção arte/vida, afinal de contas, realmente herdamos o conceito de tragédia de uma ordem social que fazia uma distinção menos rígida entre o poético e o histórico do que aquela que fazemos hoje, e que não tinha nenhuma noção do autonomamente estético. Na verdade, tratava-se de uma civilização que um dia reivindicou território inspirada em um verso da *Ilíada*. A modernidade, ao contrário, estabelece uma diferença mais apurada entre arte e vida, bem como entre artefatos e maneiras de ver. Em termos gerais, não falaríamos de um poema como uma tragédia, apesar dos escritos de Milton, Mandelstam e Akhmatova, embora possamos falar de um que incorpore uma visão trágica de mundo. Para alguns teóricos da morte da tragédia, somos agora "pós-trágicos" exatamente porque somos pós-ideológicos, despojados de toda visão sinóptica. A arte trágica, com base nessa teoria, pressupõe uma visão trágica – uma visão sombria do mundo, uma fé absoluta pela qual estamos preparados para morrer, ou ao menos uma ideologia dominante à qual devemos resistir heroicamente. Como quase todas as outras visões de tragédia, esta associa um paradigma a um tipo de ação e depois prossegue depreciando qualquer elemento que não esteja em conformidade com ele.

Para obituaristas da tragédia como George Steiner, somente visões de mundo trágicas podem, enfim, sustentar de forma legítima obras de arte trágicas.[29] Se a época moderna testemunhou a morte da tragédia é

---

29 Ver Steiner, *The Death of Tragedy*, p.324.

porque, entre outras coisas, suas duas *Weltanschauungen* dominantes, o marxismo e o cristianismo, são avaliadas por Steiner (equivocadamente, como veremos) como sendo hostis à compreensão do trágico. Contrariamente, Raymond Willians considera que o século XX está sob a influência de três ideologias essencialmente trágicas: o marxismo, o freudismo e o existencialismo.[30] Arte e visões de mundo, entretanto, não se combinam de modo tão ordenado quanto Steiner imagina. A visão geral de Ésquilo, diferente talvez da visão de seus dois grandes colegas, não parece particularmente trágica, para não dizer do otimismo sentimental que subjaz aos dramas trágicos incrivelmente populares de Voltaire, ou as peças teatrais refinadas de um Dryden. Scott, Edgeworth e George Eliot – todos eles são testemunhas de tragédias específicas, embora sejam, em grande parte, progressistas em seu ponto de vista. Scott, cronista da trágica ruína da sociedade de clãs da Escócia, é também um fanático da moderação, da *via media* e de um futuro mais civilizado.

Para Murray Krieger, ao contrário, o problema se inverte: carecemos de uma arte trágica porque a perspectiva trágica lá fora é grande demais, e não pequena demais. O papel da arte trágica nos tempos atuais é refrear e desativar uma visão trágica que, de outra forma, seria uma visão perigosamente pretensiosa. Uma visão de mundo "demoníaca", que existe como desacato grosseiro a toda ordem racional, ética e cívica, carece hoje de uma arte trágica que possa discipliná-la e absorvê-la. Domar a tragédia, recuperar o dionisíaco por meio do apolíneo, manter o trágico e o cívico em uma tensão precária, tornaram-se menos factíveis neste nosso anárquico tempo, e isso é uma potente fonte de ansiedade política.[31] Se devemos administrar a desafeição social, como sugere o argumento de Krieger, ela precisa ser sublimada; mas, já que a desafeição também solapa as formas cívicas dessa sublimação, a tragédia não tem condições de reparar a tragédia e, assim, continuamos presos a um círculo vicioso.

Há ainda a questão de saber se a tragédia é sempre um *evento*. O termo tem ressonâncias de cataclismo e desastre, e uma definição de dicionário refere-se a um "infortúnio grande e súbito"; Geoffrey Brereton acredita que ela precisa envolver "circunstâncias inesperadas e surpreendentes", o

---

30 Willams, *Modern Tragedy*, p.189.
31 Ver Krieger, *The Tragic Vision*. É irônico que a visão conservadora de Krieger sobre a tragédia seja tão próxima da visão radical de Timothy Reiss, que examinaremos mais adiante. Aquilo que Krieger aprova, Reiss condena. O livro de Reiss, ainda assim, é bem mais complexo e esclarecedor.

que excluiria muitas mortes.³² Porém, a palavra pode também descrever um tipo de condição mais crônica e menos ostentosa do que Brereton supõe. A tragédia, por ser uma questão abruptamente jogada de lado, presta-se muito bem, é claro, ao teatro efetivo; na verdade, tal teatro ajusta-se de maneira interessante à própria descrição do gênero, por meio de reviravoltas repentinas, ações que, ironicamente, saem pela culatra, ações condensadas, repletas de crise, uma rigorosa economia de paixão e de situações afins. Há, entretanto, tragédias estáveis, bem como tragédias com grandes e repentinas mudanças, sob a forma de uma sombria e absoluta persistência em relação a certas condições irremediáveis e obscuras, por exemplo, um pálido hematoma na pele. Pensamos no rigoroso dever kantiano que impele a heroína de Henry James, em *Retrato de uma senhora*, a retornar ao marido profundamente antipático, ou na desolada paisagem do tempo que se estende diante da rejeitada Catherine Sloper ao final de *A herdeira*.

Esses tipos menos evidentes, menos espetaculares de tragédia, que George Eliot considerava no mínimo tão angustiantes quanto as formas mais patentes de tormento, são talvez mais adequados ao romance do que ao palco. Contudo, há também, digamos, o *páthos* da rejeitada, arruinada e alcoólatra Blanche DuBois, ao final de *Um bonde chamado desejo*, de Tennessee Williams, ou Lavinia Mannon, ao final de *Electra e os fantasmas*, de Eugene O'Neill, cujo problema é precisamente que ambas persistem em vão. Se todos esses exemplos são de mulheres é, sem dúvida, porque para elas tragédia em geral significa menos crise heroica do que condição inveterada, uma existência arruinada mais do que uma ação fracassada. Em outras palavras, como magistralmente nos lembra Walter Benjamin, existem aqueles para os quais a história constitui uma longa emergência, para os quais o excepcional (alta tragédia) é a norma do cotidiano. Desde os tempos de Eurípides, como afirma Adrian Poole, "a crise é permanente".³³ Em *Nana*, Émile Zola refere-se aos "clímax trágicos da vida cotidiana", e tais circunstâncias extremas podem ser menos toleráveis exatamente porque são previsíveis no dia a dia, mais do que irrupções abruptas ou inesperadas de algum outro mundo.

Certa vez, Alasdair MacIntyre comparou as disputas da era moderna relativas a questões morais a alguém buscando, sem nenhuma esperança, decifrar fragmentos de escrita quase totalmente desprovidos de contexto,

---

32 Brereton, op. cit., p.5.
33 Poole, *Tragedy:* Shakespeare and the Greek Example, p.65.

herdados de alguma época anterior.³⁴ Muita coisa semelhante pode ser dita a respeito das várias e árduas tentativas feitas na Idade Média de reconstruir a noção de tragédia, considerando a ausência, àquela época, da *Poética* de Aristóteles.³⁵ A maioria dos autores medievais considerava a tragédia um gênero obsoleto, da mesma forma que os ideólogos da morte da tragédia fazem hoje, e pouquíssimos deles se viram acrescentando algo a ela. Havia muita confusão – por vezes cômica – sobre o que realmente era tragédia. Houve situações em que tudo o que a Idade Média parecia saber era que a tragédia consistia em uma forma especialmente séria – Ovídio comenta em sua *Tristia* que a tragédia, com seu tom solene, supera qualquer outra forma de escrita – juntamente com o fato de que ela estava relacionada com os infortúnios dos grandes e poderosos. Teofrasto definira tragédia como representativa da sorte dos heróis, e essa ênfase em uma vida extravagante é um fator constante nas narrativas medievais e frequentemente mais importante do que noções de destino, ruína, transgressão, inocência, dano irreparável e situações semelhantes.

O gramático Plácido, perto da virada do século VI, fala de tragédia como "um gênero de poesia em que os poetas descrevem, com palavras grandiloquentes, a penosa ruína de reis, crimes inauditos, ou os assuntos dos deuses".³⁶ "Grandiloquente" pode fazer a tragédia soar análoga à linguagem bombástica, e esse parece ter sido um significado do termo. São Tomás de Aquino parece utilizá-lo nesse sentido. Esse significado parcialmente pejorativo sobrevive até pelo menos *Os anos de aprendizado de Wilhelm Meister*, de Goethe, em que Wilhelm refere-se à tragédia como "representativa de alta posição social e de nobreza de caráter por meio de certa rigidez e afetação".³⁷ Parece também que São Tomás de Aquino achava que tragédia significava "discurso sobre a guerra", ao passo que comédia era discurso sobre questões cívicas. Averroes, pelo contrário, parece achar o termo sinônimo de "louvor" – o louvor da virtude do sofrimento. O fato de que ele também foi crítico da *Poética* de Aristóteles sugere certo fracasso tragicômico de comunicação entre a Antiguidade e seus desdobramentos, como se Marx tivesse imaginado que, por "dialética", Hegel tivesse pretendido se referir a uma forma regional de discurso.

---

34 Ver MacIntyre, *After Virtue*, p.1-5.
35 Devo muito de meu conhecimento sobre a tragédia desse período ao livro extraordinariamente erudito de Henry Ansgar Kelly, *Ideas and Forms of Tragedy*.
36 Ibid., p.7.
37 Goethe, *Wilhelm Meister's Apprenticeship*, p.14.

Aparentemente, Dante pensou em tragédia como não sendo nem invariavelmente dramática nem especialmente preocupada com sofrimento e desastre. Em vez disso, ele também a definiu em termos de seu tom altamente solene – formas de verso nobres, construção elevada, vocabulário primoroso e profundidade de substância. Ele considerava a *Eneida* uma obra de arte trágica, mesmo que ela contenha mais triunfo do que catástrofe e mude da última para o primeiro, e não vice-versa (como prescreve Aristóteles). "Terríveis crimes dos notáveis" era um slogan resumido muito usado nos tempos medievais, mais ou menos como apareceria em muitos jornais da imprensa marrom de hoje. A tragédia foi, de fato, um desmascaramento da corrupção da classe dominante, com o propósito ideológico de tornar abomináveis à plebe os vilões que viviam de forma extravagante e, consequentemente, ela enfatizava, em oposição a Aristóteles, a desgraça merecida mais do que a imerecida. "Figuras imponentes, grandes temores e desfechos desastrosos" – essa é a definição concisa do crítico romano Donato.[38] Essa tradição sobrevive até *The Art of English Poesie* (1589), de George Puttenham, que mostra a arte trágica tratando da cobiça, da infâmia e da licenciosidade dos poderosos, os quais são punidos por seus pecados para a edificação moral da plateia. Ela ensina a mutabilidade da sorte e a vingança inevitável de Deus contra os iníquos. Aqui não há dúvida acerca de um destino férreo, do herói toleravelmente virtuoso de Aristóteles, de uma lamentável identificação com tal herói, dos bons sofrendo em excesso, ou da dubiedade moral dos altos poderes. A tragédia lidava com questões dolorosas e grandes iniquidades, e entre os romanos algumas vezes tomava a forma de uma apresentação de dança ou pantomima, de que – dizia-se – tanto Nero quanto Santo Agostinho participavam.

No século VI, um significado aparentemente excêntrico do termo "tragédia" surge com Boécio, que o utiliza no contexto da Encarnação de Cristo para denotar uma espécie de ruína ou decadência. Ele fala de Cristo tornar-se carne como "uma tragédia tremenda", sem dúvida no sentido usado por São Paulo – uma *kenosis* ou autoesvaziamento, mais do que em qualquer outro tipo de desastre. O estranho uso que Boécio faz do termo é próprio da visão teológica clássica de que a Encarnação envolve uma perda ou autoestranhamento da parte de Deus, bem como uma plenitude de presença. Mais tarde, Hegel verá o processo do Espírito

---

38 Ibid., p.12.

de auto-objetificação sob a mesma luz trágica. Talvez esses usos não ortodoxos do termo tenham resultado em parte daquilo que agora é sua quase indecifrabilidade. Para a época medieval, a palavra "tragédia" derivava-se de "bode", e (já que Horácio afirma isso) um bode era o prêmio pelo qual os antigos tragediógrafos competiam. Não está claro se eles tinham consciência de que não existe palavra para tragédia em nenhuma outra língua a não ser no grego antigo, e todos os outros usos foram adotados a partir desse; e não parece ter-lhes ocorrido que, como sugere Gerald Else, a palavra "tragediógrafo" possa originalmente ter sido uma brincadeira à custa dos dramaturgos, significando "bardo do bode".[39] Alguns deles especulavam com uma implausibilidade bizarra que o prêmio em questão era um bode por causa da imundície do tema artístico, enquanto outros acreditavam que um bode era realmente oferecido em sacrifício aos poetas trágicos, ou que o termo veio do calçado feito de pele de cabra, a fêmea do bode, que os atores usavam no recital. Um crítico e estudioso do século XIV, Francesco da Buti, supôs, de forma inventiva, que o bode era um símbolo da tragédia porque, visto de frente, parece principesco, com seus chifres e barba imponentes, mas tem o traseiro nu e imundo. Veremos mais adiante, ao investigarmos a ambivalência do bode expiatório trágico, que essa noção não é tão fantasiosa quanto parece.

Eruditos medievais foram herdeiros de uma tradição segundo a qual a tragédia evoluiu da prosperidade para a adversidade, uma ênfase que pode ser encontrada no *Conto do monge*, de Chaucer. Mas essa linhagem nada dizia à *la* Aristóteles sobre a estatura moral do protagonista trágico, como, de fato, Chaucer não diz. Por volta de 1220, John de Garland destila a sabedoria medieval recebida, com seu comentário de que a tragédia é escrita em estilo solene, propõe feitos vergonhosos e criminosos, além de começar de forma alegre e terminar em lágrimas. Entretanto, a tragédia na sociedade medieval podia, ocasionalmente, significar uma queixa ou uma canção de lamento (como na "tragédia dos infortúnios pelos quais ele passou"), e esse jogo de telefone sem fio dos antigos aos medievais atinge sua consumação surreal com o erudito inglês do século XIV, John Arderne, que chama a Bíblia de tragédia, provavelmente querendo dizer nada mais do que um tipo de livro sério. Em um desvio grotesco e derradeiro de desdém e negligência, Arderne recomenda as Sagradas Escrituras e outras assim chamadas tragédias como fonte de contos humorísticos.

---

39 Else, *The Origin and Early Form of Greek Tragedy* [1965], p.70.

No século XII, Otto de Freising emprega o termo "tragédia" como relato de um desastre na vida real, provavelmente um dos primeiros usos como tal, observando, a respeito do relato em questão, que fora "escrito da maneira angustiada e grandiosa de uma tragédia".[40] Essa conjunção de angústia e grandiosidade diz muito a respeito de um paradoxo familiar da forma, mais ou menos como recomendarmos um filme de horror enfatizando o quão repugnante ele é. O comentário de Otto, entretanto, sugere que o uso da vida real é derivativo do artístico. William de Malmesbury também atribui à palavra significado de vida real em um relato do naufrágio e morte do filho de Guilherme, o Conquistador, embora talvez com o sentido teatral do termo também em mente. Thomas Kyd, como já vimos, utiliza o termo em *A tragédia espanhola*, querendo dizer ruína real, embora a peça também recorra várias vezes ao sentido artístico do termo. Na verdade, o drama de Kyd funde tragédia da vida real com tragédia teatral na sua própria estrutura, pois Hierônimo vale-se de uma peça encenada dentro de outra para buscar sua verdadeira vingança, e tudo, por sua vez, conta com a estrutura de um coro. "Tragédia", então, aparentemente, evoluiu em um processo de três etapas, desde o descrever uma peça ou texto até o denotar um relato de adversidade histórica, e daí até o designar as próprias adversidades históricas. Ao melhor estilo wildeano, a tragédia começa como arte que a vida, então, imita. E os usos anteriores da palavra na vida real ainda retêm certa ressonância de suas origens no palco ou na fábula, os quais podem, mais tarde, ser completamente abandonados. Portanto, o termo evolui da arte, passando em seguida para a vida com um eco de arte, e daí para a vida.

Atualmente, para a maioria das pessoas, tragédia significa uma ocorrência real, e não uma obra de arte. De fato, alguns dos que hoje usam o termo referindo-se a eventos reais provavelmente nem mesmo percebam que ele tem um sentido artístico, de forma que, enquanto alguns críticos conservadores argumentam que é ininteligível falar da vida real como trágica, alguns de seus concidadãos que usam livremente o termo em relação à fome e à overdose de drogas poderiam sentir-se intrigados ao ouvi-lo utilizado em relação a um filme ou romance. Mesmo assim, quando o *OED* fala de tragédia como "evento infeliz ou fatal ou série de eventos na vida real; calamidade ou desastre terrível", ele tem o cuidado de observar que esse é um emprego meramente *figurativo* do termo, surgido a partir do

---
40 Ibid., p.89.

século XVI. Portanto, tragédia na vida real é uma derivação metafórica da coisa artística verdadeira, uma visão que converte um desdobramento histórico em uma prioridade ontológica. Para uma legião de expoentes da teoria do trágico, não pode haver ingenuidade mais constrangedora do que confundir tragédia na arte com tragédia na vida, apesar do ensinamento de Freud de que a crise mais tumultuosa do início de nossa vida encontra seu roteiro no drama trágico antigo. Na verdade, para muitos críticos, não pode haver absolutamente tragédia na vida real. Essa é uma importante razão pela qual "tragédia" não pode significar "muito triste", já que o primeiro termo é um termo estético e o último, um termo do dia a dia. "Na vida real não existe tragédia", afirma W. MacNeile Dixon, o qual, na condição de estudioso enclausurado, talvez estivesse falando consigo mesmo.[41]

Todavia, MacNeile Dixon certamente fala por um grande número de exegetas. Até mesmo o radical Franco Moretti nega que o trágico existe na vida histórica e reserva o termo "tragédia" apenas para representações daquela existência.[42] Um motivo para essa restrição do termo é bastante simples. Se para teóricos conservadores a arte trágica é um assunto afirmativo *par excellence*, e se isso não se deve totalmente à sua forma artística, então eles podem evitar o constrangimento de ter de louvar cataclismos da vida real como igualmente positivos, valendo-se do artifício descarado e simples de se recusar a defini-los como trágicos. Não se trata de ser insensível, continua o argumento; trata-se apenas do fato de que a tragédia é um assunto técnico, bem diferente de calamidades banais. Aqueles que discordam dessa proposição são, portanto, considerados levemente obtusos, como alguém que acusa um cirurgião de sadismo por extirpar um pulmão doente. Uma guerra nuclear total não seria trágica, mas uma forma de representá-la na arte pode muito bem sê-lo. Por trás dessa noção aparentemente lunática, que presumivelmente só poderia ter sido urdida por aqueles possuidores de notável erudição, há uma série de falsas suposições: de que a vida real é amorfa e que somente a arte é organizada; de que só na arte é possível revelar o valor que a destruição libera; de que o sofrimento da vida real é passivo, horrível e indigno, ao passo que o padecimento na arte tem o esplendor heroico da resistência; de que a arte tem uma inevitabilidade gratificante que falta à vida.

---

41 Dixon, *Tragedy*, p.5.
42 Moretti, *Signs Taken For Wonders*, p.55.

Em *Um experimento na crítica literária*, C. S. Lewis fala de um estilo devastadoramente elitista de "dor [na vida real] como não interessante", "uma mescla grosseira de agonia e pequenez", que é privada da "grandeza ou inevitabilidade" e soa-nos meramente como "tediosa e deprimente".[43] Os escritos de Lewis sobre a morte prematura de sua esposa não parecem considerar o evento tedioso e pouco interessante, embora a vida real dos outros talvez seja mais estúpida do que a nossa própria. A. C. Bradley concorda com o argumento de Lewis: "A história de um homem, por exemplo, que aos poucos caminha para a morte em virtude de doença, miséria, poucos cuidados, vícios sórdidos, perseguições mesquinhas, por mais lastimável ou horrível que seja, não seria trágica no sentido shakespeariano".[44] Lewis e Bradley têm o apoio entusiástico de Ulrich Simon, que solenemente nos informa que "incapacitação, malformação genética, doenças incapacitantes, podem atormentar as vítimas e destruir famílias, mas não são trágicas".[45] Sem dúvida, tal juízo viria como um abençoado alívio para os enfermos e os inválidos, como uma cruz a menos para carregar. Soando como tal em uma obra sobre o cristianismo, parece uma nota estranha. Simon continua sua lista de eventos palpavelmente não trágicos, tais como enchentes, terremotos que exterminam comunidades inteiras, genocídio ou a Batalha de Somme. O Holocausto não foi trágico; em vez disso, foi a morte da tragédia. A tragédia precisa envolver mais do que a mera criação de um bode expiatório; precisa envolver uma corajosa resistência ao destino, do tipo que testemunhamos nas grandes obras de arte trágica.

Houve, sem dúvida, uma heroica resistência ao nazismo da parte de alguns judeus. E muitas pessoas batalham bravamente contra enchentes, doença, invalidez, genocídio etc. Juntamente com muitos outros estudiosos da tragédia, Simon apresenta a curiosa suposição de que tal resistência floresce apenas na arte; que sem ela não há nenhuma revelação de valor; e que, sem tal valor, não existe tragédia. A tragédia é vista como reação a um evento, e não apenas como o evento em si; mas isso, com certeza, não pode marcar a diferença entre a arte e a vida, já que a distinção é tão difícil de ser estabelecida tanto em uma quanto na outra. De qualquer forma, o argumento parece ser que o drama *Pentesileia*, de Heinrich von Kleist, é trágico, embora o fato de que Kleist tenha estourado os miolos com a idade

---

43 Lewis, *Experiments in Criticism*, p.78.
44 Bradley, *Shakespearian Tragedy*, p.3.
45 Simon, *Pity and Terror:* Christianity and Tragedy, p.37.

de 34 anos em um pacto de suicídio com uma vítima de câncer não o seja. (Sempre habilidoso no planejamento de seu futuro, Kleist havia anteriormente se juntado ao Exército francês na esperança de ser morto durante a invasão da Inglaterra, planejada por Napoleão.) Aqui a discrepância entre a arte e a vida começa a assumir proporções grotescas, como se alguém devesse afirmar que um monólogo de três horas, feito em um monótono tom anasalado, fosse entediante na vida real, porém arrebatador no palco.

Como sardonicamente comenta Raymond Williams em um livro dedicado a refutar essa falácia:

> Guerra, revolução, miséria, fome; homens reduzidos a objetos e mortos a partir de listas; perseguição e tortura; os diversos tipos de martírio contemporâneo; por mais próximos e insistentes que sejam os fatos, não devemos nos sentir tocados em um contexto de tragédia. Tragédia, sabemos, é acerca de algo mais.[46]

Williams corretamente reconhece que a querela não é, de fato, sobre tipos de sofrimento; é sobre o afetado desdém da teoria tradicional do trágico pela modernidade e pela vida comum. Não é a "vida real", mas certa espécie de "vida real" pós-clássica e pós-aristocrática que é o verdadeiro alvo dos Bradleys, dos Lewises e dos Steiners. O que está em questão é a guerra contra a vulgaridade moderna, cuja antítese é a nobreza da arte trágica. Geoffrey Brereton discute a questão nos seguintes termos: "A morte de um grande homem em um acidente de avião qualifica-se inequivocamente para uma tragédia; se ele morre em um acidente com um carro esportivo, a condição torna-se mais dúbia; se ele morre porque caiu de uma bicicleta, toda a concepção está em risco".[47] Talvez isso leve a metáfora da ruína trágica um pouco ao pé da letra demais.

A teoria da tragédia está repleta de tais absurdos. Poucas formas artísticas inspiraram lugares-comuns tão extraordinariamente santimoniais. H. A. Mason escreve que "o Herói se torna candidato à Tragédia somente quando somos tocados por alguma analogia entre a relação dele com todo o universo da peça e a relação da Alma do Homem com tudo que a circunda no Universo".[48] É difícil ver como isso é verdadeiro em relação a *Gata em teto de zinco quente*. John S. Smart sustenta a opinião de

---

46 Williams, *Modern Tragedy*, p.62.
47 Brereton, op. cit., p.18.
48 Mason, *The Tragic Plane*, p.24.

que a tragédia levanta questões fundamentais sobre nosso lugar na ordem cósmica, o que dificilmente é o caso de *Rosmersholm*.[49] Em *Tragedy Is Not Enough*, que é um estudo bastante criterioso, Karl Jaspers afirma que a

> [...] tragédia mostra ao homem como ele se transforma à beira da ruína. Como Cassandra, o herói trágico engloba a atmosfera trágica. Por meio de suas perguntas ele se relaciona com o destino. Em luta, ele se conscientiza daquele poder que representa, poder que ainda não é tudo. Ele vivencia sua culpa e a interroga. Ele quer saber a respeito da natureza da verdade e representa em total consciência no palco o significado da vitória e da derrota.[50]

É bem possível que uma tradução pobre tenha contribuído para essa cadeia de platitudes grosseiras, mas ela é, mesmo assim, típica de certo estilo deprimente de comentário sobre o assunto. Maud Bodkin, que nem mesmo tem a desculpa de ser em tradução, informa-nos que "Hamlet, embora morra, é imortal por ser o representante e a criatura da vida imortal da raça".[51] A tragédia, ensina-nos outro crítico, tem "o poder de sugerir algo ilimitado, de colocar a vida contra um pano de fundo de eternidade e de fazer o leitor sentir a presença de problemas que ele não consegue resolver".[52] É, de fato, edificante sentir que os problemas de alguém são insolúveis, principalmente para aqueles com certa inclinação para o masoquismo.

É irônica a discrepância entre tragédia como arte e tragédia como vida, pois boa parte das principais obras de arte trágica comporta-se exatamente como se a tragédia fosse, de fato, uma questão de experiência real, em vez de um fenômeno puramente estético. Como ocorre com qualquer arte ou linguagem, existe em ambas as visões de tragédia essa imanência que aponta para além delas. A desconstrução da arte e da vida é conhecida como arte. Se, na maior parte das vezes, a teoria do trágico insiste em uma versão de tragédia, a prática do trágico tende a ilustrar outra versão; e essa incongruidade, que remonta à *Poética* de Aristóteles, está muito arraigada e é persistente o bastante para sugerir que se constitui em um problema cultural ou em uma contradição intelectual por seus próprios méritos. Ironicamente, Raymond William observa que parte da moderna teoria da

---

49 Smart; Tragedy, *Essays and Studies*, v.8.
50 Jaspers, *Tragedy Is Not Enough*, p.75-6.
51 Bodkin, *Archetypal Patterns in Poetry*, p.21.
52 Smart, op. cit., p.36.

tragédia nega de forma perversa a possibilidde de existência da verdadeira tragédia "depois de quase um século de arte trágica importante, contínua e insistente".[53] Roland Galle, por sua vez, comenta sobre a ironia do tipo Coruja de Minerva, segundo a qual a especulação filosófica sobre a tragédia no século XIX, no apogeu de Hegel, Schelling, Schlegel, Schopenhauer e Nietzsche, prospera a ponto de a própria forma parecer estar temporariamente exaurida.[54] Quem pode cria; quem não pode filosofa.

Na verdade, poderíamos argumentar que a filosofia aqui é uma continuação da tragédia por outros meios. As duas ideias estão ligadas até mesmo na consciência popular, com a tragédia significando o inevitável e a filosofia, o fatalismo ("ela assumiu uma postura surpreendentemente filosófica quando perdeu o marido para uma dançarina de boate"). Exatamente como o modernismo artístico mais tarde migraria para a teoria cultural de vanguarda, a tragédia, de Hegel a Nietzsche, também é deslocada para dentro do campo da especulação teórica. Agora ela se torna um significante cultural, uma teodiceia, uma Ideia majestosa, fonte fértil de valor absoluto ou uma forma de contrailuminismo, uma resolução artística de dualidades filosóficas, mais do que uma questão de suplício e aflição em primeiro lugar. Uma era de revolução, que os jovens visionários da época sentem como pertencente a eles em especial, tem pouco tempo para tais realidades desalentadoras; e, portanto, já que a tragédia é cada vez menos possível no palco, ela se torna livre como conceito para arraigar-se em reflexões sobre o dionisíaco ou o Absoluto, na necessidade do sacrifício, no conflito entre Natureza e cultura ou no autoestranhamento do Espírito. Torna-se, aí, o sinal de um vitalismo ou humanismo que pouco tem a ver com o infortúnio humano.

O fato de a arte do trágico e a teoria do trágico serem tão dissonantes não deve constituir surpresa. A antítese entre elas, segundo *O nascimento da tragédia*, de Nietzsche, remonta a Sócrates. Para Nietzsche, foi a filosofia, com suas jactanciosas afirmações universalistas, que anunciou a ruína das devoções locais e irrefletidas e dos rituais dos quais as raízes da arte trágica antiga se nutriam. Para Walter Benjamin, é a morte serena e despretensiosa de Sócrates – uma paródia nitidamente não sublime de uma morte trágica – que marca a morte da tragédia como tal.[55] Para Nietzsche, o mito

---

53 Williams, *Modern Tragedy*, p.46.
54 Galle, The Disjunction of the Tragic: Hegel and Nietzsche. In: Georgopoulos (Ed.), *Tragedy and Philosophy*, p.39
55 Ver Sparks, Fatalities. In: Beistegui; Sparks (Eds.), *Philosophy and Tragedy*, p.200.

e a tragédia foram liquidados por uma aliança profana entre racionalismo (Eurípides e Sócrates), realismo psicológico, naturalismo, vida cotidiana, dialética, otimismo histórico, ética e investigação racional. A morte da tragédia foi a primeira grande vitória desse iluminismo desprezível, e a missão de Nietzsche será a de proclamar a morte dessa morte. A partir desse *Aufklärung* inicial, conforme pensa Nietzsche, paulatinamente nasce uma mentalidade escrava, letal à arte do trágico. A crença de Sócrates de que o mundo deve ser inteligível – o que Nietzsche desdenhosamente chama de "influência da dissolução do instinto" – atinge na raiz os mistérios dionisíacos. Não surpreende que o próprio Sócrates, segundo se diz, evitava a apresentação pública da tragédia. O conhecimento, nas amplas consequências do teatro trágico, não é mais mítico ou místico, mas está acoplado aos rastejantes valores ingleses da virtude e da moralidade, da felicidade e da autotransparência. À medida que testemunhamos a detestável emergência do "homem teórico", o exultante espectador estético cede terreno para o tristonho eunuco acadêmico, com sua patética ilusão de que o pensamento pode penetrar e até mesmo corrigir o Ser. Para Nietzsche, entretanto, o mundo é essencialmente ilegível, e o "conhecimento trágico", que precisa da arte para tornar toleráveis seus *insights* aterradores, envolve uma compreensão da falta de significado do mundo. Envolve também um senso dos limites do conhecimento, fronteiras de que Kant e Schopenhauer nos relembraram na filosofia; mas desse ceticismo pode haver um ressurgimento da cultura trágica, em que o mito irá mais uma vez florescer e a sabedoria irá proscrever a ciência. Pouco surpreende, então, que a tragédia e a filosofia devam estar em franca hostilidade, considerando que a primeira significa um mistério ou uma opacidade irredutível nas questões humanas, impenetrável a qualquer coisa insignificante como a cognição. Nesse sentido do termo, tragédia é contrailuminismo.[56]

Um dos mais sofisticados estudos recentes do tema, o desconstrutivo *Tragedy and Theory*, de Michelle Gellrich, considera essa discrepância entre prática e filosofia uma espécie de resistência – à *la* Paul de Man – à teoria por parte de seus próprios objetos acastelados. "Dramas trágicos", comenta Gellrich, "em vez de confirmar os importantes princípios da teoria dramática tradicional, resistem a eles e desafiam as formas de compreensão que eles tornam possíveis".[57] Gellrich lê a filosofia da tragédia como se buscasse reprimir e excluir os conflitos que a prática do trágico revela, neutralizando

---

[56] Ver também Crictchley, *Ethics-Politics-Subjectivity*, capítulo 10.
[57] Gellrich, *Tragedy and Theory:* The Problem of Conflict since Aristotle, p.7.

seu ultraje moral, desativando suas tendências para a dissolução social e resistindo aos seus aspectos mais antagônicos.[58] Isso ignora o fato de que algumas teorias da tragédia (Schopenhauer, digamos) são muito mais dissidentes do que algumas de suas práticas (Claudel, por exemplo); mas Gellrich está certa em ver boa parte da teoria do trágico como sendo – em um sentido bastante rigoroso do termo – ideologia, desativação da desordem de seu objeto, com seus apelos anódinos à virtude, à racionalidade e à harmonia social. A teoria da tragédia, com seu suave didatismo moral, toca, por assim dizer, Apolo, para o Dionísio da prática. Para Aristóteles, *poiesis*, conforme argumenta Gellrich, implica tornar significativo o fortuito ou acidental – de forma que a própria habilidade artística da trama denuncia o que Gellrich, à sua maneira pós-estruturalista levemente conspiratória, percebe como uma tentativa repressiva de tornar inteligível o que é subversivo e imprevisível. Em virtude da própria forma da arte, certa necessidade enganosa se introduz no mundo, ao passo que a própria história permanece ligada à aleatoriedade e à contingência. Gellrich, então, situa a arte trágica dentro do esquema aristotélico, em algum lugar entre a ciência e a história, imitando a necessidade da primeira, mas sem seu rigor matemático. Quase o mesmo lugar, equilibrado de forma ambígua entre a ciência e a ideologia, será, alguns séculos mais tarde, atribuído à arte por Louis Althusser.[59]

A teoria francesa radical, embora dessa vez seguindo uma tendência foucaultiana em vez de derridiana, também ilumina a erudita e arrojada *Tragedy and Truth*, de Timothy Reiss. Para Reiss, a tragédia inaugura uma nova ordem de discurso ao marcar os limites de um regime de conhecimento existente, ao articular as significações ausentes no seu âmago. Ela revela o que é necessário para que certa ordem social ou legal exista e, assim, ao esboçar seu horizonte exterior de significado, os pontos onde ela vacila e cai no silêncio e na não significação, atua como uma espécie de fenômeno transcendental. Se isso faz a forma parecer subversiva, fazendo ao discurso algo daquilo que, para Pierre Macherey, a literatura faz à ideologia,[60] a subversão dá provas de que tem vida curta, pois a função do trágico é também reduzir esse silêncio enganoso ao conhecimento regulado, para que a tragédia se torne "a arte de superar não significados".[61]

---

58 Para um estudo desses aspectos na moderna tragédia inglesa, ver Dollimore, *Radical Tragedy*.
59 Ver Althusser; Letter on Art to Andre Daspre. In: _____, *Lenin and Philosophy*, p.203-4.
60 Ver Macherey, *A Theory of Literary Production*.
61 Reiss, *Tragedy and Truth*, p.6.

Reiss, assim como Gellrich, guarda uma desconfiança pós-estruturalista em relação ao conhecimento articulado e sistematizado, que, de maneira caracteristicamente indiscriminada, ele vê como opressivo. Parece não ocorrer a nenhum expoente desse juízo abstratamente formalista que alguns tipos de conhecimento organizado podem ser emancipatórios, assim como algumas formas de não significado podem ser violentas e repressivas. Exatamente como Gellrich se arrisca a caminhar para uma oposição incisiva demais entre arte trágica (desordenada, portanto, a ser enaltecida) e teoria do trágico (reguladora, portanto, a ser repelida), Reiss opõe o trágico como ausência, excesso ou impossibilidade de significado a um conhecimento trágico que doma e naturaliza essa força perigosamente desestabilizadora, reduzindo-a a uma ordem estável de referência, representação e racionalidade. A tragédia é a representação do caos no cerne de uma ordem sociodiscursiva, e também recupera para o conhecimento o "inexprimível" que elude essa ordem. Nossa reação a ela, então, é o medo de uma completa falta de ordem e, ao mesmo tempo, o prazer de ver tal ordem superada",[62] formulação bem mais dialética do que a de Gellrich, que, não obstante, veste de novos conceitos uma espécie de paradoxo bastante tradicional. Na verdade, ambos os críticos reciclam a oposição apolíneo/dionisíaco para a linguagem do pós-estruturalismo e, previsivelmente, inclinam-se de modo enfático a favor do segundo. Os gregos antigos, pelo contrário, sabiam o bastante para temer e abominar o dionisíaco e, ao mesmo tempo, venerá-lo. Entretanto, Reiss, pelo menos, sofistica a antítese assaz consumada de Gellrich, ao ver na própria arte trágica tanto a ordem quanto a desordem, a razão e o inexprimível, como uma forma que "produz racionalidade, mostrando o que pode ser designado irracional dentro dessa racionalidade".[63] Ao combinar uma noção de arte proposta por Macherey, que realça os limites da inteligibilidade, com uma ênfase bem mais foucaultiana na regulação e na contenção, Reiss busca mostrar a tragédia como sendo tanto ideológica quanto contraideológica, "incluindo" o inexprimível, e também "encenando-o".

A ideia do inexprimível – de um significado que desliza na rede de significações como mero vestígio de insanidade e caos – é simplesmente o avesso de uma noção de significado visto como racionalizado e regulado. Tal pessimismo precisa desse misticismo como seu complemento necessário. A única alternativa à tirania conceitual é a indeterminação conceitual,

---

62 Ibid., p.36.
63 Ibid., p.284.

e, para Reiss, a tragédia é como uma perpétua gangorra envolvendo ambas. É um caso sugestivo, mas que implica algumas consequências curiosas. Em primeiro lugar, ela aterrissa, constrangedoramente, bem ao lado da ala direita da tese da morte da tragédia. Para Nietzsche e para outros guardiões contemporâneos da tradição clássica, como George Steiner, a tragédia morreu em nosso próprio tempo porque o destino, os deuses, o heroísmo, a mitologia e uma avaliação apropriada da escuridão do coração humano capitularam de modo ruinoso diante do acaso, da contingência, da democracia, da racionalidade, do desencanto religioso e de um progressismo imaturo. Reiss, é claro, não endossa essa síndrome da ala direita; porém, como seu mentor, Michel Foucault, ele é nietzschiano o bastante para ser avesso a ideias de racionalidade e de progresso social, bem como para flertar com certo pessimismo filosófico. Para ele, a tragédia moderna tornou-se "analítica" ao neutralizar o inexprimível em uma forma de discurso que sustenta a ordem social. Sem dúvida, não é exatamente por isso que Steiner, Krieger e seus colegas consideram que a tragédia exalou seu último suspiro com a morte de Racine; mas também não está a anos-luz de distância disso.

O argumento de Reiss comporta outro corolário conservador. Sua aversão pela representação como sendo estabilizadora de uma forma insidiosa (uma doutrina estranhamente universalizadora para um pós-estruturalista) significa que ele não consegue ver com muito entusiasmo a ideia de tragédia como um fenômeno da vida real. Em primeiro lugar, o próprio conceito de "vida real", sem dúvida, parece epistemologicamente ingênuo a um pós-estruturalista. Sendo assim, enquanto alguns críticos conservadores se decidem pela arte mais do que pela vida, Reiss opta pelo discurso mais do que pela experiência. Em segundo lugar, já que a referência à vida real é um meio pelo qual a fluidez do discurso é opressivamente disciplinada, a tragédia não deve interessar-se mais por outra coisa a não ser ela própria. Mais uma vez, a teoria de vanguarda mais provocadora completa o círculo, juntando-se novamente ao tradicionalista mais insistente.

Tanto para Gellrich quanto para Reiss, a teoria trágica e a prática trágica guardam entre si uma relação contraditória, como cônjuges em guerra, os quais precisam um do outro, mas estão constantemente às turras. Contudo, também pode ser que a tragédia e sua teoria tenham se tornado assim tão conflitantes simplesmente porque suas preocupações são diferentes. A filosofia da arte sempre vem suprida de sua própria agenda, em vez de refletir obedientemente seu objeto; e essa tem sido uma surpreendente verdade no caso da tragédia. É com o início da era moderna que a noção de tragédia começa a abandonar suas humildes encarnações nessa ou naquela peça que se presta mais para ser lida, ou na representação em palco, para se tornar ela própria uma filosofia plenamente desenvolvida. Se a tragédia importa à modernidade, é tanto como teodiceia,[64] humanismo metafísico, análise crítica do Iluminismo, forma deslocada de religião ou nostalgia política, quanto como uma questão acerca do assassínio na encruzilhada, do mau cheiro das Fúrias ou do monstro erguendo-se do mar. Muitas vezes, como afirma Raymond Williams, a tragédia "atrai as crenças e tensões fundamentais de uma época, e a teoria do trágico é interessante sobretudo no sentido de que, por seu intermédio, o formato e o conjunto de uma cultura em particular amiúde se concretiza profundamente".[65] O que está em questão, conforme aponta Williams com muita perspicácia, é a cultura da qual essa teoria provém, pelo menos tanto quanto a cultura que deu origem à própria arte trágica.

A noção tradicionalista de tragédia gira em torno de várias distinções – entre sina e acaso, livre-arbítrio e destino, mácula interna e circunstância externa, o nobre e o ignóbil, cegueira e percepção, histórico e universal, o modificável e o inevitável, o verdadeiramente trágico e o meramente lastimável, o desafio heroico e a inércia ignominiosa – as quais, na maior parte das vezes, não têm mais tanta força para nós. Alguns críticos conservadores decidiram, então, que a tragédia não é mais possível, ao passo que alguns radicais chegaram à conclusão de que ela não é mais desejável. Ambos os campos concordam que a tragédia *realmente* depende dessas dicotomias; a questão é apenas que o primeiro lamenta que elas tenham morrido, enquanto o último se regozija com isso. De outra forma, esquerda e direita partilham o mesmo entendimento de tragédia; a questão apenas é que a esquerda a rejeita enquanto a direita a endossa. Porém, esse não precisa ser o único significado de tragédia; e a esquerda não deve descartar de forma tão despreocupada a noção como sendo antiquada e elitista, pois há outras percepções a respeito dela, principalmente no que se refere a aspectos da tragédia que parecem mais estranhos e obsoletos, os quais, como veremos, estão surpreendentemente próximos das preocupações contemporâneas radicais.

---

64 Ver Henn, *The Harvest of Tragedy*, p.65: "A questão crucial da tragédia é o lugar do mal e do sofrimento no mundo". Embora questionável, trata-se de uma ideia repetida por vários outros críticos.

65 Williams, *Modern Tragedy*, p.45.

CAPÍTULO 2
O valor da agonia

Vimos que Ovídio considerava a tragédia o mais solene e elevado de todos os gêneros literários,[1] e Juliette Brioche, por sua vez, comenta, em um momento de profundidade hegeliana, que, "quando passarmos a compreender que a tragédia é um tesouro disfarçado, então começaremos a compreender a vida".[2] Raras vezes uma forma artística foi elogiada de forma tão extravagante. Aristóteles via a tragédia como superior ao gênero épico e provavelmente à comédia, enquanto John Milton invoca-a, em seu prefácio a *Samson Agonistes*, como "a mais séria, a mais moral e a mais eficaz" das formas literárias. Jean Racine fala da "tristeza majestosa" da tragédia. Hegel vê a *Antígona* de Sófocles não apenas como a mais admirável tragédia já escrita, mas como a obra de arte preeminente da história. "Com Hegel", conforme comenta um crítico, "a tragédia torna-se sinônimo de excelência",[3] de forma que agora há o mesmo tipo de problema lógico sobre o que chamar de tragédia de segunda classe, como há em relação à literatura de má qualidade para aqueles que veem literatura como "escrita refinada".

Philippe Lacoue-Labarthe vê no sublime a generalização da experiência trágica grega em relação à totalidade da arte.[4] Para grande parte da opinião pós-hegeliana, tragédia é a própria medida de profundidade e maturidade, de experiência moderada e sabedoria reflexiva, em oposição à ingenuidade

---

1 Ver Ovídio, *Tristia ex Ponto*, p.83.
2 *The Guardian*, 15 fev. 2001.
3 Koelb; "Tragedy" as an Evaluative Term, *Comparative Literature Studies*, v.9, n.1, p.72.
4 Lacoue-Labarthe; On the Sublime. In: Appiganesi (Ed.), *Postmodernism*: ICA Documents 4.

do cômico. Não é óbvia a forma como tal juízo emerge de uma comparação entre *The Roman Actor*, de Philip Massinger, e *Volpone*, de Ben Jonson, ou entre *John Woodvil*, de Charles Lamb, e *O prodígio do mundo ocidental*, de J. M. Synge. Nas palestras proferidas em Cambridge sobre o romance inglês, Raymond Williams mostrou resistência à noção convencional de que os últimos romances de George Eliot, em virtude da sabedoria sardonicamente resignada neles sugerida, do irônico sentido da inflexibilidade das coisas, são, portanto, necessariamente mais maduros e realistas do que a sua ficção inicial – mais leve, mais "pastoral".

Essa elevada ideia de tragédia normalmente não é a mesma que editores e agentes publicitários compartilham. É extraordinário perceber que muitas vezes uma obra literária melancólica impele os que escrevem na contracapa a usar uma linguagem nervosamente defensiva: "A história, apesar de lúgubre, culmina não em desespero, mas em uma insólita tranquilidade espiritual"; "A visão sombria que se tem do romance é amenizada por brilhantes momentos de humor sarcástico". Repetidas vezes, tragédia ou pessimismo precisam ser massageados ou ter suas arestas suavizadas pela indústria literária para consumo do público, com base na suposição, profundamente questionável, de que o público não colhe um prazer sádico de tais histórias de infortúnio. Há algo ofensivo e desconcertante, até mesmo para a empedernida sensibilidade moderna, em relação a obras que abandonam toda a esperança. A edição de Chekhov, da Penguin, tranquiliza nervosamente seus leitores, informando que "cada peça contém pelo menos uma personagem que exprime a esperança de Chekhov por um futuro mais promissor", o que Samuel Beckett poderia ter descrito como uma percentagem razoável.[5]

Na segunda parte do século XIX, havia um claro imperativo ideológico por trás dessa crítica à melancolia, da qual Thomas Hardy, por exemplo, foi vítima. Socialmente falando, o pessimismo – da mesma forma que ocorreu com o ateísmo e o determinismo – tendia à desordem, gerando ceticismo, fatalismo e dissidência, ao passo que a função da arte era edificar. É assim que Matthew Arnold, com um sentimento de culpa, deixa sua tragédia *Empedocles on Etna* fora da edição de seus poemas em 1853, considerando-a uma obra sombria e debilitante demais para uma época de ansiedade ideológica e de efervescente rebelião popular. Embora Arnold aprove a tragédia, ele não consegue ver nenhuma justificativa para o tipo

---

[5] Ver comentário em *Esperando Godot* sobre o fato de que um dos ladrões do Calvário foi salvo: "É um percentual razoável".

de sofrimento que não encontra vazão na ação, "aflição mental" que não é mitigada nem pela esperança nem pela resistência.⁶ O que Arnold faz tem um magnífico precedente: na *República*, Platão recomenda que os "poetas (devem) parar de oferecer sua sombria narração do pós-vida, o que é tanto inexato quanto inadequado para produzir um espírito guerreiro".⁷ W. B. Yeats faz a mesma coisa, omitindo a poesia da Primeira Guerra Mundial de seu *Oxford Book of Modern Verse*. "Rejeitei esses poemas", declara Yeats, "pela mesma razão que levou Arnold a retirar seu *Empedocles on Etna* de circulação: sofrimento passivo não é tema para poesia. Em todas as grandes tragédias, tragédia é uma alegria para o homem que morre; na Grécia, o coro trágico dançava."⁸ Yeats repete obedientemente o que nessa época é o mais puro clichê literário: a tragédia tem mais a ver com êxtase do que com agonia. Porém, uma vez que ele está se referindo à bravura militar dos poetas da guerra, é difícil compreender por que ele deveria ver como passivo o sofrimento que eles registram. O autor vitoriano posterior, W. E. Henley, afirma que irrita o público "enfrentar problemas não suscetíveis de nada, a não ser de uma solução trágica".⁹ No início do século XIX, o grande ideólogo do antitrágico é William Wordsworth, com seu pavor de fissuras no tempo e suas majestosas sublimações do infortúnio.

O mundo moderno, portanto, parece glorificar a tragédia e ao mesmo tempo viver temerosa do desalento que ela encerra. A contradição, entretanto, é apenas aparente, pois os críticos da tragédia são da mesma opinião em sua crença de que desalentadora é exatamente a última palavra que se aplica a ela. Na verdade, um deles censura o *Cândido*, de Voltaire, uma obra com mais do que sua justa cota de contratempos grotescos, por ser não trágica em virtude de seu demasiado ceticismo em relação à Providência.¹⁰ Ibsen, segundo nos esclarece Dorothea Krook, não é verdadeiramente trágico porque, à falta de um senso de redenção, ele "jamais escapou dos limites de uma visão profundamente pessimista da vida [...] em sua cegueira, Ibsen continua tragicamente tão incapaz de escrever tragédia quanto qualquer romântica autora de romances na sua".¹¹ Não fica claro o que a palavra "tragicamente" faz nessa sentença, já que, de fato, o ser

---

6 Allott (Ed.), *Poems of Matthew Arnold*, p.656.
7 Plato, *The Republic*, p.81.
8 Yeats (Ed.), *The Oxford Book of Modern Verse*, p.xxxiv.
9 Henley apud King, *Tragedy in the Victorian Novel*, p.3.
10 Brereton, op. cit., p.130.
11 Krook, op. cit., p.116.

incapaz de escrever tragédia não se qualificaria como menos trágico pelos critérios rígidos e inquietantes de Krook.

De qualquer forma, o efeito da tragédia é nos deixar "liberados, revigorados e entusiasmados."[12] Nada é dito sobre compaixão ou sofrimento. Desespero, desânimo, infelicidade, melancolia – todos os estados que a plebe ignara associa ao trágico são considerados, segundo essa rarefeita visão estética, obstáculos reais a ela. Por conseguinte, a tragédia começa a parecer precisamente aquilo que eleva nosso espírito após uma falência ou um período de luto, uma solução revigorante que alivia nossos males. Nessa caricatura humanístico-liberal dos inequívocos poderes criativos da tragédia, o fato de ela envolver-se com esperanças ceifadas e vidas arruinadas é logo esquecido. Uma comissão educacional na África do Sul recomendou recentemente a proibição de *Hamlet* nas escolas, alegando que a peça não era "nem otimista nem edificante". Aliás, igualmente não edificante é a maior parte do que se escreve sobre a história do *apartheid*.

O crítico D. D. Raphael acredita que a tragédia "mostra a sublimidade do esforço humano",[13] enquanto o dramaturgo Eugene O'Neill proclama que "a tragédia do Homem é talvez a única coisa relevante a respeito dele [...] a vida individual só adquire significado pela luta".[14] Para Nietzsche, tragédia é menos uma condição a ser reparada do que um estado ao qual se aspira: "Apenas ousem ser seres trágicos", ele exorta seus leitores em *O nascimento da tragédia*. Richard Wagner viu no antigo teatro grego uma oportunidade para forjar a alma da nação alemã: o drama grego "era a própria nação [...] que comungava consigo mesma e, em poucas horas, banqueteava os olhos com sua própria e mais nobre essência".[15] Para o classicista Gilbert Murray, a tragédia "demonstra o triunfo da alma humana sobre o sofrimento e o desastre",[16] questão que Macbeth poderia ter achado intrigante. Joseph Addison via na arte trágica a produção mais nobre da natureza humana. I. A. Richards, para quem a tragédia é "a mais abrangente experiência conhecida, aquela que tudo aceita e tudo ordena", encontra seu valor na coragem que ela demonstra em prescindir de subterfúgios e ilusões. Em vez disso, a mente "fica sem consolo, sem

---

12 Ibid., p.239.
13 Raphael, *The Paradox of Tragedy*, p.27.
14 O'Neill apud Williams, *Modern Tragedy*, p.116.
15 Wagner; Cultural Decadence of the Nineteenth Century. In: Goldman; Sprinchorn (Eds.), *Wagner on Music and Drama*, p.63.
16 Murray, *The Classical Tradition in Poetry*, p.66.

intimidações, sozinha e confiante em si".[17] O filósofo espanhol Miguel de Unamuno, em uma obra eivada de banalidades pseudoprofundas, exclama: "Sim, precisamos aprender a chorar! Talvez essa seja a sabedoria suprema". Unamuno quer chorar porque ele sabe que morrerá, mesmo que, como nos informa de modo plangente, "Quero viver para sempre e sempre e sempre".[18] Talvez essa não seja a declaração filosófica mais sutil do século.

Até mesmo uma figura tão boêmia quanto Antonin Artaud adota uma linha convencional deprimente em relação ao valor da tragédia, quando escreve que o teatro trágico "revela aos homens, coletivamente, seus poderes obscuros e sua força oculta, instigando-os a adotar diante do destino uma atitude mais nobre, mais heroica do que teriam assumido sem ele."[19] Além do mais, a tragédia é realmente uma maneira superior de nos alentar. O paradoxo da tragédia como uma forma extraordinariamente positiva é sintetizado no comentário de Christopher Caudwell: "a tragédia, em si mesma, não é trágica; ela é bela, suave e gratificante – no sentido aristotélico de catarse."[20] A forma não é melancólica, mesmo que o conteúdo o seja. Com base nessa noção, Lear é redimido não por Cordélia, mas pelo próprio esplendor e integridade do verso, que decididamente registra sua desintegração. Talvez a forma satisfaça nosso desejo de imortalidade, emprestando-nos uma sensação de ser indestrutível desde que essa magnífica poesia continue a pulsar.

A tragédia pode, de fato, ser preciosa. Não há dúvida de que devemos hesitar antes de bradar que vivemos em uma sociedade não trágica, já que ela pode ter descartado o sentido do trágico juntamente com o senso de valor. Se não há necessidade de redenção, isso simplesmente pode significar que não há nada que valha a pena o bastante para ser redimido. A tragédia precisa de significado e valor, mesmo que seja apenas para violá-los. Com seu excesso e sua injustiça, ela rompe a simetria de nosso universo moral, mas seu poder depende da crença na imparcialidade. Do contrário, palavras como "excesso" e "injustiça" não teriam significado algum. Não faz sentido afirmar que as coisas vão mal, se não houvesse a ideia de estarem indo bem. Até esse ponto, o trágico pode ser uma imagem negativa da utopia: ele nos traz à mente aquilo que amamos no ato

---

17 Richards, op. cit., p.247 e 246.
18 Unamuno, *The Tragic Sense of Life*, p.17 e 45.
19 Schumacher (Ed.), *Artaud on Theatre*, p.117.
20 Caudwell, *Illusion and Reality*, p.297.

de vê-lo destruído. Talvez seja forçar demais o ponto para concordar com a obstinada proposta spinoziana de W. MacNeile Dixon, de que "se o mal desaparecesse do mundo, muito do bem, o mais precioso, certamente iria desaparecer com ele e o melhor de nós iria enferrujar por falta de uso".[21] É difícil entender que precisamos de tortura e infanticídio à nossa volta para que sejamos levados à virtude. Porém, enquanto continuarmos a descrever como trágica uma calamidade humana, em oposição ao murchar de uma margarida ou à perda de um dente, estaremos preservando alguma medida de valor humano.

Como pergunta o filósofo William James: "Será que a própria 'seriedade' que atribuímos à vida não significa que inelutáveis nãos e perdas formam parte dela, que em algum lugar há sacrifícios genuínos e que alguma coisa incessantemente radical e amarga sempre permanece no fundo da xícara?" Sem tais perdas, sustenta ele, a vida não seria nem séria nem valiosa; não é – segundo ele – como se tudo fosse "sim, sim, no universo".[22] A tragédia pode nos mostrar que é possível liberar valor no ato da própria destruição, para que – como acontece com a uva no poema "Ode à melancolia", de Keats, que é espremida em êxtase – saboreemos a opulência de uma coisa no próprio momento de sua ruína. E isso, se devemos dar crédito a Freud, nada mais é do que uma conscientização de como nos dirigimos ao mundo em qualquer caso, agarrando objetos da forma como agarramos, sob o signo de sua potencial ausência. Não se trata apenas do fato de que figuras trágicas revelam valor ao desafiar com muito esforço sua ruína (algumas o fazem, outras não), mas de que o próprio fato de elas morrerem nos relembra a impossibilidade de estimarmos seu valor e afasta, por um momento, nosso tão presumido senso de sua singularidade. A riqueza que morre junto com um único ser humano está além de nossa compreensão, embora a tragédia possa fornecer um indício dela.

A tragédia pode ser afirmativa em outros sentidos. Raymond Williams fez observações a respeito da cética reação da era moderna aos derradeiros momentos da tragédia nos períodos elisabetano e jacobino, quando a vida se restabelece e um Malcolm ou um Fortinbras surge caminhando no palco. Para nós, educados em uma era de ceticismo, esses são meramente gestos perfunctórios ou necessidades ideológicas, ordenamentos radicais ou bocados de falso consolo. O texto modernista típico chega ao seu desfecho

---

21 Dixon, *Tragedy*, p.111. De forma bastante ambígua, este livro é dedicado "Aos amantes dos grandes homens e suas especulações".
22 James, *Pragmatism and Other Writings*, p.129.

sem nenhuma resolução tranquilizadora desse tipo; mas, como argumenta Williams, "concluir que não há solução é também uma resposta".[23] Para nós, o que prende a imaginação é a morte do herói; todavia, Williams está certo em insistir que "a ação trágica comum é o que acontece *por intermédio* do herói."[24] A renovação da vida – a restauração e a reafirmação de significados comuns – não é, por necessidade, um gesto ceticamente restaurador; mas também não precisa envolver a ideia de empurrar a agonia do herói para trás dos bastidores. Ela também representa uma esperança política e um sentido de continuidade da vida coletiva, uma capacidade para a fé mesmo nos momentos históricos mais sombrios, o que transcende qualquer mera fixação individualista no protagonista. De acordo com Williams, a tragédia é a totalidade dessa ação, não uma parte que dela pode ser abstraída e que, por acaso, destaca-se por envolver uma sombria sensibilidade moderna. Assim, Williams extrai relevância política de uma afirmação trágica que, em mãos historicamente menos sensíveis, pode redundar em mera insensibilidade ou euforia.

De fato, é impressionante o número de hipérboles incautas que rolam da caneta dos críticos aparentemente insensíveis ao paradoxo da verdade de que destruição também pode significar criação. Como pode uma forma de arte que transaciona com o desespero humano e a ruína representar o valor humano mais profundo? Se os críticos em geral concordam com isso, eles estão longe de concordar em suas razões para tal. A. C. Bradley acredita que a tragédia ensina que o Homem "pode ser infeliz e horrível, mas ele não é pequeno".[25] Sem dúvida, não é nada óbvio que é melhor ser grande e infeliz do que pequeno e contente. Com um essencialismo robusto, que poderia desconcertar alguns de seus admiradores, Virginia Woolf afirma, em *O leitor comum*, que "o ser humano original, estável, permanente, deve ser encontrado" na antiga tragédia grega.[26] É como se os críticos competissem uns com os outros, concedendo os mais efusivos aplausos à forma artística, como se se tratasse de algum jogo bem desagradável para ver quem consegue obter os maiores triunfos da miséria e do desespero humanos. F. W. J. Schelling vence quase sem esforço algum, ao argumentar, em *Filosofia da arte*, que "é somente com o máximo sofrimento que se revela o princípio de que não há sofrimento, assim como em toda parte

---

23 Williams, *Modern Tragedy*, p.55.
24 Ibid., p.55 (grifos meus).
25 Bradley, *Shakespearian Tragedy*, p.15.
26 McNeillie (Ed.), *The Essays of Virginia Woolf*, v.4, p.42.

as coisas se revelam apenas por seus opostos".²⁷ Ainda estamos esperando que os políticos britânicos se voltem para a lógica de Schelling a fim de desmantelar o sistema público de saúde. Como afirma Franco Moretti, é "como se argumentássemos que, estrangulando Desdêmona, Otelo pagasse um tributo à importância dela".²⁸

O poeta Friedrich Hölderlin, em seu ensaio "Fundamento para Empédocles", fala do todo como sendo capaz de sentir-se a si mesmo somente pelo sofrimento e pela separação de uma de suas partes constitutivas. Contanto que a realidade continue indiferenciada, não podemos ter consciência dela com nenhuma intensidade.²⁹ Parece uma implausível apologia da morte de uma criança. Para Hölderlin, a tragédia revela a presença personificada dos deuses na humanidade; mesmo assim, para que essa presença seja sentida em todo o seu imediatismo logocêntrico, o sinal ou o meio – o próprio herói trágico – precisa ser aniquilado. Desse modo, o sofrimento humano é, mais uma vez, filosoficamente legitimado. Na tragédia, assevera T. R. Henn, "está implícita não apenas a possibilidade de redenção, mas a afirmação espiritual de que o homem é esplêndido em suas cinzas e pode transcender sua natureza".³⁰ É difícil entender que as vítimas da Bósnia ou do Camboja são especialmente esplêndidas em suas cinzas; e, se Henn está reservando o triunfo mais para a arte do que para a vida, então é difícil ver que relevância o triunfo tem para a última. W. MacNeile Dixon está convicto de que a tragédia "apresenta o pior e estimula em nós o melhor", oferecendo-nos heróis que triunfam na derrota.³¹ O objetivo da tragédia, entusiasma-se F. L. Lucas, "é retratar a vida de tal forma que as lágrimas se tornem alegria eterna".³² Só não fica claro como exatamente isso deve distinguir-se de um sadismo inflado. No entanto, o que aconteceria se a tragédia pudesse cumprir seu papel de emprestar uma aura glamorosa ao sofrimento somente à custa de uma palpável falta de fidelidade à vida, que, então, solapa seu impacto ideológico?

Oliver Taplin, de maneira bem menos entusiasmada, vê o valor da tragédia no formato e na importância que ela atribui ao sofrimento, em oposição aos eventos do dia a dia, muitas vezes amorfos, sem significado.

---

27 Schelling, *The Philosophy of Art*, p.89.
28 Moretti, *Signs Taken For Wonders*, p.49.
29 Hölderlin, *Essays and Letters on Theory*, p.85.
30 Henn, op. cit., p.288.
31 Dixon, *Tragedy*, p.145.
32 Lucas, op. cit., p.79.

A tragédia "dá às guinadas da vida uma forma e um significado que são persuasivos e com os quais é possível conviver".[33] Mas nem todas as tragédias da vida real são sem significado ou desordenadas. As flores reverentemente colocadas por aqueles que pranteiam no local de alguma terrível catástrofe – um tiroteio em uma escola, um incêndio em um clube noturno – às vezes são acompanhadas de um cartão no qual está escrita uma única palavra, que revela perplexidade: "Por quê?" A resposta, porém – é preciso fazer uma confissão muito franca –, é com frequência óbvia demais: um jovem psicótico negligenciado por exauridos serviços sociais, um espaço lotado de pessoas em nome do lucro, uma ponte que não foi consertada por falta de verba. Com certeza, nem todas as tragédias são tão prontamente explicáveis, e sermos informados de que a criança está morrendo de leucemia é, em um importante sentido, não ter respondido à pergunta "Por quê?" a respeito de sua morte. A questão é mais metafísica que empírica. Entretanto, o sentido filosófico de tragédia como mistério divino ininteligível a qualquer mero raciocínio humano logo pode estender-se para desastres históricos de forma que, assim, convenientemente, libera de culpa os responsáveis. É lugar-comum, por exemplo, dizer que uma guerra é "sem sentido", como se ela fosse algum *acte gratuit*, surreal, sem pé nem cabeça. Pelo contrário, uma guerra é racional demais, pelo menos em um sentido um tanto quanto esmaecido do termo. Em *O coração das trevas*, Joseph Conrad retrata, de uma maneira que se tornou famosa, um navio do qual parte um absurdo tiroteio na direção das margens de um rio africano, como se o imperialismo fosse simplesmente alguma aberração grotesca ou teatro do absurdo, mais do que o negócio obstinado, sistemático e sordidamente explicável que é.

Se a tragédia enobrece o sofrimento, então ela edifica apenas à custa da verdade, já que boa parte do sofrimento na vida real não é, de fato, enobrecedor. E nada convence mais do que a verdade. Entretanto, se a tragédia diz a verdade, então é difícil perceber como ela pode preencher sua função de justificar os caminhos de Deus até os homens. Então, tal qual a obra de arte modernista de Adorno, ela é pega durante o salto, na indecisão entre ser bonita, porém falsa, e verdadeira, porém feia. Mas nem toda arte trágica persuade-nos de que o sofrimento tem um propósito. Esse não é o sentimento que a maior parte do público extrai de *Filoctetes* ou de *Rei Lear* – embora Walter Stein, um sensível estudioso desta última peça, a

---

33 Taplin; Emotion and Meaning in Greek Tragedy. In: Segal (Ed.), *Oxford Readings in Greek Tragedy*, p.12.

veja como reveladora de "uma ordem em que há significado – até mesmo (talvez até mesmo especialmente) na aflição, no desgosto e na morte".[34] Lear – afirma Stein – pelo menos aprendeu a viver, embora pudéssemos perguntar exatamente que utilidade isso tem para ele.

Walter Kerr é bem mais enfático: em sua opinião, saímos do teatro, depois de assistir a *Lear*, "não com aversão, mas, pelo contrário, com uma satisfação inexprimível; reconhecemos que, de alguma forma, a Necessidade é justa à sua própria maneira.[35] Dificilmente essa opinião seria compartilhada pelo próprio longevo senhor ou, provavelmente nesse particular, por aquele que o criou. Esse discreto "de alguma forma" está sendo obrigado a realizar uma excessiva carga de trabalho. A doutrina da catarse sugere que há, de fato, alguma coisa edificante e agradável acerca da experiência da tragédia, mas "satisfação inexprimível", com Cordélia morta nos braços do pai, sem dúvida, beira o sádico. Muitos leitores de *Rei Lear*, e não só o notoriamente indignado Samuel Johnson, não encontram absolutamente nada apenas na ação que a peça retrata, o que não quer dizer que eles deixam o teatro deprimidos e insatisfeitos. Eles podem sentir-se edificados pela arte da peça, mas essa é outra questão. Aqui, como muitas vezes acontece na discussão a respeito de tragédia, um dogma teórico – a arte trágica precisa ser sempre edificante – toma as rédeas da prática real.

Mesmo que o sofrimento apareça de forma bem talhada no palco, ele pode servir de muito pouco consolo para suas vítimas na vida real. Um pequeno e desprezado grupo de críticos, como Walter Kaufmann em seu excelente *Tragedy and Philosophy*, escrito no auge da Guerra do Vietnã, acha que o valor da arte trágica está na "recusa em permitir que qualquer consolo, fé ou alegria ensurdeçam nossos ouvidos aos gritos de tortura de nossos irmãos".[36] Ainda assim, até mesmo o sagaz e humano Kaufmann torna-se presa de uma visão excessivamente confiante do sofrimento trágico, o que nos permite "ver que incontáveis agonias pertencem a um grande padrão".[37] Amélie Oksenberg Rorty pensa de forma bastante semelhante, ou seja, que a tragédia nos faz reconhecer que "por mais que nossa vida possa nos parecer fragmentada, mal modelada e até mesmo terrível de viver, ela é parte de uma atividade única, de um todo padronizado,

---

34 Stein, *Criticism as Dialogue*, p.160-1.
35 Kerr, op. cit., p.130.
36 Kaufmann, op. cit., p.182.
37 Ibid., p.81.

estruturado".³⁸ Todavia, está longe do óbvio que qualquer vida humana forme uma atividade única ou pertença a um padrão mais amplo, ou que o fato de isso ocorrer possa trazer qualquer consolo especial aos aflitos. Será isso realmente verdadeiro em relação a *Os heraclidas*, de Eurípides, ou em relação a *Woyzeck*, de Büchner? E, mesmo que fosse, como exatamente serviria de consolo para nós saber que nossa angústia era compartilhada com todos e simetricamente organizada? Poderia revelar-se bem mais tolerável vê-la como uma questão puramente fortuita e pessoal. De qualquer forma, por que precisamos da tragédia para nos ensinar essa lição, em vez de a extrairmos de alguma fonte mais benigna e menos dilacerante?

Ademais, há pensadores trágicos, como Albert Camus, que buscam extrair valor da própria falta de sentido do mundo, o que não deve ser confundido com alguma tentativa conradiana de repudiar o caos da realidade por alguma ficção de ordem ideologicamente conveniente. Para Camus, revolta significa recusar-se a aceitar um mundo absurdo e morrer de forma desafiadora e irreconciliável com ele, o que é o oposto de um caso trágico tradicional. Em uma antiga versão de "subversão" pós-moderna, o sistema pode ser desafiado, se não interrompido por uma recusa inflexível. O suicídio, ao contrário, vende-se à necessidade. O crítico Jan Kott considera o suicídio válido somente como protesto contra a injustiça do mundo – mas não no caso de os deuses inexistirem, já que, assim, não haverá ninguém contra quem protestar. O suicídio também sugere uma espécie de poder; e uma razão de não haver nenhum suicida na obra de Samuel Beckett é, sem dúvida, porque também não há tal poder.

Kaufmann – o que é bastante notável – parece achar que há consolo na ideia de que o sofrimento é geral, não apenas peculiar à própria pessoa, e que "sinas piores do que a nossa podem ser vivenciadas como estimulantes".³⁹ Pode ser que a ideia de alguém ser decapitado seja excepcionalmente reconfortante, mas não é muito consoladora, quando se tenta aceitar uma grande perda. De qualquer forma, até que ponto o simples fato de compreendermos nossos apuros os justifica ou redime? Não serve de justificativa para a tortura afirmar que, por meio dela, passamos a avaliar nossa vulnerabilidade ou reconhecer nosso lugar no grande esquema das coisas. John Jones, entretanto, argumenta que,

---

38 Rorty; Introduction. In: _____ (Ed.), *Essays on Aristotle's Poetics*, p.18.
39 Ibid., p.85.

[...] tanto em Ésquilo quanto em Sófocles, o momento em que um homem percebe a operação dos poderes que o estão destruindo é um momento de exaltação solene, trágico-religiosa – não porque o indivíduo é, dessa forma, 'salvo', mas porque a Necessidade e o Destino e os caminhos de Júpiter foram expostos em um momento de perfeita claridade à consciência humana: uma demonstração que é também uma justificativa suficiente.[40]

É essa última expressão que trai a verbosidade do argumento. Se os caminhos da necessidade são escandalosamente injustos (e algumas tragédias gregas abrigam exatamente tal suspeita), por que o esclarecê-las deveria significar validá-las? Não seria um equívoco pedante apostar tão alto apenas no entendimento, em meio a tanta carnificina e desolação? Muitos protagonistas trágicos compreendem muito bem as intrigas e preconceitos que os degradaram, sem imaginar que essa seja recompensa suficiente pela perda de sua sanidade, de sua visão ou de parceiros sexuais. R. P. Draper afirma que a tragédia mostra o sofrimento de uma maneira que "modula o protesto inicial em aceitação final [...] o resultado é uma intuição do significado do sofrimento em um nível que, entretanto, é inacessível à razão como tal".[41] Se críticos como Draper de fato descobriram o significado do sofrimento, não importa quão intuitivamente, então seria uma gentileza da parte deles compartilhar a notícia com o restante de nós tão logo quanto possível, se realmente ele puder ser colocado em algo tão lugar-comum como palavras.

Nem todas as tragédias retratam o sofrimento como enobrecedor. Amory Blaine, de *Este lado do paraíso*, romance de F. Scott Fitzgerald, reflete que "toda tragédia tem essa tensão do grotesco e do sórdido – tão imprestável e fútil" (cap.2). Sófocles obriga-nos a ouvir os gritos de agonia de Hércules e Filoctetes, extraindo da plateia cada gota obtida de sua dor insuportável e sem sentido. No caso de Hércules, isso acontece com um filho do próprio Júpiter, alguém que serviu lealmente os deuses e é agora reduzido a "uma coisa que não consegue nem rastejar, um pedaço de nada". E tudo isso, em mais um giro sádico da faca, origina-se não de algum arranjo cósmico, mas do mais crasso erro: a esposa de Hércules dá a ele uma camisa besuntada para mantê-lo fiel, o que cumpre esplendidamente tal objetivo corroendo-lhe a carne. O drama termina com o filho Hilo acusando os deuses de ficar olhando para baixo, impassivos e

---

40 Jones, *On Aristotle and Greek Tragedy*, p.170.
41 Draper, op. cit., p.34.

indiferentes a tais atrocidades. Nem Hércules nem Filoctetes suportam a dor com o mínimo de estoicismo; ainda assim, por tudo isso, eles são figuras trágicas.

De maneira geral, supõe-se que a tragédia ensine sabedoria por meio da dor, como canta o coro em *Agamênon*, de Ésquilo. Mesmo assim, ninguém na *Oresteia* aprende, de fato, com o sofrimento, muito menos o próprio Agamênon. De forma alguma é inequivocamente verdadeiro, como George Steiner afirma em *A morte da tragédia*, que "o homem se enobrece com o despeito vingativo ou a injustiça dos deuses. Isso não o torna inocente, mas santifica-o como se ele tivesse atravessado o fogo".[42] Se a tragédia revela o valor humano mais profundo, então é difícil entender como ela é desnecessária à existência humana, em cujo caso nos arriscamos a acabar endossando sem compaixão o indefensável. Mas, se os valores prediletos da tragédia – liberdade, coragem, realismo, modéstia, dignidade, tenacidade, resistência e outros semelhantes – não são monopólio da forma, é difícil entender por que tal aflição é tão desejável. George Eliot lembra-nos, em "Arrependimento de Janet", de *Scenes from Clerical Life*, que o pensamento a respeito da morte de um homem "consagra-o de novo" para nós – como se sua vida, acrescenta secamente a autora, não fosse também sagrada. Não precisamos da morte para estimular nosso senso de valor. Joseph Wood Krutch argumenta em *The Modern Temper* que a tragédia é uma maneira de contemplar a vida sem dor, uma forma que explora o sofrimento para extrair alegria da existência. Na retórica efervescente e desagradável de Krutch, tragédia é nada menos do que a solução do problema da existência, um espírito que nos reconcilia com a vida. Até mesmo Nietzsche foi raríssimas vezes assim tão insosso sobre essa questão, embora seu compatriota Friedrich Hebbel, com uma indiferença irrealística, comparável à de Krutch, veja o sofrimento e o sacrifício como formas extraordinariamente positivas de autorrealização, na verdade, de apoteose. A heroína epônima de seu drama *Judith* encontra reconciliação pelo sacrifício, convertendo sua tragédia em uma espécie de triunfo.[43]

Conta-se que até mesmo o radical Georg Büchner – que, em *A morte de Danton*, faz uma das personagens exclamar: "O menor espasmo de dor, seja ele em um único átomo, e a criação divina despedaça-se totalmente" (Ato III, cena 1) – comentou em seu leito de morte que não sentimos dor de mais, mas dor de menos para podermos entrar no reino de Deus através

---

42 Steiner, op. cit., p.10.
43 Sobre as teorias de Hebbel, ver Garland, *Hebbel's Prose Tragedies*.

da dor. Como um grande clichê do Romantismo, essas não são exatamente palavras para ser proferidas na hora da morte. Friedrich Schiller, em seu ensaio "Das Pathethische", de 1793, vê a tragédia como uma forma de resistência heroica ao sofrimento, por meio da qual a Liberdade e a Razão fazem sentir sua presença, elevando o herói trágico à condição do sublime kantiano. Da mesma forma que a sublimidade para Kant, a tragédia para Schiller demonstra a influência do supersensível sobre o sensível, da dignidade sobre a dor e da autonomia sobre o *páthos*, conforme o protagonista se liberta das forças compulsivas da Natureza e afirma, exultante, sua absoluta liberdade de vontade em face de uma necessidade tristemente prosaica. Longe de ser evitada, a tragédia soa como o tipo de experiência a ser almejada com muito ardor.

Como ocorre em muitas descrições idealistas de tragédia, não é fácil perceber exatamente o que existe de *trágico* acerca desse triunfalismo. Em todas essas concepções, o herói trágico parece correr o risco de alcançar suas conquistas a um preço muito baixo, confrontando uma Natureza que, em suas mãos, é barro e que, não obstante sua aparente recalcitrância, forma uma secreta união com seu próprio espírito indomável. Para Schlegel, em uma tendência um pouco mais estoica, a preciosidade da tragédia está na afirmação que ela faz do espírito livre, de um senso de dignidade e de ordem sobrenatural diante de um destino ameaçador. O destino trágico não pode ser derrotado; mas ele nos lança de volta aos nossos próprios recursos, de forma que possamos extrair alguma virtude desse determinismo calamitoso.

Shelley, sempre tão idiossincrático, valoriza a tragédia exatamente pela razão oposta, argumentando em seu ensaio *Defesa da poesia* que ela despoja o crime de metade de seu horror ao mostrá-lo como a consequência fatal das instâncias insondáveis da Natureza. A tragédia, em suma, pode ser vista como uma análise crítica da autodeterminação burguesa, já que não precisamos mais ver o erro como uma criação de nossa escolha. O erudito clássico E. R. Dodds enxerga valor em *Édipo rei* no sentido de que o protagonista, apesar de ser "subjetivamente inocente", aceita a responsabilidade por todas as suas ações, inclusive aquelas que são "objetivamente mais terríveis".[44] É verdade que entre os antigos gregos não prevaleciam nossas próprias distinções, por vezes simplistas, entre culpa e inocência, ação e determinação. Hegel comenta em suas palestras sobre estética que

---

44 Dodds; On Misunderstanding the *Oedipus Rex*. In: Segal (Ed.), *Oxford Readings in Greek Tragedy*, p.187.

os gregos não dissociavam sua autoconsciência puramente subjetiva do que era objetivamente o caso. Também é verdade – e isso gera confusão para nós, modernos – que, em momento algum, o Édipo de *Édipo rei* convoca sua falta subjetiva de culpa em sua própria defesa. Não lhe ocorreu imaginar que um parricídio incestuoso pudesse ser isentado de corrupção simplesmente por causa de sua ignorância. Mesmo assim, é, sem dúvida, perverso encontrar o valor mais profundo de um drama no fato de que seu herói aceita a responsabilidade por aquilo de que não tem culpa. Talvez haja aqui um indício de ética de escola pública de aceitar, por espírito esportivo, punição por outros. Édipo é, com certeza, um bode expiatório sacrifical, que, ao término, assume o peso dos pecados da comunidade; mas em *Édipo em Colono* ele acertadamente se considera maltratado pelo Paraíso e recorre à sua ignorância como razão de sua inocência.

Para outros críticos, a tragédia é valiosa porque ela nos confronta com o pior e nos mostra que somos capazes de sobreviver a ela. A violência da tragédia, segundo Roy Morrell, visa "complicar e fortalecer a psique por meio de choques a partir do exterior: não, obviamente, choques violentos e desordenados, mas choques suaves, provocadores e ordenadores". Perguntamo-nos se a morte de Cordélia ou o fato de Medeia matar os próprios filhos se qualificam como suaves, provocadores e reordenadores.[45] Para Jonathan Lear,

> Há consolo em perceber que vivenciamos o pior, que não há mais nada a temer, e que, ainda assim, o mundo continua um lugar racional e significativo, no qual uma pessoa pode conduzir-se com dignidade. Mesmo na tragédia, quiçá sobretudo na tragédia, a bondade fundamental do homem e do mundo é reafirmada.[46]

Será mesmo que o mundo ainda se parece com um lugar racional, significativo e digno depois que a crise trágica açoitou-se a si mesma, em silêncio, em Sêneca e Eurípides, Webster e Marston, Strindberg e O'Neill? Ou sua força estaria precisamente em não levantarmos dúvidas quanto à complacência racionalista de Lear? O outro Lear é obrigado a confrontar o pior na morte da filha, enquanto Edgar murmura palavras de consolo: "O pior não é isso/ enquanto pudermos dizer 'Isso é o pior'". Porém, o comentário, por mais amável que pretenda ser, é devastadoramente

---

45 Morrell; The Psychology of Tragic Pleasure, *Essays in Criticism*, v.6, p.26.
46 Lear; Katharsis. In: Rorty (Ed.), *Essays on Aristotle's Poetics*, p.335.

ambíguo. Interpretado com indulgência, pode significar "Enquanto ainda houver língua, haverá esperança, já que simplesmente dar voz ao inexprimível é, da mesma forma, transcendê-lo". Na tragédia – observa Roland Barthes – ninguém jamais morre porque está sempre falando".[47] E, se não houvesse tal inteligência articulada, o pior não seria o pior porque não haveria ninguém para nomeá-lo e conhecê-lo. Entretanto, a fala subentendida de Edgar é quase seguramente "Enquanto ainda pudermos falar, é bem provável que algo pior possa acontecer – algo que sejamos forçados a suportar, mas que não temos força para nomear". A observação produz algum consolo, mas de uma espécie horrivelmente fria.

É bem possível que confrontar o pior seja uma poderosa fonte de valor. Em *Lear*, de Edward Bond, ele fará de Cordélia uma guerreira em luta pela liberdade. O que quase todos os críticos deixam de apontar, entretanto, é que seria melhor conhecer a verdade sem ter antes de enfrentar o pior. Pode ser que, como suspeita a modernidade, a consciência comum seja agora uma consciência tão inelutavelmente falsa que só uma violenta passagem desse tipo pelo inferno a devolverá, expurgada e desmistificada, à verdadeira cognição. Abrir caminho na direção da verdade é tanto excitante quanto espinhoso, exigindo uma dolorosa autotransformação. Isso, sem dúvida, é verdadeiro em relação a Lear; mas é, por assim dizer, trágico que haja necessidade de tal tragédia. Não é, com deferência a Caudwell, que a tragédia seja não trágica, mas que ela é trágica. O sofrimento bem pode evocar valores admiráveis, como dignidade, coragem e resistência, mas seria mais agradável se pudéssemos tropeçar em algum método menos excruciante de exercitá-los. Surpreendentemente, é esse fato simples que quase nenhum crítico da tragédia faz uma pausa para registrar; e também quase nenhum está propenso a notar que muito sofrimento humano – inclusive boa quantidade dele no palco ou em texto impresso – não revela essas qualidades redentoras, e mal poderíamos esperar que o fizessem.

O Novo Testamento é um documento relevante aqui. Embora, com frequência, encontremos Jesus curando os doentes, em momento algum ele os exorta a se reconciliarem com o sofrimento pelo qual estão passando. Pelo contrário, ele parece considerar tal enfermidade um mal que priva suas vítimas da plenitude da vida e as separa, de forma prejudicial, da vida comunitária. Sem dúvida, ele deve ter compartilhado a mitológica

---

47 Barthes apud Sontag (Ed.), *A Barthes Reader*, p.67.

opinião de sua época de que o sofrimento podia ser obra de maus espíritos. Não há nenhuma pretensão saneadora de que tais deficiências constituam um "desafio", uma "oportunidade" ou uma diferença enriquecedora. Pelo contrário, são acertadamente vistas como maldição, e a batalha de Jesus contra elas é apresentada como parte integrante de sua missão redentora, e não como mero sinal exterior de uma cura interior. Claramente, Jesus não recebe de bom grado sua própria tortura e morte, prestes a acontecer, mesmo que pareça impelido por uma obscura convicção de que tal fracasso se revelará como a única maneira pela qual sua missão será bem-sucedida. Entretanto, na cena do Getsêmani, preparada com todo o cuidado, ele é claramente apresentado como se estivesse tomado de pavor, em pânico, ao pensar naquilo a que será submetido, e clama com insistência seu Pai, para que o poupe de tal tormento. Não parece um homem a quem a ressurreição está prestes a acontecer. Precisamos nos preparar para nos sacrificarmos pelos outros; enquanto isso, oramos com todo fervor para que nunca sejamos convocados a fazer algo tão absolutamente desagradável como isso.

Se Jesus finalmente se submete de boa vontade à morte, é apenas porque ele parece vê-la como inevitável. Não sabemos por que ele se sentiu assim e, com certeza, nem ele sabia; mas parecia que esse era o único caminho que lhe restava, considerando os caminhos do mundo e o que podemos especular que era sua decepção quanto à relativa falta de impacto de sua missão na Galileia. Provavelmente ela não tenha sido tão efetiva como, por exemplo, a de seu mentor João Batista, pelo menos no que se refere à arregimentação da multidão. E, para ele, ter se sentido dessa maneira em relação à sua morte é o mesmo que dizer que sua crucificação é trágica. Uma vez que Jesus não era, até onde podemos julgar, insano, a crucificação não é o que ele teria escolhido se pudesse decidir por si mesmo, o que ele não considerava ser o caso. Sua morte é um sacrifício exatamente por causa disso. Sacrifício não é uma questão de renunciar àquilo que achamos que não tem valor, mas sim de ceder espontaneamente aquilo que prezamos para benefício de outros. É isso que marca a diferença entre o suicida e o mártir. Proust escreve em seu *Three Dialogues* que "ser artista é fracassar como ninguém mais ousa fracassar [...] o fracasso é seu mundo e fugir dele é deserção".[48] Diferentemente da maioria dos críticos da tragédia, ele está falando não de afirmação *na* derrota, mas da afirmação *da*

---

48 Proust, *Three Dialogues*, p.125.

derrota, mais ou menos como Samuel Beckett fala de uma "fidelidade ao fracasso" como a marca de sua vocação. É essa solidariedade ao fracasso que o viril Nietzsche, em sua campanha a favor de Dionísio contra o Crucificado, desdenha como sendo de uma passividade tão covarde.

Tudo isso está um tanto longe da opinião de Jeanette King, para quem "a visão trágica da vida afirma tanto a inevitabilidade do sofrimento e do mal quanto sua irrelevância".[49] É difícil compreender como alguém possa considerar o mal *irrelevante*, em oposição a, digamos, remediável, não existente ou eroticamente fascinante. E também nem toda tragédia – *Ifigênia em Áulis*, por exemplo, ou *Otelo*, ou *Quando despertamos de entre os mortos* – pretende que o sofrimento seja inelutável. Precisamos tomar cuidado aqui para distinguirmos dois casos diferentes. Um é a teoria ingênua da tragédia, que considera o sofrimento inerentemente valioso, porque é por seu intermédio que nós nos fortalecemos e amadurecemos. Era essa noção de mundo que o príncipe Andrew estava expondo, quando comentou que ser alvejado com um tiro como piloto durante a Guerra das Malvinas foi "terrivelmente importante para a construção do caráter". Leo Aylen escreve, com ignorância teológica, que um cristão "precisa dar as boas-vindas ao sofrimento que bate à sua porta, e, quando não puder mais evitá-lo, dar as boas-vindas à incapacidade física, à desintegração moral e à morte".[50] Temos aqui uma visão grotesca de piedosos fiéis alegrando-se com suas coronárias e cânceres, envolvidos em um combate frontal com os santos, que lutam com todo o ardor para curá-los. Mesmo assim, há muito que dizer da opinião de que, ao confrontarmos a morte, podemos aprender um pouco acerca de como viver. Se dispomos dos recursos para nos deparar com nossa própria morte sem um terror indevido, então provavelmente também dispomos de alguns recursos para viver bem; e a tragédia nos concede oportunidades para tal encontro em termos imaginativos e, portanto, não perniciosos. Em qualquer caso, viver na consciência perpétua da morte, que tanto São Paulo quanto Martin Heidegger recomendam como constitutiva de uma autêntica existência humana, permite-nos ficar despreocupados em relação à vida e, assim, saboreá-la mais plenamente. Ao relativizar a vida em estilo carnavalesco, a morte nos afrouxa o apego neurótico por ela e nos liberta para um deleite mais profundo. Tal desapego é o reverso da indiferença.

---

49 King, op. cit., p.16.
50 Aylen, op. cit., p.161.

Porém, há uma diferença entre a crença de que o sofrimento é em si precioso e a visão de que, embora a dor deva, em geral, ser evitada como um mal, existem tipos de aflição em que perdas e ganhos, curiosamente, andam juntos. É em torno desse aporismo, no qual a perda começa a nublar-se e transformar-se em poder, a cegueira em percepção e o processo de criação de um bode expiatório em vitória, que gira boa parte da tragédia. A mesma coisa ocorre com boa parte da política revolucionária. Mas disso não podemos inferir que devemos queimar alguém vivo para dele obtermos o melhor. Também não devemos confundir essa combinação de perda e ganho com algum tipo de teleologia, como fazem muitos analistas. Diante dessa visão, o sofrimento nada mais é do que uma estação intermediária ou passagem essencial para a vitória, mais ou menos da mesma forma que uma clínica dentária é um passo desagradável mas inevitável para a saúde bucal. De fato, Harold Schweizer indica, de forma muito criteriosa, que a própria palavra "sofrimento" sugere narrativa e temporalidade e, por conseguinte, a possibilidade de um desfecho positivo.[51] A teoria do trágico torna-se uma espécie de teodiceia secular. Se o paraíso é hoje uma forma menos crível de justificação do sofrimento, o humanismo pode servir em seu lugar. Vários críticos falam do "mal" como a principal preocupação da tragédia, embora haja, na verdade, poucas tragédias em que o mal, no sentido metafísico, paira como uma grande ameaça.

Walter Kerr, para quem a tragédia é um modo mais otimista do que a comédia, acredita que a evolução espiritual da humanidade envolve necessariamente destruição. Para que o homem se torne "mais do que homem", a criatura, como a conhecemos, precisa ser desmantelada. A tragédia diz respeito à busca humana pela condição divina, a despeito de todo o desprezível desejo de segurança – o herói trágico, como empreendedor espiritual, por assim dizer, uma combinação de Fausto e Henry Ford, que despreza a complacência covarde dos insignificantes subúrbios pequeno-burgueses. Nessa teleologia que se desenrola de forma majestosa, muitos homens e mulheres são esmagados e descartados, mais ou menos como a espécie biológica inferior no curso da evolução; porém, "mesmo os que fracassaram e foram abandonados, são participantes de uma jornada que segue adiante",[52] e, sem dúvida, recebem o consolo de saber tudo isso quando expiram altruisticamente, a fim de limpar o caminho para tipos espirituais mais robustos do que eles próprios. Henry Keller

---

51 Schweizer; Tragedy. In: Payne (Ed.), *A Dictionary of Cultural and Critical Theory*, p.537.
52 Kerr, op. cit., p.140.

comenta que "as tragédias mais bem explicitadas nos dão grande consolo e alívio",[53] mas podemos duvidar que é esse o tipo de consolo cruel que ele tem em mente. Com certeza, isso é o que Walter Kaufmann tem em mente quando repudia essa teleologia brutal, lembrando-nos que o Holocausto não se justificou com a criação do Estado de Israel.

A ironia, entretanto, é que, uma vez que o sofrimento é concebido dessa maneira instrumental ou consequencialista, ele deixa de ser redentor, mais ou menos como um presente deixa de ser, de fato, um presente, quando estamos pensando em retribuição. Essa é outra razão por que a crucificação de Jesus é genuinamente trágica. Se sua morte foi mero expediente para ele se erguer novamente em glória, uma espécie de *reculer pour mieux sauter* [recuar para saltar melhor], então ela não foi mais do que uma artimanha barata. Foi porque sua morte lhe pareceu uma situação sem saída – como sugere a referência bíblica de seu desespero na cruz – que ela foi produtiva. (Dois dos evangelistas, Lucas e João, omitem – constrangedoramente – a passagem, sem dúvida porque não fica bem a divindades se desesperarem). A verdade é que Jesus foi um triste fracasso, e sua provável expectativa de que retornaria à terra durante o tempo de vida de seus seguidores parece ter sido um pouco otimista demais. Entretanto, somente ao aceitar o pior pelo que ele é, e não como um trampolim para saltar além, pode-se ter esperança de superá-lo. Somente ao aceitá-lo como a última palavra acerca da condição humana, é que ele pode deixar de ser a última palavra. A Jesus restou apenas uma fé desesperada no que ele chamava de seu Pai, apesar do fato de que esse poder parecia agora tê-lo abandonado. Porém, foi precisamente essa privação, saboreada até a última e amarga gota, que em um ritmo classicamente trágico pôde, então, se tornar fonte de uma vida renovada. É o significado político desse ritmo que importa. A condição miserável da humanidade, se era para ela ser restaurada de forma plena, precisava ser vivida do começo ao fim, constrangida ao limite extremo de uma descida ao inferno da insignificância e da desolação, em vez de ser repudiada, reconciliada ou impedida. É somente ao ser "levado a pecar" – na expressão paulina –, transformado em algum monstruoso símbolo de desumanidade – um pária –, que o bode expiatório pode percorrer todo o caminho nessa condição para emergir em algum lugar do outro lado. Como afirma Pascal, "A Encarnação revela ao homem a medida de sua desgraça pela medida do remédio necessário".[54]

---

53 Kelly, op. cit., p.222.
54 Pascal, *Pensées*, p.106.

A encantadoramente e humana relutância de Jesus em morrer contrasta com a de uma personagem como Polieucte, de Corneille, a qual, de maneira impulsiva, coloca a vida em risco com toda a cuidadosa imprudência do neófito. Polieucte "suspira pela morte" e não vê valor algum no mundo, aguardando ansiosamente a bênção eterna do mártir e ignorando a advertência de seu amigo Nearco, de que o próprio Deus temia morrer. Corneille descreve a peça como sendo uma tragédia cristã, mas a morte de Polieucte – como a de Sócrates – mal pode ser considerada trágica para o próprio autor, por mais trágica que possa ser para a sua plateia. Ele corre o risco de fazer o que Thomas, em *Assassinato na catedral*, chama de "a coisa certa pela razão errada", abraçando o martírio a fim de desfrutar dos benefícios espirituais. Na verdade, Polieucte quer morrer, ao passo que um mártir genuíno não tem um desejo tão estouvado. Não há muito mérito em renunciar a um mundo que, em princípio, nos parece bastante inútil. A renúncia ao mundo que Eliot apresenta em *Quarta-Feira de Cinzas* seria bem mais convincente se, como faz Yeats em *Rumo a Bizâncio*, a vida tão rigorosamente negada fosse retratada com um tempero um pouco mais sensual.

Mesmo assim, os anti-instrumentalistas não deveriam estar liberados para obter tudo à sua própria maneira. Não pode haver política sem uma avaliação das prováveis consequências das ações praticadas. Uma racionalidade instrumental, alguém atento aos usos dos objetos, é pelo menos uma alternativa ao fetichismo deles, como reconheceu Francis Bacon. É também uma postura menos privilegiada do que o esteticismo, para o qual ações e objetos são gloriosamente autotélicos, maculados por algo tão rasteiro como uma meta. Aqueles que, de imediato, rejeitam teleologias precisam se proteger contra tal elitismo. Há uma diferença entre o instrumentalismo vulgar, para o qual qualquer meio servirá para garantir um fim, e a prática intencional, para a qual o uso de um objeto precisa ser governado por suas propriedades específicas. Na esfera econômica, é a diferença entre valor de troca e valor de uso. Exatamente como na esfera do valor de uso há um elo interno entre as propriedades inerentes a um objeto e os fins para os quais ele é mobilizado, o mesmo deve ocorrer na esfera da prática histórica. E isso não significa nem abandonar a intencionalidade, mesmo que necessário, de uma espécie de narrativa grandiosa, nem permitir que algum *télos* sublime atropele a particularidade do presente.

O consequencialismo, que julga as ações totalmente em termos de seus efeitos, é um equivalente microcósmico dessa fábula cósmica; mas seu oposto não precisa ser algum repúdio rigidamente deontológico dos resultados, como acontece com o autotelismo moral de um Kant, para quem devemos ser bons porque é bom ser bom. Não é preciso ficar preso ao paradoxo quase budista, para o qual, como em *Quatro quartetos*, de T. S. Eliot, a ação é proveitosa apenas se paramos de pensar em seus frutos. Afinal de contas, é possível prever e calcular consequências sem agirmos apenas em função delas. Podemos desejar uma sociedade justa sem desejar a ruptura que ela certamente implicaria e, ao mesmo tempo, aceitarmos tal ruptura como um corolário inevitável de nosso desejo. E esse é um cenário classicamente trágico. Como Édipo, não desejamos o que é pernicioso, muito embora aceitemos, apesar disso, alguma responsabilidade por ele. Essa não é, de forma alguma, uma condição limitada à esquerda política. Qualquer um que aprove o envolvimento dos Aliados na Segunda Guerra Mundial ou aceite que o capitalismo envolve desemprego coloca-se nessa posição moral. A tragédia difere das formas mais frágeis de teleologia no sentido de que o pernicioso continua pernicioso; ele não se transmuta de maneira mágica no bem por seu valor instrumental. O "valor de troca" da ação, a vida renovada a que ela pode levar, não tem permissão para anular seu "valor de uso".

É, portanto, um equívoco acreditar, como George Steiner, que o cristianismo é inerentemente antitrágico. Steiner comete o mesmo equívoco em relação ao marxismo, em grande parte pelos mesmos motivos. Por serem visões de mundo afinal de contas esperançosas, ambos podem não ter nada a ver com o trágico, já que este, segundo Steiner, tem tudo a ver com finais nefastos. Há, na verdade, tipos pessimistas de marxismo, e a maioria dos marxistas interessantes, incluindo o próprio Marx em alguns de seus estados de espírito, são antideterministas, para os quais nenhum resultado histórico específico é garantido. O cristianismo, que, presume-se, defende a liberdade individual contra o predestinacionismo marxista, é, em certo sentido, uma forma muito mais vigorosa de determinismo: o socialismo pode não chegar, mas não há nenhuma possibilidade de que o reino dos céus, no fim das contas, deixe de aparecer, já que seu advento está em mãos bem menos falíveis do que o advento do Estado dos operários. O proletariado pode vacilar, mas a Providência não vacilará.

A visão de Steiner é popular entre os teóricos da tragédia. Una Ellis-Fermor considera que a tragédia está primorosamente equilibrada entre valores religiosos e não religiosos, um equilíbrio que não endossa nenhum dos lados; para ela, como para I. A. Richards, a experiência fica simplesmente anulada por qualquer sugestão de um paraíso compensatório.⁵⁵ Chu Kwang-Tsien afirma que "o cristianismo é, em todos os sentidos, antagônico ao espírito da tragédia",⁵⁶ enquanto outros críticos encontram ausência de tragédia na Bíblia, porque figuras como Jó não mostram resistência heroica ao seu destino. É a velha noção machista de que protagonistas trágicos com amor-próprio precisam se envolver em um pouco de luta, numa competição renhida com o destino. Jó também é considerado não trágico porque sua história termina bem; mas, nesse sentido, também *Oresteia* termina bem, e, de certa forma, também a narrativa de Édipo. Oscar Mandel, ao contrário, vê em Cristo um exemplo trágico da figura inocente e humilhada.⁵⁷ Northrop Frye argumenta que "o senso de tragédia como prelúdio da comédia parece quase inseparável de tudo que é explicitamente cristão".⁵⁸ Contudo, o fato de que algo deve romper-se para ser reparado mal pode ser considerado uma forma otimista de ver, seja qual for a crença que pregue que essa ruptura pode, no fim, revelar-se proveitosa.

Tanto o marxismo quanto o cristianismo levam a sério a vida comum; não obstante, confiam em sua virtual transformação. De fato, Charles Taylor afirmou que a crença no valor do comum foi uma invenção cristã primitiva.⁵⁹ Trata-se aqui de uma fórmula clássica de tragédia, em oposição a um platonismo que desdenha o mundo empírico ou a um pragmatismo que acredita que a vida comum apresenta uma forma tolerável. Se a vida comum é imperfeita mas trivial, ou importante mas em boa forma, em maior escala, a tragédia não precisa acontecer. É o trágico que tanto o marxismo quanto o cristianismo buscam redimir, mas ambos só podem fazê-lo instalando-se no centro dele. O marxismo é uma crítica imanente da sociedade de classes, e não simplesmente uma alternativa utópica a ela; e, para o cristianismo, a ressurreição envolve uma crucificação e uma descida ao inferno. Do contrário, o que é recuperado em ambos os casos não seria *essa* condição em todo o seu impasse e desespero. A recuperação é necessária exatamente onde parece menos possível. Qualquer posição menos drástica não teria necessidade dela. Walter Stein comenta, usando uma leve mistura de metáforas, que "a tragédia precisa ser plenamente

---

55 Ellis-Fermor, *The Frontiers of Drama*, p.17-8.
56 Kwang-Tsien, *The Psychology of Tragedy*, p.236.
57 Mandel, op. cit., p.113-4.
58 Frye, op. cit., p.42.
59 Taylor, *The Sources of the Self*, parte 3.

trágica, não apenas para vir a ser ela própria, mas também no caso de pretender fornecer terreno correspondente para a notícia da ressurreição".[60]

Ao confrontar o pior e, ainda assim, esperar o melhor, ambos os credos configuram-se como um idealismo consideravelmente mais sombrio do que liberal, vendo no pecado ou na exploração a condição definitiva da história; mas são também muito mais entusiáticos do que o pragmatismo ou o tradicionalismo, confiantes em que os homens e mulheres são ambos dignos e capazes de muito mais do que parece. Kierkegaard diz, em *O desespero humano*, que o cristianismo estabelece o pecado de uma forma tão firme que parece impossível removê-lo, e depois quer fazer exatamente isso.[61] Sabemos, portanto, que somos realistas quando os idealistas nos acusam de uma melancolia apocalíptica e os conservadores nos censuram por um otimismo exaltado. Atualmente, talvez este último crime seja mais abominável. Se Samuel Johnson suprimiu um pouco do horror de *Rei Lear*, uma montagem dessa peça, feita por Peter Brook, cortou a cena em que Cordélia aparece como símbolo de redenção. A era moderna recente vê algo incorrigivelmente ingênuo na esperança. Sente-se muito mais constrangida por ela do que pelos brados de um adolescente acerca do apocalipse. E ela está certa em ser assim, quando a esperança trai a realidade do sofrimento. Porém, conservadores e pós-modernistas sentem antipatia por essa noção, porque ela sugere a possibilidade de progresso social, ao passo que alguns liberais e reformistas desprezam-na, porque ela sugere a existência de algo distorcido o bastante para garanti-la. Há um tipo de tragédia que é mais sombria do que os conservadores e mais esperançosa do que os progressistas. E esses dois pontos de vista têm uma fonte comum.

---

60 Stein, op. cit., p.147.
61 Kierkegaard, *The Sickness Unto Death*, p.133.

CAPÍTULO 3
De Hegel a Beckett

A mais conhecida teleologia trágica é a de Hegel. Faz sentido considerarmos sua *Fenomenologia do Espírito* um texto trágico, insistindo como insiste na noção de que filosofia significa "olhar o negativo no rosto e demorar-se nisso".[1] Para vir a ser ele mesmo, o *Geist* precisa se perder, submeter-se à discordância e ao desmembramento, ensaiando, dessa forma, em uma chave moderna os antigos ritmos do sacrifício. E essa confrontação com a perda não é apenas um ardil ou estratagema, como, de fato, o verbo "demorar-se" pretende sugerir. Somente pela *via negativa* da autodivisão, por uma rendição sincera de si mesmo ao seu oposto, pode o Espírito finalmente triunfar. A dialética, de acordo com Rodolphe Gasché, é estruturalmente trágica,[2] embora Peter Szondi a considere trágica e, ao mesmo tempo, o meio de transcender a tragédia.[3] Em *Fenomenologia*, Hegel observa que a morte é, de todas as coisas, a mais terrível, e prender-se a isso requer a maior das forças. É a vida do Espírito que se nega a recuar desse encontro devastador com o Real, mas ela se mantém fielmente dentro dessa ruptura mortal.

Como observa Miguel de Beistegui, essa é "uma concepção trágica da verdade",[4] uma concepção que apresenta o próprio *Geist* como herói trágico. Para Hegel, o motor da história é a negatividade, e a negatividade é, no fim das contas, a morte. Por trás do poder sintético da Razão

---

1 Hegel, *The Phenomenology of Spirit*, p.19.
2 Gasché; Self-dissolving Seriousness. In: Beistegui; Sparks (Eds.), *Philosophy and Tragedy*, p.39.
3 Szondi, *On Textual Understanding and Other Essays*, p.54-5.
4 Beistegui; Sparks (Eds.), op. cit., p.28.

está à espreita a assustadora fantasmagoria que ele chama de "noite do mundo", um território de caos e psicose, de cabeças decepadas e membros mutilados. Entretanto, é ao ser dilacerado dessa maneira que o Espírito se erguerá para a vida eterna. Como muitas narrativas trágicas, portanto, essa terminará bem. O que é trágico, aqui e agora, será recuperado como não trágico no grande *télos* da Razão; mas isso não abole a sua dor. Há conflito genuinamente trágico, por exemplo, no início da fase senhor/escravo do tortuoso progresso do *Geist*, como duas consciências lutando pelo que Hegel chama de guerra de "puro prestígio" à morte, cada uma buscando obter da outra o reconhecimento sem admitir, em troca, tal aprovação.

Não há dúvida de que a verdade existe, mas o caminho para ela é o erro. Precisamos agora recontar uma história irônica de como a verdade emerge a partir de seu oposto, de como ela engloba em si todos os zigue-zagues, fissuras, falsos recomeços e becos sem saída envolvidos na sua aclaração. Somente olhando em retrospectiva podemos reconhecer que o que parecia à época puro equívoco, acidente ou desvio sem sentido somava-se, durante todo o tempo, a um texto luminosamente coerente, mais ou menos como Édipo, que ao conseguir olhar para trás, para seu *eu* obtuso, reconhece que sua vida forma um todo inteligível, por mais que ele deseje, com toda a devoção, que isso não seja verdade. Seguimos adiante tragicamente, mas pensamos no passado comicamente. E, já que o Espírito só pode conhecer a si perdendo-se de si, caindo no domínio da objetificação para retornar a si, existe agora uma estrutura trágica da epistemologia em si.

De fato, para Hegel, a filosofia em si é o resultado de uma condição trágica. Com a crescente complexidade social e uma divisão de trabalho cada vez mais profunda, a sociedade agora se tornou irrepresentável pela imagem sensorial, e só pode ser captada pelo conceito. Se ainda pudéssemos sentir intuitivamente sua unidade, não haveria necessidade de gente como Hegel. Desprezar ícones, entretanto, é, de qualquer forma, adequado à dignidade de um ser racional. Os sentidos são o que temos em comum com os outros animais, de forma que, embora um crocodilo possa sentir frio como nós sentimos, ele é incapaz de erguer-se à majestade não carnal da noção de liberdade. Temos uma vantagem sobre ele nesse ponto. Hegel compartilha com Kant a crença rigidamente iconoclasta de que as verdades da Razão estão além de nosso alcance como criaturas e só poderiam ser degradadas pela representação. Para sermos iguais a elas, assim como vê-las sem as distorções da paixão, precisamos deixar o corpo para trás. A totalidade social agora pode refletir-se somente na cabeça de Hegel, e não em um panteão de estátuas ou conjuntos de ícones religiosos. Ela não pode mais ser retratada perceptivamente, tanto quanto um triângulo quadrado não pode ser esboçado. A arte, portanto, precisa abrir caminho para a filosofia, o que irá nos restaurar a totalidade sob a forma conceitual; mas as condições que tornam isso necessário – a fragmentação da vida social, a perda da unidade social espontânea – pertencem a uma fábula trágica. E, embora a discursividade da filosofia seja parte de seu amplo poder, ela afugenta o imediatismo fenomênico da obra de arte. A filosofia nasce da ruptura e da discórdia, e sua tarefa é redimir as próprias condições divisivas que originaram seu nascimento. É um artefato autodevorador.

Para Hegel, longe de ser uma catástrofe, a arte do trágico é extraordinariamente afirmativa. É o mais puro modelo operacional que temos de como o Espírito, uma vez lançado na disputa consigo mesmo, restaura sua própria unidade pela negação. Quando os poderes, que não são nada senão unilaterais, se separam do universal, promovendo-se como absolutos e autônomos, a tragédia está à mão para anular suas reivindicações presunçosas e solucioná-las, trazendo-as de volta ao todo. A substância ética, como propõe Hegel, é restaurada na ruína do indivíduo que perturba o repouso dessa ética. Uma vez cindido ao ponto de uma trágica oposição, o *Geist* agora recupera sua autoidentidade e segue seu caminho. A satisfação que colhemos da arte trágica é a profunda recompensa de testemunharmos essa transcendência. O Destino sofocliano torna-se a Razão hegeliana. "Mera" piedade e terror são superados por uma eufórica consciência da justiça eterna. O mundo é racional, mesmo que – curiosamente – seja pela destruição violenta que passamos a apreciar o fato.

Tanto para Hegel quanto para Schlegel, a tragédia termina com uma sublime indiferença às forças em colisão que ela libera. Esses poderes, ao serem reunidos na ordem mais alta do Absoluto, são, ao mesmo tempo, derrotados e vitoriosos. Em Schopenhauer, essa arrogante indiferença reaparece de forma bem menos consoladora como a Vontade malevolente. Talvez, nós, pós-freudianos, possamos detectar nesse prazer pela indestrutibilidade tanto da razão quanto da Vontade a fantasia do ego confrontado com sua própria morte. Aos olhos de Hegel, a adversidade e a aflição não são o ponto final: o que importa é a vitória da Razão, que a adversidade realça por contraste consigo mesma. Conforme ele observa em *A filosofia das Belas-Artes*, "a necessidade de tudo o que indivíduos vivenciam em particular consegue (na tragédia) aparecer em total concordância com a razão".⁵ É improvável que a personagem de Marlowe, Eduardo II, que morre empalado com um atiçador em brasa no ânus, se apressasse em endossar tal noção. A. C. Bradley, ele próprio um hegeliano convicto, astutamente ressalta que mostrar o sofrimento como racional nada faz para diminuí-lo.⁶ Em Hegel, não faz muito sentido ver a arte trágica como patética e angustiante. Na verdade, sua estética tanto pode ser considerada uma defesa contra o trágico quanto uma exploração dele. Ao exaltar o trágico, sua linguagem também o diminui.

Quanto a Marlowe, é verdade que Hegel tem em mente mais a tragédia antiga do que a moderna. Entretanto, mesmo aqui, suas reflexões estão demasiado condicionadas por *Antígona*, assim como as de Aristóteles por *Édipo rei*. É notável perceber que muitas teorias gerais de tragédia giram em torno de dois ou três textos apenas. Várias tragédias antigas, sobretudo aquelas do iconoclasta Eurípides, poderiam ser invocadas para testemunhar contra Hegel. As personagens da tragédia moderna, na opinião de Hegel, são personalidades mais individuais do que personificações de forças histórico-universais, motivadas antes por estados subjetivos que por conflitos de substância ética, de maneira que contendas, tais como as de Hamlet, tornam-se internalizadas, e a ação dramática passa a depender muito de um acidente totalmente externo. Personagens antigas, ao contrário, revelam sua autoidentidade de forma monumental: como portadoras de uma individualidade "essencial", elas são simplesmente, magnificamente o que são. A tragédia aqui é antes imanente que acidental, fluindo mais da lógica interna da ação que da contingência do lugar-comum. Como assinala Hegel em *A fenomenologia do Espírito,* as personagens da tragédia são artistas, livres de idiossincrasias pessoais e dos acidentes de circunstância, dando expressão à sua essência interior mais do que à individualidade empírica da vida cotidiana.⁷ É com Hegel, acima de tudo, que a tragédia se torna "essencializada", reificada a um absoluto espiritual que preside impassivelmente uma existência cotidiana degradada. É o grande filósofo da modernidade que entrega aos adversários da época uma arma poética vital na campanha que empreendiam contra a prosa semianalfabeta do dia a dia de então.

O Espírito hegeliano, com sua costumeira astúcia, sabe que pode tornar-se um componente de si mesmo somente pelo conflito e pela

---

5 Hegel, *The Philosophy of Fine Art*, p.321.
6 Ver Bradley; Hegel's Theory of Tragedy. In: _____, *Oxford Lectures on Poetry*.
7 Hegel, *The Phenomenology of Spirit*, p.444.

negação. Nesse sentido, ele é diferente do Abraão de *Temor e tremor*, de Søren Kierkegaard, que sabe da impossibilidade de assassinar Isaque e tê-lo de volta, mas que se recusa a retroceder do impossível, naquele paradoxo inimaginável que Kierkegaard chama de fé. Como o analisando lacaniano a caminho da recuperação, Abraão recusa-se a desistir de seu desejo do impossível, agarrando-se firmemente ao finito, mesmo quando se resigna ao fato de que nada na terra irá satisfazer seu desejo. Como a obra diz: "é grandioso desistir de nosso desejo, porém mais grandioso ainda é agarrarmo-nos a ele depois de termos desistido dele".[8] O caminho escolhido por Abraão não é aquele da renúncia schopenhaueriana, mas também não é o da afirmação hegeliana. É porque Abraão agarra-se com tanta tenacidade ao impossível que o impossível realmente acontece quando Deus lhe detém a mão e lhe resgata o filho.

Do ponto de vista da teleologia hegeliana, a atitude de Abraão é simplesmente ininteligível. Tanto para Hegel quanto para Kant, o ético envolve relacionar nossa particularidade com o universal. Para Kant, isso implica ignorar nossos desejos individuais em nome do dever moral; se a virtude não produz a sensação de algo desagradável, é pouco provável que seja virtude. Para Hegel, esse compartilhar com o Absoluto é o que conduz o indivíduo ao pleno florescimento. Porém, em ambos os casos, a estrutura é uma estrutura de sacrifício, pois o particular está subordinado ao bem-estar do todo. Em contraste, o sacrifício de Abraão não é dessa espécie racional e universalista, mas um escândalo e um obstáculo a toda teleologia trágica desse tipo; por outro lado, também não é um mero *acte gratuit* ou um fragmento absurdista, já que Abraão acredita que obterá uma consequência produtiva, ou seja, a restituição de Isaque.

Abraão também sabe, entretanto, que isso é logicamente impossível, e sua ação não é empreendida em nome de nenhum *télos* universal. Ele está preparado para assassinar seu filho, mesmo que isso em nada contribua para o bem-estar de toda a humanidade, e, com certeza, nenhum bem trará para ele próprio. Nesse sentido, ele difere do clássico herói trágico que se sacrifica pelo Estado ou pela nação ou para apaziguar os deuses irascíveis e que, ao fazê-lo, desperta a amorosa compaixão de seus companheiros. Entretanto – comenta Kierkegaard –, ninguém chora por Abraão, de cujo feito nos aproximamos com um "terror sagrado". A clássica ação trágica pode se comprovar frutífera na vida dos outros, o que em parte pode tornar

---

8 Kierkegaard, *Fear and Trembling*, p.52.

a tragédia valiosa. O pretendido feito de Abraão é muito mais trágico precisamente porque será infrutífero; ainda assim, é porque ele o aceita em sua fé que Deus lhe concede um desfecho feliz. Ele é, como afirma Kierkegaard, "magnífico com esse poder que é a falta de poder".[9]

O herói trágico renuncia à sua particularidade para expressar o universal, transportando-se para essa augusta esfera. Como observa Kierkegaard, ele "abre mão do que é certo pelo que é ainda mais certo",[10] enquanto Abraão vai um pouco mais além e abre mão do universal, bem como de seu próprio desejo, suportando toda a aflição do herói trágico, abandonando tudo, transformando sua alegria no mundo em nada, sem nenhuma garantia de retorno certo. O herói trágico, afirma Kierkegaard, é um herói "que, por assim dizer, faz uma edição clara e elegante de si mesmo, tão imaculada quanto possível e decifrável para todos", enquanto aquele que tem fé "renuncia ao universal para se tornar o particular", tornando-se, assim, indecifrável para os outros.[11] Aquilo que em si mesmo é singular e irredutível, sem dúvida, desmonta o conceito, que é inelutavelmente geral. O típico herói trágico, ao contrário, permanece firmemente circunscrito ao território do ético, de forma que seu destino, por menos invejável que seja, é pelo menos inteligível, e, assim sendo, está no mesmo plano do não trágico. Nem Brutus nem Agamênon, assevera Kierkegaard, poderiam ter sussurrado "isso não acontecerá" quando olharam o destino nos olhos, como faz Abraão.

Uma figura de fé como Abraão ignora a mediação do ético – em que todas as particularidades são indiferentemente intercambiáveis – e estabelece, em vez disso, uma relação direta com o absoluto que o lança além das fronteiras do discurso ético ou da compreensão racional. O "Outro" para ele não é, de forma alguma, idêntico à ordem simbólica. Ele é uma viva afronta à dialética hegeliana, elevando desafiadoramente o particular acima do universal, ousando abraçar o que para Kierkegaard é o risco mais aterrorizante de todos: existir como indivíduo. Isso, que para Kierkegaard é o único heroísmo autêntico, significa reconhecer que, com o devido respeito às equivalências das esferas ética e política, um indivíduo é absolutamente incomensurável com qualquer outro indivíduo, e, portanto, desmedidamente ininteligível a elas. A realidade dos outros é sempre apenas uma "possibilidade" para nós, e todos aqueles que têm fé

---

9 Ibid., p.50.
10 Ibid., p.89.
11 Ibid., p.103.

são "incógnitos". É a ruína de qualquer política racional. A individualidade é a pretensão do infinito sobre o finito, o mistério desconcertante de que Deus modelou esse eu insubstituivelmente específico a partir de toda a eternidade, de que toda a eternidade está em jogo na pura e irredutível autoidentidade do indivíduo.

Em Kierkegaard, a "suspensão do ético" tipifica a figura da fé, e não a figura da tragédia. Entretanto, como veremos mais adiante, é exatamente essa obstinada fidelidade a alguma pretensão absoluta ao ser, indiferente às consequências sociais ou morais, que para Jacques Lacan melhor tipifica os protagonistas trágicos. A conduta de Antígona não é mais socialmente conformista ou eticamente prudente do que a crucifixão de Cristo. A fé, entende Kierkegaard, não pode ser traduzida em discurso ético sem deixar um resíduo impenetrável. Há ocasiões em que a fé é uma tolice para o sábio, como quando nos recusamos a lançar um ataque militar sobre um inimigo, mesmo tendo a justiça política do nosso lado, e quando o resultado de nossa recusa pode levá-lo a nos atacar. Contudo, há também uma paródia cruel da suspensão do ético, que é o elitismo do mal. São os aficionados do mal que acreditam que eles existem não apenas para além do bem, mas para além do domínio ético como tal. Se tais *connoisseurs* do caos mal respeitam a virtude, eles desdenham igualmente qualquer coisa tão miseravelmente pequeno-burguesa como a imoralidade.

Para uma casta de pensadores modernos, de Hegel e Baudelaire a Nietzsche, Dostoievski, Yeats, Claudel, Mauriac e T. S. Eliot, a tragédia representa um modo privilegiado de cognição, uma experiência espiritual reservada àqueles poucos com pendor para a metafísica. É, com efeito, uma forma sucedânea de religião para uma era secular, contrapondo-se à sua vulgaridade com uma sabedoria superior. George Steiner, em uma sentença hesitante de *páthos*, comenta que, "ao toque de Hume e Voltaire, as aparições majestosas ou abomináveis que haviam perseguido a mente desde que o sangue de Agamênon clamou por vingança desapareceram todas ou buscaram um refúgio vulgar entre as lâmpadas de gás do melodrama".[12] Não há dúvida de que Steiner é tão cético a respeito do Deus das Escrituras quanto sempre o foram Hume e Voltaire, mas o espírito da religião, entretanto, precisa ser salvo como baluarte contra uma modernidade infiel. É possível que pessoalmente não acreditemos em Deus, mas seria muito bom se todos os outros acreditassem. O *insight* trágico é incomparavelmente

---

12 Steiner, op. cit., p.194.

superior ao território do dia a dia da ética, da racionalidade, do sentimento de camaradagem e coisas afins. Ida Arnold, em *Brighton Rock*, de Graham Greene, com suas platitudes suburbanas e sua bisbilhotice moralizante, em certo sentido, não é de forma alguma tão admirável quanto o maldito Pinkie, que, precisamente por causa de sua perversidade, mantém boas relações com a salvação e a perdição, como um santo. É melhor governar o inferno do que servir chá no subúrbio.

O jesuíta Naphta de *A montanha mágica*, de Thomas Mann, afirma que Deus e o diabo estão de acordo em sua hostilidade à vida, o que quer dizer "burguesismo", razão e virtude. Adrian Leverkühn, de *Doutor Fausto*, também de Thomas Mann, fala de oscilar entre altos voos e profundas desolações, de uma forma incompreensível à burguesia moderada. Sua música revela "a identidade substancial entre os mais abençoados e os mais amaldiçoados". O bem e o mal são iguais em seu glamoroso extremo. O diabo em *Doutor Fausto* contrapõe desdenhosamente os mistérios exclusivistas da religião e a banalidade da burguesia desprezível, declarando que ele é agora o único guardião da teologia. Ele quer dizer que o mal é tudo o que sobrevive da metafísica no mundo moderno. Em *A República*, Platão comenta que a maldade realmente espetacular em geral surge de personalidades vigorosas, talentosas, e não de personalidades insignificantes. No cristianismo medieval, afirma Jean-François Lyotard, "uma estreita cumplicidade se estabelece entre o pecador e o confessor, a feiticeira e o exorcista, sexo e santidade".[13]

O problema com os homens ocos de T. S. Eliot, assim como a maioria dos sombrios habitantes de *A terra desolada*, é que eles são rasos demais até mesmo para serem amaldiçoados. Se eles pudessem mostrar um pouco de depravação realmente arrebatadora, eles poderiam ter uma pequena chance de salvação. Então, pelos menos haveria alguma coisa a ser redimida; para Eliot, porém, a humanidade não consegue suportar tanta realidade e erige suas parcas virtudes suburbanas como defesa contra o terror sagrado do divino. O mal, anuncia Pascal nos *Pensamentos*, é fácil, ao passo que o bem é quase ímpar; mas há, conforme ele acrescenta, um certo tipo de mal que é tão raro quanto a bondade verdadeira, e "esse mal em particular por causa disso muitas vezes se faz passar pelo bem. Na verdade, é preciso uma extraordinária grandeza de alma tanto para alcançar esse mal quanto para alcançar o bem".[14] Qualquer um pode aspirar à maldade

---

13 Lyotard; Adorno as the Devil, *Telos*, n.19, trad. adaptada.
14 Pascal, op. cit., p.187.

comum, mas é preciso um verdadeiro virtuose para ser maldito. É provável que o tipo de mal que Pascal tem em mente seja o que conhecemos como o demoníaco, que iremos investigar um pouco mais adiante.

A doutrina segundo a qual o sagrado e o satânico são imagens espelhadas um do outro navega perto da heresia do gnosticismo, a crença desconstrutiva de que o próprio Deus é duplicado, contendo tanto o bem quanto o mal em seu próprio ser inescrutável. Para algumas almas corajosas, o caminho da dissipação, do absorver a escória imunda da experiência humana em selvagem estilo baudelairiano, é, portanto, uma abordagem tão válida quanto a da estrada da santidade. Há uma tênue linha separando esse mergulho consciente na lama da degradação, de forma que é possível atravessá-la e emergir na esfera da divindade. E há um tipo familiar de ação trágica, em que somos forçados a passar pelo inferno, querendo ou não, mas, desse modo, lutamos para atingir um nível mais profundo de existência. O gnosticismo é uma horrenda paródia desse tipo de tragédia, um estado em que desejamos nossa própria ruína, a fim de adquirirmos conhecimento carnal do absoluto, indiferente que é a polaridade tão simplista quanto o bem e o mal.

Ivan Karamazov, de Dostoievski, é um ateu que escreve artigos sobre teologia; é membro dessa companhia de elite dos malditos. Ivan precisa acreditar em Deus para rejeitá-lo e, nesse sentido, ele se assemelha ao diabo, que tem uma excelente razão para saber que Deus existe. Dimitri, o irmão degenerado de Ivan, das profundezas de sua depravação, canta louvores a Deus; uma personagem do romance comenta com ele: "A experiência da degradação final é tão vital para tais temperamentos desregrados, dissolutos quanto a experiência da pura bondade" (Parte 4, Livro 12, cap.6). Podemos nos sentir radiantes com a perfeição de Madona, registra o romance, e ainda assim não renunciar a Sodoma. Até mesmo o inocente Aliocha tem nas veias o sangue corrompido dos Karamazov. E a filosofia do tipo "santa ignorância" de seu mentor, padre Zosima, segundo a qual tudo deve ser abençoado, pode ser exatamente o reverso da crença libertina de Ivan, de que, na ausência de Deus, tudo é permitido. Como muitos ateus, Ivan é simplesmente um metafísico às avessas, cuja relação negativa com a divindade é tão íntima quanto a relação mais positiva de Aliocha. Como Bendrix, em *Fim de caso,* de Graham Greene, ele odeia Deus como se ele existisse. Raskolnikov, de *Crime e castigo,* comete um crime de forma meio insensata, a fim de provar sua afiliação como eleito espiritual para além do bem e do mal. Ele acaba se arrependendo não do crime em si, mas da falta de pureza estética do crime, do fato de ter estragado todo o negócio de uma forma que está abaixo da dignidade de um clássico protagonista trágico.

Podemos rastrear esse elitismo trágico na curva descendente do teatro de T. S. Eliot. Assim como Brecht acreditava que o público de teatro devia ser, por assim dizer, horizontalmente dividido, também Eliot acreditava que ele devia ser verticalmente estratificado, classificado em mais ou menos *cognoscenti* de acordo com níveis de significado dentro da própria peça. A peça, da mesma forma que a plateia, contém uns poucos eleitos que compreendem o que está em andamento espiritualmente; um grupo bem maior de personagens que tateiam em busca de algum parco sentido da significância da ação; e um círculo externo de pagantes provenientes dos subúrbios, acima tanto da salvação quanto da danação, que não fazem a menor ideia do que está acontecendo. É como se algumas das personagens no palco estivessem conscientes de que estão falando em versos brancos, enquanto o resto não está; na verdade, o tipo de verso branco de T. S. Eliot tem um perfil discreto o bastante para permitir essa distinção. *Assassinato na catedral,* cujo título – semelhante ao de Agatha Christie – esconde um drama espiritual sob um sensacionalismo jocoso, atraindo os plebeus só para, marotamente, enganá-los, consegue conectar esses níveis por meio de sua forma litúrgica, conforme os significados escoam do próprio Thomas até chegarem sob uma forma obscurecida, mas ainda significativa, à fala do coro das mulheres de Canterbury. O martírio de Thomas, embora apreendido de forma vaga por essa variedade de pessoas espiritualmente medianas, irá, entretanto, frutificar em suas próprias vidas e, quem sabe, também nas vidas da plateia/congregação.

Na época de *Reunião de família*, entretanto, a forma ritual – dessa vez grega, em vez de cristã – parece conscientemente irônica, espertamente planejada no estilo "Old Possum"[15] para expor em vez de preencher a lacuna entre aqueles que são espiritualmente informados e aqueles que não são. Ao fazer as Fúrias representarem uma cena, aparecendo na janela da sala de visitas, Eliot indica, em um desespero escarnecedor, que desiste da própria ideia de inserir significado metafísico na desolada terra da alta sociedade. Como ocorre com Ibsen, todos os eventos principais são, portanto, empurrados para fora do palco; em vez de serem representados dramaticamente, a eles são feitas alusões incôngruas, incompatíveis com o mundo no qual homens e mulheres sorvem xerez ou passeiam por entre

---

15 Old Possum (Velho Gambá): apelido autorreferente de Eliot, encontrado, por exemplo, no livro *Old Possum's Book of Practical Cats*, de 1939. (N.E.)

os arbustos. Porém, é uma incongruidade que Eliot parece apreciar assim como lamentar. As peças mostram um prazer perverso na desconexão. O ir e vir que observamos no palco nada mais é do que um correlato objetivo e inferior de algum misterioso drama mais geral sobre pecado, culpa e salvação que a ação teatral se mostra, na verdade, frágil demais para sustentar e que segue seu curso inteiramente em outro lugar, sobretudo naquele país estrangeiro conhecido como passado.

Em *Reunião de família*, a movimentação cênica é deliberadamente atenuada para que valores espirituais sejam iluminados por contraste com ela; mas a tática prejudica a si própria ao deixar esses valores sem um lugar em que possam realizar-se, esvaziando-os de conteúdo. Isso deve ser lamentado, mas é também um expediente deliberado. É como se a ação ocorresse em um nível e o significado em outro – ou, na linguagem de *Quatro quartetos,* como se tivéssemos a experiência, mas perdêssemos o significado. De fato, no que concerne ao passado de culpa de Harry, pouco importa o que realmente aconteceu, ou se algo realmente aconteceu. Ocorrências empíricas são para lojistas, e não para os eleitos espirituais, e o fato é que Eliot nunca se encantou muito com a realidade. Essa maneira indiferente de lidar com a ação, bastante perturbadora para um dramaturgo, já é prenunciada em *Assassinato na catedral*, subestimando deliberadamente o crime real de Thomas, que é relegado a uma oração subordinada em uma marcação cênica, em contraste com as portentosas conotações reunidas em volta dela. O que importa em Eliot não é a ação ou mesmo a consciência dela, que é, invariavelmente, uma falsa consciência, mas aqueles significados que atuam em um palco completamente diferente, aquele do espírito ou do inconsciente. A questão da forma dramática não é fundir ação e significado, mas fornecer o espaço em que eles ostensivamente fracassam nesse cruzamento.

Quatro quartetos torna-se em boa parte presa da mesma dualidade do drama, pois seu discurso mais raso, mais profano é levado a ficar lado a lado com uma linguagem mais cifrada, mais *symboliste,* apenas para que os dois registros anulem um ao outro. Talvez a verdade possa ser discernida apenas na forma como essas várias linguagens repercutem umas nas outras, vislumbradas esporadicamente nas incôngruas lacunas entre elas. Entretanto, isso é um problema para um poema tão preocupado com a Encarnação, a intersecção de tempo e eternidade no ponto fixo do mundo em rotação. A linguagem do poema retém rigidamente qualquer valor especial daquele mundo, que quase nunca se apresenta menos estéril e desprezível do que era em *A terra desolada*, no exato momento em que sua teologia insiste na história secular como cenário da redenção divina.[16] Somente com o tempo se conquista o tempo. É como se a Encarnação fizesse toda a diferença e, ao mesmo tempo, nenhuma diferença. O poema é uma contradição performática; sua forma está em desacordo com seu conteúdo. Seja qual for a teologia de Eliot, a poesia continua decididamente antiencarnacionista, asceticamente suspeita em relação à vida das criaturas, como, de fato, faz a linguagem antilogocêntrica de *Quartetos*, a palavra que nunca consegue captar a presença plena da Palavra.

Reunião de família, apesar de todo o seu sardônico derrotismo, ainda consegue mostrar a redenção de Harry como mais além do que um caso particular. Envolve também Mary e Agatha, embora cada uma delas precise encontrar seu próprio caminho solitário para a redenção. Não há mais uma ação coletiva, embora as conexões possam ainda ser estabelecidas; ainda existe um coro, muito embora o que ele registre seja principalmente sua incompreensão. Em *O coquetel*, entretanto, a separação olímpica que Eliot faz entre os cordeiros espirituais e os bodes seculares completa sua sinistra paródia final. Agora é como se suas próprias formas dramáticas estivessem ocupadas em parodiar-se a si mesmas, conforme a banalidade e a intensidade frustram constantemente uma a outra e discursos metafísicos estabelecidos são interrompidos de forma astuciosa pelo telefone. A figura redentora é agora o psiquiatra Reilly, membro de um ministério religioso, pelo qual o desdém do anglicano conservador Eliot não é difícil de imaginar. Contudo, embora esse seja, em certo sentido, um gracejo refinado, ele é muito sério em outro: no mundo espiritualmente tacanho dos coquetéis do West End, a verdade psiquiátrica é provavelmente o mais próximo que alguém pode chegar da revelação religiosa. A espécie humana não consegue suportar muita realidade. Não faz sentido tentar inculcar significados espirituais àqueles para os quais tal discurso exaltado é quase tão significativo quanto o som de um grilo esfregando uma pata na outra.

Consequentemente, a tentativa de preencher a lacuna entre o sagrado e o secular é abandonada com um derrotismo que pode se passar por uma sabedoria sardonicamente tolerante. Reilly age como elo precário entre as duas esferas, libertando Celia do mundo e devolvendo Edward e Lavinia à deprimente rotina social desse mesmo mundo, uma rotina agora avivada por um pouco mais de percepção do que antes. E outras personagens ganham permissão para vislumbrar algo do significado do

---

16 Para uma excelente análise desses versos de Eliot, ver Martin; Language and Belief in Eliot's Poetry. In: _____ (Ed.), *Eliot in Perspective*.

drama espiritual central, talvez até mais do que em *Reunião de família*. No entanto, o fato de que a maioria dessas *socialites* cabeças-duras conseguem agregar um pouco de *insight* espiritual quando pressionadas é também uma apologia de seu anêmico mundo social. Cada mundo – o da metafísica e o do Martini – é à sua própria maneira necessário, mas misturá-los com tanto vigor apenas cria perplexidade. Em *Reunião de família* havia ao menos um conflito real entre diferentes níveis de percepção; agora é como se esses níveis fossem separados e cada um deles endossado por seu próprio mérito. A vida comum é uma piada sem graça, assim como é o martírio de Celia; a história secular é desprovida de graça, mas precisa ser aceita como o melhor que a maioria de nós pode enfrentar. Uns poucos visionários solitários abjuram o mundo, mas é melhor que o restante de nós se ajuste a ele. Devemos aceitar a Ordem do Mérito e buscar uma existência com trajes listrados em clubes londrinos exclusivos, embora intimamente renunciemos a todo esse negócio inútil.

Assim, a redenção é cuidadosamente posta de quarentena, separada da arena que, supunha-se, ela deveria transfigurar, medida que, por sua vez, isola esse território de privilégio frívolo de qualquer crítica muito perspicaz. Realmente, agora é como se a transcendência estivesse sendo parodiada pela trivialidade, e vice-versa. De que outra forma poderíamos explicar a tendência para o humor negro cansativamente autorridicularizante que permeia toda a peça, quando a celestial Celia é crucificada perto de um formigueiro africano e Alex fala animadamente sobre cozinhar macacos? O martírio ainda acontece, mas longe do West End, e lá ele não produzirá nenhum fruto. A artimanha dos Guardiões parodia a história detetivesca e satiriza uma existência rasa em uma casa de campo; mas parece também parodiar as próprias questões espirituais, de forma que é a vacuidade desses temas transcendentes, bem como a inanidade da vida das classes superiores, que essas figuras de papelão colocam em foco. A transcendência ergue-se acima do significado, enquanto a inanidade cai abaixo dele. Em ambos os casos, o resultado é um vazio. Se a existência social é a morte em vida, o martírio é a vida na morte; mas parece haver tão pouco a ser ressuscitado disso quanto há de conversas fiadas na sala de visita.

Kierkegaard, embora protestante demais para o gosto de Eliot, compartilha com ele um pouco desse elitismo trágico, conforme parece sugerir sua observação sobre o demoníaco no capítulo 3 de *O conceito de angústia*. "Há pouquíssimas pessoas", comenta ele em *O desespero humano*, "que realmente vivem suas vidas, em qualquer nível que seja, na categoria do espírito".¹⁷ "Pouquíssimas" é um termo favorito na prosa de Eliot, um termo que parece dar ao seu autor quase um *frisson* físico. Embora a obra de Kierkegaard seja bem-sucedida em fazer o quase impossível, elevando o protestantismo à dignidade de uma filosofia universal, ele permanece, afinal, a província dos eleitos. A tragédia é um antídoto à ética hipócrita e pequeno-burguesa das Idas Arnolds, um caso de *Vernunft*, por oposição a *Verstand*. Entretanto, Kierkegaard leva vantagem sobre seus colegas elitistas, relegando a própria tragédia ao território meramente ético, conferindo-lhe um nível superior de uma fé absurda e impenetrável à plebe em geral. Aqueles incapazes de suportar o que ele chama de "esse martírio de ininteligibilidade" são os humanistas e moralistas cívicos, com sua "tola preocupação com a prosperidade e a decadência dos outros, que é honrada sob o nome de solidariedade, mas que, na verdade, não passa de vaidade".¹⁸ Se a tragédia se mantém indiferente às compaixões humanas, cultivando em geral paixões mais elevadas, a fé é até mesmo mais arrogante em relação a elas. Como o pecado, ela é a rocha que provoca o naufrágio de toda a vida puramente ética.

A maioria dos indivíduos, comenta Kierkegaard em *O desespero humano*, está distante da fé e quase igualmente distante do desespero também; ou pelo menos longe de saber que estão em desespero – pois o desespero, na visão de Kierkegaard, é a condição mais comum que existe, mesmo que uma falsa consciência impeça a massa da humanidade de ter consciência dele. Ser capaz de desesperar-se é tanto nossa ruína quanto nossa vantagem sobre os animais, que não pensam. Arminhos e vombates podem ter lá os seus problemas, mas o mergulhar na desesperança eterna não está entre eles. Nossa capacidade de desespero é tanto mérito infinito quanto ruína absoluta, uma doença que é a maior má sorte nunca ter contraído, pois tragicamente podemos chegar à verdade somente por meio da negatividade, e quando somos trazidos à beira da danação total, resta apenas Deus como possibilidade. Portanto, aquele que tem fé, mais ou menos como Abraão, é aquele que é presa de um impasse absoluto, e só pode confiar em que Deus, de alguma forma, extrairá vida nova dessa difícil situação. Esse alguém vive a contradição de uma irreparável ruína, da qual Deus, entretanto, irá redimi-lo. A tragédia pode, de fato, ser transcendida, mas somente ao ser percorrida do começo ao fim, no ato de

---

17 Kierkegaard, *The Sickness Unto Death*, p.88.
18 Ibid., p.107.

confrontarmos nosso desespero. E esse é um ato que está além do alcance de todos, exceto de um círculo espiritual exclusivo.

Admitida sua crença de que a condição humana é crítica, Kierkegaard poderia certamente ser chamado de pensador trágico. A fé não é um estado constante, mas uma luta existencial, reunindo antinomias na tarefa absolutamente árdua do viver que nenhuma mera razão dialética poderia ter a esperança de sintetizar. A ironia socrática faz bem em preservar certa distância respeitosa entre conhecimento humano e divino, ao traçar uma linha entre as duas, mais ou menos à maneira de um Kant ou de um Schopenhauer. Mesmo assim, tal ironia socrática é também uma negação do pecado em nome da ignorância e, portanto, antitrágica em todas as maneiras erradas. O desespero tem sua moradia mais acarinhada no próprio coração da felicidade, mais ou menos como para *O conceito de angústia* existe um terror anônimo do nada no âmago de toda iminência. E a porção ímpar de eternidade conhecida como nós mesmos sempre corre o risco de ficar irremediavelmente perdida. Como afirma Theodor Adorno: "Para Kierkegaard, o trágico é o finito que entra em conflito com o infinito e, medido de acordo com ele, é avaliado pela medida do infinito".[19] E diante do infinito, como todo bom protestante sabe, sempre incorremos em erro.

Hegel é o grande teórico iluminista da tragédia, ao buscar resgatar sua profundidade, seriedade e intensidade das atenuações sentimentalistas, e lutar ao mesmo tempo para conciliá-la com a Razão do Iluminismo. O grande filósofo trágico do contrailuminismo é, então, Friedrich Nietzsche, que compartilha com Kierkegaard o desprezo pelo racionalismo a partir de uma perspectiva mais pagã do que protestante.[20] Entretanto, para Nietzsche, a tragédia é uma espécie de teodiceia ou apologia do mal, exatamente como é para Hegel. Para ele, também, a arte trágica é uma contenção do colapso trágico, como o bálsamo consolador do apolíneo é aplicado sobre a ferida primordial do dionisíaco. Se a teoria hegeliana não trágica da tragédia é uma defesa inconsciente contra a ruína irreparável, Nietzsche argumenta em alto e bom som a favor justamente dessa posição. Para ele,

---

19 Adorno, *Kierkegaard:* Construction of the Aesthetic, p.16. Uma ética kierkegaardiana semelhante foi recentemente retomada por Jacques Derrida. Ver seu livro *The Gift of Death*, no qual o autor argumenta que decisões éticas são, ao mesmo tempo, necessárias e "impossíveis", estando para além do conhecimento e das convenções e sendo tomadas a partir de uma alteridade totalmente impenetrável. Só esperamos não estar no júri quando algum caso seja apresentado no tribunal.

20 A questão é tratada em Galle, op. cit..

a tragédia é a crítica suprema da modernidade, o que é uma razão por que o assunto se torna tão importante em uma época que não se distingue por sua verdadeira arte trágica. Trata-se de uma questão de mito *versus* ciência, "vida" contra moralidade, música *versus* discurso, eternidade em vez de progresso, o arrebatamento do sofrimento contra um humanitarismo inexperiente, heroísmo mais do que mediocridade, o estético em guerra com o ético-político, a barbárie contra o cívico e o cultural, loucura dionisíaca contra a ordem social apolínea. É uma síndrome que ressurgiu em nosso próprio tempo na forma de certa teorização pós-moderna, boa parte da qual é nietzschiana sem saber plenamente que o é.

Nietzsche resiste a um historicismo indiferente, que esvazia o passado de sua vitalidade ingovernável em nome de uma amnésia criativa ou uma recuperação do passado através do mito. Isso representa uma inversão antitrágica do "pesadelo da história" de Marx: nós nos livraremos do fardo traumatizante do passado, nos esquecendo do que quer que impeça uma ação heroica no presente, ou nos lembrando apenas daquilo que podemos usar. O presente vira o jogo em relação ao arcaico, preferindo explorar suas energias originais a permitir-se ser esmagado até à morte sob seu peso insuportável. É essa última condição que mais tarde Henrik Ibsen verá como o paradigma da tragédia. Não obstante, para Nietzsche, o esquecimento é trágico também – mas tragédia agora entendida como celebração da mutabilidade, uma afirmação escandalosa do que é cruel, bárbaro e bestial na humanidade, um arrebatado "sim" à teimosa imperecibilidade da vida. A mutabilidade – a evanescência da vida humana – tem sido tradicionalmente um *topos* de sofrimento com base na curiosa suposição de que o que é imutável ou eterno deve necessariamente ser glorificado. Ousar indagar essa doutrina e inquirir sobre o que há de tão errado com o fugaz, o transitório, o fugidio – eis uma das muitas marcas originais de Nietzsche.

Para Nietzsche, tanto quanto para seus acólitos posteriores, como Joseph Conrad, só podemos agir intencionalmente por intermédio de certos mitos salutares que, mascarando o caos obsceno da existência, emprestam ao eu uma ilusão de propósito que sustenta a vida. Freud entendeu a questão à sua própria maneira, assim como Louis Althusser, cuja teoria de ideologia como "imaginária" não está de todo remota dessa doutrina. É um princípio trágico da modernidade – atrás do qual a sombra de Nietzsche avulta – só podermos agir historicamente por amnésia, auto--oblívio, autoviolência ou repressão. Do contrário, estamos fadados ao destino de um Hamlet. Mesmo assim, a tragédia abriga tanto essas ilusões redentoras quanto uma revelação demolidora dos terrores sagrados que elas encobrem. O Homem trágico é aquele que é corajoso o bastante para endossar a beleza e a necessidade da ilusão, em oposição aos platônicos, que espiam peremptoriamente atrás dela; e é também aquele que se arrisca a olhar dentro do abismo do Real e dançar à sua beira sem se transformar em pedra, lendo o que os eruditos inofensivamente chamam de história como uma esquálida genealogia de sangue, suor e terror.

Para Nietzsche, e também para Walter Benjamin, todo documento da civilização é, ao mesmo tempo, um registro de barbáries; acontece que Nietzsche apenas desaprovava menos o barbarismo, embora, de forma alguma, ele o endossasse por completo. A tragédia é uma maneira de viver permanentemente com o horror a que o Kurtz de *O coração das trevas*, de Conrad, pode dar voz só no momento da morte. E "cultura" é o nome pungentemente desdenhoso que Nietzsche utiliza para os opiatos que tomamos para nos entorpecermos diante desses terrores. No lugar do homem de cultura, então, ele, de uma forma perspicaz, oferece-nos o sátiro, aquelas criaturas escarnecedoras, aborígenes, libidinosos, que são eternamente as mesmas, aquelas que têm visto civilizações surgirem e desaparecerem e que, no fim, lhes dizem adeus.

Formalmente falando, a afirmação trágica de Nietzsche não é de todo diferente daquela de Hegel. Se Hegel vê a tragédia como satisfação apolínea no sentido de reforçar a soberania da Razão, Nietzsche a vê com prazer dionisíaco, como exultante com a indestrutibilidade da vida, que o sacrifício do indivíduo simplesmente realça. O herói trágico, conforme ele comenta com seu costumeiro prazer sinistro em *O nascimento da tragédia*, "é negado para nossa satisfação". E, já que para esse ensaio do início, a individualidade é a própria fonte do mal e do sofrimento, a fúria dionisíaca que destroça indivíduos deve ser aplaudida. Em qualquer caso, os indivíduos na tragédia são meramente máscaras do próprio deus. Como alto sacerdote de Dioniso, Nietzsche encontra na arte trágica um frenesi, um caos, um excesso e um horror que se deleitam tanto em criar quanto em destruir – domínio, poderíamos dizer, de Tânatos ou da pulsão de morte, no qual podemos colher uma *jouissance* sádica de miséria e matança, certos do consolo de que esse fluxo eterno de disputa, selvageria e renascer jamais morrerão. "Acreditamos na vida eterna" é o grito exultante da tragédia, em uma paródia pagã da fé cristã. A transitoriedade, pelo menos, veio para ficar.

Enquanto isso, nós, espectadores, identificamo-nos com essa licenciosidade abençoada e terrível, convencidos de que a beligerância e a brutalidade da existência são inevitáveis, já que tantas e abundantes formas de vida devem vir à luz de forma exuberante. Nossa reação a esse processo ambivalente, portanto, ajusta-se ao seu próprio sadomasoquismo. Sentimos um misto de prazer e dor, medo e compaixão, êxtase e repulsa, que para Nietzsche são as fontes maculadas do prazer trágico. Estremecemos diante dos tormentos do protagonista e, mesmo assim, deliciamo-nos em vê-lo destruído, regozijamo-nos com a pura aparência e também com a negação dela. Por que, indaga Nietzsche, seria o sofrimento representado com tanta frequência, de tantas formas diferentes, se ele não fosse uma fonte de intensa realização? Não devemos moralizar nosso sadismo, mas afirmá-lo abertamente, no que Raymond Williams, de maneira austera, chama de "racionalização brutal do sofrimento".[21] Somos trespassados pelas agonias dos que estão morrendo no exato momento em que sentimos na sua dissolução a ação da imortalidade da própria força da vida, e somos consolados pelo pensamento (como um nietzschiano posterior, W. B. Yeats, sentiu-se consolado) de que tudo retorna uma infinidade de vezes a esse espetáculo poderosamente estético de morte, desmembramento e renascimento.

É essa força imperecível que o pós-schopenhaueriano Nietzsche mais tarde chamará de Vontade de Potência, embora, ao fazê-lo, descarte o modelo aparência/realidade de seu ensaio anterior sobre a tragédia. No fenomenalismo dos escritos posteriores, a Vontade está mais de acordo com suas "aparências" em perpétua mudança do que com um númeno atrás ou abaixo delas, afirmando-se em um sublime jogo estético no qual, como um cão que tenta morder o próprio rabo, os seres lutam sem cessar entre si por domínio. O Übermensch é aquele que ousa querer essa insubstancialidade, sem descartar sua alegria e serenidade, e, além do mais, ousa desejá-la em sua recorrência infinita, abominavelmente insignificante. Não podemos, na realidade, falar desse incessante jogo cósmico nem como sendo trágico nem como sendo cômico, já que a Vontade de Potência simplesmente é o que é, fonte de todos os valores, estando, ela própria, acima de avaliação. Visto que ela constitui tudo o que há, desde o tremular dos tentáculos de um caracol até o florescimento do Estado, não poderia haver nenhum ponto de vantagem fora dela, a partir do qual fosse possível fazer juízo a seu respeito como positiva ou negativa. Assim, Nietzsche desmantela a oposição entre comédia e tragédia, combinando o espetáculo strindbergiano de um selvagem combate global com o alegre

---

21 Williams, *Modern Tragedy*, p.51.

equilíbrio joyciano diante desse universo atormentado por disputas. A tragédia vê um terrível abismo onde os robustos burgueses veem assentada uma base; mas um mundo sem base é também um mundo que cria sua própria base, com toda a bem-aventurada inutilidade de uma estupenda obra de arte. E a doutrina do eterno retorno – a verdade segundo a qual nada jamais pode naufragar nesse cosmos em eterna reciclagem – é tanto o horror derradeiro quando uma fuga da perda absoluta.

O dionisíaco é um reino de duas faces como o rosto de Jano, a despeito de quaisquer afirmações simplórias de certa noção subnietzschiana posterior. Pensemos, por exemplo, no execrável romance de D. H. Lawrence, *A serpente emplumada*. Aqueles críticos da modernidade que celebram a loucura, a transgressão, o desejo e a ruptura do conforto apolíneo de suas poltronas se esquecem, ao contrário de Nietzsche, de quão malignas tais forças podem ser. A felicidade de Dioniso está entrelaçada com a angústia da divisão, uma vez que desejamos estar em unidade com a Natureza e, ao mesmo tempo, desvencilharmo-nos de seu abraço orgiástico. Dioniso está, simultaneamente, em união com o princípio da unidade e da individuação, da identidade e da diferença, rompendo fronteiras em nome da felicidade comunal; entretanto – como o deus do progresso e da evolução – também nos convoca para uma existência autônoma. Na tragédia, todo esse processo conflitivo, simplesmente para se tornar suportável, é então moldado, distanciado e sublimado no campo do apolíneo, com seu conhecimento racional, limites moderadores, prazeres formais e belas integridades. Um tipo de prazer, portanto, redobra outro.

No exato instante em que o Real do dionisíaco ameaça nos traumatizar, tornando-nos inaptos para a ação, o apolíneo ou a ordem simbólica lança seu véu encantado da ilusão sobre esse abismo terrível, remodelando seu horror indescritível na forma do sublime estético. Cada dimensão, irá, então, tirar vantagem da outra, conforme o mundo de sonho e o atordoamento fundem-se e começam a falar a língua um do outro: a beleza ou o apolíneo resgatando o dionisíaco do puro amorfismo, e o dionisíaco redimindo o apolíneo do beco sem saída da pura forma vazia. Tragédia é impulso dionisíaco liberando-se em metáfora apolínea. É, a despeito de toda a sua pretensão mitológica, uma oposição estética bastante convencional. É também uma oposição que pode ser desmantelada. A forma é um defender-se da sublimidade letal de Dioniso, mas sua contida calmaria é, ela própria, uma imagem da morte. Nesse sentido, ela contribui com as próprias forças que luta para conter, como o ego para Freud é, ele próprio, um órgão do inconsciente. E o dionisíaco torna-se tanto os impulsos de vida quanto a pulsão de morte. Para os dois filósofos, Eros e Tânatos podem ser encontrados em ambos os lados do abismo que os separa.

A arte trágica, então, é o inimigo jurado da ciência, do progresso político, do otimismo revolucionário e da cultura ética. É também o inimigo da mimese, pois a função da arte é transfigurar em vez de refletir. Nietzsche é, portanto, uma fonte da noção de que a tragédia é preciosa demais para ser abandonada à vida real. É a vitória sobre o mundo do dia a dia, e não uma elucidação dele. Para ele, tanto quanto para Yeats, somente uma arte servil e ignóbil precisa parasitar a realidade. O mito de Fausto pôs a nu os limites do racional ou do conhecimento socrático, e uma nova e florescente cultura trágica irá substituir esse racionalismo pelas cognições mais férteis do mito. A tragédia não quer saber da ética: em vez disso, ela nos oferece uma versão estetizada de sacrifício, de morte em vida e de vida através da morte, que é tão implacavelmente amoral quanto os antigos cultos de fertilidade. É esse mundo de deuses feridos e de heróis engrandecedores da vida que irá fornecer uma alternativa vibrante tanto ao cristianismo quanto ao humanismo secular, desfigurados que são por sua doentia obsessão pela culpa, pelo pecado, pela compaixão e pelo altruísmo.

Em sua verve impulsiva, sua prodigalidade para com as formas de vida, sua altiva recusa da timidez pequeno-burguesa, seu gosto pelo difícil, robusto e bem-humorado, sua aversão pelo mau cheiro do humanitarismo, a tragédia, cujo deus Dioniso é o Anticristo, é uma repreenda aristocrática e varonil a uma era feminina, cristã e democrática de igualdade e de odiosa compaixão. Ela pode confessar o que é impiedoso e voraz na humanidade sem cair em uma desprezível cultura de vergonha e autolaceração. Entretanto, se a tragédia é um contragolpe mordaz ao otimismo social, ela é também uma reação ao pessimismo moderno, pois a Vontade, embriagada de uma devastadora abundância de vida e bom humor, deleita-se com sua própria indissolubilidade no próprio ato de dissipação de seus tipos mais elevados.

A existência humana, tanto para Schopenhauer quanto para o jovem Nietzsche, é uma arena de dor atroz. Todavia, enquanto Schopenhauer extrai disso a lição sofocliana de que seria muito melhor não ter nascido – na verdade, ele acha isso clamorosamente óbvio em relação às laboriosas massas da história –, Nietzsche entende que a fuga da infelicidade não se dá por intermédio da não existência, mas sim por meio da metamorfose trágica. Para ele, como para Rilke, "a felicidade [...] é fruto de uma aceitação tão radical do sofrimento, que um abundante deleite nasce de sua própria afirmação".²² Da mesma forma que Rilke proclama em seu oitavo soneto a Orfeu que "Somente no reino do Louvor pode o lamento enternecer", também seu antecessor deseja alegremente que o mundo exista com suas inevitáveis aflições. Ao espremer a uva, é preciso, como faz John Keats, considerar a ruína do prazer no saboreá-la.

Em todos os casos, trata-se de uma ética perigosa. Nietzsche cita Cardano, que insistia que devemos buscar tanta dor quanto possível para aprofundarmos a alegria que nasce de sua transcendência,²³ enquanto Rilke também fala sobre intensificar a agonia da existência de modo a aumentar a felicidade de sua transformação. Nenhum escritor faz uma pausa para notar que muitas pessoas não têm necessidade de multiplicar seus tormentos, já que elas podem com segurança depender de outros para fazê-lo por elas. Entretanto, há uma diferença. Para Rilke, o que redime a Natureza é a humanidade, *der Verklarer des Daseins* [o transformador dos seres]; para Nietzsche, a humanidade é o problema, não a solução. Trata-se de uma invenção efêmera que é posterior aos seus adorados gregos, e, ao reconstruir uma cultura trágica, podemos finalmente esperar nos livrarmos dela. A morte de Deus não anuncia o nascimento da humanidade, já que essa noção está, por si mesma, firmemente vinculada ao trono do Todo-Poderoso. Trata-se mais de um convite a uma viagem para além da própria humanidade – esse lamentável e admirável produto da culpa e da autorrepulsa – em direção àquela tragédia situada do lado extremo do trágico que é o Übermensch.

A tragédia não é apenas sobre coisas que terminam mal. Não há muitas tragédias – seja o lá que for que George Steiner desdenhosamente afirme em *A morte da tragédia* – em que a destruição é, literalmente, a última palavra. Tragédia pode também significar que precisamos ser arrastados ao inferno para ter qualquer chance de liberdade ou realização. E, se W. B. Yeats está certo ao afirmar que não pode haver nada singular ou inteiro que não tenha sido destroçado, então tragédia desse tipo é endêmica à condição humana. Isso, porém, é afirmar que a verdade e a justiça demandam uma restauração radical, e não que elas não possam jamais prevalecer. A tragédia pode ser um índice do preço ultrajante que às vezes temos de pagar por elas, e não de sua irrealidade. Argumentar que isso é *trágico* é insistir que seria muito melhor se assim não fosse. É a

---

22 Heller, *The Disinherited Mind*, p.131.
23 Ver ibid., p.161.

antítese da noção que traz à mente um alojamento de quartel – de que o sofrimento faz de você um homem. Precisar comprar uma mudança a um preço tão alto dá a medida de quão catastróficas as coisas são para nós. É somente em um encontro tão contundente com o Real, para colocar a questão em termos lacanianos – um confronto do qual não conseguimos sobreviver ilesos, e que deixará suas cicatrizes letais estampadas silenciosamente em nossa existência – que podemos esperar por uma genuína emancipação.

Não surpreende que, diante dessa opção de "pegar ou largar", a maioria de nós escolha, à *la* Eliot, fugir da tragédia – a vida e a vida parcial dos vazios homens suburbanos ou das mulheres de Canterbury –, agarrando-nos afetuosamente à nossa falsa consciência, já que estamos compreensivelmente apavorados diante de tão mortífera verdade. Somente os heróis ibsenianos e os existencialistas sartrianos deste mundo conseguem ir até o fim nesse aspecto, abraçando desafiadoramente a autenticidade, qualquer que seja seu preço em termos de ruína humana. Em contrapartida, nenhuma das peças de Chekhov é rotulada como tragédia, mesmo que duas delas terminem em suicídio. A maioria de nós – tal qual o advogado Alfieri, ao final de *Um panorama visto da ponte*, de Arthur Miller – deliberadamente opta por se contentar com a metade, como Alfieri, que nutre uma cautelosa admiração pela trágica intransigência do herói Eddie Carbone, pela sua recusa em voltar atrás ou em ser nada menos do que puramente ele próprio, e ao mesmo tempo guarda a sombria dúvida de que essa seja alguma receita para uma existência bem-sucedida.

Nem toda tragédia é sobre ruína e renovação. Ela pode terminar simplesmente em desperdício ou rancor, desespero ou rebeldia. Há, entretanto, uma linhagem da arte para a qual a tragédia não é uma questão de felicidade, mas das condições que poderiam ser necessárias para seu florescimento. Enquanto isso, nós, leitores ou espectadores, continuamos a viver, depois de sermos agraciados, de forma vicária, com nosso próprio encontro indiferente, astuciosamente modulado, com o Real através do ambiente da ação trágica, obtendo alguns parcos recursos dessas mortes para nossa própria vida. Afinal de contas, tragédia é apenas ficção e, portanto, uma forma tolerável para gente como nós, receosa de viver com o reconhecimento de que a boa vida envolve mover-se à sombra da morte. Do contrário, temerosamente traumatizados pela Coisa Real, mal seríamos capazes de sobreviver. Na teologia cristã, esse ritual ou compartilhamento simbólico com a morte, protegido de seu horror verdadeiro pela significação, é conhecido como eucaristia.

A melhor formulação dessa tensão entre a necessidade de uma restauração radical e o seu custo revoltante é o conceito que Raymond Williams formou de tragédia como revolução. A noção de Williams pertence àquilo que Northrop Frye, em sua classificação levemente patológica do mundo, chama de quarta fase da tragédia irônica, constituída por aqueles que minimizam a importância do ritual e do destino, fornecem motivos sociais e psicológicos para a ação trágica e veem muitas desventuras trágicas como evitáveis e supérfluas.[24] O presente estudo, então, alegra-se em juntar-se a Williams no nicho mitológico que lhe foi reservado. Em *Tragédia moderna*, uma réplica cifrada a *A morte da tragédia*, de George Steiner, Williams considera a longa revolução global por justiça, democracia e independência política algo a ser afirmado e, ao mesmo tempo, algo que inescapavelmente carrega consigo um pesado fardo de sanguinolência e destruição. "A ação trágica", comenta Williams, "não é a confirmação da desordem, mas de sua experiência, da compreensão que se tem dela e de sua resolução. Em nosso próprio tempo, essa ação é geral e seu nome comum é revolução."[25] Entretanto, ao mesmo tempo – acrescenta Williams – vemos a luta para pôr um fim à alienação produzindo seus próprios tipos de alienação. Aqui, portanto, encontra-se o típico dilema trágico da era moderna: não podemos nem descartar os valores de justiça e democracia nem desconsiderar seu custo histórico assustador em nome de alguma teleologia triunfalista. Não existe nenhuma tragédia nesse sentido (embora possa muito bem haver em outros) para os conservadores ou liberais; os primeiros podem ser menos devotados a questões como justiça social, enquanto os últimos parecem acreditar que ela possa se concretizar sem sublevações. Tragédia e revolução têm sido ideias opostas tanto para os guardiões da supremacia espiritual quanto para os defensores da mudança política. Os últimos conseguem ver na noção de tragédia pouca coisa além de derrotismo e determinismo, enquanto os primeiros não conseguem encontrar na noção de revolução nada além de um vandalismo cruel. Não obstante, desde a Revolução Francesa – como insiste Williams –, as duas ideias, na verdade, uniram-se indissoluvelmente. Poderíamos apontar também que uma das tragédias mais pungentes de nossos tempos é o fato de que o socialismo provou que é menos possível onde ele é mais necessário.

A ideia de revolução, comenta Williams, "nasce em piedade e terror: na percepção de uma desordem radical em que a humanidade de alguns

---

24 Frye, op. cit., p.237.
25 Williams, *Modern Tragedy*, p.83.

homens é negada e, por extensão, é negada a ideia da própria humanidade". Porém, se ela é assim trágica em sua origem,

> [...] ela é igualmente trágica em sua ação, no sentido de que não é contra deuses ou coisas inanimadas que luta seu impulso, nem contra meras instituições e formas sociais, mas contra outros homens [...] O que é apropriadamente chamado de utopismo, ou romantismo revolucionário, é a supressão ou diluição desse fato bastante inevitável.[26]

A contradição trágica é clara: a prática da revolução pode, ela mesma, desmentir a própria humanidade em cujo nome é conduzida. Entretanto, em nome da justiça, ela também não pode ser negada nem contradita. Williams identifica *Doutor Jivago*, de Boris Pasternak, a despeito de seus intérpretes liberais, como a personificação de uma ação trágica exatamente nesse sentido, ao registrar como registra "não apenas o ato de matar a fim de abrir caminho para uma nova ordem, mas a perda da realidade da vida, enquanto uma nova vida está sendo construída".[27]

Então, o próprio Williams se compromete com a causa da mudança política, mas com ansiedade e medo. "Não quero dizer", observa ele, "que a libertação anula o terror; quero dizer apenas que eles estão conectados e que essa conexão é trágica".[28] O que *Tragédia moderna* faz aqui, de maneira notável, é traduzir uma das linguagens trágicas mais antigas – a noção de sacrifício – no mais premente dos termos contemporâneos, pois sacrifício, assim como revolução, relaciona-se com a necessidade de nos rendermos ao que vemos como inexprimivelmente precioso – no caso de Abraão, seu filho – em nome de algum valor ainda maior; e jamais será possível dizer se a barganha terá valido a pena. É esse momento de crise ou aporia, quando não podemos escolher e, mesmo assim, não podemos fazê-lo sem uma perda insuportável, que Williams corretamente chama de trágico. Em antigos cultos de sacrifício, o valor originava-se do potencial expiatório e

---

26 Ibid., p.77. Vale ressaltar que o uso feito por Williams do termo "revolução" em 1966, antes do ressurgimento de noções revolucionárias alguns anos mais tarde e no contexto de uma Nova Esquerda inglesa, que geralmente não falava nesses termos, é bastante surpreendente. Além disso, ele não estava discutindo o fenômeno da violência em segunda mão, uma vez que lutou na Segunda Guerra Mundial como comandante de tanques militares. Ele próprio estava engajado, tanto quanto possível, em mudanças políticas não violentas, sendo essa uma questão tratada por ele em seu estudo.

27 Ibid., p.171.

28 Ibid., p.82.

vivificante da morte e da destruição. Traduzir o cultual para o político não é comerciar vidas humanas à custa de uma ordem social mais justa, mas confiar em que algumas formas de angústia irão finalmente gerar frutos em uma sociedade mais pacífica, porém realizada, como Walter Benjamin esperava que os desapossados pudessem ser vingados retroativamente no dia do Juízo Final. Mas essa fé deve vir com um grito de horror que, ao alcançar tal meta, dada a natureza corrupta e predadora dos sistemas políticos, precisa sempre envolver antes de tudo essa dor. Essa concepção de sacrifício trágico difere daquela dos antropólogos literários, para quem a tragédia é o ritual pelo qual a submissão do indivíduo ao todo social fortalece sua vida coletiva.[29]

"Quando as coisas estão na pior situação, elas começam a se recuperar", comenta Bosola em *The Duchess of Malfi*, de John Webster. Há várias maneiras em que confrontar o pior pode ser redentor. Considerando que o realismo é a base de toda virtude ética e política, somente ao ter a plena medida da calamidade é que podemos repará-la. Realismo em nosso tipo de mundo implica radicalismo, e não pragmatismo. E é somente reconhecendo quão terrível é nossa situação que podemos ser levados a repará-la antes de tudo. Ademais, se o que transformamos não for o pior, não poderá haver reparação verdadeira. Além disso, talvez possamos recrutar a vontade para alterar tais situações apenas quando não tivermos mais nada de muito precioso a perder – quando a probabilidade for de que a maioria das alternativas é mais palatável do que o *status quo*. Então, as dissensões políticas que realmente importam são as que existem entre aqueles para quem a nossa situação é de fato calamitosa e aqueles que consideram isso uma hipérbole sensacionalista da esquerda ou um alarmismo apocalíptico; ou – colocando tudo nos termos de Walter Benjamin – aqueles liberais ou conservadores para quem a revolução é um trem descontrolado, e aqueles radicais para quem ela é a aplicação do freio de emergência.

Finalmente, já que a única coisa que não pode ficar pior é o pior, isso pode nos oferecer uma imagem negativa da transcendência. Ao aquilatarmos quão drásticas as coisas são conosco, tomamos a medida de seu remédio. É então que Walter Benjamin encontra sua utopia, ou reino de Deus, não na consumação triunfante da história, mas sim entre suas próprias ruínas, quando os destroços de esperanças frustradas e corpos dilacerados que se empilham diante de nossos olhos cheios de horror para

---

29 Ver Bodkin, op. cit., p.23.

obscurecer o céu, tornam-se, ele próprios, um sinal de alerta de que nenhuma esperança derradeira pode ser colocada no evolucionismo, no historicismo ou no tempo secular. E dessa forma – segundo Benjamin – voltamos nossos olhos, em vez disso, para o Messias, que trapaceando um pouquinho com o cosmos, aqui e ali, consegue transfigurar tudo de uma só vez. Se a história é perpetuamente tão sombria, então a salvação não pode vir de dentro dela, mas somente de fora de suas fronteiras; e isso significaria nada menos do que a redenção da própria história, mais do que apenas essa ou aquela porção dela. No entanto, há aqueles entre nós, tipos não messiânicos, para quem a redenção de uma ou duas porções dela caberia perfeitamente bem.

Então não é bem verdade, como afirma Karl Jaspers, que, "ao enfrentar o trágico, o homem liberta-se dele".[30] Pelo contrário, é a libertação que faz parte da tragédia; mas seria melhor se toda a ação não fosse antes de tudo necessária. Jaspers está escrevendo na Alemanha nazista, e suas palavras, consequentemente, merecem respeito; no meio daquele sofrimento, ele reconhece que o fracasso e o colapso estão, em algum sentido, onde a realidade humana se revela de modo mais significativo. Entretanto, ele também supervaloriza o trágico, sobretudo em seu comentário de que, "sem [tal] base metafísica [na tragédia], temos somente infortúnio, dor, desventura, desgraça e fracasso".[31] É a palavra "somente" que é muito perturbadora. Tragédia para Jaspers, como para o jovem Georg Lukács, é um refúgio espiritual do tristemente empírico: ao concretizar "as mais altas possibilidades do homem [...] ela torna a verdade parte de nós, purificando-nos de tudo aquilo que em nossa experiência do dia a dia é insignificante, confuso e banal".[32] É como se tais formas menores, como o romance, pudessem se encarregar da vida cotidiana, enquanto a tragédia ocupasse o lugar da transcendência cada vez mais esvaziada por versões mais ortodoxas do sagrado. "Não há tragédia sem transcendência", insiste Jaspers;[33] mas essa transcendência às vezes parece muito mais a fuga de uma realidade insuportável do que uma profundidade em seu interior. Se Jaspers tem boas razões históricas para tal escapismo, outros teóricos da tragédia, em condições menos turbulentas, podem ser menos facilmente isentados de culpa.

---

30 Jaspers, op. cit., p.41.
31 Ibid., p.74.
32 Ibid., p.27 e 36.
33 Ibid., p.41.

Um desses pensadores é o pré-marxista Georg Lukács, cujas efusões acerca do assunto superam, em sua exuberância, as da maior parte dos outros. Para o idealista Lukács de *Soul and Form*, a tragédia representa a mais alta forma de antropologia, uma realização do ser absoluto. Em uma espécie de versão trágica da fenomenologia, é em crises momentosas como essas que ganhamos o privilégio de uma genuína experiência de individualidade, despojados de ninharias empíricas ou psicológicas. Forma austera, absoluta e inclemente, a tragédia "expressa o tempo tornando-se eterno";[34] ela representa, ao estilo heideggeriano, o próprio Ser autêntico, sublimemente incorrupto pela existência temporal. Tudo isso parece mais do que suficiente para provocar uma dor de cabeça em um diretor de teatro. Tragédia é "o tornar real a natureza concreta e essencial do homem",[35] o ponto alto da existência humana, uma perfeita satisfação do anseio humano que envolve êxtase místico e uma oceânica unidade do ser. Não é bem esse o tipo de coisa que encontramos em *Shadow of a Gunman* ou *Todos eram meus filhos*. Não é fácil ver o tormento da duquesa de Malfi como o ponto alto da existência humana, ou detectar uma unidade oceânica em *Gorboduc*. De qualquer forma, Lukács supõe, à maneira de Hegel, que o Absoluto – que, presume-se, a tragédia deve espelhar – é provavelmente majestoso. Porém, na peça de Tennessee Williams, *De repente, no último verão* – que reconhecidamente não é o tipo de drama que poderíamos imaginar que Lukács leria com atenção e grande prazer –, uma personagem vislumbra a verdade absoluta de um Deus cruel no espetáculo de carne dilacerada e corpos espoliados.

Há críticos, como Jonathan Dollimore, que encontram valor na tragédia em sua "consciência subversiva da dominação política",[36] ou como Adrian Poole, para quem toda tragédia desafia a doxa da vida cotidiana.[37] Há também conservadores que a julgam como valiosa, porque ela ajuda a sustentar a ordem social, rompendo-a apenas para vê-la mais firmemente restaurada. Se a sociedade pode suportar até mesmo esse abalo nas bases, então ela deve ser, de fato, resiliente. A comédia poderia, então, ser vista como um irônico desmascaramento da fragilidade dessa ordem social, a arbitrariedade de suas convenções e a veleidade de suas identidades. Um luminar do pensamento conservador é René Girard, que vê o papel

---

34 Lukács, *Soul and Form*, p.158.
35 Ibid., p.162.
36 Dollimore, *Radical Tragedy*, p.xxi.
37 Poole, op. cit., p.12.

da tragédia no espírito funcionalista como "o de proteger a comunidade contra sua própria violência", expulsando ritualmente os conflitos internos.[38] Em contrapartida, há aqueles, como Timothy Reiss, que também acreditam que a tragédia tem, às vezes, funções conservadoras, embora considerem isso mais uma razão para criticá-la do que para exaltá-la. Outros críticos aplaudem a forma por razões liberais pluralistas, julgando, em termos vagamente tautológicos, que poetas trágicos "insistem na unilateralidade de todas as crenças inflexíveis".[39] Em seu criterioso estudo sobre o assunto, Adrian Poole assevera que "a tragédia afirma com júbilo selvagem que a condição do homem é diversa, fluida e sem base sólida".[40] Ao indagar as convenções e celebrar a diversidade, colocando questões para quais não pode haver respostas satisfatórias, sua ameaça e promessa "estão nesse reconhecimento da pura potencialidade de todos os eus que podemos ser e de todos os mundos que podemos construir juntos ou destruir juntos".[41]

Em resumo, Ésquilo começa a parecer, aos olhos de todos, um liberal contemporâneo ou um pós-modernista. E a própria tragédia parece uma proposição muitíssimo atraente. Exceto por uma coisa: não é verdade que toda tragédia promove as doutrinas da fluidez, da diversidade e da falta de alicerce, à maneira das corporações transnacionais orientadas multiculturalmente. Muitas tragédias são sobre cair na armadilha de dilemas insolúveis, sobre ser coagido à ação por forças estupidamente compulsivas. Uma parte da arte trágica afirma a diversidade, enquanto outra traça os sombrios obstáculos da existência humana, suas dimensões lúgubres e monotonamente repetitivas, a alarmante estreiteza de nossa capacidade para a livre escolha. Ela não pode ser empregada na causa de certo voluntarismo norte-americano dogmático, de uma pioneira ideologia de botequim em um disfarce glamoroso para a qual o mundo está perpetuamente aberto, sempre moldável, e o eu é uma estimulante série de autoinvenções. *Espectros* e *Cid* não são testemunhos óbvios dessa falsa liberdade. E, mesmo que a tragédia de fato afirme ocasionalmente tais noções, não está claro que seja sensato fazê-lo. Fluidez e falta de base sólida não são normalmente tão agradáveis para imigrantes quanto para professores universitários. Nem toda diversidade é, de forma alguma,

---

38 Girard, *Violence and the Sacred*, p.292.
39 Kaufmann, op. cit., p.363.
40 Poole, op. cit., p.2.
41 Ibid.

positiva. Aqueles liberais que se deleitam com questões que rechaçam respostas conclusivas poderiam rever sua atitude, quando indagados se a supremacia branca pode ser justificada. Tais perguntas, na verdade, recebem respostas gratificantemente definitivas e até mesmo absolutas por parte de liberais, para seu crédito permanente. Será que o desafio que a tragédia propõe à nossa sabedoria convencional inclui um desafio à crença liberal na fluidez e na diversidade? Ou esses valores são imunes a um questionamento?

Há outras razões para que a tragédia seja classificada em um patamar tão alto. O coro de *Antígona*, de Jean Anouilh, vê a tragédia como peculiarmente tranquila, precisamente porque sua ação é predestinada, e nada há a ser feito. Esperança e ilusão não fazem parte dela, o que nos dá certa serenidade estoica. Outros, pelo contrário, veem-na ao estilo prometeico, ao dramatizar a heroica resistência da humanidade ao destino ou à opressão. Shelley comenta, em seu prefácio a *The Cenci*, que Beatrice não deveria ter-se vingado por ter sido desonrada pelo próprio pai, o conde Cenci, mas é o fato de que ela o faz que a torna uma figura trágica. Para Albert Camus, em *O homem revoltado*, todo ato de rebeldia envolve um valor trágico, que é o que distingue o rebelde do niilista. A rebelião, observa Camus, diz um sim e também um não, uma ambivalência que Jacques Derrida ocasionalmente afirma em relação à desconstrução. Entretanto, Cordélia, ou *As troianas*, de Eurípides, para não falar de toda uma galeria de outras personagens trágicas, mal oferecem grande resistência ao seu destino. Com frequência, as mulheres têm estado mais em desvantagem para fazê-lo, como o caso de Clarissa, de Richardson, poderia atestar.

Alternativamente, podemos ver o valor da tragédia como uma espécie de analogia estética da cena de análise, em que fazer uma narrativa sobre ser possuído por forças tão implacáveis quanto as Fúrias atinge seu clímax em uma cura que espelha o momento do reconhecimento trágico ou da conscientização. A arte trágica implica urdir o sofrimento, e não simplesmente um brado sombrio de dor. E, embora essa mesma *mise-en-scène* possa dotar o sofrimento de uma espúria desproporção, emprestando-lhe uma inteligibilidade que parece trair a incoerência esfarrapada da própria coisa, é difícil perceber como poderíamos até mesmo usar palavras como "trágico" fora de alguma contextualização social ou moral desse tipo, tanto na vida como na arte. Organizar o trágico pode, portanto, ser parte do preço que pagamos por articulá-lo. Entretanto, tal articulação é também uma forma de tentar transcendê-lo, como o filósofo de Bertolt Brecht sugere em *The Messingkauf Dialogues*:

Lamentação por meio de sons, ou, melhor ainda, por meio de palavras, é uma libertação enorme, porque significa que o sofredor está começando a produzir alguma coisa. Ele já está mesclando sua dor com um relato dos golpes que recebeu; ele já está fazendo alguma coisa do absolutamente devastador. O espírito de observação estabeleceu-se.[42]

Apesar da afirmação de Georg Lukács em *Soul and Form* de que a solidão é da essência da tragédia, devemos nos lembrar de que até mesmo a solidão é uma condição social. Como qualquer outra situação, podemos identificá-la usando conceitos extraídos de uma linguagem pública. Para saber se estou isolado, preciso ter um sistema de signos que, em princípio, me conecte aos outros. Uma vez que não pode haver nenhum significado que, num primeiro momento, seja somente meu, a solidão absoluta seria uma condição de ininteligibilidade terrível. Seria a morte da experiência, e não apenas um caso extremo dela. E, mesmo que nada seja, em um sentido, mais trágico do que um tormento totalmente sem propósito, referência, paralelo, causa ou contexto, ainda assim não é possível *dizer* que ele é trágico, já que não podemos ter nenhum ponto de apoio em tais circunstâncias.

Talvez essa seja uma razão por que o mundo de Beckett e, com ele, a história depois de Auschwitz têm sido vistos como pós-trágicos. Não é possível haver mais tragédia – assim reza a hipótese – porque um monstruoso excesso de coisas obliterou definitivamente nosso senso de valor pelo qual poderíamos mensurá-la. Já absorvemos horrores demais, e até mesmo "tragédia" é um significante raso para eventos que extrapolam representação. Não pode haver nenhum ícone de tais catástrofes, para as quais a única resposta apropriada seria o grito ou o silêncio. Se a tragédia importante pertence a períodos de transição, em que podemos medir nosso declínio pela referência a um passado ainda aproveitável, agora estamos longe demais de tal passado, até mesmo para relembrá-lo. É como se a alienação hoje fosse tão absoluta a ponto de anular todo o percurso e deixar tudo aparentemente como era, tendo também rejeitado os critérios pelos quais podemos julgar nossa condição como sendo anormal. Em uma visão pós-moderna *blasé*, não há mais alienação porque não há, na verdade, mais nada a ser repelido, nenhuma interioridade a ser apreendida ou hostilizada.

---

42 Brecht, *The Messingkauf Dialogues*, p.47.

Nesse sentido, o pessimismo, levado ao limite extremo, devolve-nos ao ponto em que estávamos. Não podemos chamar nossa situação de trágica se ela foi trágica em todo o percurso. Para o realismo clássico, conflitos podem ser resolvidos; para o modernismo, ainda há redenção, mas agora ela é quase impossível; para o pós-modernismo, não há mais nada a ser redimido; ou pelo menos – assim funciona o raciocínio pós-trágico – desastre é hoje lugar-comum e ocasional demais para que o retratemos de maneira que possam sugerir uma alternativa. Como pode haver tragédia quando esquecemos que as coisas podem sempre ser diferentes? Seria como ficarmos pasmados diante do fato de que temos narinas ou escandalizados com o quebrar de uma onda. Se o tédio e a brutalidade são apenas a maneira como as coisas são, então (assim é a situação) elas podem ser lamentáveis, mas dificilmente serão trágicas, da mesma forma que não poderíamos falar da cor da relva como sendo trágica. De qualquer modo, se os seres humanos estão fragmentados, então eles não são nem mesmo coerentes o bastante para serem portadores de significado trágico, como aquelas personagens beckettianas cujo sofrimento não pode dar trégua, já que elas não podem nem mesmo se lembrar do que lhes aconteceu.

Não está claro, no entanto, por que tudo isso não é também verdadeiro com relação a algumas épocas da alta tragédia, que foram suficientemente manchadas de sangue. Também não está claro como podemos usar termos como "mal" em relação a Auschwitz sem sugerir um sentido de valor. Se ainda podemos achar chocante que o extremo agora é rotina, então ele não pode ser tão rotineiro assim. Em *Tragédia moderna*, Raymond Williams aponta que, se algumas pessoas construíram campos de concentração, outras deram suas vidas para destruí-los. Não há nenhum grande crime político nos tempos atuais que não tenha provocado resistência altruísta. O próprio Samuel Beckett se opôs aos nazistas como combatente da resistência. E o período em que se supõe que valor tenha evaporado sem deixar vestígios testemunhou o movimento emancipatório mais bem-sucedido dos tempos modernos, a luta anticolonialista.

Ademais, se a vida não tem significado, então – como os existencialistas logo perceberam – ela apresenta-se como uma tentadora tábula rasa, na qual preferimos inscrever nossos próprios valores a nos ajustarmos servilmente aos valores de Deus, da Natureza ou das convenções sociais. Talvez seja apenas uma ressaca metafísica esperar que o mundo seja o tipo de coisa que pode ser antes de tudo significativa, e assim achar que sua aparente falta de sentido é, de certo modo, lamentável. "Não existe um significado?", pergunta Masha em *As três irmãs*, de Chekhov, ao que

Toozenbach responde secamente: "Olhe lá fora; está nevando. Qual o significado disso?" (Ato II). Não é uma falha da neve ela não "ter" um significado, significando não ser uma propriedade de uma coisa, como certo peso ou certa textura. O mundo de Samuel Beckett, no qual as coisas parecem ao mesmo tempo enigmáticas e rudemente autoidênticas, assemelha-se menos a um local que uma vez já teve um significado e que agora sofreu uma perda hemorrágica de sentido, do que a um local que coloca em dúvida toda essa maneira bastante peculiar de olhar. Talvez o que chamamos niilismo seja apenas o desejo de que as coisas tivessem significado – assim como peixes possuem brânquias – e a fúria de que elas não o têm.

Pode ser que os defensores da morte da tragédia queiram dizer é que certa *espécie* de valor – imanente, heroico, sagrado, alicerçado – já não está muito em voga. De um ponto de vista tão olímpico, valor meramente humano não parece valor algum. O cético e o absolutista são parecidos na forma de sustentar que valores precisam ser incontestáveis, caso contrário não são nada. Se Beckett é antitrágico, talvez o seja menos porque a tragédia é agora rotineira demais para chamar nossa atenção, do que pelo fato de o termo significar uma espécie de escrita que não é mais possível. Tragédia é um termo intelectual e portentoso demais para o esvaziamento e a ridicularização da obra de Beckett. Farsa e anticlímax, em Beckett, podem bem significar o fim da esperança, mas também minam o terrorismo de nobres ideais, mantendo um pacto com o lugar-comum, que é uma versão negativa de solidariedade. Eles representam o sinistro lado oculto do carnavalesco. Os desvalidos sabem que o que importa é conseguir sobreviver – a persistência nada glamorosa do corpo –, e em Beckett, oriundo de uma sociedade que não é estranha a tal destituição, isso é um assunto monótono e ao mesmo tempo crítico. Suas personagens são ocupadas demais, alvoroçando-se com seu patético apego a ninharias ou mantendo-se biologicamente vivas para perderem o sono em busca do significado da vida. Em primeiro lugar, não existe esse fenômeno unitário de haver um significado ou, quanto a isso, de carecer de um.

A rejeição de Beckett a palavras assustadoras e grandiloquentes como tragédia (*Esperando Godot* é descrita como uma tragicomédia) é parte de uma desconfiança que o perdedor sente em relação à ideologia. A ideologia em questão não é apenas aquela da Literatura, contra a qual a escrupulosa mesquinhez da obra beckettiana se opõe deliberadamente, mas também aquela que se aproxima do que vimos investigando nos vários teóricos da tragédia. Entretanto, a escrita desse homem tão cauteloso quanto a proposições grandiosas é tão autoconsciente sobre "a condição humana", tão o tipo de coisa que o frequentador suburbano de teatro espera ver em sua noite de lazer, tão sortida com símbolos autoexibicionistas e chistes pseudofilosóficos, que nos perguntamos se isso – como as peças despreocupadamente bem-feitas de Wilde – não seria em si mesmo uma ironia marota à custa do frequentador de teatro. Beckett conserva a escala da visão humanista clássica enquanto, de forma resoluta, a esvazia de seu conteúdo afirmativo.

De estilo literário bastante familiar na Irlanda,[43] a obra de Beckett é ao mesmo tempo "filosófica" e avessa à arrogância de tudo isso, ridicularizando-a impiedosamente com um lampejo farsesco, um aparte desdenhoso ou a intromissão brusca do corpo. Em uma respeitável tradição irlandesa, ele combina imaginação surreal, humor negro e precisão conceitual. Boa parte do valor de sua obra encontra-se na cruel desmistificação do que convencionalmente se deixa passar por valor. O impiedoso ataque às pretensões da Literatura; a mordaz recusa da morfina idealista, até mesmo diante de uma dor lancinante; o pacto com o fracasso, que solapa a jactância da realização; o horror purista à decepção, que, não obstante, sabe que é, ela própria, inevitavelmente mistificada – tudo isso representa não a ausência de valor, mas a ausência de uma concepção especial dele. O que inquieta o humanismo em relação a Beckett não são os amplos cenários de desespero – que são a espécie de coisa que se espera da arte moderna e que é, de qualquer forma, apenas o anverso da afirmação –, mas o tipo de coisa que também preocupa em relação a Brecht: sua aparente falta de afeto; sua mecanização e externalização da psique; sua aparente indiferença à diferença humana; seu ceticismo em relação à narrativa; o tom impassível, que parece não registrar exatamente quão grotescos são seus cenários; sua desesperadora melancolia; seu constrangedor talento para ficar aquém da grandeza da tragédia; sua recusa não apenas de personagens esplendidamente vigorosas, mas da "personagem" como tal. Tem havido, por conseguinte, mais do que algumas tentativas de recuperar Beckett da falta de valor da melancolia pura; tentativas essas que não captam o essencial: que é aqui, entre outros lugares, que podemos encontrar o valor de sua obra, pois melancolia – tanto quanto grandeza – sugere valor.

O mundo de Beckett, portanto, é habitado por aqueles que estão abaixo da linha do trágico, aqueles que arruínam seu grande momento, que

---

43 É curioso, ainda assim, que haja pouquíssima literatura trágica nessa nação historicamente tão conturbada.

não logram enfrentar suas dramáticas emergências, que não conseguem mobilizar muito bem a retórica para atuar com sucesso e que se encontram esgotados e esvaziados demais para se envolver em um combate teatral expressivo. Não se trata apenas do fato de que ações épicas são uma coisa do passado, mas que a própria ação acabou. Para aquelas figuras ontologicamente esfomeadas, começar com a ação mais simples é algo tão desconcertante quanto realizar alguma operação técnica de alto risco e muitíssimo complexa. Pelo menos Fedra e Hedda Gabler estão preparadas para seus papéis; elas os desempenham com vigor e elegância, ao passo que essas marionetes e esses pedantes estragam até mesmo isso, erram até nesse volume de significação. Nessas paisagens áridas, lazarentas, homens e mulheres não conseguem sequer atingir uma significação, quanto mais sublimidade. Adotar posturas trágicas é apenas outra forma de passar o tempo, juntamente com o ato de sugar pedras[44] ou de puxar as calças até a cintura. Por fim, topamos com uma solução para a tragédia, mas ela é conhecida não como redenção, mas como o absurdo, um reino em que nada fica parado por tempo suficiente para merecer a condição de trágico.

Se os heróis trágicos sofrem uma queda, as figuras de Beckett fracassam por não se erguerem a uma altura da qual uma queda seria possível. A existência tem toda a compulsão tediosa do destino, mas nada de seu propósito. Em tal universo, até mesmo a malevolência significaria alguma coisa. O que também torna esses escritos apenas dubiamente trágicos é sua indeterminação, como produtos de um autor que comentou que sua palavra favorita era "talvez". A tragédia parece uma espécie determinada de condição, como a inveja ou a dor ciática, mas nada no mundo de Beckett é tão estável quanto isso. O quebra-cabeça de seu mundo é como as coisas podem ser ao mesmo tempo tão caprichosas e tão persistentemente doloridas. Se tudo neste universo parece tão gratuito, isso deve também incluir os próprios textos, que em um mundo contingente parecem constantemente atingidos pelo fato de que eles fazem algo tão indecentemente enfático como o existir.

No entanto, a noção de que tudo é hipotético é, em si mesma, uma hipótese e, sob o risco de autocontradição, precisa incluir essa verdade em seu cômputo. Como podem aqueles que estão desprovidos de certeza ter a certeza de que têm certeza, se não pode haver nenhuma certeza? A ausência de Godot pode ter precipitado tudo na ambiguidade, mas isso

---

44 A expressão se refere ao costume de Molloy, personagem de Beckett, de chupar pedras e colocá-las nos bolsos das calças e dos casacos. (N.E.)

logicamente precisa significar que não há garantia de que ele não virá. Se o mundo é indeterminado, então isso precisa também se aplicar ao conhecimento que temos dele, em cujo caso sua indeterminação é incerta. Nem a tristeza pode ser absoluta em um mundo sem absolutos, mesmo que seja a ausência de absolutos que, antes de tudo, faça a vida tão desgraçada. Em tal universo não pode haver salvação absoluta, mas também não pode haver necessidade absoluta dela, o que é um mirrado consolo. Se tudo é nebuloso e obscuro, como podemos ter certeza de que este mundo de excêntricos e aleijados, visto de alguma outra perspectiva, não está cambaleando à beira da transfiguração? Há algo de engraçado e ameaçador em relação ao absurdo que, como a comédia em geral, nos afasta de um investimento por demais intenso em uma maneira específica de ver apenas o suficiente para permitir que contemplemos a vaga possibilidade de outra.

As indeterminações de Beckett não são as imensidades confusas, ominosas de um Conrad, mas o produto de uma escolástica irlandesa com uma devoção monástica ao ponto da exatidão e uma obsessão joyciana por categorias. O que é surpreendente em relação a sua obra não é a intumescência de algum caos monstruoso que lambe as margens da fala, mas sua tentativa loucamente lúcida de amaldiçoar o inefável, seu refinado esculpir do puro vazio, a fastidiosa precisão com que ela arranca nuances cada vez mais sutis do que são, antes de tudo, apenas indícios e veleidades. Beckett nutre uma animosidade protestante contra o supérfluo e o ornamental. Assim como em suas narrativas limpidamente gratuitas, em sua obra cada sentença tem um quê de livre pedalar e nos lembra que bem poderia não existir, embora pareça, ao mesmo tempo, rígida e meticulosa. Deve haver ainda um vestígio de verdade no mundo, já que, de outra forma, por que seríamos levados a especificar de forma tão precisa nossas dúvidas sobre sua existência?

O que pode nos fazer pensar acerca da obra de Beckett como sendo não trágica, então, é menos uma questão de valor do que uma questão de ambiguidade. Se o mundo é de tal forma que nada sobre ele pode ser determinado conclusivamente, então "tragédia" é apenas uma descrição parcial e temporária dele, como qualquer outra, e o ceticismo beckettiano torna-se, entre outras coisas, uma salvaguarda salutar contra o absolutismo pernicioso que o próprio Beckett testemunhou na Segunda Guerra Mundial. A questão torna-se ainda mais clara se não existe antes essa coisa unitária como "o mundo" como objeto apropriado de juízo. Entretanto, não se trata de uma questão de valor que se esvaiu – em parte porque não se esvaiu, em parte porque, mesmo se Beckett tivesse realmente retratado esse tipo de mundo pós-trágico, ainda há algum sentido acerca do qual podemos exclamar: como é trágico! Talvez a derradeira tragédia seja o fato de termos perdido a capacidade de identificar nossa condição como tal, o que tem sido verdade para toda uma linhagem de protagonistas trágicos – que não começou com o modernismo.

Nessa medida, o "pós-trágico" abandona, de uma vez por todas, a tragédia, assim como o pós-estruturalismo descarta o estruturalismo. Pode ser que Beckett esboce um futuro em que o conceito irá, de fato, deixar de ter significado; mas, por enquanto, ele está vivo na dor que nasce de saber que não podemos mais dar um título digno a nossa desgraça, vê-la como parte de alguma ordem predestinada, ou discernir em seu próprio terror a sombra da transcendência. Sem um sentido de valor, tal sofrimento não tem significado. Enquanto houver valor, poderá haver tragédia.

No que concerne à capacidade que temos de nomear nossa situação, pode não ser verdade que o momento de reconhecimento seja o mais vital. Se, como alguns acreditam, transcendemos o trágico no momento em que o articulamos, então aqueles que perderam o poder de nomear a condição em que se encontram, ou que nunca o tiveram, podem bem ser considerados os mais lamentáveis de todos. Há tragédias de falsa consciência, bem como *insight* transformador, como Ibsen, Chekhov e Arthur Miller bem sabem. Talvez Otelo caminhe para a morte encasulado exatamente nesse tipo de autoengano grandioso, seu suicídio – na cética expressão de F. R. Lewis "um esplêndido *coup de théâtre*".[45] O que a tragédia, no sentido técnico, pode requerer – uma crise de reconhecimento, uma espetacular reviravolta da consciência – pode revelar-se menos trágico, no sentido comum da palavra, do que essa autoilusão, exatamente como o que a teoria do trágico pode requerer pela via do destino e a necessidade pode revelar-se menos trágica, no sentido popular do termo, do que catástrofes que poderiam ter sido evitadas. Nesse sentido, como em outros, os sentidos estético e do dia a dia do termo estão constantemente às turras. Em uma leitura muito plausível da *Poética* de Aristóteles, por exemplo, a morte de uma princesa seria trágica (embora não, como acontece, em um acidente de carro), mas a morte por esmagamento de uma centena de fãs plebeus de futebol não seria. E – embora Aristóteles tivesse dúvidas a respeito disso – situações críticas que têm um desenlace feliz podem, tecnicamente, estar expressando mais tragédia do que aquelas que não têm.

---

45 Leavis, *The Common Pursuit*, p.152.

Ter perdido o poder de articular nossa condição faz parte do que Jean-François Lyotard vê como a tragédia do Holocausto. Os campos de extermínio, escreve ele, condenaram suas vítimas a uma abjeção que "foi, antes de tudo, o rompimento da comunicação".[46] É difícil aceitar que esse tenha sido o crime maior que elas cometeram, mas a questão de Lyotard continua sugestiva. Atos de comunicação, argumenta ele, sempre carregam consigo um apelo tácito: Livre-me de meu desamparo, permita-me pertencer a você, reconheça minha humanidade como um ser que fala. *Amnestos* significa aquele que tem sua fala impedida. A linguagem funciona como um signo de reconhecimento e também como um arranjo pragmático, e foi isso que se negou às pessoas dos campos da morte. Seu destino foi não ter destino, foi nada significar, não poder falar, nem mesmo com os inimigos. Elas eram resto e escória, tratadas mais como lixo do que como animais.

Essa última forma de abjeção – é o que pensa Lyotard – não pode ser articulada pelos sobreviventes, porque se trata de um caso de interrupção da fala, de excesso de falta de linguagem. Nesse sentido, o Holocausto não apenas é impossível de ser descrito por causa do horror que representou, mas porque esse horror envolveu a conversão deliberada de significado em absurdo – o fato de que, se os nazistas tivessem prevalecido, suas vítimas seriam homens e mulheres sobre os quais, como a neve em *As três irmãs*, simplesmente nada haveria a dizer (p.70). Mas, nesse sentido, os nazistas não prevaleceram, pois essas são pessoas de quem, de fato, falamos, e que têm um significado para nós. Enquanto for esse o caso – e pode ser que nem sempre seja assim –, podemos falar do Holocausto como tragédia.

Nem todos aqueles que fizeram afirmações sobre a tragédia foram tão displicentes como algumas das visões que aqui registramos. Uma dessas vozes dissidentes é a de Roland Barthes, que sustenta que

> [...] a tragédia é apenas uma maneira de reunir a desgraça humana, de subsumi-la e, assim, justificá-la, colocando-a na forma de uma necessidade, de uma espécie de sabedoria ou purificação. Rejeitar essa regeneração e buscar os meios técnicos de não sucumbir traiçoeiramente (nada é mais insidioso do que a tragédia) é hoje uma tarefa necessária.[47]

---

46 Lyotard; The Other's Rights. In: Savic (Ed.), *The Politics of Human Rights*, p.186.
47 Barthes apud Poole, op. cit., p.10.

Como muitos críticos da esquerda, Barthes estabelece uma visão tradicionalista de tragédia apenas para derrubá-la com vigor; mas esse ceticismo, no meio de tanta piedade e reverência retórica, é, não obstante, terapêutico. John Snyder, em seu *Prospects of Power*, questiona o poder que a tragédia tem de engrandecer a vida ("Um sofredor trágico sempre perde"),[48] embora, mais tarde, ele afirme que a experiência do público é uma experiência de fortalecimento partilhado, que parece capaz o bastante de engrandecer a vida. E Nietzsche insiste, em *O nascimento da tragédia*, que a alta cultura é uma espiritualização da crueldade, um ponto que aqueles que festejam tragédia bem poderiam ter em mente.

Todavia, Arthur Schopenhauer talvez seja o crítico mais herético de todos. Se Hegel e Nietzsche lançaram um olhar um tanto quanto casual sobre o sofrimento trágico, Schopenhauer, possivelmente o filósofo mais sombrio que já existiu,[49] tem uma consciência profunda dele. A tragédia apresenta "a dor inexprimível, a desgraça e a tristeza da humanidade, a desdenhosa supremacia do acaso e a irrecuperável ruína do justo e do inocente".[50] Apesar disso, existe valor na forma; mas é o valor de ter permissão para penetrar no ilusório *principium individuationis*, render-se ao egoísmo e, durante um instante precioso, ver as coisas como elas realmente são, o que quer dizer, como nada mais respeitável do que o transitório produto da Vontade voraz. Ganhar esse *insight* do Real é aprender a abandonar o mundo, tão cheio de refugo e entulho, renunciando à vontade de viver, em um momento nirvânico de autoimolação, e voltando o rosto desdenhosamente do ossuário da história em direção a uma existência de espécie totalmente diferente, uma existência ainda impensável para nós. Para Schopenhauer, há sabedoria na tragédia, mas não há afirmação.

Hegel afirma que os princípios de liberdade e de autodeterminação individual são essenciais para o florescimento da tragédia. Essa é uma visão estranha da parte dele, já que é pouco provável que os antigos gregos, que ele tanto admirava, compartilhassem de sua própria noção de autodeterminação. Susanne K. Langer, que acredita que a tragédia mostra "o ritmo da vida do homem em sua potência mais alta nos limites de sua carreira singular e material", a vê como uma forma artística "madura", que requer o

---

48 Snyder, *Prospects of Power*, p.30.
49 Para uma explanação geral desse pensamento, ver Eagleton, *The Ideology of the Aesthetic*, capítulo 6.
50 Schopenhauer, *The World as Will and Representation*, v.1, p.253.

desenvolvimento da individualidade – um desenvolvimento "que algumas religiões e culturas – até mesmo altas culturas – não possuem [...] A tragédia só poderá surgir e florescer quando as pessoas estiverem conscientes da vida individual como um fim em si mesmo e como uma medida das outras coisas".⁵¹ A mensagem é clara: autores potenciais de tragédias devem, antes de mais nada, assegurar-se de que não são cidadãos do Sarawak ou do deserto de Kalahari. Devem candidatar-se apenas culturas ocidentais.

E, na maior parte das vezes, é verdade que somente as culturas ocidentais se candidataram. A arte trágica é, no conjunto, um assunto do Ocidente, embora tenha ressonâncias em algumas culturas orientais. Na China, não há um equivalente exato de tragédia significando a ruína de um indivíduo de valor; porém, há tradicionalmente a visão de uma harmonia universal regida por um poder cujas inclinações são, em geral, inescrutáveis, mas que podem se justificar como legitimadoras da ordem da sociedade humana. Rebelar-se contra esse poder é convidar a desforra dos céus; e o conceito de *ming* representa uma noção de destino. Parte disso não está longe das concepções ocidentais clássicas. A China também absorveu a doutrina indiana do carma, com sua crença nas punições ou nas recompensas por ações individuais; porém, na literatura tradicional da Índia não há tragédia, na medida em que as obras literárias não têm permissão para incluir ou concluir com a morte do protagonista. Isso está claramente prescrito pela teoria literária e dramatúrgica na tradição sânscrita e foi seguido na prática artística. Épicos em que o herói encontra a morte podem ser atribuídos à influência muçulmana.

Por outro lado, os grandes épicos indianos, como o *Mahabharata* e o *Ramayana*, têm muito do que se poderia chamar de trágico, bem como um sentido de tragédia que permeia um importante ramo do teísmo hindu na noção de *viraha bhakti*, ou amor condenado. Na cultura clássica do Japão, a característica mais importante do programa teatral apresentado pelo Nô e pelo Bunraku é um drama de dissidência e conflito: ciúmes violentos, o amor não correspondido de uma mulher, um nobre guerreiro enfrentando a batalha. Os temas dramáticos do Bunraku ou teatro de marionetes estão frequentemente centrados na ideia de *migawari*, ou o sacrifício do eu pelo outro. Boa parte desse cenário filosófico, entretanto, parece diferente da tragédia ocidental.⁵²

---

51 Langer, op. cit., p. 333-4 e 354.
52 Ver Gerstle; The Concept of Tragedy in Japanese Drama, *Japan Review*, n.1. Agradeço aos profs. Glen Dudbridge e Richard Gombricht e ao dr. Brian Powell, da Universidade de

Entretanto, nem sempre a tragédia é encontrada no palco ou em livrarias. Muito além das tragédias da vida real, comuns a todas as culturas humanas, pode ser que alguns temas da tragédia ocidental, sobretudo a necessidade de uma transformação dolorosa do eu, se pretendemos que uma vida mais rica floresça, encontrem ressonância em certas sociedades pré-modernas, em termos de culto, ritual e religião, na morte ou no renascimento da alma ou em árduos ritos de passagem de uma condição para outra. Mesmo assim, encontra-se aqui uma questão vital. Se a arte trágica realmente atesta o mais alto valor humano, como tantos de seus defensores insistem, então isso tem uma implicação geralmente ignorada: que as sociedades nas quais tal arte é ou marginal ou desconhecida são incapazes de alcançar o que é mais precioso. Como acontece com frequência no Ocidente, um humanismo de espírito generoso tem suas raízes mais sombrias, mais desacreditadas.

Contudo, pode-se questionar se a tragédia, a despeito de sua espantosa riqueza e profundidade, é, de fato, a guardiã do valor supremo. Em primeiro lugar, muitos dos valores que ela incorpora podem ser encontrados em outras formas culturais. A arte trágica não desfruta do monopólio da coragem e da dignidade, da liberdade e da sabedoria. Em segundo lugar, há tipos mais glamorosos e menos triviais de valor – compaixão, tolerância, humor, humildade, perdão – que são (e isso é discutível) igualmente preciosos. O palco de Racine e o palco de Beckett, francês e francês honorário, são iguais em sua condição despojada, estática, de extrema economia de palavras e gestos; mas fica aberta a questão acerca de qual mundo é mais humano. A tolerância, a humildade e outros valores afins não avultam entre as virtudes heroicas superiores; mas são, sem dúvida, muito mais meritórias por essa razão. Há uma espécie de humanismo inumano, muito afeito ao louvor do espírito humano destemido e claramente indiferente à compaixão comum, que boa parte da teoria do trágico exemplifica.

Tragédia desse tipo – que o obstinadamente pragmático Montaigne descreve como "humores transcendentes (que) tanto me assustam, como lugares íngremes, altos e inacessíveis" –[53] é escrava do superego, com sua implacável nobreza e intolerância pela fraqueza, seu absolutismo aristocrático e sua exigência de autorrenúncia ascética. Essa concepção do trágico trai a brutalidade de certo estilo de humanismo que, em sua ansiedade por afirmar o humano, precisa negar sua fragilidade a qualquer preço. Sem

---

Oxford, por essas informações sobre as culturas chinesa, indiana e japonesa.
53 Florio (Ed.), *The Essays of Montaigne*, p.1012.

dúvida, devemos cultivar os valores da verdade, da beleza, da abnegação, do compromisso firme, da coragem incomum e de tudo o mais; entretanto, não devemos nos deixar abater quando as pessoas não conseguem alcançar essas noções nobres, ou aterrorizá-las com tais ideais de maneira a tornar suas fraquezas dolorosas para elas e erodir sua autoestima. Tal idealismo trágico pode ser violento e cruel em suas exigências, e, embora possamos admirá-lo, é geralmente de uma distância segura que o fazemos. Ele se libertou daquela sabedoria plebeia mais ampla, que sabe quando não se deve pedir demais dos outros.

Tal sabedoria passa longe do ceticismo, que é, muitas vezes, nada mais do que um idealismo desencantado. Esse é, na verdade, o próprio material de certa tendência da comédia, com sua ridicularização irônica e inclusão de tudo como aceitável. Tal arte admite que todos os ideais têm pés de barro e se regozija com a imperfeição. Como afirma Christopher Norris a respeito das "palavras complexas" de William Empson, elas têm o aroma de uma "qualidade sensata de ceticismo humano que [...] (nos) permite aumentar a confiança na natureza humana com base em um conhecimento compartilhado de suas necessidades e das fraquezas concomitantes".[54] Blaise Pascal, adotando uma postura ligeiramente mais cética, sustenta que

> [...] o poder dos reis está assentado na razão e na insensatez do povo, mas sobretudo na sua insensatez. A coisa maior e mais importante do mundo está assentada na fraqueza. Esse é um alicerce notavelmente seguro, pois nada é mais certo do que o fato de que o povo é fraco.[55]

Há, entretanto, maneiras mais positivas de perceber o poder da fraqueza, como veremos mais adiante. Na visão de Simon Critchley, "comédia é a irrupção da materialidade dentro da pureza espiritual da ação trágica e do desejo".[56] A tragédia – afirma ele– "não é suficientemente trágica porque é heroica demais. Somente a comédia é verdadeiramente trágica. A comédia é trágica por não ser uma tragédia".[57] A comédia, em resumo, confronta-nos com nossa finitude, sem nos aterrorizar com isso. Mas, poderíamos argumentar, a mesma coisa fazem *Édipo rei* e *Rei Lear*. "Disseram-me que eu era tudo", diz Lear, "– é mentira: não sou imune a

---

54 Norris, *William Empson and the Philosophy of Literary Criticism*, p.86.
55 Pascal, op. cit., p.6.
56 Critchley, op. cit., p.230.
57 Ibid., p.235.

uma febre intermitente". Em geral, é a *teoria* do trágico que adota atitudes heroicas, e não a prática do trágico. Hegel e Hölderlin, e não Ben Jonson e Edward Bond, é que são arrebatados por um ideal de pureza.

Empson, cujo conceito de pastoral promove tal sabedoria irônica, em oposição à magnanimidade cerrada de algumas tragédias, lembra-nos que "os desejos mais apurados são inerentes aos mais simples, e seriam falsos se não o fossem".[58] Essa é uma sabedoria compartilhada de diferentes maneiras por Swift, Freud e Bakhtin. Herman Melville diz, em *Moby Dick*, que "até mesmo as maiores alegrias terrenas sempre escondem em seu interior certa mesquinharia insignificante" (cap.106). Todo sistema de significação tem dentro de si um resíduo de não significação, mas essa sobra excrementícia é parte do que o faz funcionar. Tal movimento piegas – da mais plena felicidade ao detalhe mundano – marca a encenação da Segunda Vinda de Cristo no Novo Testamento, que se inicia em estilo adequadamente grandioso, apocalíptico, com algumas imagens bíblicas já desgastadas do Messias movendo-se sobre nuvens de glória, e então, deliberadamente, ele se vê envolvido com as questões reais da salvação: se alimentamos os que têm fome e se nos preocupamos com os doentes. A salvação é um assunto monótono e frustrante. Até mesmo o fim do mundo revela-se piegas. Os melhores tipos de tragédia compartilham essa consciência carnavalesca da pobre criatura dividida e são, assim, críticos do heroísmo, bem como exemplos dele.

Não se trata, é claro, apenas de uma questão de ser *anti*-heroico, o que não seria mais do que o anverso da mesma maneira de ver. Jimmy Porter, personagem de John Osborne, é um anti-herói excepcionalmente heroico, cheio de empáfia cósmica, de pródigos gestos teatrais e monólogos brutalmente vigorosos. Se algumas vezes é necessário afirmar o lugar-comum em contraposição ao heroico, é igualmente importante ver que o heroico muitas vezes é lugar-comum, uma verdade da qual o simples anti-heroísmo sente falta. É provável que palavras como "heroísmo" estejam por demais contaminadas pela sua história aristocrática e patriarcal para terem outros usos, e rejeitá-las significa uma radical reescrita da história. Não foram os faraós que construíram as pirâmides. Não foi Nelson que venceu a Batalha de Trafalgar. Não foi Hitler que invadiu a Polônia. Ainda assim, tais noções elevadas continuam necessitando de uma tradução moderna. Visão, coragem, dedicação, magnanimidade e tenacidade não devem

---

58 Empson, *Some Versions of Pastoral*, p.114.

simplesmente ser ridicularizadas em alguma explosão de falso populismo, como questões quase feudais, nem muito menos como assuntos exclusivamente masculinos. Sem elas, não seria possível conceber qualquer transformação profunda da sociedade. Acontece que elas são muita fanfarrice, a menos que estejam, de alguma forma, firmemente enraizadas no lugar-comum. A questão não é abandonar noções de poder – um privilégio liberal, se é que alguma vez houve um – ou transferi-las, intactas, de um agente para outro, mas sim transformá-las. Ao retratar Jesus montado em um jumento, seguindo na direção de Jerusalém, o Novo Testamento transforma o próprio significado de realeza, parodiando as imagens dela recebidas em uma inversão carnavalesca. Como Slavoj Žižek escreve: "Há uma certa passagem do *tragique* para o *moque-comique* no próprio interior do empreendimento cristão: Cristo, enfaticamente, *não* é a figura de um Senhor heroico e digno".[59] Na tradição judaica, a ideia de um Messias crucificado seria uma espécie de piada de mau gosto, semelhante a um mafioso com escrúpulos ou um político com timidez paralisante.

A sociedade burguesa inicial foi mais astuta nesse sentido do que certo radicalismo dos tempos atuais. Ela percebeu que a questão não era descartar o heroico, mas apropriar-se dele. John Milton, Richard Steele e Samuel Richardson são todos coparticipantes ativos em um audacioso projeto destinado a esvaziar o heroísmo de seu conteúdo pagão, machista, militarista, aristocrático, preenchendo-o com as virtudes benevolentes, modestas e resignadas do cavalheiro cristão. Se o Satanás de *Paraíso perdido* é um ícone do tipo equivocado de heroísmo – toda pompa, bravata e poder extravagante –, o Cristo de *O paraíso reconquistado* é uma imagem daquilo a que Milton dá a alcunha de "o melhor heroísmo" do verdadeiro tipo de herói.[60] Quando criança, o Cristo daquele poema sonhava crescer para se tornar um herói militar convencional, mas agora rejeita a força despótica em favor daquilo que o seu autor considera um tipo mais refinado de valor. Para Steele e Richardson, a *hauteur* bárbara de um heroísmo esgotado deve render-se aos valores dóceis e pacíficos de uma nova ordem social, resumidos por Richardson na figura monumentalmente tediosa de Sir Charles Grandison, uma espécie de Jesus Cristo de culotes. Como atesta *Clarissa*, a morte do herói clássico não significa a morte da tragédia.

---

59 Žižek, *Did Somebody Say Totalitarianism?*, p.179.
60 Wilding vê no Sansão de *Samson Agonistes*, de Milton, outro herói com falhas, ultrapassado, mais público e militar do que privado e pacífico. Ver Wilding; Regaining the Radical Milton. In: Knight; Wilding (Ed.), *The Radical Reader*, 1977.

Concebida na sua forma clássica, a tragédia faz parte de uma ética de crise e confronto – de revelações, momentos decisivos, descobertas dramáticas e momentos existenciais da verdade, todos eles afastam-se com indiferença de qualquer coisa tão abominável e prosaica quanto a virtude cotidiana. No entanto, se Aristóteles é o teórico da tragédia, também é o fundador da chamada ética da virtude, segundo a qual os valores morais estão inseridos nos modos de vida habituais. O esplendor solitário de um tipo posterior de herói trágico é implicitamente negado por essa ética civilizada e cotidiana, que se recusa a isolar ações, por mais perturbadoras que sejam, de seus contextos práticos. O cristianismo encerra tanto o momento de crise espiritual ou *metanoia* – a transformação decisiva do ser, que é a fé – quanto uma insistência semelhante na vida honrada como prática diária. A tragédia pode dizer respeito a estados de emergência; mas devemos nos lembrar da questão levantada por Walter Benjamin de que tais estados são rotineiros para os destituídos, e que o fato de que tudo prossegue como se fosse normal é a crise.[61] Se a crise e o lugar-comum são opostos, isso depende muito de onde nos posicionamos.

Karl Jaspers, que dificilmente pode ser inocentado de falar da tragédia com entusiasmo, reconhece, mesmo assim, que ela consegue irradiar um falso glamour que nos atrai "para um glorioso reino de grandeza", tornando-se "privilégio de poucos engrandecidos". Apesar de sua aura majestosa, a tragédia pode, na verdade, estreitar nossa percepção, pondo de lado as desgraças insignificantes em nome de uma "pseudosseriedade".[62] Uma vez que o próprio Jaspers faz exatamente isso em outra parte de seu estudo a respeito do tema, ele tem pouca necessidade de se ocupar do assunto com maior persistência. A tragédia, acredita ele, pode ser uma máscara para ocultar a realidade não heroica do cotidiano, emprestando "uma aura banal de heroísmo a uma vida vivida em conforto e segurança".[63] Às vezes, poderíamos argumentar, ela é uma forma vicária de aristocratismo espiritual para aqueles serenos animais suburbanos que desfrutam de todos os benefícios da modernidade, embora se irritem com as vulgaridades dela provenientes. Essa é, sem dúvida, uma noção vital demais para ser entregue, sem luta, a tais vítimas de *mauvaise foi*.

---

61 Ver Tiedemann; Schweppenhauser (Eds.), *Walter Benjamin*: Gesammelte Schriften, v.I, p.583.
62 Jaspers, op. cit., p.99-100.
63 Ibid., p.101.

CAPÍTULO 4
Heróis

Examinemos com mais cuidado o retrato da tragédia esboçado por Dorothea Krook em seu *Elements of Tragedy*, usando-o como uma afirmação modelar (mesmo que, sem dúvida, extremo) de um caso tradicionalista. Para Krook, a arte trágica precisa surgir do que ela chama de condição humana fundamental e envolver um protagonista que demonstre algum espírito de luta. As aflições de uma vítima passiva podem ser angustiantes e lastimáveis, mas não são trágicas. O herói precisa ser representativo do conjunto da humanidade, mas, ao mesmo tempo, deve estar acima de seus semelhantes. Seu sofrimento deve ser expiatório, consciente, em vez de cego, e ser aceito como necessário tanto por ele quanto por nós. Isso acontece mesmo que sua transgressão, assim como a de Édipo, seja inconsciente; permanece o fato de que a ordem cósmica foi rompida e precisa ser restaurada, seja qual for o preço da agonia humana. Mesmo que a tragédia não seja falha do herói, ele ainda permanece o representante de uma humanidade corrompida e, nessa medida, merece ser castigado. O que pode parecer brutal e injusto para os padrões humanos, então, faz pleno sentido para os padrões cósmicos. De fato, nessa perspectiva, Krook parece até mesmo defender a morte de Cordélia. Assim, a tragédia reafirma a supremacia da ordem moral e da dignidade do espírito humano, quando o sofrimento propiciatório, juntamente com a consciência redentora, reforça a lei moral. Pela sua coragem e persistência, o herói converte o mistério do sofrimento em inteligibilidade, redime-o e alcança a conciliação. Nossa fé na condição humana torna-se, consequentemente, fortificada e reafirmada.

Seria difícil fazer a arte trágica soar mais desagradável do que isso. E, se é disso que a tragédia realmente trata, então ela pode ser uma ocupação agradável para um sádico, mas dificilmente o será para aqueles cujo gosto é menos exótico. Esse é um ideal da tragédia varonil, máscula, repleta de heróis combativos, de espírito público, que aceitam sua punição como homens, mesmo quando não são culpados. Porém, até mesmo Krook precisa confessar implicitamente que nem toda tragédia se inclui nessa noção. As tragédias de Shakespeare, ela nos informa, são muito parecidas com as dos gregos antigos; a única diferença é que nas primeiras não há "deuses, profetas nem oráculos para decretar a condenação como objetivamente necessária e inescapável".[1] Isso pareceria, de fato, uma boa diferença, mas a descrição que ela faz também não se sustenta em relação a muitas tragédias gregas. Desvendemos isso fio por fio, começando com a sorte e os infortúnios do herói trágico.

Aristóteles nada diz sobre um herói trágico; nem os gregos antigos em geral empregam o termo. Aristóteles menciona protagonistas trágicos, mas a ação trágica não está necessariamente centrada neles. Não é o assunto que mantém a unidade da ação, como em uma espécie de kantismo dramático. Para Aristóteles, as personagens – naquilo que não muito tempo atrás poderia ter sido batizado de "anti-humanismo teórico" – consistem mais em uma espécie de colorido ético sobre a ação do que a sua essência. Em vez de fonte, elas são portadoras e suportes da ação. Como em uma espécie de experimento do pensamento anti-humanista, poderíamos imaginar a possibilidade de uma ação sem as personagens, mais ou menos como se um artista pudesse desenhar sem usar cores. De fato, Aristóteles argumenta que são bastante comuns as ações dramáticas sem personagens. Nada poderia ser menos análogo ao culto realista de personagens complexas, críveis e bem construídas. Tragédia é a imitação de uma ação, e não de seres humanos. São os eventos que costumam ser trágicos, e não as pessoas. O classicista Bruno Snell, que afirma que a "tragédia não se interessa por eventos [...] mas por seres humanos", está quase, com certeza, equivocado quando se trata dos gregos.[2] John Jones, em uma preciosa análise crítica da moderna humanização, psicologização e individualização das doutrinas de Aristóteles, acredita que a celebrada falha trágica, ou *hamartia*, é mais um tropeço – ou a perda do alvo – na própria ação do que algum defeito moral, mais um erro objetivo estúpido ou um equívoco, do que um estado da alma.[3] Essa opinião é endossada

---

1 Krook, op. cit., p.78-9.
2 Snell, *The Discovery of the Mind*, p.99.
3 Ver Jones, op. cit., capítulo 1.

por Humphrey House em seu estudo da *Poética* de Aristóteles.[4] Para Hegel, exatamente o fato de o drama ser uma questão de ação é que o torna a mais explícita imagem dessa incessante objetificação do espírito humano que é o *Geist*. Como uma encarnação prática de contradições, é a forma de arte mais ontologicamente privilegiada.

A Antiguidade clássica não compartilhava a concepção moderna da personalidade humana, traçando uma linha menos rígida do que a que fazemos entre um indivíduo e suas ações. Quanto a isso, pelo menos, Jean-Paul Sartre tem alguma coisa em comum com Sófocles. Bernard Knox assinala que a maioria dos dramas de Ésquilo tem títulos coletivos, enquanto Eurípides normalmente não focaliza indivíduos.[5] Northrop Frye argumenta que o isolamento do herói trágico sintetiza sua condição, ao passo que a comédia é coletiva;[6] mas esse é outro clichê da crítica tradicionalista, já que um número razoável de heróis trágicos não são mais isolados do que seus correspondentes cômicos. Não é o isolamento que chama a atenção acerca de Romeu, Egmont ou Mãe Coragem. Na *Oresteia*, o *oikos* ou a própria casa de Atreu é uma figura mais individual do que a protagonista, e não se poderia dizer que as figuras individuais da peça sejam intrincadas. H. D. F. Kitto também acredita que "o crítico moderno [da tragédia grega] é tentado a ver relações pessoais e, portanto, construção de personagens, que, na verdade, não estão lá".[7] A mudança da sorte que caracteriza a tragédia, na opinião de Jones, é, repetindo, mais uma qualidade da ação do que do protagonista. Aristóteles é um pouco negligente quanto a afirmar se tal mudança é da prosperidade para a adversidade ou vice-versa, de forma que, na visão de Jones, o foco do trágico está mais na mutabilidade do que no infortúnio, mais no fato da mudança do que na direção dela. Poderíamos argumentar que, para Aristóteles, qualquer tipo de mudança da sorte serve, desde que evoque em nós piedade e temor. Uma mudança da adversidade para a prosperidade está descartada, simplesmente porque deixa de provocar isso. O que importa é a resposta do público à narrativa, e não a sorte ou os infortúnios de um protagonista como um fim em si mesmo.

Se, para Aristóteles, a tragédia envolve colocar a ação acima da personagem, então sua estética está curiosamente afinada com sua ética. À

---

4 Ver House, *Aristotle's Poetics*, p.94.
5 Knox, *The Heroic Temper*, p.2-3.
6 Frye, op. cit., p.208.
7 Kitto, *Form and Meaning in Drama*, p.201-2.

primeira vista, pode não parecer assim. Diferentemente da deontologia, que se ocupa de princípios universais, e do utilitarismo, que considera consequências, a ética da virtude do tipo aristotélico coloca a avaliação moral da ação no contexto da personagem. Uma boa ação, conforme argumenta Rosalind Hursthouse, é uma ação que uma pessoa virtuosa tipicamente realizaria.[8] Entretanto, na *Poética*, como já vimos, a preocupação com a personagem é apenas secundária, uma noção que a Aristóteles parece quase tão irrelevante para o sucesso da apresentação dramática quanto o é a disposição psicológica de um vigário pelo sucesso de um ato performativo de um casamento ou um enterro. Contudo, Aristóteles deixa claro que, na Ética, o propósito do viver é um fim que é uma espécie de atividade, e não uma característica. A ética gira ao redor da práxis, exatamente como faz a tragédia. A palavra "drama" significa "ação realizada".

Em um ensaio extraordinariamente lúcido, Aryeh Kosman vê na *Poética* uma relação com a Ética no que diz respeito à preocupação de ambas com a alarmante fragilidade da virtude e a vulnerabilidade da felicidade que buscamos através de seu cultivo. A virtude é, na verdade, o único caminho seguro para o bem-estar, como a *Ética* insiste; mas em um mundo violento e injusto não há absolutamente nenhuma garantia disso, como a tragédia solenemente nos lembra. A tragédia é, portanto,

> [...] o reconhecimento de um tipo de resistência despreocupada à agência humana, que se entrelaça com o tecido da própria ação, um reconhecimento da inabilidade dos agentes em garantir seu bem-estar e sua felicidade, mesmo quando tentam, *corretamente*, assentar esse bem-estar e essa felicidade no cultivo da virtude moral e da deliberação.[9]

Na ação existe aquilo que corre contra a corrente de sua intencionalidade, rompendo a economia pela qual ela é governada. Martha Nussbaum coloca esse ponto no contexto de uma discordância entre Platão e Aristóteles. Platão, assim como Sócrates, afirma que à pessoa realmente virtuosa nada de ruim pode acontecer, ao passo que Aristóteles, que tem uma orientação mais realista, bem semelhante a Henry Fielding, vê que a virtude nos ajuda, protegendo-nos contra ofensas,

---

8 Hursthouse, *On Virtue Ethics*, p.28.
9 Kosman; Acting: Drama as the Mimesis of Praxis. In: Rorty (Ed.), *Essays on Aristotle's Poetics*, p.66.

mas não as impede.[10] Na verdade, se ser virtuoso é ser ingênuo, ao estilo Parson Adams, de Fielding, tudo fica muito mais facilitado. Sócrates, que duvida que muita coisa nos assuntos humanos seja séria, encarna o espírito antitrágico de certo estoicismo, enquanto a crença de Platão de que a serenidade do virtuoso é inexpugnável revela uma solene indiferença às mudanças empíricas da sorte que a tragédia exemplifica. Em contrapartida, Aristóteles sustenta a noção de que alguém sob tortura, ou devastado por algum dramático revés da sorte, simplesmente não pode sentir-se contente, por melhor que seja sua vida. Isso, a propósito, levanta uma questão: podemos nos enganar quanto a nos sentirmos contentes? O que dizer se alguém sob tortura declara sinceramente que se sente feliz? Que ele está errado? Ou que ele deve lutar, se não agora, um pouco depois, para distinguir entre o masoquismo e a verdadeira felicidade?

Em outro sentido, entretanto, a ética e a poética de Aristóteles não são inteiramente compatíveis. Aristóteles pode ter sido o primeiro a escrever um tratado sobre a tragédia, mas sua própria filosofia como um todo, embora entremeada de elementos trágicos questionáveis, não está realmente muito preocupada com a ruína ou o fracasso humano. Talvez seja essa uma razão pela qual a *Poética*, em seu estilo árido e fragmentado, como as anotações de uma palestra, transmite notoriamente pouco sentido da real experiência da tragédia. A obra não trai um indício sequer de que mesmo algo levemente desagradável tenha acontecido ao seu autor. Aristóteles argumenta que a felicidade, ou o bem-estar, consiste em concretizarmos nossos poderes pela prática da virtude. A virtude tem a ver com o prazer, e não com a privação. Essa não é a sabedoria convencional da era moderna: como Lacroix, de Georg Büchner, comenta com Danton em *A morte de Danton*, "E tem mais, Danton, somos 'cheios de vícios', como diz Robespierre; em outras palavras, nós desfrutamos da vida, e o povo é "virtuoso"; em outras palavras, o povo *não* desfruta da vida" (Ato I, cena 5). A boa vida é aquela vivida plenamente, ao passo que uma vida ruim é uma vida defeituosa e deficiente. É preciso ter competência para ser humano, como tocar trombone ou suportar gente chata, e os maus são aqueles que nunca aprenderam a fazer isso. Eles são iniciantes na arte do viver, tão desajeitados e atrapalhados quanto um cão valsando nas patas traseiras. Os virtuosos, pelo contrário, são aqueles bem-sucedidos na arte

---

10 Nussbaum; Tragedy and Self-Sufficiency: Plato and Aristotle on Fear and Pity. In: Rorty (Ed.), *Essays on Aristotle's Poetics*.

de viver, e o que os cristãos chamam de santos são os *virtuosi*, os George Bests ou Pavarottis do campo moral.

Essa é, de muitas maneiras, uma ética admirável. É, com certeza, um avanço em relação ao hedonismo, ao ascetismo, ao utilitarismo ou ao fetiche do dever; mas Aristóteles, vivendo em uma sociedade escravista gritantemente injusta, não percebe que é também necessária uma transformação radical de nossas capacidades para que o bem-estar humano seja possível em sua plenitude. E isso envolve mais do que ampliá-las para grupos hoje excluídos, como defendem liberais ou social-democratas. Ou melhor, envolve o ritmo trágico da morte e da regeneração – renunciar a uma forma de vida que é inerentemente baseada na exploração, para que outra, mais justa, venha a surgir. Não se trata de pensar que a busca da felicidade deva ser abandonada em prol de uma vida de sacrifício, *eudaimonia* renegada a favor da ascese. A questão está mais na ideia de que atingir a primeira em sua plenitude envolve, tragicamente, a última – que destruir e refazer os poderes humanos pode revelar-se essencial para que eles prosperem. E essa é uma condição profundamente desafortunada.

Aristóteles, naturalmente, cala-se quanto a essa questão, da mesma forma que se cala quanto à questão do herói trágico. E isso reflete a prática antiga do trágico. Não há protagonista verdadeiramente trágico em *Andrômaca*, de Eurípides, um drama em que a própria Andrômaca desaparece no meio da peça, e é difícil nomear o herói ou heroína de *As suplicantes*. Várias tragédias têm mais de uma figura trágica central: *As bacantes*, de Eurípides, por exemplo, pode ostentar Penteu e também sua mãe Agave, que o dilacera enquanto está arrebatada em um êxtase dionisíaco. Em sua edição das peças de Sófocles, E. F. Watling pergunta-se, buscando ansiosamente seu único protagonista trágico, se *As traquínias* não deveria realmente ter sido chamada *Dejanira* ou *Hércules*.[11] Nem todos os protagonistas trágicos têm falhas trágicas (Édipo, Agamênon, Orestes, Antígona, Ifigênia, o Jerônimo de Thomas Kyd, Tamburlaine, Desdêmona, e, provavelmente, Macbeth), e nem todos eles são, moralmente falando, espécie de gente como nós, como Aristóteles sugere que deveriam ser. É provável que poucas mulheres soltem um grito maravilhado de reconhecimento quando Medeia ou Clitemnestra surgem no palco. E também é pouco provável que elas se vejam refletidas em Kunigunde, a vilã de *Ordeal by Fire*, de Kleist. O crítico do século XVIII, Thomas Rymer, afirma que as mulheres não se apiedam

---

11 Watling, *Sophocles*: Electra and Other Plays, p.10.

da Fedra de Sêneca porque ela em nada se assemelha a elas; e também não se sentem levadas a temê-la, pois não acreditam que elas próprias poderiam ser tão malvadas.[12] Paradoxalmente, então, as ações trágicas mais chocantes podem ser as mais fracas em seu efeito.

Entretanto, nem todos os protagonistas trágicos são moralmente respeitáveis como pensava Aristóteles. Alguns podem ser claramente pouco atraentes, como o ridículo e dogmático Bazarov – o niilista filisteu de *Pais e filhos*, de Turgueniev – que morre de tifo de uma maneira que, em oposição a algumas teorias clássicas da tragédia, é totalmente acidental e que tem pouca relação com a ação anterior. Outra personagem russa sem escrúpulos é Eugene Onegin, de Pushkin, um misantropo esgotado, frívolo, um *poseur* cheio de rancor e tédio, em quem o desejo toma a forma de cautela para com o desejo, e que mata seu amigo Lensky em um duelo sem sentido. Além disso, ele sobrevive para levar uma existência espiritualmente vazia, o que críticos conservadores em geral não esperam de seus heróis trágicos. Ainda assim, não parece haver razão para não vermos Onegin – que quase arruína a vida de Tatiana e destrói o sentido da sua própria – como uma figura trágica, por mais que a alegre e autoironizante leveza do tom do poema possa ir de encontro à sobriedade de seu conteúdo. A obra é, ao mesmo tempo, trágica e satírica. Pechorin, de *Um herói de nosso tempo*, de Lermontov, é uma figura igualmente desacreditada, doentia, cruel e predatória, um homem que deliberadamente se prepara para atrair uma mulher e depois, numa atitude insensível, desprezá-la. Fausto, Barrabás e Eduardo II, de Marlowe; Bussy D'Ambois, de Chapman; Timão e Coriolano, de Shakespeare, e Hedda Gabler ou John Gabriel Borkman, de Ibsen – todos eles são semelhantes como figuras sem atrativos; não obstante, críticos que bem poderiam hesitar em atribuir tragicidade aos Bazarovs deste mundo são geralmente ansiosos por concedê-la a gente desse tipo.

Sugerir que personagens como Onegin e Pechorin possam ser vistas como trágicas parece violar o preceito clássico de que figuras trágicas devem evocar compaixão. Por um lado, entretanto, não é impossível nos apiedarmos dos moralmente repugnantes e, por outro, o que inspira piedade certamente deveria ser menos alguma personalidade isolada do que a ação em seu conjunto. Pechorin é menos uma figura trágica por pessoalmente despertar compaixão do que por fazer parte de uma narrativa

---

12 Rymer, *The Tragedies of the Last Age*, p.98-9. Ver também seu livro *A Short View of Tragedy*.

profundamente pesarosa, que envolve uma derrocada ou ruína espiritual. O monstruoso Catilina e o sanguinário Sejano, que, no final, é dilacerado pela turba romana, ambos personagens de Ben Jonson, não são mais simpáticos do que Ricardo III de Shakespeare, mas, mesmo assim, são figuras trágicas monumentais. Na verdade, Jonson é categoricamente antiaristotélico a esse respeito, fazendo Terêncio comentar, no Ato V de *Sejanus*, que não é prudente apiedar-se dos grandes quando eles caem. A tragédia depende menos de compaixão por indivíduos específicos do que podemos pensar, embora seja, sem dúvida, possível demonstrar um pouco de compaixão para com Macbeth em seus últimos e desesperadores momentos.

Sugerir que podemos sentir piedade pelo moralmente repulsivo é uma proposição perigosa. Há um momento no *Inferno* de Dante, quando o poeta é admoestado por seu guia por apiedar-se dos amaldiçoados, pois isso poderia sugerir que a punição de Deus não fora nada justa. Porém, embora não pareça que Dante considera trágicas as almas perdidas no *Inferno*, pois foram elas que provocaram seu próprio castigo, não há necessidade de concordarmos com ele. O que significaria sentir compaixão por Adolf Hitler? Em que sentido ele poderia ser visto como uma personagem trágica? Uma resposta poderia ser que, tanto quanto sabemos, Hitler poderia, em diferentes circunstâncias, ter se tornado um ser humano de valor. O que é deplorável não é o próprio homem, mas o desperdício e a monstruosa deformação do senso de humanidade que sua crueldade representa. É verdade que não podemos ter certeza de que piedade é uma reação apropriada aqui. Não sabemos o bastante sobre como os seres humanos são formados para termos certeza de que Hitler poderia ter se tornado diferente. O que podemos chamar de teoria da moralidade do assistente social dificilmente parece adequado para explicar a sua malevolência. Entretanto, provavelmente sabemos o bastante sobre a formação humana para termos consciência de que, mesmo o menor dano ou privação em uma fase vulnerável, pode ser suficiente para nos transformar em ogros; e, mesmo assim, não podemos descartar a possibilidade de que Hitler e outros homens e mulheres cruéis pudessem, em algum mundo hipotético, ter surgido como pessoas dignas. Contudo, mesmo que isso tivesse acontecido, a piedade diz respeito a essa possibilidade; não se trata de uma questão de compaixão pelo homem em si. Nada há a respeito dele que possa evocar tal coisa.

A maioria das tragédias tem um final infeliz, mas um bom número delas, não. O próprio Aristóteles mostra-se extraordinariamente despreocupado, para não dizer contraditório, em relação ao assunto. Um final infeliz não era essencial à tragédia grega, embora fosse dominante. Em determinado ponto da *Poética*, Aristóteles prefere um final feliz a um final infeliz, talvez porque ele possa atingir a catarse sem ser brutal demais; mas em outro ponto ele parece mudar de ideia. Se há alguma verdade na teoria de que a tragédia tem raízes obscuras no sacrifício e nos cultos de fertilidade, o que pode não existir, então, nesses ritos, a destruição resulta mais em renovação do que em catástrofe. São exemplos de "tragédias" que terminam bem. Platão estende o termo "tragédia" para a *Odisseia*, que, de forma alguma, termina mal, e comenta que Homero é o maior dos poetas trágicos. Mais de um terço das tragédias de Eurípides termina bem. Das duas tragédias favoritas de Aristóteles, uma (*Ifigênia em Táuris*, de Eurípides) termina bem, enquanto a outra (*Édipo rei*) termina mal. *Paraíso perdido* termina com o vaticínio do Arcanjo Miguel de um futuro feliz para a humanidade, mas isso não invalida a tragédia da Queda. David Hume observa, em seu *Tratado da natureza humana*, que muitas tragédias têm um final feliz.[13] Hegel achava que era a unilateralidade, e não a morte, que constituía a ação trágica, e não considerava a morte do herói essencial para a reconciliação. Podemos dizer: "No final, ele conseguiu ter a filha de volta, mas foi trágico o fato de ele ter de suportar tantos anos de dificuldade e desespero procurando por ela".

Um protagonista trágico não precisa morrer, mesmo que haja ocasiões em que seria mais misericordioso se ele morresse. James Tyrone, de *A Moon for the Misbegotten*, de Eugene O'Neill, delonga-se, mesmo que esteja espiritualmente morto, em contraste, por exemplo, com Joe Christmas, de Faulkner, em *Luz em agosto*, que é castrado e assassinado. Um herói pode viver e prosperar, como o Orestes de Ésquilo, o Segismundo de Calderón de la Barca ou o Príncipe Frederico, de Kleist. Poderíamos dizer que as tragédias que terminam com punição condigna têm, ao mesmo tempo, um final feliz e infeliz. É bom que os vilões sejam levados a se lamentar, mas é ruim que sua crueldade torne isso necessário em primeiro lugar. A satírico-trágica *The Malcontent*, de John Marston, está repleta de desastres e, no entanto, tem um final feliz, quando Malvole se desmascara como o duque Altofont deposto e poupa a vida de Mendoza. *Antonio and Mellida*, do mesmo dramaturgo, está igualmente entremeada de vilania trágica; não obstante, tem um final feliz, irônico e implausível. Em *Ninho de fidalgos*, de Turgueniev, Lavretsky, cuja primeira esposa o engana enquanto sua segunda amante o troca pelo convento, leva uma

---

13 Hume, op. cit., p.418.

existência suficientemente trágica, mas, ao final, alcança certo nível de tranquilidade, em oposição a Rudin, do mesmo autor, que decepciona a mulher que ama e acaba se sacrificando nas trincheiras de 1848. Para Turgueniev, a felicidade é geralmente frágil e efêmera, sobretudo para o solitário Sanin de *Águas da primavera*, corroído pelo sentimento de culpa. *Os irmãos Karamazov*, de Dostoievski, termina com uma nota afirmativa, em que Aliocha e os jovens prometem afeição uns pelos outros. *As suplicantes*, de Ésquilo, em que as filhas de Dânao fogem dos opressores filhos de Egito, é a primeira peça de uma trilogia que provavelmente teve um final feliz, como a *Oresteia* e a trilogia de Prometeu. Há finais mistos, como *Sete contra Tebas*, de Ésquilo, em que a cidade é salva, mas apenas ao preço do massacre mútuo de Etéocles e Polinice, o que, por sua vez, irá acionar a tragédia de Antígona.

Alceste, de Eurípides, tem um desfecho feliz, quando Alceste é devolvida das sombras por Héracles ao marido, pelo qual ela sacrificou a vida. A homicida Medeia, na versão de Eurípides, se não na de Franz Grillparzer, é rapidamente transportada para cima com a ajuda divina, a fim de escapar da justiça pelos crimes que cometeu. A melhor peça de Grillparzer, *Sappho*, tem um final muito triste, quando a heroína epônima, corroída pelo ciúme por causa do amor de Melitta por Phaon, lança-se ao mar. Em *Lulu*, de Franz Wedekind, a protagonista prostituta é brutalmente assassinada; mas *Macbeth*, de Shakespeare, termina com o vilão colhendo o que plantou. Apesar de um assassinato, *Cid*, de Corneille, termina de forma benigna, com a reconciliação de Ximena e Rodrigo, e a mesma coisa se aplica a *Cinna*, de Corneille, quando, mostrando magnanimidade, o imperador Augusto perdoa a conspiração contra ele. A peça é uma tragédia no sentido medieval de drama de alta seriedade sobre a sorte dos grandes, mas ninguém, de fato, é morto. Polieucte, personagem de Corneille, por outro lado, morre como mártir cristão, mas o resultado é um triunfo espiritual, pois sua amada Pauline e o pai dela, Félix, convertem-se à fé cristã, seguindo seu santo exemplo.

A prática do trágico, então, é uma questão muito mais diversificada do que a maior parte da teoria do trágico. Um cômputo venturoso da tragédia grega indica que a maior parte das peças não termina em debacle completa, o que não significa sugerir que seu final seja eufórico. *Don Carlos*, de Schiller, tem um final infeliz, com o assassinato de Posa, o liberal do Iluminismo, pelo absolutista Philip, e a prisão do próprio revolucionário Don Carlos. Mas há pouca dúvida de que os dias do *ancien régime* estão contados e que o futuro político está nas mãos de Posa. O otimismo burguês, portanto, coexiste com a tragédia formal. *Maria Stuart*, do mesmo autor, um poderoso drama de ritmo acelerado que mostra uma grande economia de estrutura, é também formalmente trágico em sua conclusão, quando Maria é conduzida à morte pela rainha Elisabete; mas ela morre com uma dignidade monumental, confrontando sua própria culpa como assassina, perdoando seus inimigos e, assim, avantajando-se em magnanimidade à grande (e feminista) Elisabete. Dessa forma, a peça demonstra a crença de Schiller – discutida em seu ensaio sobre a tragédia – de que existe uma liberdade interior que resiste a toda derrota meramente terrena e que, como o sublime kantiano, sabe que sua infinita soberania é mais do que um rival que possa ameaçá-la seja lá por quê.

Egmont tem um final que reflete a atitude ambígua de Goethe em relação à tragédia. Como mártir dos povos colonizados dos Países Baixos, seu herói confronta a morte nas mãos da autocracia espanhola; mas um último quadro contorna esse desenlace trágico, mostrando o protagonista glorificado com a Liberdade, que lhe pede que preserve o ânimo, informa-o de que sua morte assegurará a libertação da província e o conduz marchando triunfalmente para morrer pela liberdade. *Ifigênia em Táuris,* de Goethe, tem um final feliz, com Orestes e Electra perdoados e libertados por Thoas, o rei de Táuris, enquanto o protagonista de *Torquato Tasso*, uma figura quase paranoica, potencialmente trágica, agarra-se finalmente ao duque Antônio como seu salvador. Quanto a Jean Racine, dramas como *Andrômaca*, *Britânico* e *Fedra*, envolvem violência e destruição, mas não há mortes em *Berenice*, que termina em conciliação, ao passo que em *Atalia*, a assassina Atalia é, ela própria, morta, para que a liberdade e a justiça possam triunfar.

Talvez finais felizes e infelizes nada tenham a ver com a questão, porque o que importa é a mutabilidade, mais do que qualquer tipo específico de conclusão. O puro fato de haver um final, no sentido de que isso é tudo da ação que nós, espectadores, testemunhamos, realça a transitoriedade tanto da felicidade quanto da infelicidade, e faz lembrar a condição a que ambas levarão no final, ou seja, à morte. Porém, se a própria morte é feliz ou infeliz pode depender em parte do que aprendemos na vida em relação às lições da mutabilidade. Aqueles que vivem de maneira a negar o frágil, a natureza temporária das coisas, agarrando-se a fins absolutos, provavelmente não terão uma morte fácil.

Quer as tragédias terminem bem ou mal, insistem os tradicionalistas, os seus principais agentes devem ter estatura nobre. Não pode haver uma tragédia da vida rotineira, da mesma forma que não pode haver uma farsa de imperadores. Para William Hazlitt, Coriolano pode ser trágico, mas não a multidão que o acossa: "Não há nada de heroico em uma massa de vagabundos desgraçados, que não desejam passar fome", comenta ele a respeito da ralé romana na peça, demonstrando que até mesmo *whigs* radicais têm seus preconceitos aristocráticos.[14] Protagonistas trágicos, pelos menos na visão de Aristóteles, devem também ser razoavelmente, mas não notavelmente virtuosos, realidade que nem sempre é fácil de alinhar com a refinada procedência deles. De fato, a palavra inglesa *gentleman* registra de forma compacta a história emaranhada das relações entre estatura moral e social. David Farrell Krell comenta sardonicamente que as personagens da tragédia são melhores do que a categoria média dos humanos, "e elas provam-no, matando os pais e dormindo com as mães, ou servindo-lhe os filhos dos irmãos, ou sacrificando os filhos para garantir o sucesso de uma aventura militar".[15] Em geral, indivíduos eminentes têm mais oportunidade de fazer o mal do que indivíduos obscuros, de forma que encontrar um membro com princípios morais da classe dominante não é, geralmente, uma questão fácil. Uma personagem em *Mansfield Park*, de Jane Austen, comenta que ser honesto e rico tornou-se impossível.

Poderíamos também achar que um herói aristocrático *demais* violaria o preceito aristotélico de que nós, o público, precisamos ter condições de nos identificarmos com ele; mas Pierre Corneille argumenta que essa é uma leitura literal e grosseira demais do requisito aristotélico, e lembra-nos que até mesmo os reis são seres humanos.[16] Mesmo assim, um crítico moderno acha o próprio *El Cid*, de Corneille, heroico demais para conquistar nossa simpatia.[17] Poderíamos dizer a mesma coisa das entediantes virtudes cavalheirescas do herói de *Aureng-Zebe*, peça de John Dryden cheia de exotismo falso e dísticos rimados e excessivamente automatizados. O crítico neoaristotélico Elder Olson pode não encontrar nenhum sabor de tragédia em *Electra e os fantasmas*, de Eugene O'Neill, porque as personagens são comuns demais para terem um alto valor ("tudo o que se sabe é que os Mannons estão passando por tempos muito ruins")[18] e não representam nada que possa acontecer conosco. É difícil ver como *Ion*, de Eurípides, ou *Women Beware Women*, de Middleton, fazem isso com

---

14 Wu (Ed.), *The Selected Works of William Hazlitt*, v.1, p.126.
15 Krell; A Small Number of Houses. In: Beistegui e Sparks (Eds.), *Philosophy and Tragedy*, p.91.
16 Corneille, *Writings on the Theatre*, p.29.
17 Kwang-Tsien, op. cit., p.80.
18 Olson, *Tragedy and the Theory of Drama*, p.243.

mais eficiência, a menos que Olson levasse uma vida mais agitada do que poderíamos suspeitar. Enquanto ele é da opinião elitista de que "não se pode mostrar a gama total de temperamento, pensamento e paixão em uma linguagem baseada no que o homem comum pensa, sente e diz em uma situação corriqueira",[19] Richard Steele, de tendência *whig*, argumenta que é muito mais provável que sintamos simpatia por alguém que não esteja socialmente acima de nós. Steele vê homens e mulheres como sendo naturalmente narcisistas, de forma que "acreditam que nada lhes diz respeito, a não ser o que se passa com aqueles que vivem da mesma forma que eles e que com eles se parecem".[20] Jean-Jacques Rousseau, que detestava teatro, acreditava ser oportuno o fato de a tragédia nos apresentar seres tão improvavelmente gigantescos que era mais possível que seus defeitos nos corrompessem do que sermos levados a melhorar por suas virtudes.[21]

Há várias razões para essa preferência tradicional por aristocratas. Em primeiro lugar, a sorte dos grandes é considerada como sendo de momento histórico mais público do que os assuntos dos humildes. A distinção alto/baixo é, portanto, também uma distinção público/privado: os ilustres são representantes simbólicos de uma condição mais geral e podem, portanto, catalisar uma tragédia mais histórico-global do que seus inferiores, mais provincianos, menos bem relacionados. Quedas de uma grande altura fazem mais barulho. Na verdade, até mesmo o fato de cair pode se revelar como sendo algo que envolve certo luxo. O protagonista de V. S. Naipaul, em *Os mímicos*, comenta que "a tragédia em relação a um poder como o meu é que não há saída para baixo. A única saída é a extinção" (cap.1). O ensinamento antitrágico de um poeta como Horácio é que mantenhamos a cabeça abaixada e confiemos em que uma atitude discreta salve-nos de um desastre. Thomas Hardy acreditava muito nisso. No que tange à dimensão pública da tragédia, Raymond Williams está certo em ver que a mudança ocorrida no século XVIII, focalizando então a tragédia burguesa ou doméstica, representa, nesse sentido, tanto uma perda quanto um ganho: o sofrimento daqueles que não têm título pode agora ser levado a sério, mas o caráter geral e público da tragédia é, da mesma forma, abandonado de forma gradual.[22]

---

19 Ibid., p.245.
20 Steele, *The Spectator*, n.290, 1º fev. 1712.
21 Rousseau, *Lettre a d'Alembert sur les spectacles*, p.89.
22 Williams, *Modern Tragedy*, p.50. Sobre tragédia doméstica, ver Adams, *English Domestic or Homiletic Tragedy 1575-1642*, e Bernbaum, *The Drama of Sensibility*.

Historicamente, há menos em risco na ruína de um artesão do que na ruína de um arquiduque, embora o caso seja mais difícil de sustentar quando se trata de um militar da Córsega ou um nômade palestino do século I. Há também, em geral, uma implicação delicadamente velada, de que as almas da classe alta sentem sua ruína com mais profundidade do que os vaqueiros. Contudo, podemos considerar trágicas as aflições dos vaqueiros no sentido da linguagem comum, embora neguemos que sejam trágicas no sentido mais técnico do termo. Nos tempos modernos, presumir que a consciência comum seja sempre falsa consciência pode levar ao surgimento de um herói espiritualmente – se não socialmente – aristocrático, um herói que pode pairar acima dessa trama de ilusões necessárias para perceber uma verdade negada às massas.

Em segundo lugar, os vaqueiros – supõe-se – não têm muito o que perder, diferentemente de executivos de grandes empresas ou de arquiduques. Quanto mais importantes eles se tornam, mais pesada é a queda. Schopenhauer, apesar de ver a tragédia como lugar-comum, acredita que os poderosos constituem-se nos melhores protagonistas – não porque tenham necessariamente um espírito nobre, mas porque, ao perderem reputação de modo mais extravagante, a tragédia torna-se mais fascinante e terrível para os espectadores. As desventuras de uma família da classe média, acredita ele, podem ser resolvidas com a ajuda humana, ao passo que os reis precisam contar com eles próprios ou cair em ruína. Isso não leva em conta o que poderia ser chamado de síndrome do "centavo chorado": os quase destituídos podem agarrar-se com mais tenacidade às suas poucas posses e sentir sua perda mais profundamente do que alguém que tem mais do que o suficiente para dilapidar. Entretanto, a tragédia também deve centrar-se nos engrandecidos, porque, como Sir Philip Sidney argumenta com uma sinceridade encantadora em seu *Defesa da poesia*, vê-los fracassar fornece aos seus subalternos oprimidos um pouco da muito necessária *Schadenfreude*. Se estamos descontentes com nossa face plebeia na vida, a visão de um príncipe sendo derrubado de seu trono pode nos lembrar que nossa própria sina – precisamente porque ela é mais inclemente – é também mais segura. "Uma posição superior é desejável", comenta Agamênon em *Ifigênia em Áulis*, de Eurípides, "porém, uma vez atingida, é uma doença". Ou como Etra, de maneira incisiva, comenta em *As suplicantes*, do mesmo autor, "os deuses estendem a grandeza na poeira". Os poderosos são tanto abençoados quanto amaldiçoados e, assim, como veremos mais adiante, têm algo da ambivalência do bode expiatório trágico. Porém, tais quedas da parte dos preeminentes também nos lembram que, se isso pode acontecer a eles, pode, então, ainda mais facilmente acontecer conosco, freando, dessa forma, nosso *ressentimento* também.

Entre os que aderem a esse aristocratismo trágico, encontra-se o jovem Georg Lukács. Para ele, os heróis trágicos devem ser da alta classe por razões filosóficas: já que a tragédia é mais uma questão de essências espirituais do que de contingências empíricas, somente o retrato dessas figuras privilegiadas irá permitir "varrer todas as causalidades insignificantes da vida, retirando-as do caminho ontológico do destino".[23] Em outras palavras, os príncipes não são desviados de seus projetos edificantes pela necessidade de banhar o bebê ou de preparar um sanduíche. Entretanto, eles são também, na visão de Lukács, as únicas figuras cujos conflitos surgem mais diretamente de sua própria situação do que como resultado de acidente ou forças externas, o que satisfaz o requisito aristotélico de que a tragédia não deve surgir *ex machina*. Em termos hegelianos, quanto mais prestigioso for o protagonista, mais imanente será a tragédia. De qualquer forma, uma vez que Lukács considera – o que é bastante estranho – que a essência da tragédia é a solidão, é mais provável que tais figuras augustas, abandonadas em seus pináculos solitários, preencham essa exigência. "Foi em vão que nossa era democrática", ele afirma em *Soul and Form*, "desejou estabelecer o direito de todos de participarem do trágico; vã foi toda tentativa de abrir esse reino celestial aos pobres de espírito".[24]

O tom de Lukács não é exatamente um tom de pesar, como também não é o de George Steiner ao proclamar que "não há nada democrático na visão da tragédia".[25] A forma, ele nos diz, pressupõe a vida requintada das cortes, as disputas entre dinastias e ambições desmedidas, porque ela lida essencialmente com a esfera pública.[26] Isso, curiosamente, desconsidera o fato de que a classe média também tinha sua esfera pública; realmente, o próprio conceito é extraído dessa história social. O que dizer de Danton, da obra de Büchner, ou de burgueses resolutos, como Stockmann, de Ibsen, ou das figuras trágicas de *Os Bruddenbrooks*, de Thomas Mann? Em que sentido *Middlemarch: um estudo da vida provinciana* é mais privado do que *Macbeth*? Hegel é inflexível na noção de que a compaixão trágica "não é instigada por maltrapilhos e vagabundos",[27] mas Édipo não está

---

23 Lukács, *Soul and Form*, p.67.
24 Id. apud Walter Benjamin, *The Origin of German Tragic Drama*, p.102.
25 Steiner, op. cit., p.241.
26 Ibid., p.194.
27 Paolucci; Paolucci (Eds.), *Hegel on Tragedy*, p.50.

longe dessa condição em Colono. O tom de Theodor Adorno em relação à tragédia é bem mais ambíguo: a forma morreu, informa-nos ele, porque a "nobreza" caiu vítima da "vulgaridade" cultural. No entanto, em estilo tipicamente dialético, Adorno também insiste que, embora a nobreza na arte deva ser preservada, sua conivência com o privilégio social e o conservadorismo político precisa ser exposto.[28]

Em *A arte poética*, Horácio já adverte contra um rebaixamento muito abrupto do desempenho teatral, da tragédia ao drama satírico, que tradicionalmente a acompanhava. Nenhum ator que foi apresentado poucos minutos antes como herói ou rei – aconselha Horácio – deve ser subitamente "transferido para um casebre escuro e ter permissão para incorporar a fala dos becos".[29] Na *Poética*, Aristóteles comenta que "a grandeza" da forma é de safra bastante recente, surgindo como o fez da dicção cômica e das tramas satíricas. De acordo com Werner Jaeger, a putrefação democrática começou muitíssimo cedo: Eurípides e outros "acabaram vulgarizando a tragédia, tornando-a um drama da vida cotidiana".[30] Na hilariante troca de insultos entre Eurípides e Ésquilo, no Ato II de *As rãs*, de Aristófanes, o populista Eurípides acusa Ésquilo de escrever, em estilo bombástico, "expressões grandiosas e trôpegas, coisas medonhas, com cristas e sobrancelhas peludas. Magnífico! Ninguém sabia o que elas significavam, é claro". O poeta mais velho aprecia "linguagem olímpica e grandiloquente, em vez de falar como um ser humano". A tragédia, reclama Eurípides, encontrava-se em estado lastimável quando ele a herdou de seu colega mais velho, intumescida de dicção pomposa. Eurípides gaba-se de ter sido ele quem a fez emagrecer, colocando-a sob uma dieta de finas fatias de lógica e uma decocção especial de dialética. Todas as personagens de suas peças – mulheres e escravos, patrões, damas, idosas encarquilhadas – sempre têm muito trabalho falando, o que ele orgulhosamente descreve como "democracia em ação". Em uma atitude digna de Brecht, ele acrescenta que foi com ele que o público aprendeu a pensar e questionar; aprendeu a perguntar "Por que isso é assim? O que é que queremos dizer com isso?" Dioniso, que se junta à querela, confirma sardonicamente que nenhum ateniense pode ir para casa hoje em dia sem perguntar "O que você quer dizer com comer a cabeça da anchova?" ou "Onde está o alho de ontem?"

---

28 Adorno, *Aesthetic Theory*, p.341.
29 Horácio; On the Art of Poetry. In: Dorsch (Ed.), *Classical Literary Criticism* [1965], p.87.
30 Jaeger, *Paideia:* The Ideals of Greek Culture, p.252.

Ésquilo, por sua vez, vê isso como nada mais do que a disseminação de um espírito geral de subversão: "hoje, até os marinheiros discutem com seus superiores – ora! Na minha época, as únicas palavras que eles conheciam eram 'lavem!' e 'hasteiem!'" O poeta mais jovem encheu suas peças de cafetões e libertinos, mulheres dando à luz em templos e dormindo com irmãos; como resultado, a cidade está cheia de assistentes de advogados e charlatões parasitas, e nem sequer um atleta decente foi deixado no lugar. Como um Noel Coward em confronto com um arrivista John Osborne, Ésquilo defende com orgulho suas personagens aristocráticas:

> Meus heróis não eram como aqueles vagabundos da ágora, trapaceiros, patifes sobre os quais se escreve hoje em dia; eles eram heróis verdadeiros, respirando lanças e arpões [...] Não entulhei meu palco de meretrizes como Fedra ou Estenebea. Ninguém pode dizer que alguma vez pus uma mulher sensual em qualquer de minhas peças.

"Como poderia?" retruca Eurípides, "Você nunca conheceu uma!".

Em seu prefácio a *Samson Agonistes*, Milton ataca sem piedade a introdução de "pessoas banais e vulgares" na arte trágica. O esnobismo espiritual dessa tradição não deixou de sofrer oposição. Raymond Williams abre seu *Tragédia moderna* comentando que testemunhou tragédias de vários tipos em sua própria "vida rotineira", embora "não tenha sido a morte de príncipes".[31] Em seguida, ele passa a falar de um pai morto, de uma cidade dividida e de uma guerra mundial. George Steiner, entretanto, ainda não se convenceu. Crises em Ibsen, ele afirma, podem ser resolvidas por meio de relações econômicas mais sadias ou de melhor tubulação, mas (ele acrescenta com esplêndida *hauteur*) "se há banheiros nas residências onde ocorre a tragédia, é para que Agamênon seja assassinado lá".[32] Na tragédia, esclarece-nos Williams, "não há cura temporal [...] O destino de Lear não pode ser resolvido com o estabelecimento de casas apropriadas para os idosos".[33] E nem pode, somos tentados a retorquir, o destino dos idosos. Mas a questão é desastrosamente equivocada. Agamênon pode não ser apanhado visitando o banheiro, mas ele é parte de um drama que, de fato, consegue sua resolução temporal em *As Eumênides*. Platão, dono de uma visão obscura sobre o tipo de

---

31 Williams, *Modern Tragedy*, p.13.
32 Steiner, op. cit., p.243.
33 Ibid., p.291 e 128.

democracia celebrada naquela peça, também tinha uma opinião notoriamente negativa da tragédia, e as duas aversões podem estar ligadas. Muitos protagonistas trágicos poderiam ter levado vidas pacíficas se simplesmente não tivessem dormido com sua mãe, contraído sífilis, sido traídos por amantes ou assassinado um monarca. A maioria das tragédias é, nesse sentido, remediável, inclusive as da Antiguidade clássica. A catástrofe, não resta dúvida, algumas vezes é predestinada por um deus do tipo "vedete" ou pela desafortunada história de uma família; mas, na maioria das vezes, isso não teria acontecido se algum evento anterior e evitável não tivesse ocorrido também. Não é verdade, como Nietzsche sugere, que "a tragédia lida com o sofrimento incurável e a comédia, com o sofrimento curável". [34]

Em seu "Estudo sobre Thomas Hardy", D. H. Lawrence argumenta que a tragédia é a província do aristocrata espiritual, e queixa-se: "Por que o aristocrata precisa sempre ser condenado à morte?"[35] Lawrence vê a tragédia como monopólio daquelas almas poderosas que desafiam as mesquinhas convenções sociais e insistem, em vez disso, em ser verdadeiros consigo mesmos. Eles são a elite heroica antes de tudo fiel à moralidade mais ampla da Vida do que a algum desprezível código suburbano. O ingênuo libertarismo romântico de Lawrence coloca "Vida" (inequivocamente proveitosa) e "sociedade" (inequivocamente opressora) em uma oposição simplista. A tragédia dos tempos modernos é que essas figuras vivas, cheias de esplendor passional e vitalidade animal, são covardemente sacrificadas por seus criadores pequeno-burgueses no altar do decoro social. Nos velhos tempos, era diferente: Édipo, Macbeth e Lear são necessariamente depostos, pois sua disputa era com a própria Vida, que, para Lawrence, não tolera qualquer desafio. Entretanto, Anna Karienina, de Tolstoi, juntamente com Tess Durbeyfield, Eustacia Vye, Sue Bridehead e Jude Fawley, de Thomas Hardy, são todas ritualmente imoladas e abandonadas ao fracasso por autores que, alarmados com as forças espontâneas que elas inconscientemente desencadeiam, intervêm para, de forma vingativa, reduzir essas magníficas criações ao seu próprio e insignificante tamanho. Tess Durbeyfield, obrigada a enfrentar nada mais impressionantemente ontológico que estupro e miséria, patriarcas predadores e exploradores econômicos, deveria, é de se supor, ter conquistado

---

34 Nietzsche, *Human All Too Human*, Seção 23.
35 Lawrence, *Phoenix*, v. I, p.180.

a simpatia de todos. Algo incomum entre os altos modernistas, Lawrence é decididamente um pensador antitrágico, pelas razões mais infames.

A visão que Lawrence tem de Hardy é realmente uma visão de Lawrence; mas as narrativas trágicas de Hardy são, entretanto, relevantes para a questão dos heróis que desfrutam uma vida de luxo. Na honorável tradição humanista de George Eliot, Hardy reconhece que a tragédia pode ser encontrada em pequenas fazendas de arrendatários em remotas charnecas, em regiões litorâneas pobres e em vielas de cidades onde há universidades. Semelhante à de Eliot, a ficção de Hardy insiste em que o destino escondido nesses recantos insignificantes é tão absoluto para os que o suportam quanto para os cidadãos das cortes e das catedrais. Não obstante, assim como Eliot, ele não se sente muito à vontade, em termos de tom, com sua própria heterodoxia e, como no caso de Eustacia Vye, vez ou outra transporta para o palco algum trágico maquinário de serralheria para deixar seu argumento bem claro. As imagens usadas para estruturar a ação são às vezes incongruamente vacilantes em relação à sua substância. Na época de *Judas, o obscuro*, a civilização que produzia tragédia clássica passava a ser, explicitamente, o inimigo de classe, um círculo de fetichistas e adoradores de fantasmas que frustra nosso próprio cambaleante progresso rumo à civilidade. Porém, antes de insistir nesse limite extrínseco do decoro literário e social, após o que ele iria se calar como romancista, Hardy acena portentosamente para temas clássicos, a fim de dignificar o discreto destino de algum artesão rural ou de alguma lavradora; e, mais ou menos da mesma forma, tenta escrever, às vezes com muita dificuldade, no estilo grandioso dos círculos literários londrinos, a fim de sinalizar que o Espírito do Mundo está bem vivo, mesmo nas regiões mais recônditas de Dorset. Porém, a autoconsciência com que isso é feito pode apenas parecer refutar o caso. Nesse momento histórico, é difícil encontrar uma linguagem literária que seja ao mesmo tempo comum e inventiva, lúcida e compartilhável e, ainda assim, portadora de significados importantes. No que tange a isso, a divisão de trabalho existente no século XIX, entre poesia e prosa, entre o discurso de *insight* espiritual e a linguagem da descrição social, fez seus estragos.

Ishmael, de *Moby Dick* – romance de Herman Melville –, repete que está lidando "não [com] a dignidade de reis e mantos", mas com a "dignidade democrática" do braço "que empunha uma enxada ou crava um prego" (cap.26). No entanto, visto que a fonte da democracia para Melville é o próprio Deus, nenhuma perda de sublimidade trágica está envolvida. Mesmo assim, o romance precisa se desculpar com jocoso desconforto por apresentar figuras tão inferiores como baleeiros, mais ou menos como *Adam Bede* tem de suspender sua narrativa por um momento para defender, em tons de paternalismo cordial, suas transações com os pequeno-burgueses Poysers. Escreve Melville:

> Se, nesse caso, aos mais mesquinhos marujos e aos renegados e náufragos, eu atribuir adiante qualidades nobres, embora sombrias; tecer ao redor deles encantos trágicos [...] se eu tocar o braço de um trabalhador com alguma luz etérea; se eu estender um arco-íris sobre seu calamitoso pôr do sol; então, contra todos os críticos mortais, dá-me teu apoio, tu, espírito justo da Igualdade, que estendeste um manto real de humanidade sobre toda a minha espécie! (cap.26).

Melville não tem nenhuma dúvida de que uma tragédia povoada de carpinteiros e arpoadores é um ato completamente político, da mesma forma que Alessandro Manzoni tem consciência do portentoso impacto político de fazer de um tecelão de seda e uma camponesa os atores principais de *Os noivos*. Eles representam o que o romance chama de *gente di nessuno* (joões-ninguém), essa "imensa multidão", como diz Manzoni em outra parte da obra, "passando pela face da terra, passando pelo seu próprio pedaço nativo de terra, sem deixar vestígio na história".[36] Com *Os noivos*, as massas fazem uma de suas primeiras incursões na história literária. Mais tarde, outra "joão-ninguém" é Myrtle Wilson – de *O Grande Gatsby*, de F. Scott Fitzgerald –, cuja morte sórdida em um acidente de carro é descrita no romance como sua "trágica conquista" (cap.8). Talvez haja aqui uma intenção irônica, já que ser morto por um carro dificilmente é uma conquista; mas talvez não seja, já que o que Myrtle conquistou ao fazê-lo é uma condição trágica.

Hardy e Eliot, assim como Wordsworth na famosa tragédia de "Michael", são ambos atraídos para formas obscuras de flagelo e desolação, para aqueles seres presos à mais genuína e sufocante monotonia de sonhos destruídos e esperanças frustradas, e também envolvidos em formas mais dramáticas de tragédia. Isso não os tornou especialmente benquistos àqueles críticos vitorianos para os quais a tragédia da vida corriqueira estava "perto demais da verdade" para ser agradável.[37] Ambos os autores, juntamente com Darwin, veem a própria evolução como desmanteladora

---

36 Apud Manzoni, *The Betrothed*, p.xii.
37 Ver King, op. cit., p.12.

das barreiras entre superior e inferior. Um mundo evolutivo é um mundo irônico, já que não podemos jamais ter certeza de qual forma de vida – modesta, com aparência banal – evoluirá, com a completude do tempo, para algo bastante momentoso, na árdua jornada do molusco ao capitalismo monopolista. Em algum momento específico, portanto, o texto do mundo é ilegível, uma vez que precisamos vê-lo em retrospectiva, à luz daquilo a que ele poderia levar, para interpretá-lo acertadamente. De qualquer forma, no texto protomodernista da evolução, hierarquias clássicas são minadas de forma alarmante, porque nunca podemos ter certeza de quão importante alguma coisa é, e porque o inglório secreta um poder potencialmente subversivo. Da mesma forma que Jacques Derrida abre maldosamente as grandes temáticas de um texto, agarrando-se em algum pequeno significante perdido, timidamente enterrado em uma nota de rodapé, assim também Hardy reconhece que um drama de proporção histórico-mundial pode depender de uma carta extraviada ou de um gesto tardio – que o tropo de um universo evolutivo não é apenas ironia, mas um anticlímax. Em tal mundo, o comum pode estar cheio de significado momentoso, do qual não trai nenhum vestígio. Conforme comenta Anton Chekhov: "as pessoas estão à mesa, fazendo uma refeição, apenas fazendo uma refeição, mas, ao mesmo tempo, sua felicidade está sendo criada, ou suas vidas estão sendo destruídas".[38] Na teia social ou evolutiva, a verdadeira significância de nossa existência está sempre em outro lugar, como um subtexto que se tece a si mesmo de forma invisível dentro e fora de nossas ações, um inconsciente social que prepara a cena para nossa sina individual, mas nunca se apresenta no palco. O lugar-comum e o catastrófico, como no poema de Auden, "Musée des Beaux Arts", são a frente e o verso de um único processo.

Então, tragédia e democracia encontram-se no romance; mas esse não é o único lugar em que eles têm um encontro. Arthur Schopenhauer é um dos poucos filósofos a reconhecer a banalidade trágica no drama. Na tragédia, escreve ele, vemos

> [...] o maior infortúnio, não como exceção, não como algo provocado por circunstâncias raras ou personagens monstruosas, mas como algo que surge facilmente e por si mesmo das ações e temperamentos dos homens, na verdade, quase como essencial a eles, e isso a aproxima terrivelmente de nós.

---

38 Introdução a *Anton Chekhov*: Plays, p.19.

Não há nenhuma necessidade de erros colossais ou de acidentes inauditos, simplesmente

> [...] figuras como elas geralmente estão [...] em circunstâncias comuns; estão tão ligadas entre si que sua situação as obriga, conscientemente e de olhos abertos, a causar uma à outra o maior dano, sem que qualquer uma delas esteja inteiramente errada."[39]

Para Schopenhauer, a tragédia é produto de uma imponente força metafísica – a Vontade – e, ao mesmo tempo, algo íntimo e corriqueiro como o respirar. Trata-se de um acoplamento entre o corriqueiro e o nobre evidente em seu próprio nome. Aqui, estamos nos deslocando na direção de um sentido da natureza cotidiana da tragédia que August Strindberg reconheceria e nos distanciando da visão de um crítico moderno, N. Georgopoulos, de que as circunstâncias que o herói trágico encontra "são extraordinárias – além da compreensão humana, do outro lado da natureza humana que o protagonista traz a elas [...] não humanas".[40] É difícil entender que as circunstâncias que contribuem para degradar Marco Antônio (fazendo sexo com uma inimiga de Roma) ou a personagem de Strindberg, senhorita Júlia (fazendo sexo com um servo sádico), são eminentemente insondáveis. Entretanto, Georgopoulos não deixa de fazer várias referências a Moby Dick, que é, reconhecidamente, mais insondável do que Big Daddy, de Tennessee Williams, ou de Lulu, da obra de Wedekind. Esse é outro exemplo de como se permite que apenas um ou dois textos determine o sentido que se faz da forma como um todo.

Lessing é outro que defende esse oximoro aparente, tragédia democrática. Para ele, a posição social do protagonista não é importante; o herói judeu de sua peça *Natan, o sábio*, é um burguês abastado, generoso, e não um aristocrata. Com Barrabás, de Marlowe, e Volpone, de Ben Jonson, a questão da aquisição material pode ser honrada, seja de que maneira irônica for, com simbolismo cósmico, evidência suficiente de que as classes mercantis ainda estão em seu apogeu heroico. De fato, tragédia de algum tipo envolvendo a classe média remonta ao Renascimento, com obras dramáticas da Inglaterra, como *Arden of Feversham*, por exemplo. Balzac afirma em *Ilusões perdidas* que "a angústia causada pela miséria não é menos digna de atenção do que as crises que provocam uma reviravolta

---

39 Schopenhauer, op. cit., v.I, p.254.
40 Georgopoulos (Ed.), *Tragedy and Philosophy*, p.108.

na vida dos poderosos e privilegiados deste mundo" (Parte 2, cap.1). *Eugénie Grandet* – comenta ele no decorrer do romance – é "uma tragédia burguesa envilecida por veneno, adaga ou derramamento de sangue, mas, para os protagonistas, mais cruel do que qualquer das tragédias sofridas por membros da nobre casa de Atreu". *A comédia humana* está repleta de tragédias de pequenos homens como César Birotteau, um medíocre perfumista pequeno-burguês preso na armadilha de um capitalismo predatório. Madame Bovary, de Flaubert, é uma figura trágica bastante banal, embora o estilo emocionalmente anestesiado em que ela é apresentada seja também um comentário satírico acerca de suas pretensões como membro da baixa classe média. O romance, portanto, tem sua tragédia e, ao mesmo tempo, a repudia.

De maneira geral, é verdade que, com o início da modernidade, a política deixa de prover a tragédia do alimento adequado. Não sendo mais o aparato valoroso e espetacular da ordem feudal ou absolutista, a tragédia queda indiferente e burocratizada, sendo mais uma questão de comissões do que de cavalheirismo, de guerra química do que de Cruzadas. Em um drama como *Egmont*, Goethe ainda se inspira na política mais carismática de um período anterior. Porém, a vida social e econômica da era moderna fornece abundantes oportunidades para compensar essa deterioração. De fato, um vestígio desse agora caducado heroísmo sobrevive na própria ambição totalizadora da empreitada de Balzac, cujo título, evidentemente, lembra Dante, e que, de acordo com um crítico, representa "a última chance para um artista dar sentido a uma sociedade inteira, em todos os seus detalhes inter-relacionados".[41] Balzac faz um esforço heroico para conceder uma condição universal à classe média, flagrantemente não heroica, elevando-a à dignidade do trágico, enquanto retém uma visão abrangente, essencialmente cômica, de sua sorte verdadeira.

"Os dramaturgos estão equivocados; o sofrimento não contém qualquer grandeza", escreve John Banville em seu romance *Eclipse*. Grandeza é, de fato, a palavra errada; mas a sugestão de que tragédia é uma coisa e vida rotineira, outra, não tem fundamento. De fato, uma das ironias do Iluminismo é que no exato momento em que a tragédia está sendo refutada, ela está também sendo ampliada. O Homem do Iluminismo dá as costas a toda essa intensa conversa sobre posição social, mal, mistério,

---

41 Robb, *Balzac*, p.330.

honra e fatalidade cósmica para dirigir-se às questões mais sublunares de reconstrução política, bem-estar social, progresso histórico. Contudo, uma vez que esse projeto envolve igualdade universal e o valor singular de cada indivíduo, agora simplesmente qualquer um pode ser uma figura trágica. E, já que se supõe que a política envolve cada vez mais as pessoas comuns, cada uma delas tem um destino tão potencialmente histórico como o de Cinna ou de Cid.

Ademais, ao anular as barreiras entre as até então enclausuradas comunidades, uniformizando diferença e privilégio, o capitalismo cria um mundo comum, em que o destino da cada um está em perpétuo jogo. Como observou certa vez o cineasta Michelangelo Antonioni: "Quem pode ser herói em uma era nuclear? Aliás, quem não poder ser?". Heróis e heroínas trágicos podem agora ser encontrados flanando em qualquer esquina, pois o destino de cada indivíduo torna-se, em princípio, tão precioso quanto o de todos os outros, e a sua crise histórico-global ameaça abalar a minha também. Para a modernidade, sem dúvida, alguma coisa mais do que isso pode ser necessária. Para alquimiar os metais básicos da vida diária no ouro puro da tragédia, talvez seja necessário pegar esses homens e essas mulheres e empurrá-los ao extremo limite de sua capacidade de resistência. A tragédia, entretanto, esse território privilegiado de deuses e gigantes espirituais, foi agora decididamente democratizada – o que, para os devotos de deuses e gigantes, significa abolida; por isso, surge a tese da morte da tragédia. A tragédia, no entanto, não desapareceu porque não mais existiam grandes homens. Ela não exalou seu último suspiro com o último monarca absolutista; pelo contrário, ela tem se multiplicado para muito além da imaginação dos antigos, uma vez que, sob a democracia, cada um de nós deve ser infinitamente acarinhado.

Isso acarreta outras implicações. Para a maioria dos teóricos tradicionalistas, como já vimos, somente o tipo de destruição que revela um sentido de valor absoluto pode ser avaliado como trágico. E esse valor geralmente emerge por meio da arte da resistência, realizada por um tipo específico de agente. Com a democracia, entretanto, as coisas são diferentes, pois agora se tem por certo que homens e mulheres são singularmente valiosos *como tal*, o que dificilmente teria ocorrido a César Augusto. Para ganhar nossa simpatia, eles não precisam ser duquesas, guerrilheiros, combatentes destemidos na batalha da vida, vítimas desafortunadas de um destino hostil, inocentes morais ou profundamente conscientes de seus apuros. Schopenhauer fala em deixar a conclusão para o espectador, talvez querendo dizer que somos nós que presumimos o valor que torna a ação trágica, em vez de deixá-la para vigorosas autoafirmações no palco. É por isso que, sob a democracia, os protagonistas trágicos não precisam ser heróis para serem trágicos. A única qualificação para ser um protagonista trágico é que seja membro da espécie. Quanto a que categoria de membro – posição social, ocupação, origem, gênero, etnia e outras condições correlatas –, é uma questão que não faz absolutamente a menor diferença. Como no caso de recenseamento, há certas perguntas que não é necessário fazer.

É essa igualdade revolucionária, apropriadamente abstrata, que o pós-modernismo, como os governantes dos regimes pré-modernos, acha tão desagradável. Boa parte do que precisamos saber para que ocorra tragédia é que um homem ou uma mulher está sendo destruído – pois quem diz "humanidade" agora diz "valor absoluto". Um protagonista trágico não precisa demonstrar essa humanidade de forma evidente, já que, de qualquer forma, somos nós que a presumimos. A tragédia repousa tanto sobre nossas suposições quanto sobre o que a peça ou o romance discute. Dessa forma, o final de *Adeus às armas*, de Ernest Hemingway, quando o protagonista deixa atrás de si no hospital o cadáver de sua parceira, é calculadamente frio e insensível, com o tom monótono e deliberadamente melancólico, típico de certa literatura modernista. Isso não nos convida a vermos essa morte como trágica. De qualquer forma, no entanto, nós o fazemos porque como leitores modernos não precisamos de tal exortação retórica. Tudo o que é necessário saber é que alguém morreu e, talvez, alguma coisa a respeito das circunstâncias – o quanto das circunstâncias é uma questão discutível. Talvez precisemos saber que seja lá quem for que tenha morrido não morreu de maneira serena na sua cama, em idade muito avançada; ou que não estava passando por um sofrimento tão intolerável a ponto de a morte ser muito desejada; ou que não tenha morrido por enforcamento para pagar por crimes cometidos contra a humanidade. Contudo, embora isso possa tornar a morte não trágica para alguns, não necessariamente o faz para outros. Podemos sempre argumentar que a morte é trágica por si mesma, ou que é trágico que alguém, de qualquer forma, deseje morrer, ou que não somos inteiramente responsáveis nem mesmo por atos de genocídio.

A democracia trágica, portanto, atravessa as fronteiras zelosamente patrulhadas entre os rebeldes trágicos e as vítimas não trágicas, aquelas debacles que nos permitem vislumbrar um valor supremo e aquelas que não permitem, aqueles derrubados por acidente e aqueles derrubados por alguma versão atualizada do destino, aqueles que são engenheiros de sua própria destruição e aqueles afligidos por nefastas desventuras vindas de fora. Muito ao contrário do que afirma George Steiner, para quem "nada há de democrático na visão da tragédia", absolutamente ninguém está a salvo da tragédia em tal mundo. O Iluminismo, comumente considerado inimigo da tragédia, é, na verdade, um gerador dela. Vale a pena recordar que a arte trágica começou em uma sociedade que se autodenominava uma democracia; na verdade, em sua forma esquiliana, está muito preocupada com a proveniência dessa ordem política.

Poderíamos nos queixar de que, se a tragédia não exige dos seres humanos nada mais além de serem humanos, então ela exige deles pouco demais, e compramos nossa estatura trágica a um preço muito reduzido. Seria a tragédia realmente apenas algum humanismo sentimental, como alguns dramaturgos nacionais do século XVIII, como John Lillo, parecem ter acreditado? Somos todos iguais aos olhos de Júpiter? Afirmar que qualquer um pode ser um sujeito trágico, entretanto, não é sugerir que toda tragédia é igualmente pungente ou momentosa. A perda de uma criança pode ser mais catastrófica do que a perda de uma fortuna, ou até mesmo do que a perda da sanidade. A questão é simplesmente que, em princípio, não há agora nenhuma distinção entre candidatos potenciais para tais cataclismos. Como experiência rotineira, a tragédia retorna exatamente no momento em que a era democrática se torna cautelosa com relação a ela como ritual, mistério, heroísmo, fatalismo e verdade absoluta. E, após a insistência do Iluminismo em nossa humanidade comum, surgem Schopenhauer, para quem a Vontade maligna agita-se em nossos gestos mais casuais; Marx, para quem os conflitos relacionados com a morte são mascarados pelo consenso apolíneo da democracia burguesa; Nietzsche, que detecta uma história reprimida de sangue e horror na moldagem da própria civilização; e Freud, que, da mesma forma, vê cultura como fruto de barbarismo e para quem somos todos monstros em potencial, pois as características de criminoso demonstradas por Édipo podem ser detectadas na fisionomia inocente e feliz da criança.

Há outro problema com a democratização da tragédia. Quanto mais corriqueira ela é, mais difícil se torna extingui-la por completo. Ao desafiar o elitismo de algumas teorias tradicionais do trágico, pode parecer que confirmamos o sentido que elas fazem da imperecibilidade do trágico. É mais fácil livrarmo-nos de príncipes do que erradicarmos acidentes letais, relações equivocadas, transtornos humanos rotineiros e traição. Ou, pelo menos, algumas dessas condições só poderiam ser eliminadas juntamente com nossa liberdade, de forma que, quando se trata de tragédia, temos de suportar, calados, os revezes. Esse é um dilema ao qual Raymond Williams, em *Tragédia moderna*, não está suficientemente alerta. Williams, de fato, deseja discutir dois casos a respeito da tragédia, ambos firmemente assentados em seu humanismo socialista. O primeiro, mirando os elitistas, é que ela é uma questão muitíssimo comum; o segundo, visando os pessimistas conservadores, é que, nos tempos atuais, ela assumiu a forma de uma luta épica que pode, em princípio, ser resolvida. Não está claro que esses dois casos sejam totalmente compatíveis entre si.

Se a tragédia, como afirma John Jones, está centrada mais na ação do que na personagem, numa condição mais do que em uma qualidade pessoal, então muito do debate acerca de protagonistas superiores e inferiores é, na verdade, irrelevante. O que começou como uma questão técnica acerca da melhor forma de representar a ação – escolher uma personagem eminente porque sua ruína produz maior impacto moral e dramático – tornou-se mais tarde uma questão ideológica de almas nobres e sentimentos aristocráticos, parte da campanha da tragédia contra uma modernidade desprezível e ignóbil. Desde então, tem havido um rebaixamento paulatino – de nobres para vendedores. Como John Orr comenta de maneira muito lúcida, essa mudança foi também uma mudança de velhos para novos mundos, da mesma forma que a passagem do bastão ou do borzeguim trágico de Ibsen, Chekhov e Strindberg para Eugene O'Neill, Tennessee Williams e Arthur Miller também representa uma mudança do burguês para o proletário.[42] Poderíamos também ver isso como uma mudança do herói para a vítima, embora haja uma profusão dos últimos em Eurípides.

Esse avanço na democracia não foi absoluto: em *Um homem para a eternidade*, de Robert Bolt, o Homem Comum aparece no final, disfarçado de Carrasco de Thomas More. Enquanto os nazistas estavam se estabelecendo no poder na Alemanha, W. B. Yeats estava ainda, surpreendentemente, produzindo dramas heroicos como *The King of the Great Clock Tower* e *The Herne's Egg*. Ele recebeu a deflagração da Segunda Guerra Mundial com *The Death of Cuchulain*. Na era do rádio, dos *pogroms* e do desemprego em massa, Yeats ainda povoa seu palco com um grupo diversificado de remendões, mendigos, bobos, bruxas e camelôs, a maioria dos quais provavelmente teria sido trancafiada pelo resto da vida nos reformatórios da Irlanda de sua época. *The Herne's Egg*, que vem completo com um elenco incluindo o rei Congal, de Connacht, o rei Aedh, de Tara, a sacerdotisa

---

42 Orr, op. cit., p.xviii.

Attracta e o bobo, foi escrito no ano em que os nazistas invadiram a Áustria. Entretanto, se a Irlanda teve seu Aedh e sua Attracta, teve também Paddy Maguire, o pequeno agricultor quebrado e sexualmente frustrado do grande poema trágico de Patrick Kavanagh, "A grande fome". Pensamos também numa figura trágica da classe operária, como Gervaise Macquart de *A taberna*, romance de Émile Zola, uma lavadeira que luta para alcançar uma posição e depois – não por falha própria – perde o negócio, a reputação, a filha e um marido dipsomaníaco, e acaba tendo uma morte sórdida em meio a pobreza e alcoolismo.

O extraordinário Woyzeck – de George Büchner – meio visionário, meio esquizoide, é, talvez, o primeiro herói proletário de um drama trágico, um soldado maltrapilho que apunhala Maria, sua parceira infiel, e, à medida que a linguagem da peça se aproxima do surrealismo, ele apreende por meio da loucura uma espécie de verdade. Büchner antecipa Bertolt Brecht na crença de que a moralidade é mais para os endinheirados, e seu panfleto revolucionário *The Hessian Messenger* é um fragmento simplesmente espetacular de retórica populista que por pouco não o levou à prisão. Se *Woyzeck* traz uma figura da classe operária para o centro do palco, *Os tecelões*, de Gerhart Hauptmann, apresenta gente operária – fato bastante incomum na história do drama – não apenas como vítimas individuais, mas como classe social.

Uma das melhores tragédias sobre a vida da classe operária é *Germinal*, de Zola, que mostra um sofrimento e uma exploração que não são absolutamente universais; pertencem a uma condição histórica altamente específica, uma luta ferozmente particularizada entre o trabalho e o capital, e são ainda mais poderosos por causa disso. Universalizá-los – considerando Étienne Lantier algum representante alegórico do Homem – seria trivializá-los e diluí-los. É curioso que os defensores da universalidade nunca pareçam levar em conta essa possibilidade, assim como é estranho que eles também sejam, em geral, defensores tão corajosos do singularmente particular. De forma alguma as duas coisas são sempre compatíveis. *Germinal* continua a ser uma tragédia extraordinariamente convincente, mesmo que termine com uma visão corajosa de esperança política – da germinação de uma nova ordem social, quando uma "multidão hostil e vingadora [...] avançando para a colheita dos tempos futuros" irá, no fim, cindir a terra (Parte 7, cap.6). A única imagem autêntica do futuro, conforme entende Zola, é o fracasso do presente. Em um clássico *insight* trágico, Lantier comenta, a respeito dos mineradores miseráveis, que, caso fracassem, seus corpos famintos farão mais pela causa do povo do que qualquer política moderada. Porém, não é que Lantier queira fracassar: ele é um mártir mais do que um suicida, que se torna bode expiatório dos mineradores massacrados e é apedrejado. É melhor não viver como um mártir trágico ou bode expiatório; em primeiro lugar, seria infinitamente preferível se não houvesse proprietários de minas gananciosos. A tragédia não é uma questão de masoquismo, de autodegradação servil, de glorificação do sofrimento; mas, se tal sofrimento nos é imposto, pode haver maneiras de transformá-lo nas precondições de uma existência transformada.

Os protagonistas plebeus de Büchner e Brecht são, na sua maioria, rebeldes sociais, ao passo que o exato oposto é verdadeiro em relação ao protótipo de tragédia popular em nossos tempos, Willy Loman, de Arthur Miller. Loman, cujo próprio nome indica sua modesta posição social, encontra a morte não por desafiar uma falsa ordem social, mas por ser ansioso demais – de uma forma autodestrutiva – para se ajustar a ela. *A morte de um caixeiro-viajante* parece deliberadamente criada para escandalizar as Dorotheas Krooks da vida: excetuando-se o fato de que a tragédia de Loman provém, efetivamente, de sua própria situação e que ele poderia ser visto como uma figura emblemática, a peça consegue violar quase todos os princípios da teoria do trágico. Willy está longe de ser nobre, embora esteja moralmente falando no mesmo nível de seu público; ele é mais vítima do que agente e oferece alguma resistência às forças que o estão destruindo; não aceita seu sofrimento como necessário, e se, voluntariamente, busca a morte, é apenas por razões pragmáticas; compreende muito pouco o que lhe acontece e, assim, zomba da doutrina da *anagnorisis*; as questões em jogo são historicamente específicas – o oposto de atemporais; nada há de expiatório em seu sofrimento, embora haja algo de altruísta em sua morte; sua sorte não é, em sentido algum, preordenada, e sua morte não corrige nenhum tipo de equilíbrio moral nem confirma nenhum tipo de justiça cósmica. Não obstante, tudo isso – poderíamos argumentar – depende das noções tradicionais de sofrimento aristocrático, mesmo que apenas para gerar impacto dramático, surpreendendo audaciosamente tais estereótipos. Poderíamos até mesmo afirmar o mesmo sobre Otelo, que é destruído por um lenço, em vez de morrer em batalha. Loman revela certo valor em sua pura e autoilusória tenacidade em relação ao compromisso, sua corajosa recusa em recuar do problema de sua identidade. Como o próprio Miller comenta na Introdução a seu *Collected Plays*, Willy não se contenta com a metade, e precisa perseguir o seu próprio sonho até o fim. Não é, entretanto, o tipo de valor que fortalece nossa fé na equidade da condição humana, e muito menos naquele fragmento dela conhecido como capitalismo norte-americano.

Miller vê as leis sociais que controlam as ações de Willy como sendo tão inexoráveis quanto o destino clássico, "não menos poderosas em seus efeitos sobre os indivíduos do que qualquer lei tribal administrada por deuses que têm nomes".[43] Na visão de seu criador, Loman não é inteiramente desprovido de autoconsciência: ele é perseguido pelo vazio dos objetos nos quais investiu sua individualidade, da mesma forma que a personagem *cômica* de Hegel em *Estética*, que se identifica com um objetivo inerentemente falso e faz dele a única coisa real em sua vida. Dizer que Willy não consegue verbalizar sua situação, afirma Miller, não é sugerir que ele não tenha consciência dela. Mesmo assim, insiste Miller corretamente, a consciência total não é possível aos sujeitos humanos, e há "uma séria limitação da consciência em qualquer caráter".[44] Depois de Freud, *anagnorisis* deve parecer algo mais ambíguo. Na verdade, é sempre possível afirmar, como já vimos, que tal autocegueira aprofunda a tragédia, em vez de diluí-la. Conduzir-se para a morte como faz Willy Loman, sem jamais ter conhecido a si mesmo como indivíduo, é, indiscutivelmente, mais pungente do que lançar-se na panóplia completa da autoconsciência trágica, que em tais situações é, de qualquer forma, uma espécie limitada de valor.

Aos olhos de Miller, Loman é levado à morte porque se recusa a desistir de seu desejo, conservando a fé em uma lei – a lei do sucesso mais do que a lei do amor – que, na verdade, não tem fundamento. Não obstante, são apenas essas leis que tornam a vida tolerável para muitos dos que estão sob a influência de seu poder punitivo. Sem a lei que declara que um fracassado social não tem o direito de viver, a vida seria dolorosamente atordoante para muitos homens e mulheres. Como Conrad e Ibsen, portanto, Miller não censura totalmente tais ficções habilitadoras. É verdade que o que lhe importa não é a lei, mas a verdade; porém, isso não é exatamente a mesma coisa que um contraste entre falsidade e realidade, pois a verdade em questão é a verdade quase existencialista da integridade, e não a da validade; é a verdade da lealdade inabalável de um indivíduo a um ideal, mesmo que o ideal seja falso e a fidelidade a ele seja, no fim, fatal. O que importa para Miller, quando se trata de tragédia, tanto aqui como em *Um panorama visto da ponte*, é o que ele chama de "intensidade do compromisso", que pode bem ser um compromisso com uma meta espúria. A verdadeira tragédia de

---

43 Miller, *Arthur Miller*: Collected Plays, p.32.
44 Ibid., p.35.

Willy Loman é que ele não tem outra escolha, exceto investir suas energias admiravelmente inflexíveis em um fim inútil.

Na agonia de uma crise particular em *A morte de um caixeiro-viajante,* Biff Loman incentiva seu pai a recuar, lembrando-o de que pessoas como eles são zés-ninguém. Loman, em uma dignidade tocante, volta-se para o filho e responde: "Eu não sou zé-ninguém! Eu sou Willy Loman e você é Biff Loman!" (Ato II). E a verdade é que ambos estão corretos. Biff insiste na fria realidade do mercado capitalista, no qual os indivíduos são indiferentemente permutáveis, enquanto Willy recorre à ideologia humanista – todos os indivíduos são únicos (ou, como diz a banalidade norte-americana dos tempos atuais, "todo mundo é especial") –, que encobre e ratifica essa indiferença. Se Biff é tão rígido quanto ofensivo em insistir na sombria realidade, Willy está tão correto quanto iludido em negá-la. Há, como Ibsen sabia, uma tragédia de desmistificação, denúncia, desmascaramento violento; mas há também a experiência trágica mais tortuosa de prender-se às próprias ilusões, porque, em uma situação falsa, essa é a única forma de preservar sob um disfarce, por mais mistificado que seja, algumas miradas sementes da verdade. Os indivíduos humanos são, de fato, singularmente valiosos, por mais que a proposição seja também um pernicioso fragmento de ideologia. A experiência normal pode estar amarrada a uma grande dose de desilusão, mas ela pode também falar a verdade. É isso que é ignorado pelos elitistas da tragédia, para quem apenas aqueles que estão empoleirados altivamente acima das massas podem perfurar o véu da falsa consciência e espreitar corajosamente o abismo.

CAPÍTULO 5
Liberdade, destino e justiça

"A tragédia é a imagem do Destino, como a comédia é a imagem da Sorte", escreve Susane K. Langer.[1] A afirmação é mais elegante do que exata. Não há, por exemplo, o que discutir acerca do destino ou do poder decisivo dos deuses na *Poética* de Aristóteles. Aristóteles acredita que o desenvolvimento de uma tragédia deve ser natural e necessário, menos difuso e digressivo do que na épica, mas esse é um requisito mais formal do que metafísico. Ele exclui o acidente, mas parece querer dizer por "necessidade" algo como uma corrente de causalidade provável ou coerente, e nem tanto alguma fatalidade metafísica. O jovem Hegel, entretanto, via o declínio da noção de destino como intimamente ligado à queda da antiga pólis, ambos os eventos a serem lamentados do ponto de vista de uma modernidade errante. *Antígona*, de Jean Anouilh, é um *locus classicus* moderno dessa suposição de que tragédia e destino caminham juntos. Como o coro da peça observa:

> A máquina está em perfeita ordem; ela foi lubrificada desde que o tempo começou e funciona sem emperrar [...] A tragédia é límpida, é tranquila, não tem defeito [...] Em um melodrama, a morte é realmente horrível, porque jamais é inevitável. Em uma tragédia, nada é posto em dúvida e o destino de todos é conhecido. Isso leva à tranquilidade [...] A tragédia é tranquila; e a razão é que a esperança, essa coisa vil e enganadora, não tem participação nela. Não há nenhuma esperança. Você está preso em uma cilada.

---
1 Langer, op. cit., p.333.

Tragédia, aqui, tem a bem torneada necessidade da própria arte, e parte de nosso deleite com ela é, portanto, puramente estético. O diagrama esquemático do destino está incorporado na economia excedente da obra de arte, que exala a imobilidade da morte. Nem a arte nem o destino trai o menor sinal de contingência. Diferentemente do romance ou do poema épico – mais difusos e amplos –, a arte trágica revela certa inevitabilidade em seu próprio rigor formal e, como o destino, combina esse rigor com certo ar de mistério. Nada há que não poderia ter acontecido como aconteceu, da mesma forma que a narrativa da *Odisseia* ou de *Orlando* está agora fixada e congelada para sempre, poupando-nos, assim, do fatigante labor psíquico de imaginarmos reviravoltas surpreendentes como alternativas, ou de nos perguntarmos, como acontece com alguns textos de vanguarda, quais partes vão com quais partes. Uma vez que a tragédia é moldada na forma artística, então, comenta W. B. Yeats em "Lapis Lazuli", "Ela não pode crescer nem uma polegada nem um grama". A própria forma, portanto, torna-se uma espécie de transcendência do material trágico. Escrevendo a um amigo, Friedrich Hölderlin diz que a tragédia é a mais rígida de todas as formas poéticas, por estar inteiramente despojada de qualquer adorno e negar com orgulho todo acidente.[2] Neste ponto, é interessante observar a relação direta entre destino e integridade formal.

Diante dessa visão, a tragédia é a abolição do modo subjuntivo. A forma, portanto, satisfaz maravilhosamente bem nossa endêmica indolência, nosso desejo de que todo o trabalho deve ter sido feito para nós antes mesmo que entremos em cena. O sereno comedimento da tragédia, suas características desapaixonadas, mumificadas, assemelham-se tanto à arte como à morte, o que significa dizer que é uma questão tanto de sua forma quanto de seu conteúdo, e que a lei desse mecanismo é a inscrição de uma Providência superior no seu interior. Em estilo schopenhaueriano, agora você pode observar sua própria vida desventurada com um pouco daquele olhar alienante, serenamente contemplativo, com o qual pode examinar, impassível, a queda do outro. A tragédia é o presente vivido como se fosse o passado, temperando o entusiasmo de um "O que vem em seguida?" com as certezas consoladoras de um final que reinterpretamos a cada ponto da ação que se desenrola. Ela envolve o que o filósofo irlandês William Desmond chama de "a mente póstuma", uma vez que observamos esses eventos da vida à sombra retroativa lançada pelas mortes nas

---

2 Hölderlin apud Beistegui; Sparks (Eds.), op. cit., p.63.

quais resultam.³ Paul Ricoeur vê os espectadores de uma tragédia como se estivessem "espera[ndo] pela certeza de que o absoluto do passado sobrevenha a eventos inesperados e a incerteza do futuro como se fosse algo novo."⁴ Movemo-nos para trás e para a frente simultaneamente, fundindo liberdade e fatalidade, mais ou menos como para Freud somos lançados entre a dinâmica de *Eros*, que se abre, e a força contrária de *Tânatos*, que nos puxa para trás. Não importa quão selvagem ou sanguinário seja o desfecho trágico; ele é, de qualquer forma, previsível, e essa garantia pode nos consolar um pouco para compensar o desconforto da piedade e do medo. Essa é, em todo caso, a doutrina do destino trágico.

Há pelo menos duas ironias na declaração de Anouilh. Em primeiro lugar, é curioso ver esse ultrapassado fragmento de dogma trágico em uma obra tão corajosamente revisionista, que trata Antígona como uma espécie de heroína existencialista ou uma guerrilheira não ortodoxa, envolvida menos em atos de compaixão fraternal do que em um *acte gratuit* autoritário. Em segundo lugar, há pouco senso de destino na própria peça de Sófocles. O ato de não enterrar Polinice nunca foi permanente, imutável, e Antígona provavelmente teria sido salva da morte se o recém-arrependido Creonte tivesse ido imediatamente para a prisão onde ela se encontrava, em vez de cuidar primeiro do cadáver do irmão dela. Não é verdade que todas as ações trágicas são predeterminadas. Das tragédias de Shakespeare, apenas *Macbeth* parece merecer tal descrição. O desfecho trágico de *O cavaleiro de Olmedo*, de Lope de Vega, teria parecido predestinado na visão do público espanhol original da peça, que estaria consciente da lenda em que o cavaleiro Alonso encontra a morte nas mãos de Rodrigo, seu rival no amor; mas não há tal *déjà lu* em relação a *Castigo sem vingança*, do mesmo autor. Spinoza é um rematado determinista, para quem nada poderia ter acontecido de forma diferente da que aconteceu, mas sua filosofia, como veremos mais adiante, é o oposto do trágico. Thomas Hobbes é também um determinista genuíno e, além disso, um pensador trágico, mas ele não é trágico porque é determinista.

Se as tragédias *são* predeterminadas, então seus protagonistas são marionetes, ou estão deflagrando guerra ao inevitável. Se o inevitável previu e computou a oposição apresentada por eles, da mesma forma que Deus, sendo onisciente, deve computar nossa prece, é, então, uma questão que surge. Porém, para a maioria dos críticos conservadores – o que

---

3 Desmond, *Perplexity and Ultimacy*, p.53.
4 Ricoeur, op. cit., p.221.

significa para a maioria dos críticos –, a condição de marionete desqualifica as personagens para a tragédia. Oscar Mandel, apesar de acusar de não trágica qualquer ação que não seja governada pelo destino, acredita que a "filosofia de Hardy (se pudermos lisonjeá-lo com esse termo) torna a tragédia impossível",[5] porque ela reduz suas personagens a vítimas meramente patéticas. Vítimas, Mandel acredita em um estilo agora familiar, podem nos tocar, mas não podem ser trágicas. Para isso, é necessário um pouco mais de vigor e iniciativa da parte delas. Disso, pode-se concluir que a sedução de Tess Durbeyfield por Alec D'Urberville seria mais trágica se não tivesse sido um estupro. Mandel também ignora o fato de que há muitos não fatalistas inventivos e adaptáveis na ficção de Hardy. Entretanto, se os protagonistas trágicos são pelo menos livres para resistir à sua inevitável ruína, o fato de que eles o fazem não ilumina de forma bastante desfavorável sua inteligência? É verdade que eles podem não saber se estão predestinados ou não à destruição, da mesma forma que o calvinista não pode ter certeza de que é um dos eleitos. De qualquer forma, o inevitável é geralmente desagradável e, a menos que nos oponhamos a ele, pode ser que jamais descubramos quão inevitável ele foi a princípio. Porém, combatê-lo com olhos bem abertos, como faz Macbeth em seus momentos finais, é pisar uma linha tênue entre a coragem impulsiva e a obstinação estúpida. Se todos os botes salva-vidas foram lançados, por que simplesmente não tomar um drinque no bar?

Mesmo assim, uma rebelião infrutífera é uma maneira de aprontar-se para a morte, o que a era moderna tanto admira. Há um lúgubre fascínio existencial em relação à ideia de ser derrotado lutando, que é a refutação final do utilitarismo. O utilitarismo calcula as consequências, ao passo que essa espécie de autoafirmação rabugenta e derradeira as amaldiçoa, preferindo a beleza estética de um ato executado inteiramente por si mesmo, uma expressão rebelde de valor que não nos levará a lugar algum. Na verdade, o ato executado no momento da morte não terá, literalmente, nenhuma consequência para nós mesmos e, portanto, é peculiarmente privilegiado. Assim, o medroso Hirsch cospe audaciosamente no rosto de seu carrasco em *Nostromo*, de Joseph Conrad, afirmando sua identidade pela primeira e última vez. Há momentos de verdade semelhantes em Dostoievski. Walter Benjamin vê na tragédia uma ruptura do que chama "destino diabólico", pois nela a humanidade torna-se consciente de que ela

---

5 Mandel, op. cit., p.104.

é superior aos seus deuses. "Não há", escreve ele, "nenhuma dúvida de que a 'ordem moral do mundo' está sendo restaurada – em vez disso, o herói moral [...] deseja erguer-se abalando esse mundo atormentado".[6] A tragédia é um golpe contra o destino, não uma submissão a ele. Para Schelling, não há dignidade maior do que sabermos que estamos competindo com um poder destruidor, mas, mesmo assim, deflagrando guerra a ele. Em seu poema "Lerici", de *My Sad Captains*, Thom Gunn fala a respeito daqueles que, quando estão se afogando "Dignificam a morte com violência vã,/ esgotando o pouco que lhes resta". Se temos de nos retirar, é melhor fazê-lo com um gesto rebelde e grandiloquente, demonstrando nosso elegante desprezo pelas forças que nos levaram a nada e, assim, extrair valor das próprias mandíbulas da ruína. A própria maneira de nos aprontarmos para a morte revela uma energia que a nega.

Isso não é a mesma coisa que desejar a morte. Não se trata de "Mas, da minha morte/ serei o noivo e buscá-la-ei com ardor/ como quem corre para o leito da amada", como diz Antônio (*Antônio e Cleópatra*, Ato IV, cena 14). Antônio desarma a morte como desarmaríamos um tigre ou um ladrão, caminhando resolutamente na sua direção, saudando-o como um amante e, assim, confundindo-o, privando-o de sua majestade intimidadora. Ao encenar à morte dessa maneira, tratando-a como um evento da vida e não apenas como sua conclusão biológica, nós a aceitamos e ao mesmo tempo a transcendemos, libertando-nos de seu poder intimidante, exatamente porque nos aninhamos em seu peito eroticamente sedutor. Contrariamente à lógica de Lear, alguma coisa surgirá do nada. Ao negar a negação, pode surgir uma positividade. Assim, Antônio é o oposto do eticamente inerte Bernardino de *Medida por medida*, um psicopata à la Musil tão espiritualmente entorpecido, que se recusa a ser executado apenas porque isso interfere em seu sono. Mergulhado em preguiça moral, Bernardino é tão negligente em relação à morte que precisa ser ativamente persuadido a encená-la ("É preciso convencer este pobre desgraçado a se dispor a morrer" (Ato IV, cena 3), de forma que sua punição tenha algum significado. Diante da mais terrível manifestação do real, somos instados a nos tornar atores consumados. Caso contrário, a morte não constituirá um evento na vida de Bernardino, deslizando da esfera de valor para a esfera do puro fato biológico, e a lei sofrerá o risco de ser desacreditada. A morte não tem nenhum poder sobre aqueles que já se movem entre os

---

6 Benjamin; Fate and Character. In: _____, *One-Way Street and Other Essays*, p.127.

mortos-vivos. Sem a cumplicidade do seu sujeito, a autoridade é privada de legitimidade. Aqueles que levam uma vida sem sentido, com toda a ataraxia da morte, são paródias perturbadoras daqueles que lutam para se apropriar de suas próprias mortes, a fim de viver mais plenamente.

Apesar de ser um prisioneiro, Bernardino é uma imagem invejável da liberdade absoluta. Contudo, ele é livre apenas porque não consegue dotar absolutamente nada de significado, muito menos a si mesmo. Se ele é imperturbável pela ideia da morte é, em certo sentido, porque já está morto. Nesse sentido, seu oposto na peça é o amaldiçoado Cláudio, que tem pavor da morte, mas que, como Antônio, promete a si mesmo que "Se tenho de morrer,/ a noite mais escura encontrarei como a uma noiva/ e envolvê-la-ei em meus braços" (Ato III, cena 1). Somente assim pode o destino converter-se em liberdade. Em contrapartida, os tenazes nadadores de Gunn não aceitam a morte de forma alguma, e encontram uma maneira de oprimi-la com violência e colocá-la a serviço da vida, usando-a para cuspir no rosto do destino. Seu pródigo autoesbanjamento é o mais próximo que eles chegam da imortalidade. Não são mártires, como mártir também não é Antônio, encantado pela morte. O mártir não quer morrer, mas ao aceitar a sua morte consegue socializá-la; exibe-a publicamente e a converte em um símbolo; coloca-a ao serviço emancipatório de outros e, assim, dela recupera algum valor.

Atitude oposta é típica de W. B. Yeats, em sua obra tardia. A "alegria trágica" de Yeats, doutrina herdada de Nietzsche, é toda ela acerca de um pretensioso desprezo pela morte, rindo descontraidamente na sua face, para mostrar quão pouca atenção um cavalheiro presta a tais sórdidas necessidades. Com humor grotesco, Yeats vê a si mesmo como um velho selvagem e malvado dançando, extático, sobre sua própria sepultura, ou como o arrogante e inconsequente senhorio anglo-irlandês estalando os dedos na face do canalha celta, arrastando-o para a lama. Esse êxtase insano expressa-se não nas gargalhadas sarcásticas da comédia, mas no que, em outro contexto, Simon Critchley chama de "risada *maníaca*: solitária, histérica, beirando o choro".[7] A morte é uma falta de cortesia intolerável e, como outras vulgaridades pequeno-burguesas semelhantes, é mais bem tratada se fingirmos que ela não está ali. Consequentemente, Yeats irá erguer-se regiamente acima de sua própria extinção, escrever seu próprio epitáfio para antecipar-se ao evento, envolvê-lo no artifício da

---

7 Critchley, op. cit., p.225.

eternidade, tão logo as rodas que o transportarão para uma forma superior de existência comecem a zunir. Tudo isso é menos uma confrontação com a morte do que uma negação dela, de modo a transformá-la em um tigre de papel para que seja possível comprar sua transcendência a preço baixo. Não é a resposta do Yeats que sabia que, não importa o que for que se tente ser por inteiro, precisa antes ser desintegrado, do Yeats que começa com o guinchar de um coelho golpeado, ou que se comove e simula ser incapaz de continuar um poema por causa da dor por um amigo morto.

Há exemplos dessa autoafirmação militante na arte da Antiguidade clássica. Prometeu é um nome que vem à mente. De maneira geral, entretanto, a ideia do indivíduo autônomo confrontando sua própria vontade com um destino externo é relativamente moderna. Entre os antigos gregos não existe um equivalente exato para a noção de livre-arbítrio. Prometeu, no drama de Ésquilo – se a peça for realmente dele –, fica livre no futuro, mas por necessidade, digamos assim; e Júpiter, na peça, está predestinado à destruição, exceto se Prometeu intervier para salvá-lo. Em outras palavras, a interação entre liberdade e Providência é mais sutil do que uma simples antítese. Os antigos gregos sabiam que eram agentes moralmente responsáveis, mas não exatamente no sentido moderno de agentes moralmente *autônomos*. Parece que, para eles, as fronteiras da autoestima são mais fluidas e porosas do que para nós. Eles percebiam uma ambiguidade irredutível na existência humana que tornava difícil classificar uma ação simplesmente como "deliberada" ou "predeterminada", "livre" ou "necessária".

Na verdade, nós, da modernidade tardia, que viemos após o auge do sujeito independente, estamos conscientes de muitas ambiguidades desse tipo. Não pode haver liberdade que não seja, de alguma forma, limitada. A limitação é constitutiva da liberdade, e não apenas um freio a ela. Liberdade genuína, lembra-nos Camus em *O homem revoltado*, é a liberdade para matar. Não sou livre para jogar golfe se não domino as regras do esporte, nem sou capaz de executar meu projeto de autorrealização se as convenções sociais e as leis da Natureza nunca permanecem estáticas por mais do que um momento. Um mundo totalmente imprevisível seria a ruína de nossa liberdade, e não a sua base. De fato, um mundo assim não seria uma má descrição de alguma tragédia euripidiana, retratando, como ela faz, um mundo tão arbitrário e irresolúvel que a própria noção de ação responsável é seriamente solapada. É a falta de determinação, e não o seu excesso, que é o obstáculo aqui, da mesma forma que para Bertolt Brecht, com seu bem conhecido "Os infortúnios desse homem me apavoram porque são desnecessários", é o fato de *não* ser inevitável que uma ação trágica aguce nosso senso de ultraje.

Por mais que defendamos a contingência, não conseguimos abandonar a esperança, em pelo menos uma parte de nossa mente, de que o mundo faça sentido e de nos sentirmos vagamente iludidos se isso não acontecer. Talvez isso explique por que a injustiça, que é uma espécie de insensatez, nos deixa tão furiosos. O terceiro *Crítica*, de Kant, é um exemplo desse *páthos*, essa sede de um padrão significativo num universo que friamente o repudia. Já que não conseguimos sobreviver na sociedade sem alguma noção de dívida, punição, troca equitativa, é difícil resistir à tentação de ler isso no próprio cosmos e exigir uma racionalidade meticulosa na forma como ele opera. Na verdade, não esperamos que a virtude seja recompensada no tipo de mundo em que vivemos – nem mesmo nos dias atuais, na ficção; mas é testemunho do que poderíamos chamar de débil impulso utópico, o fato de que ainda não conseguimos deixar de nos sentir levemente escandalizados quando ela não o é.

Não se presume que a tragédia seja uma questão de sorte; mas não seria mais trágico ser acometido de uma enfermidade que aflige apenas um em um milhão do que morrer de velhice? A noção medieval da roda da fortuna sugere que a tragédia pode nos afligir apenas aleatoriamente, em oposição à noção, supostamente mais digna, de que ela deva surgir organicamente de nossa própria conduta. No entanto, é fácil pensar em situações em que a primeira é mais trágica – no sentido comum de ser mais profundamente dolorosa – do que a última. Nem sempre é verdadeiro, sugere Northrop Frye, que a tragédia seja "uma epifania da lei, daquilo que é e que deve ser".[8] Isso é tão vápido quanto a maioria das declarações universais sobre o assunto. Não se aplica, por exemplo, a *Pena ela ser o que é* ou a *O jardim das cerejeiras*. O jovem Walter Benjamin acreditava, de modo igualmente categórico, que toda tragédia se movimenta sob o signo do destino. O dipsomaníaco cônsul de *À sombra do vulcão*, de Malcom Lowry, reflete consigo mesmo que "até o sofrimento que suportamos é, na maior parte, desnecessário [...] Ele carece da própria base que dele exigimos para sua natureza trágica" (cap.7). Não obstante, o decadente protagonista de Lowry, quer seus tormentos sejam necessários ou não, reivindica ser uma das grandes figuras trágicas da ficção moderna.

---

8 Frye, op. cit., p.208.

Geoffrey Brereton levanta a astuta questão de que situações trágicas não precisam ser situações irreparáveis, já que faz sentido dizer "Sem dúvida, alguma coisa pode ser feita para *mitigar* a trágica adversidade dos refugiados".⁹ De modo menos promissor, entretanto, ele sustenta a ideia de que não é trágico uma força poderosa derrotar uma força mais fraca, já que essa é uma conclusão previsível e, portanto, não é chocante. Para os Estados Unidos, varrer a Coreia do Norte do planeta seria, então – supõe-se – lamentável, mas não trágico ou chocante. Na visão de Brereton, o puro acidente não é trágico, como também não o é o inevitável, como, por exemplo, catástrofes naturais que não podem ser previstas ou evitadas. Contrariamente, para o fenomenólogo Max Schleler, é o evitável que é não trágico.¹⁰ Brereton, contudo, acredita que, para falar de tragédia, devemos poder dizer que houve algo errado que poderia ter dado certo. E isso quer dizer que a ideia da tragédia inclui um sentido de fracasso que falta na noção de destino.

O argumento de Brereton embaralha dois casos diferentes. É verdade que, se ninguém jamais tivesse feito nenhuma outra coisa que não rastejar na sarjeta e não tivesse nenhuma concepção de outra maneira de viver, é difícil ver como isso poderia ser chamado de trágico. Fracasso e tragédia são termos comparativos; mas eles são também comparativos no sentido de que se alguma coisa dá certo para mim e não dá certo para você, você pode ainda ser chamado de fracasso trágico, mesmo se jamais houvesse alguma chance de você ser diferente. De forma semelhante, não é verdade que o inevitável nunca é uma questão de fracasso e, portanto, de tragédia. Podemos fracassar por causa de forças que estão além de nosso controle.

Pode ser que a própria tragédia surja quando uma civilização está aprisionada entre o destino e a liberdade. "O sentido trágico de responsabilidade", escrevem J.-P. Vernant e P. Vidal-Naquet, "surge quando a ação humana se torna objeto de reflexão e debate, embora ainda não seja considerada autônoma o bastante para ser plenamente autossuficiente".¹¹ Em outras palavras, ele surge em alguma zona crepuscular entre a política e o mito, a lealdade cívica e religiosa, a autonomia ética e um sentido ainda convincente do numinoso. Poder fazer a pergunta "Até que ponto a humanidade é a fonte de suas próprias ações?" ou "Estou fazendo isso ou não?" sugere tanto uma ansiedade diante de forças determinantes quanto

---

9 Brereton, op. cit., p.8.
10 Ver Schleler, *Le phenomène de tragedie*.
11 Vernant; Vidal-Naquet, *Tragedy and Myth in Ancient Greece*, p.4.

o tipo de autorreflexão moral que, para a pergunta ser feita, afinal, pode colocar essas forças em questão. Como consequência, a democracia traz um forte senso de autodeterminação individual; ainda assim, os antigos gregos tinham consciência de que as ações adquirem seu significado não subjetivamente, mas a partir de sua localização na ordem simbólica, uma ordem governada por forças inescrutáveis (os deuses) que estão além de nosso domínio, e que, como o Outro de Lacan, têm o hábito de nos devolver nossas palavras e ações de forma embaralhada, estranha ou invertida. Mesmo assim, como ocorre com Édipo, é por meio dessa distorção que a verdade que nelas existe nos é revelada.

Para Hegel, é essa disjunção entre o autoentendimento dos sujeitos humanos e suas verdadeiras posições social e histórica, entre as intenções incorporadas nas práticas humanas e os processos por elas ativados, que é a própria dinâmica do desenvolvimento histórico.[12] Que nossos propósitos são superados por seus efeitos, que podemos não corresponder às nossas próprias ações, que até certo ponto sempre agimos no escuro, que a compreensão só ocorre depois do evento – essas são percepções comuns tanto a Hegel quanto a Sófocles. De fato, é exatamente essa desarticulação entre impacto e intenção que os gregos conhecem como *peripeteia*, sugerindo não apenas uma inversão, mas uma espécie de ironia, efeito ambíguo ou bumerangue, objetivando uma coisa, mas alcançando outra. Algumas ações trágicas fazem isso em grande escala, criando uma tensão espetacular; mas, ao fazê-lo, elas expressam claramente uma grande indeterminação que pertence à estrutura da conduta rotineira. Foi tal *peripeteia*, por exemplo, que levou os britânicos a conquistarem a Índia, pelo menos na visão do vitoriano John Robert Seeley. "Nada grande que jamais tenha sido feito pelos ingleses", afirma Seeley, "foi feito tão sem propósito, tão acidentalmente, como a conquista da Índia [...] na Índia pretendíamos uma coisa e fizemos outra".[13] Tendo lá chegado apenas para manter um inofensivo local de comércio, os britânicos – tais são as pequenas ironias da vida – inexplicavelmente se viram na condição de proprietários do local.

Exatamente quem está agindo é, portanto, uma questão não apenas para a tragédia grega, mas também para a teoria psicanalítica, que lança sobre isso um olhar em retrospecto. Protagonistas trágicos recebem suas ações de volta a partir de um lugar que não conseguem compreender, uma esfera de opacidade délfica e instabilidade sibilina, que é, não obstante,

---

12 Ver Dews, *Logics of Disintegration*, p.62.
13 Seeley apud Young, *Postcolonialism:* An Historical Introduction, p.38.

implacável em suas exigências. Da mesma forma que o sujeito lacaniano jamais consegue ter a certeza de que decifrou corretamente a exigência do Outro, já que essa exigência tem de passar pelo crivo dúplice do significante, assim também o protagonista grego movimenta-se temerosamente em uma esfera de presságios e sinais semilegíveis, tateando no escuro entre poderes ominosos, correndo perpetuamente o risco de tropeçar em alguma fronteira proibida, ultrapassando-se a si mesmo e chegando ao nada. E esse estado de emergência é rotina.

Nessa condição periclitante, não é possível haver nenhuma distinção segura entre agente e vítima, entre a minha ação e a sua, entre o humano e o divino, entre a intenção subjetiva e o efeito objetivo. Para que a tragédia seja possível, as esferas do humano e do divino precisam ser tanto diferenciáveis quanto inseparáveis,[14] presas a alguma lógica intrincada de conivência e oposição. Édipo, horrorizado pela profecia do oráculo, foge de Corinto e cai diretamente nos braços do destino; em seu caso, "Eu estava predestinado" e "Eu mesmo me condenei" vêm a ser praticamente a mesma coisa.[15] Não lhe ocorre, na peça, desculpar-se porque suas ações não foram intencionais, já que sua culpa não é subjetiva. Destino e liberdade não são separáveis; a *moira* de Édipo, ou a cota que lhe foi atribuída na vida, está entrelaçada com sua conduta de uma maneira muito bem captada pelo conceito freudiano de sobredeterminação – de forma que, embora seja inegavelmente ele quem age, há uma alteridade que age em seu interior. Na verdade, pode ser que a tragédia de Édipo seja prevista em vez de ser predeterminada – que suas ações sejam empreendidas livremente, mesmo que sejam previstas. Da mesma forma, para a fé cristã, Deus vê o que eu farei de livre e espontânea vontade no futuro, porque ele é onisciente, e não porque ele me força a fazê-lo. Nem pode Deus adivinhar o que inevitavelmente irá acontecer, já que em um universo não limitado não há tal coisa como o que irá inevitavelmente acontecer e, portanto, nada a ser prognosticado. Nem mesmo o Todo-Poderoso pode ver o que não existe. Deus, para São Tomás de Aquino, não é uma fatalidade exterior como um terremoto, mas o próprio fundamento da liberdade humana, de forma que é apenas por dependermos radicalmente dele que temos condições de ser nós mesmos. Ele é a alteridade instalada no centro do eu que nos permite ser a fonte de nossas próprias ações, em

---

14 Dews, op. cit., p.21.
15 Ver Jones, op. cit., p.209.

relação às quais não podemos, portanto, jamais afirmar algum direito de propriedade. Deus é a necessidade da liberdade humana.

Na visão de Oliver Taplin, as personagens da tragédia grega são, na maior parte do tempo, representadas não como marionetes, mas como agentes razoavelmente livres, que decidem o próprio destino. Algumas vezes, entretanto, elas são vistas em termos mais fatalistas e, às vezes, das duas maneiras em conjunto.[16] No "Prólogo" a *Hipólito*, de Eurípides, a liberdade humana é expressamente negada, mas não parece haver nada de predestinado acerca, digamos, do sofrimento de Filoctetes. Com bastante frequência, as tragédias gregas sugerem que suas narrativas não são nem um pouco predestinadas e nenhuma personagem de Ésquilo ajusta-se ao modelo-padrão de destino. Joseph Addison nos diz, em um ensaio no periódico *Spectator*, que a tragédia sujeita a mente à distribuição da Providência, mas nem sempre há uma Providência óbvia à qual nos submetermos. Etéocles, em *Sete contra Tebas*, vê-se condenado a lutar contra seu irmão, mas o coro o adverte contra tal fatalismo corrosivo. Os antigos gregos, um povo conhecido por sua proficiência filosófica, eram perspicazes o bastante para reconhecer que determinação e livre-iniciativa estão sutilmente entrelaçadas. Na densa inter-relação dos assuntos humanos, sobretudo num espaço tão exíguo como o da antiga cidade-Estado, não é, de forma alguma, fácil decidir se uma ação é minha ou não, ou desemaranhar os impenetravelmente complexos efeitos gerados por um único ato nosso na vida dos outros. É essa condição que poderíamos chamar de inconsciente social.

Nenhuma ação jamais será puramente nossa; portanto, faz sentido perguntarmos "Esta ação é minha? Estou fazendo alguma coisa aqui ou não?", como não faz sentido perguntarmos "De quem é esta dor?" (Para o pensamento psicanalítico, também faz sentido perguntar: "Quem é que está desejando aqui?"). Não há nenhuma trajetória estável entre intenção e efeito, o que significa que nossas ações são "textuais". A pergunta "Sou responsável por minhas ações?", então, não pode ser respondida nos termos em que é comumente proposta, uma vez que ela trai uma concepção muito tênue do que é agir; o que não significa que somos, assim, absolvidos de responsabilidade moral, como meros joguetes dos deuses, funções de códigos genéticos ou produtos de instituições sociais. Não temos culpa, por exemplo, dos drásticos efeitos e reordenações que nossa simples presença

---

16 Taplin, op. cit., p.6-7.

na ordem social inevitavelmente acarreta; mas, considerando que é provável que algumas das consequências sejam destrutivas, trata-se também de uma questão do que os antigos gregos viam como culpa objetiva, que os cristãos chamam de pecado original, e que os românticos conheciam como o crime inexprimível do existir. Nossas ações livres são inerentemente alienáveis, alojando-se de forma obstrutiva na vida dos outros e na nossa própria vida, fundindo-se com os cacos perdidos e os fragmentos das ações separadas praticadas pelos outros, para ricochetear em nossas próprias cabeças de forma estranha. De fato, elas não seriam absolutamente ações livres sem essa perpétua possibilidade de se perderem.

Essa condição é tão comum em Sófocles quanto em Ibsen ou Hardy. Nas mãos de Marx, ela se transforma na teoria do fetichismo da mercadoria. Para George Simmel, ela representa a tragédia fundamental da cultura moderna. Hegel via o destino não como estranho, mas como um ter consciência do próprio ser como algo hostil. O que o eu confronta não é uma lei externa, mas a lei que ele próprio estabeleceu no curso de sua conduta, e que agora paira sobre ele como uma maldição. As ações semeiam interminavelmente suas consequências nos locais mais imprevisíveis, formando na galáxia ondulações semelhantes a ondas de rádio; mas elas jamais podem ser trazidas de volta à origem, de forma que o momento da livre decisão, como o pulo na ficção de Conrad, é também uma espécie de destino irreversível. Podemos decidir pular, mas não podemos desfazer a decisão, uma vez que ela foi tomada. Tais momentos de crise em Conrad – o pulo fatal de Jim em *Lord Jim*, Winnie Verloc esfaqueando seu marido em *O agente secreto*, seja o que for para o qual Kurtz acorda nas florestas de *O coração das trevas* – não são representados nos próprios romances de modo significativo, relatados que são em segunda mão, recebem um olhar estrábico, enviesado, ou são examinados apenas em retrospectiva. Em um universo determinista, ações livres devem parecer desconcertantemente opacas, de forma que, embora possamos retratar o exato momento antes e o exato momento depois de alguma grande insurreição do sujeito humano, o próprio evento se esvai pela rede do que é passível de ser dito.

É assim que a liberdade vem a se inverter para se transformar em fatalidade, como projetos que pareciam à época transparentes e intencionais, fogem de nosso controle para formar um campo de forças anônimas no qual não mais conseguimos reconhecer nossa própria subjetividade confiscada. É essa condição ambígua, uma condição em que não somos nem totalmente responsáveis nem absolvidos de culpa, a que a teologia cristã dá o nome de pecado original – "original" não no sentido de remontar a um encontro nefasto com um réptil em um jardim, mas no sentido de *a priori*, dado desde o início, transcendental mais do que transcendente, inescapavelmente entrelaçado com as raízes de nossa socialidade. Poderíamos chamar isso de culpa objetiva, se não soasse stalinista demais, embora a expressão soe também um pouco sofocliana. Porém, é uma *felix culpa*, ou Queda feliz, que se eleva ao nível da história e da liberdade, em vez de descer ao nível da biologia e dos animais, uma vez que essa destrutividade embutida é um correlativo necessário de nossa liberdade e só pode ser erradicado juntamente com ela.

Talvez as coisas sejam trágicas não porque são governadas por uma Lei impiedosa, mas precisamente porque não o são. Depois de Darwin, ainda temos desenvolvimento, mas desenvolvimento sem um *télos*. É a morte de certa visão de totalidade intencional. O universo de Thomas Hardy é um universo perspectivista, não uma totalidade, o que significa que sua ficção apreende um objeto de uma forma que sugere um sujeito. De fato, essa é uma fonte de sua celebrada ironia, já que a ironia é um choque de perspectivas em que o mesmo objeto aparece em diferentes aspectos. Perspectiva é, por assim dizer, a forma fenomenológica da ironia, ironia dilatada como situação ou evento. Talvez o melro, na escuridão, empoleirado no galho lá no alto possa ver algo que nós, no chão, não podemos, em cujo caso devemos tomar cuidado quanto a absolutizar nossa própria rabugice *fin-de-siècle*. É absolutizando seu próprio ponto de vista que as personagens de Hardy frequentemente fracassam. Essa percepção perspectivista contém uma amargura, um realismo e uma humildade tipicamente hardianos em relação a isso, um reconhecimento punitivo de que é provável que coisas estejam acontecendo no cenário que podem acabar invalidando nossa posição vantajosa. Como comenta uma personagem em *A morte de Danton*, de Büchner: "Existe um ouvido para o qual a cacofonia ruidosa que nos ensurdece é apenas uma corrente de harmonias" (Ato IV, cena 5). O perspectivismo pode nos impedir a verdade absoluta, mas também mantém aberta a possibilidade de uma maneira de ver menos desalentadora do que a nossa própria e, assim, ameniza a visão trágica. Podemos não ver a vida de forma constante ou não vê-la por inteiro, mas é sempre possível supor que tal inteiro *exista*, já que nossa própria experiência é tão manifestamente parcial. As fragmentações da modernidade podem, então, de forma otimista, voltar-se contra elas próprias.

Se Hardy é ateu, é porque ele vê a inexistência de qualquer ponto de fuga para o qual todas essas perspectivas convirjam. Deus seria o nome do ponto Ômega, no qual essas formas conflitantes de viver e de ver poderiam juntar-se em uma visão totalizada; mas, para Hardy, tal metalinguagem é descartada pela natureza de um universo evolutivo; não porque a evolução ateste a origem da espécie humana – que não é, de forma alguma, recente nem edificante –, mas porque significa um mundo de formas de vida discordantes, tendenciosas e descentradas. É a própria realidade, e não apenas a arte que a retrata, que é provisória, seletiva, não acabada, de forma que a única arte verdadeiramente realista é uma arte destotalizada, uma "série de parecenças", para usar a expressão do próprio Hardy. Em um revés do liberalismo clássico, a verdade e o partidarismo não estão mais em situação de franca hostilidade. De alguma forma, o preconceito está embutido no mundo. A teologia é, portanto, um assunto sem um objeto. É nesse sentido, e não apenas quanto à questão dos macacos, que Darwin pôs fim à divindade.

Então, totalidade agora é um fracasso tanto científico como filosófico. Mesmo que Deus existisse, ele seria irrelevante, já que a estrutura do mundo é tal que não podemos viver nossa vida a esse ponto transcendente. Nele simplesmente poderia não haver vida humana, como não poderia haver em Plutão. Hardy não teria tido nenhum problema com a afirmação aparentemente estranha de Derrida de que "não há nada fora do texto". Isso quer dizer que não há nada que não esteja entrelaçado com outras porções do mundo, nenhuma identidade que se mantenha orgulhosa de seu contexto histórico. Deus, como o pequeno Father Time de *Judas, o obscuro*, ou, na verdade, como um romancista naturalista, poderia ter a enervante capacidade de ver nossas vidas em todos os aspectos; mas isso, como ocorre com Father Time, está aliado à sua impotência. E, se Deus é uma impossibilidade lógica ou um senhorio ausente deste mundo fragmentado e partidário, conclui-se que uma Vontade Imanente ou um Presidente dos Imortais deve ser exatamente a mesma coisa, o que pelo menos exclui aqueles tipos de fatalismo trágico juntamente com um otimismo deísta. Que não existe totalidade é, para Hardy, um fato mais do que um valor. Um mundo não totalizado não é necessariamente mais sombrio ou malevolente do que um mundo feito de queijo fresco – a menos que por sombrio e malevolente queiramos dizer, como as personagens de Hardy algumas vezes pretendem, que o mundo não subscreve nenhuma perspectiva humana em particular.

Isso pode ser considerado trágico, mas poderia também facilmente ser visto como liberalizante. Se a realidade não fala automaticamente a linguagem da revolta, ela também não é fluente na linguagem da reação. Contudo, ela de fato fala a linguagem da liberdade, mesmo que no sentido negativo de que, por não ter nenhuma opinião própria, lança-nos de volta às nossas próprias decisões. O universo não fala mais uma linguagem específica, o que, então, nos deixa livres para inventar nossa própria linguagem; porém, o preço que pagamos por isso é a renúncia aos confortos do naturalismo. A Natureza não mais ancora o valor humano, de forma que a liberdade da humanidade é também sua solidão trágica. O cisma que se abre entre Natureza e cultura é, ao mesmo tempo, a fonte de nossa dignidade e a verdade de nossa alienação. Em certo sentido, estamos ainda ancorados na Natureza – mas somente no sentido irônico de que a natureza contingente da consciência é agora um fato material, sua superfluidade confirmada como estrutural. Nosso divórcio da Natureza é natural, e não apenas um sentimento ou um estado mental desconfortável. Para T. H. Huxley, mais do que para o naturalista Herbert Spencer, precisamos construir nossas culturas em oposição à Natureza – uma proposta tão corajosa quanto deprimente. Se as teleologias se desmembraram, então o mundo perdeu o rumo; mas isso também significa o colapso de teleologias perversas como a de Schopenhauer, livrando-nos de ser instrumentos maleáveis da Providência para alcançar uma autonomia perigosa, porém prazerosa.

A evolução, portanto, é um antídoto para o absolutismo trágico e o materialismo, um contragolpe ao metafísico. Sempre existe outra maneira de ver de onde ela veio, para ironizar nosso próprio ponto de vista; e esse é um pluralismo assentado em uma luta material, muito mais no confronto de formas de vida do que em algum alegre equilíbrio arnoldiano. Não obstante, se esse perspectivismo está, em certo sentido, em desacordo com a tragédia, ele é, em outro sentido, a estrutura interna dele. Os romances de Hardy mostram-nos constantemente como aquilo que parece vital de um ponto de vista, figura como marginal de outro, de forma que a colisão trágica se constrói em meio a um confronto de interpretações. É provável que um mundo hermenêutico seja um mundo violento. Além disso, se as formas de vida estão ligadas umas às outras intrincadamente, mas não *organicamente*, jamais poderemos calcular os resultados exatos, da mesma forma que não poderemos fazê-lo na feira. As ações adotadas em um ponto dessa grande teia ressoam por todo o emaranhado novelo, gerando efeitos nocivos onde menos esperamos que ocorram.

Assim, tragédia e ironia estão interligadas. Para Hardy, a tragédia origina-se da maneira como as coisas se entrelaçam aleatoriamente, e não de sua natureza predestinada. O fato de que tudo está sutilmente ligado a tudo não é, absolutamente, uma maneira sempre cômica de ver, não importa o que Hegel ou Joyce possam ter considerado; é, por exemplo, uma propriedade da paranoia que Freud acreditava ser o que mais se aproximava da filosofia. O desfecho de *Middlemarch: um estudo da vida provinciana*, sem dúvida, tenta, com certo *páthos*, dar a essa textualidade um viés cômico: se nada existe de forma isolada, então os atos obscuros de bondade que uma muito castigada Dorothea Brooke irá realizar no futuro propagarão seus efeitos benignos pelas teias da sociedade como um todo. Agir em qualquer lugar é agir em todo lugar. Esse é um dos mais sutis argumentos do reformismo.

Há outros sentidos em que liberdade e fatalidade estão entrelaçadas. "Autodeterminação" é o jargão moderno para liberdade; na visão de Spinoza, um animal livre não é indeterminado, mas autodeterminante. Um ser livre é autônomo em vez de irreprimido, no sentido de que a lei de acordo com a qual ele vive é a sua própria lei. E liberdade não é antítese de lei, mas uma autoconcessão dela. E, já que a lei de um ser é absoluta, a liberdade está sedimentada em uma espécie de necessidade. Entretanto, o termo "autodeterminação" também sugere o estabelecimento de limites em nossa liberdade no ato de seu exercício, diminuindo o eu no processo adotado para realizá-lo. O animal autodeterminante é também um animal autofrustrante, que precisa tornar-se escravo da finitude só para satisfazer sua liberdade ilimitada. Praticar a liberdade é, portanto, traí-la. O sujeito é senhor de si mesmo e, portanto, seu próprio vassalo obediente. Ao abrir horizontes, inelutavelmente impomo-nos fronteiras; ao escolher uma rota de conduta, deixamos outras irrealizadas para sempre, permitindo que essas ausências moldem o futuro. O futuro consiste tanto naquilo que não fizemos, quanto naquilo que fizemos. Agir de determinada maneira é ficarmos com apenas um escasso conjunto de outras opções, de forma que podemos rapidamente nos ver em uma enrascada. Muitas personagens trágicas acabam fazendo isso. O Anjo Bom de *Doutor Fausto*, de Marlowe, deixa claro a Fausto que sua ruína não é inevitável, que ele ainda pode se arrepender, mas Fausto tem um coração tão petrificado – ou talvez tenha sido petrificado por um Deus calvinista – que essa possibilidade ficou fora de seu alcance. Ou pensemos em Wallenstein, de Schiller, que age tarde demais e se vê manipulado por forças que estão além de seu controle. Nesse sentido, não precisamos dos deuses para nos privar de escolhas, nos coagir para que caiamos em dilemas trágicos ou nos compelir a becos sem saída, já que somos perfeitamente capazes de fazer tudo isso por nós mesmos.

Essa geminação de liberdade e fatalidade pode também assumir uma forma política. Mais ou menos da mesma forma que Descartes abandona provisoriamente o que sabe para reavê-lo em uma base mais segura, assim também o indivíduo burguês deve ceder de livre e espontânea vontade sua identidade privada ao Estado, para recebê-la de volta, incomparavelmente mais rica, na forma de cidadania pública. O que reavemos nessa poderosa troca de identidades não é apenas nosso eu transfigurado, agora em sua forma genuinamente comunal, mas também, junto com ele, todas essas outras identidades coletivas, as quais são igualmente enriquecidas por nossa própria generosidade. Considerando que a autossujeição deve ser geral, o resultado é uma liberdade total. Uma submissão mútua anula todo o percurso. Como um democrata ou um republicano, eu me submeto à própria lei que, ao mesmo tempo, imponho a você e encontro a minha autonomia nessa necessidade, exatamente da mesma forma que você encontra a sua. Liberdade é obediência à soberania autoimposta.

Essa é, *grosso modo*, a doutrina de Jean-Jacques Rousseau em *O contrato social*. Porém, se o indivíduo privado *precisa* dar um passo para que a sociedade republicana sobreviva, não seria a sua própria decisão pela liberdade uma forma de coerção? Parece que somos livremente forçados a nos submeter à coerção de uma lei que nos tornará livres. Resolver esse enigma é, sem dúvida, um objetivo da noção de Rousseau a respeito da Vontade Geral, essa predisposição intrínseca de alcançar um consenso dos verdadeiros interesses que todos os indivíduos compartilham e que é a condição universal, quase transcendental, de qualquer pacto social específico. A Vontade Geral não pode estar errada, já que não pode ser errado querer o bem e desejar uma existência social pacífica; mas as pessoas podem, com certeza, equivocar-se sobre o que consideram tais coisas na prática, principalmente o próprio Rousseau – chauvinista, dogmático e com certa inclinação pela oligarquia. A noção de Vontade Geral, portanto, coloca um ponto final na regressão da liberdade e da coerção, já que ela não é, em si mesma, nenhuma das duas. Não faz sentido falar de desejar a Vontade Geral, pois não desejamos as condições racionais que contribuem para a sociabilidade; mas, da mesma forma, elas também não nos são impostas.

Ser livre, então, significa querer as condições necessárias da liberdade. E, se é liberdade o que desejamos, não temos escolha quanto a isso. Portanto, liberdade e necessidade caminham juntas; mas também é possível combinar ambas por meio de uma espécie de *amor fati*, abraçando nossos grilhões e fazendo de nosso destino nossa escolha. Isso é tratar a liberdade como a consciência da necessidade, aceitando o inevitável na forma de livre decisão. Para a herança filosófica alemã, como veremos logo adiante, essa é uma maneira em que a ideia da tragédia pode resolver os problemas da modernidade pós-kantiana, unindo liberdade e determinismo, o numênico e o fenomenal, em um ato único. Estar "pleno para a morte", nas palavras do duque de *Medida por medida*, é abraçar a própria finitude; e é nessa antecipação ativa de um final – que para Heidegger só é possível para o *Dasein* ou aquele modo de ser especial do humano – que se encontra uma existência autêntica. Para Heidegger, é nesse momento de verdade que o *Dasein* é livre.[17]

Todavia, para *Ser e Tempo*, nosso ser-para-a-morte é um fato, bem como um valor, pois é a falta de totalidade do *Dasein*, o fato de que ele é sempre arremessado adiante dele próprio, o que gera o movimento pelo qual ele antecipa a cada momento essa autocompletude esquiva que somente a morte pode dar a conhecer. E, já que esse é o movimento que conhecemos como temporalidade, é a morte que traz o *Dasein* à existência como um ser temporal, tal qual um ser finito consciente de sua ausência.[18] A morte é prenunciada na incompletude de cada um dos instantes do *Dasein*, o que, sem dúvida, é um dos vários significados de "morremos a cada instante", de São Paulo. E, embora essa doutrina heideggeriana encontrasse algumas ressonâncias sinistras no culto da morte do fascismo, sua fidelidade à ausência e à finitude, juntamente com seu senso de morte como força desagregadora, pôde também, no conjunto, estimular uma política mais radical.

As permutações entre liberdade e necessidade variam de pensador para pensador. Para Thomas Hobbes, ser livre significa estar livre de forças externas; mas isso é bastante compatível com o determinismo, já que, para Hobbes, o oposto de determinismo não é liberdade, mas contingência. Ou há o caso de Maquiavel, que comenta que "homens prudentes sempre sabem tirar proveito de todas as suas ações, mesmo aquelas que por necessidade são, de qualquer forma, forçados a praticar".[19] Ele próprio não vê a Fortuna como uma necessidade desesperadora: um homem de gosto artístico ou espírito cívico excepcional sempre consegue dominá-la, como no notório capítulo 25 de *O príncipe*, no qual ele fala da Fortuna como uma mulher que precisa ser tomada à força. A mesma coisa pode acontecer na arte trágica:

---

17 Ver Heidegger, *Being and Time*, p.289.
18 Para uma excelente análise sobre esse assunto, ver Osborne, *The Politics of Time*, capítulo 3. Com razão, Osborne afirma que Heidegger dissocia o ser-para-a-morte e o ser-com-outro, e indica como esses dois registros ontológicos podem juntar-se. Mas, ao explorar a relação psicanalítica existente entre esses dois registros, ele desconsidera a conexão ética entre eles, que é evidente na concepção de Pauline sobre a abnegação como uma morte proléptica.
19 Maquiavel, *The Discourses*, p.234.

Segismundo, de *A vida é sonho*, obra de Calderón de la Barca, finalmente domina seu destino, ao passo que Don Lope, de *Three Judgments in One*, do mesmo autor, não o consegue. Ou há também Frederick Engels, para quem a liberdade é a consciência da necessidade – uma noção famosa – no sentido de que somente ao apreendermos as leis da Natureza e da sociedade é que podemos moldá-las ao ambiente de nossa autorrealização.

Ademais, há os existencialistas, que tratam a fórmula de Engels de maneira completamente inversa, como no argumento sartriano de W. H. Auden de que "Vivemos em liberdade por necessidade". Liberdade agora é uma condição à qual estamos condenados, uma força que faz o que bem entende com toda a intratabilidade do destino. O destino não é apenas o que frustra nossa liberdade, mas também o que nos ata a ela. Podemos acreditar, como o Sartre de *As moscas*, que homens e mulheres são livres, mas não sabem disso e fogem dessa terrível responsabilidade para o enganoso consolo da Lei; ou podemos manter, como Rousseau, a visão de que, se seres humanos recusam covardemente sua liberdade, então ela deve ser-lhes imposta. Para o Sartre de *O Ser e o Nada*, o passado é imutável, mas ele não determina o presente. Pelo contrário, é o presente que determina o passado, tanto no sentido de que eu assumo a responsabilidade por aquilo que já fiz, quanto no sentido de que sempre posso definir meu passado de forma a contribuir para minha liberdade no presente. Se quisermos ter um tipo especial de passado, teremos de agir de uma forma especial.

Para o Walter Benjamin de a *Origem do drama trágico alemão*, liberdade e fraternidade são semelhantes no sentido de que ambas dão as costas à esfera mecanicista da causalidade. Para Friedrich Nietzsche, as duas esferas convergem para a arte, na qual a disputa entre liberdade e compulsão torna-se indecidível. Podemos dizer que um poeta ou pintor cria livremente, mas essa liberdade parece, de súbito, ganhar vida com toda a força irresistível de um tsunami. Quase a mesma coisa poderia ser dita da ação "autêntica" dos existencialistas. O que define nossa liberdade, no fim das contas, é aquilo que achamos que não podemos enfrentar. E, no que se refere a isso, não temos tanta escolha assim. Ironicamente, é aquilo que não podemos deixar de fazer que é a chave de nossa liberdade. Esse tipo de compulsão, um equivalente contemporâneo do grego antigo *daimon*, pode ser encontrado na noção kantiana de liberdade como fidelidade a uma lei que nos afeta com autoridade inelutável. Para Kant, nossa crença na liberdade é, por si mesma, necessária; na verdade, ela é tanto uma necessidade da razão quanto é nossa crença na lei da contradição. A lei moral kantiana é uma versão de destino dos antigos gregos para a era moderna e, da mesma forma, singularmente ininteligível. Existem necessidades morais e materiais. Entre essas parecem estar os impulsos de liberdade e de justiça, que não nos deixam em paz enquanto não se realizam. É por essa razão que temos motivos para esperança política, e não por causa de alguma fantasia pós-modernista da morte da necessidade e da eterna maleabilidade do mundo, uma visão que, sem dúvida, deriva tanto de cirurgias cosméticas e contratos de emprego a curto prazo quanto de Jean-François Lyotard.

Há outro sentido em que liberdade e determinação estão interligados. Se podemos agir sobre o mundo, então ele deve estar determinado, já moldado de forma a permitir nossas ações; mas, se queremos que essas ações sejam verdadeiras, o mundo deve também ser ilimitado, e de forma alguma completamente formado ou ontologicamente completo. Podemos expressar essa dualidade em termos temporais, como faz Kant: o passado é uma questão de determinismo causal, enquanto o futuro é uma questão de fins e, portanto, de liberdade.[20] O que é fato de uma perspectiva é valor de outra. Há um vácuo na realidade que nossa livre-iniciativa precisa preencher. Para Sartre e Lacan, nossa subjetividade é, ela própria, uma espécie de vazio ou *néant*, o processo absoluto de negação, pelo qual uma situação se transcende a si mesma em outra, de forma a constituir o que chamamos história. A raiz do ser é a falta do ser. E, embora essa história dê a sensação de ser aberta e imprevisível enquanto a estamos moldando, ela pode se apresentar em retrospectiva, com toda a necessidade de uma lei natural. Como afirma Fredric Jameson, a historiografia nos mostra "por que o que aconteceu (a princípio recebido como fato "empírico") tinha de acontecer da forma que aconteceu".[21] Liberdade, uma vez narrativizada, indica necessidade. Um exemplo disso é *Os anos de aprendizado de Wilhelm Meister*, no qual, como Jameson aponta, o que parece fortuito à época pode ser retrospectivamente interpretado como as tramas da fraternidade secreta do romance, e, portanto, como providenciais;[22] e isso, apesar do fato de que o próprio Goethe fazia a distinção entre acaso e destino, atribuindo o primeiro ao romance e o último à tragédia. A narrativa histórica, da mesma forma, pode parecer uma narrativa de liberdade ou de necessidade, dependendo de como a vemos, ou seja: se a estamos vivenciando em relação ao futuro ou lendo-a em relação ao passado.

---

20 Ver Cassirer, *Kant's Life and Thought*, p.246-7.
21 Jameson, *The Political Unconscious*, p.101.
22 Id., *Marxism and Form*, p.177.

Aristóteles parece contrastar não liberdade e necessidade, mas necessidades internas e externas. Há um quê de determinismo psicológico em seu pensamento. Na verdade, se a *hamartia* – ou defeito moral supostamente causa a tragédia – está embutida em nosso caráter e é menos pecado do que erro inocente, como podemos nos responsabilizar por ela? A necessidade nem sempre está fora de nós: cada um de nós tem seu *daimon* ou tendência de caráter, o que, tanto para Goethe como para Lessing, tinha toda a força do destino. Uma ação "autêntica" é uma ação que surge do âmago do eu; e, por conseguinte, poderíamos muito bem chamá-la tanto de irresistível quanto de livre. Para Goethe, pode haver uma colisão trágica entre nossa liberdade puramente empírica e a inexorável dinâmica de nosso caráter interior. Tal destino é o tema central de *Afinidades eletivas*. As tragédias de García Lorca compartilham muito a mesma visão: "É preciso seguir o caminho do seu sangue", como aconselha o lenhador de *Bodas de sangue* à irrequieta jovem noiva que, no dia de seu casamento, foge com uma antiga paixão. Para D. H. Lawrence, nada é mais coercivo do que aquilo que ele chama de vida espontâneo-criativa.

Em seu *Filosofia da arte*, Schelling presume que a tragédia deve se envolver com o destino e pergunta se pode haver uma versão moderna dela. Ele responde que Shakespeare substitui o destino pelo caráter, agora apresentado como necessidade insuperável. Para os antigos gregos, argumenta ele, os deuses frequentemente infligiam erro à humanidade e seu tipo de destino é, portanto, defectivo; mas esse não pode ser o caso do Deus perfeito do cristianismo. Portanto, o destino como causa da ruína trágica precisa deslocar-se, em vez disso, para o caráter, que não mais pode ser considerado livre. É o destino do nosso eu que é o mais difícil de eludir. É uma doutrina que deixa certo Romantismo com um problema: se caráter é destino no sentido de que não podemos ser falsos para nós mesmos, que valor há em ser verdadeiro?

É, portanto, ingênuo lançar a liberdade contra o destino como um interior contra um exterior; ou, na verdade, como um sujeito autônomo contra um objeto recalcitrante. Nesse sentido, poderíamos contrastar o drama de Shelley, *Prometeu liberto* – polarizado entre um Deus opressor e um rebelde glorificado –, com o drama de Ésquilo, um pouco mais matizado em relação ao tema. Na era moderna, o pacto que a tragédia grega faz entre destino e liberdade começa a se romper quando um sujeito autodeterminante prepara-se para enfrentar uma compulsão externa. Como a liberdade se torna menos a descrição de uma situação do que uma faculdade interior, nasce a ideia de livre-arbítrio e, com ela, vários enigmas cartesianos. Uma ação livre seria o resultado de um ato de vontade? Quando ajo livremente, tenho consciência de um ato de volição? Ou isso significa apenas que ninguém está apontando um revólver para minha cabeça? Se existe algo chamado ato de vontade, ele ocorreria um décimo de segundo antes da própria ação, ou ele a acompanharia todo o tempo, desaparecendo aos poucos, como uma pontada de dor ou um delicioso sabor? Segundo essa visão, somos livres por dentro, mas por fora empiricamente acorrentados; e como podemos habitar ambas essas esferas ao mesmo tempo é uma questão que Kant acha – o que é notório – difícil de responder.

Pode-se argumentar que é a tragédia, em vez de Kant, que fornece a solução. É uma solução que Hegel acredita estar fisicamente personificada no teatro grego, pois a livre atividade do Espírito, distanciada por máscaras, pelo ritual, pela dança e pelo coro, toma a forma da imagem anônima do destino. O destino é apenas a vestimenta exterior da liberdade, os traços inexpressivos que ele apresenta ao mundo. Se a tragédia concilia liberdade e necessidade, então ela preenche o vazio entre a razão pura e a razão prática que a própria filosofia crítica jamais poderia transpor.[23] Simon Critchley argumenta que essa é, na verdade, a razão para uma "maciça privilegiação do trágico" na era pós-kantiana, tema "de uma persistência quase misteriosa na tradição intelectual alemã".[24] Agora, a função do estético, de maneira geral, é conciliar o abismo entre Natureza e liberdade, fato e valor, epistemologia e ética; mas, para Hegel, Schelling, Schlegel, Hölderlin, Hebbel, Schopenhauer, Heidegger e sua progênie, a tragédia vai um passo além e, de fato, tematiza a disputa entre liberdade e destino. É por isso que, para a maioria desses pensadores, ela é a forma estética mais preciosa de todas. A tragédia é uma solução imaginária de uma contradição real que atormenta a modernidade e, assim sendo, é o verdadeiro protótipo de ideologia. Oscar Mandel afirma que "a ideia do trágico sobreviveu à perda dos deuses e à perda do herói trágico",[25] mas se o fez foi principalmente porque ela continuou a desempenhar um papel central nos conflitos internos da cultura burguesa.

Se é assim, podemos avaliar por que a filosofia da tragédia mostra, na maior parte, uma indiferença tão leviana ao sofrimento humano. O que está em jogo aqui é menos uma experiência do que um problema teórico. Essa teorização ignora a advertência de Adorno de que "se o pensamento

---

23 Ver Beistegui; Sparks (Eds.), op. cit., p.1.
24 Critchley, op. cit., p.219.
25 Mandel, op. cit., p.61.

não é medido pelo extremo que elude o conceito, ele faz parte, desde o início, da natureza do acompanhamento musical com o qual a SS gostava de abafar os gritos de suas vítimas".[26] E, como os problemas teóricos em questão não são mais tão momentosos, pelo menos da maneira que eram estruturados classicamente, a tragédia não é mais aquela forma cultivada tão afetuosamente como já foi. Ela não morreu; apenas deixou de ser tão ideologicamente crucial. Para os pós-kantianos, entretanto, a tragédia tem uma importância quase divina. Com efeito, ela é uma versão secular de Deus, pois ninguém une as duas esferas em questão com mais habilidade do que um ser cuja liberdade é uma necessidade de sua natureza – o único ser, além do mais, cuja existência é, na verdade, necessária, diferentemente de lontras, de presidentes de grandes empresas e de pedaços de calcário. A filosofia de Schelling culmina no que ele chama de Indiferença, um estado em que liberdade e necessidade se fundem em um todo irresolúvel; e essa – outra versão profana do Todo-Poderoso – é também a essência da tragédia. A tragédia realiza essa combinação de várias maneiras. Ela pode acabar incorporando a livre ação do herói em sua própria – e majestosa – ideologia; ou ela pode demonstrar que a liberdade sempre foi considerada na equação, e, portanto, é, ela própria, uma espécie de necessidade; ou ela pode mostrar, inversamente, como a própria necessidade não é cega, porém – mais ou menos como o sublime kantiano – tem a enigmática intencionalidade de um sujeito; ou, como já vimos, ela pode mostrar o herói submetendo-se livremente à sua sorte, escolhendo o inevitável e, assim, resgatando-o para a liberdade humana.

Na tragédia, como no relato de Schelling sobre a natureza humana, as condições estão maduras para que "a necessidade seja vitoriosa sem que a liberdade sucumba e, inversamente, para que a liberdade triunfe sem que a necessidade interrompa seu curso".[27] O herói trágico, afirma Schelling, pode erguer-se acima da necessidade valendo-se de sua inclinação em relação a ela, e assim ser vencido e vencedor ao mesmo tempo. Em suas *Cartas sobre o dogmatismo e criticismo*, Schelling argumenta, com um tempero levemente perverso, que o testemunho supremo da liberdade humana – a tragédia grega demonstra-o – é aceitar voluntariamente nossa punição por um crime inevitável. Ao permitir que o herói lute contra o destino e, portanto, comporte-se como se fosse livre, a tragédia grega rende homenagem a essa liberdade que ele tem. A Providência molda nossas metas,

---

26 Adorno, *Negative Dialectics*, p.365.
27 Schelling, op. cit., p.249.

mas ao fazê-lo cria dentro de nós a ilusão consoladora de que somos nós mesmos que o fazemos. Em *Moby Dick*, de Melville, Ishmael reflete que, embora não possa dizer por que as Parcas estabeleceram que ele faria uma viagem com o objetivo de pescar baleias, uma viagem que resulta em um trágico desastre, ele consegue enxergar um pouco "dentro das origens e motivações que, sendo apresentadas a mim de forma tão astuta, sob vários disfarces [...] me deram a ilusão de que foi uma escolha imparcial, resultante de minha própria vontade e juízo crítico" (cap.7).

De forma semelhante à do existencialista sartriano, o protagonista grego, na visão de Schelling, escolhe ser responsável por tudo o que faz, consciente ou inconscientemente; mas, como ele só pode fazer isso aceitando a morte, ele perde sua liberdade no momento em que a conquista. Um exemplo em texto seria o *Prince Friedrich von Homberg*, de Heinrich von Kleist, em que Homberg é condenado à morte pelo Estado prussiano e, em seguida, perdoado, mas ele se decide a ser executado de qualquer forma, para glorificar a lei, exercitar sua suprema liberdade e aceitar a responsabilidade por seus atos. Em uma ironia final, de qualquer forma, o cavalheirismo dessa resolução salva-o. O herói da história de Kleist, *A vingança de Michael Kohlhaas*, também se submete à própria execução, considerando-a merecida. Ao sacrificar sua própria finitude, o herói identifica-se com o destino e, ao fazê-lo, transcende-o. O poder de abandonar uma existência humana deve ser um poder que se origina além dela; de forma que, ao nos sacrificarmos ao destino, tornamo-nos iguais a ele. A tragédia, portanto, representa tanto vitória quanto derrota para a liberdade, mas também para a necessidade; cada uma delas é, ao mesmo tempo, conquistador e conquistado. Na literatura inglesa, pensamos no final de *O moinho do Rio Floss*, de George Eliot, ou em *Samson Agonistes*, de Milton, em que Sansão só consegue triunfar sobre seus inimigos filisteus provocando sua própria ruína. Em termos psicanalíticos, o herói edipianamente insubordinado derrota o Nome do Pai, mas expia sua culpa por essa transgressão quando é, por sua vez, massacrado.

A própria morte desmantela a oposição entre destino e liberdade, porque, em certo sentido, ela é preordenada e, em outro, acidental. Não podemos evitar morrer de alguma maneira, mas de que maneira é antes uma questão contingente do que de roteiro prévio. A classificação de morte acidental pelo médico legista aplica-se, em certo sentido, a cada morte que existe, se por acidente queremos dizer menos acaso ou infortúnio do que não necessidade. Nem sempre se morre de câncer do intestino ou se cai, bêbado, dentro do Vesúvio, ao passo que seria absolutamente impossível não morrer. A morte é, portanto, em certo sentido, sempre acidental e, em outro, sempre predeterminada. Ela também desfaz a oposição entre o imanente e o causado externamente, já que, mesmo que um caminhão nos atropele, nossa morte continua uma questão interna, um fechamento de nosso sistema biológico, da mesma forma que se morrêssemos de velhice. Nesse sentido, toda morte é natural, até mesmo a morte na forca ou nas trincheiras. A morte é um elo entre o estranho e o íntimo, entre poderosas forças determinantes e os recessos secretos da subjetividade. Como o desejo com o qual ela está tão intimamente associada, ela é, ao mesmo tempo, inalienavelmente minha e absolutamente impessoal, valor existencial e fato rotineiro, aquilo que surge das profundezas do meu ser e, ainda assim, pretende aniquilá-lo.

Em tempos hegelianos de esperança política, a tragédia é uma demonstração negativa da supremacia da Razão e da liberdade. Ao encenar uma momentânea ruptura da Providência, a tragédia serve para mostrar quão triunfalmente invencível ela é. Conduzida para o subterrâneo pelo humanitarismo esclarecido do início do século XVIII, a tragédia ressurge no coração da Europa nas décadas finais do século, como uma imagem negativa de utopia, com as características de uma liberdade insondável, para além de toda lei, e, portanto – mais uma vez –, como uma teologia secularizada. O protagonista trágico fracassa diante de um destino indomável, da mesma forma que a imaginação se encolhe e recua quando confrontada com a terrível majestade do sublime. Entretanto, ambos os fracassos nos concedem a possibilidade de vislumbrar uma ordem superior de liberdade e justiça, que pode ser iluminada somente com as chamas que consomem o protagonista. Tanto na tragédia como no sublime, o infinito torna-se negativamente presente ao expor os limites da finitude. Com o inevitável colapso de qualquer coisa que ataque sua autoridade, uma Razão derradeira e não computável é trazida indistintamente ao foco.

Nesse sentido, a tragédia põe fim à rebelião e restabelece a Lei. Não obstante, ao fazê-lo, ela revela que o amor à liberdade que leva o herói à morte é também seu próprio amor. O destino é simplesmente a máscara usada pela liberdade, a compulsão da maneira como a Razão se faz sentir no mundo fenomênico. Assim, não pode haver antagonismo final entre autoridade e revolta. Liberdade – o herói insurgente reconhece – é a matéria da própria soberania contra a qual ele opõe suas forças. E a tragédia é o nome que damos ao momento de verdade em que ele faz esse reconhecimento. No ato de ser derrotado, o herói trágico é forçado a confrontar sua própria força, que é insignificante, com o poder da Providência, e ao fazê-lo descobre aquela mesma infinitude de poder dentro de si próprio. Da mesma forma que o sublime põe em pleno relevo os limites de nossa compreensão, enquanto nos concede, durante o processo, um sentido indireto de infinitude, assim também a tragédia expõe de forma humilhante os limites de nossos poderes; mas, ao objetificar nossa finitude dessa maneira, torna-nos conscientes de uma liberdade insondável dentro de nós mesmos. Ao nos tornarmos recém-conscientes dos limites de nosso ser, sentimos uma eternidade de poder além deles. O assombroso segredo do qual a tragédia nos deixa a par é que essa Lei de quinta-coluna estava dentro de nós o tempo todo, agindo secretamente em nosso próprio impulso para derrubá-la. A lei e o desejo – se pelo menos soubéssemos disso – conspiravam às nossas costas desde o início.

Portanto, derrota é também vitória, já que o poder que nos aniquila revela-se como sendo nosso próprio espírito livre em forma objetificada. E a necessidade é tanto derrotada quanto triunfante, desmascarada como liberdade sob uma aparência equivocada. O herói submete-se à morte, o que pode parecer uma vitória do destino; mas, já que faz isso livremente, sabendo que a morte é seu próprio portão para a infinitude, ele transcende o destino nesse mesmo ato. A liberdade com a qual ele abraça sua finitude implicitamente a refuta. A moral conservadora da tragédia é que não há necessidade de nos revoltarmos, pois a Lei é a lei da liberdade. A mensagem radical é que precisamos nos revoltar para descobrirmos isso – que somente o sacrifício do finito pode manifestar a verdade de que a liberdade infinita é o segredo do mundo. Falando politicamente, portanto, essa versão de tragédia é uma forma apropriada para aqueles que ainda afirmam a liberdade, mas são claramente avessos à revolução verdadeira. Depois da Revolução Francesa, a oferta de tais ideólogos era muito escassa.

Para Schlegel, tanto quanto para Schelling, a tragédia lida com uma batalha sublime entre liberdade e necessidade.[28] Friedrich Hebbel fala da luta entre o indíviduo e a Ideia, no seio da qual sua afirmação toma forma. A afirmação não é apenas uma questão individual, a ser comparada com a esfera pública; é, ela própria, uma questão de necessidade, instigada pelo processo histórico-global. Mesmo assim, ela se revela fatal ao protagonista que a faz. D. D. Raphael, juntamente com um grande número de críticos do século XX, vê na arte trágica uma colisão entre as forças da necessidade e uma resistência autoconsciente ao poder que elas representam.[29] Para

---

28 Ver Ewton Jr., *The Literary Theories of Schlegel*, p.91-2.
29 Raphael, op. cit., p.25.

Paul Ricoeur, a narrativa trágica é também uma narrativa do destino – mas um destino posto em suspense pela livre resistência do herói, que, assim, faz a sorte hesitar e parecer contingência. É como se a liberdade do herói introduzisse um germe vital no coração do destino, e é dessa semente que a ação trágica floresce.[30]

Entretanto, essa visão antitética tem seus problemas. Por essa linha de raciocínio, supõe-se que a tragédia seja imanente, surgindo das próprias ações do protagonista. E essa imanência está intimamente associada à ideia de destino. Ao banir causas extrínsecas, a tragédia torna-se um mundo fechado, com toda a tesa coerência do destino. Ela funciona de acordo com sua própria lógica interna, da mesma forma que faz seu herói autodeterminante, que, mantendo-se rigidamente fiel ao seu próprio ser, vem a assemelhar-se a uma produção artística. Assim como uma obra de arte, o herói desvela fielmente as implicações de sua situação sem se perder no supérfluo ou no acidental. No entanto, há um preço moral a ser pago por essa pureza estética. Se o protagonista é, de fato, tão autossuficiente, ele arrisca-se a se tornar responsável por sua própria ruína e, portanto, afugentar nossa piedade. Para evocar compaixão, suas ações precisam gerar efeitos ou surgir de causas das quais ele não é inteiramente culpado. Como Paul Ricoeur comenta, os gregos em *Os persas*, de Ésquilo, sentem compaixão por seus inimigos persas em parte porque percebem que são os deuses que os massacraram.[31] O Monte Olimpo, portanto, isenta a humanidade da obrigação moral; mas, se isso, por sua vez, é muito enfatizado, o que acontece com os poderes inerentes ao herói, a própria essência de sua liberdade? Como podem suas ações ter permissão para escapar de seu controle se sua autonomia deve ser completa?

Na prática, sem dúvida, ações trágicas nunca são tão autossuficientes assim. Seus agentes são humilhados não apenas por sua própria maquinação, mas também por forças externas – digamos, puro acidente ou malevolência do destino; mas o destino é um conceito metafísico demais para a modernidade, mesmo que tenha suas próprias versões sucedâneas dele; e acidente é uma causa humilhante demais de catástrofe trágica. "Não é mais possível"– declara Yeats – "escrever *Os persas*, *Agincourt*, *Chevy Chase*: algum trapalhão desviou o carro para o lado errado da estrada – isso é tudo".[32] Um herói não pode terminar mal ficando com a

---

30 Ver Ricoeur, op. cit., p.221.
31 Ver ibid., p.218.
32 Yeats (Ed.), *The Oxford Book of Modern Verse*, p.xxxiv.

capa presa à roda de sua carruagem, pois tais eventos fortuitos são basicamente sem significado, e não pode haver nada na tragédia que deixe de ter significado. Nesse sentido, a tragédia é o paradigma da arte em geral. Como observa Georg Lukács a respeito da forma: "Todas as relações de vida foram suprimidas para que se possa criar a relação com o destino".[33] Ser predestinado é ter o próprio fim na própria origem, desvalorizando o espaço de tempo vazio no entremeio; e, uma vez que o sofrimento é uma questão de temporalidade, isso pode bem ser minimizado juntamente com ele. Ocorrências insignificantes são vulgares demais para a condição de trágicas, como nos lembra Mandel: em sua visão, *The Duchess of Malfi* não se qualifica como trágica porque a duquesa – como fazem as mulheres – "balbucia um pouco, e com isso revela fatalmente ao malvado Bosola que Antônio é seu marido", enquanto Agamênon tem seu encontro com a morte "simplesmente retornando ao lar", uma forma muitíssimo pouco glamorosa de partir deste mundo.[34]

O acaso, assim como o particular único, não é inteligível à investigação científica clássica; ele é ilegível, atípico, e não se aprende nada mais com ele do que com uma rajada de vento ou o espargir de gotas de chuva. O que, de fato, está sendo rejeitado aqui é menos o acidental do que o empírico, que apresenta uma perpétua ameaça ao essencialismo trágico. Na verdade, a divisão da tragédia entre o essencial e o empírico reflete-se na discrepância entre a teoria do trágico e a prática do trágico. A primeira é realmente uma espécie de versão platônica da última, despida de suas constrangedoras inconsistências, de forma a ser possível extrair tragédia, como uma ideologia ou uma posição teórica em si, de um grupo de textos profundamente divergentes. O que o essencialismo trágico acha desagradável é a aleatoriedade, a contingência, o texto do empírico e do dia a dia, que está sendo desembaraçado – em uma palavra, a comédia. A comédia é a esfera do transigente, daquelas formas de vida astutas, submissas, impossíveis de matar, que conseguem o que querem rendendo-se. Seu espírito adaptável e acomodatício é, portanto, o próprio oposto do impasse trágico e da resolução cerrada.

Todavia, o acidente é também uma ameaça à tragédia, porque o agente desiste de ser a fonte de sua própria ação e cai em uma ignóbil passividade. A recusa do acidente, a imanência necessária da tragédia e a autoafirmação do agente são concepções intimamente unidas. O grande

---

33 Lukács, *Soul and Form*, p.155.
34 Mandel, op. cit., p.94.

filósofo da contingência trágica dos tempos modernos é o Heidegger de *Ser e Tempo*, para quem a autenticidade está em nossa "arremessibilidade", o fato de que fomos arremessados precipitadamente na existência, sem jamais termos sido convidados, e vivê-la por inteiro com toda a determinação de um projeto preordenado. Porém, existe outro motivo para a recusa do acidente na teoria do trágico. Se a tragédia provém não do acaso, mas da própria conduta do protagonista, isso, então, pode trazer o risco de desviar nossa compaixão, mas pode também servir para mitigar a injustiça do próprio sofrimento trágico. Para a mente moderna, isso dificilmente ocorre se a tragédia é formada simplesmente por um erro grosseiro. Porém, se, de maneira um tanto quanto implausível, pensarmos em *hamartia* como uma transgressão moral, ou considerarmos, como os gregos, que a culpa subjetiva não é a questão em foco, então o herói continua a ser parcialmente culpado e a dor que lhe é infligida parece menos desnecessária. Podemos até mesmo interpretar a falha trágica menos como um defeito que causa a tragédia do que como uma mancha que torna mais palatável o sofrimento do herói. Mesmo assim, o problema não se resolve de forma tão fácil. Ou a tragédia resulta de acidente – o que é indigno –, ou resulta do destino, o que é injusto; ou das próprias ações do herói, o que o torna impalatável. A melhor solução é um cuidadoso equilíbrio das duas últimas opções, mas isso não é fácil em uma época que, a princípio, acredita pouco no destino.

A ironia da *peripeteia* é que aquilo que fazemos é e não é nossa própria ação. Sem dúvida, isso é o que Northrop Frye tem em mente quando afirma em *Anatomia da crítica* que a tragédia envolve tanto incongruidade quanto inevitabilidade. Cleanth Brooks rejeita a ideia de que o sofrimento sempre é simplesmente imposto aos protagonistas trágicos; esses devem sujeitar-se a ele por sua própria e livre escolha. É difícil perceber como isso pode ser válido para Ifigênia, Desdêmona ou Hedvig Ekdal, de *O pato selvagem*, de Ibsen. Além do mais, isso chega a sugerir, de forma constrangedora, que tais protagonistas são responsáveis por sua própria ruína e, portanto, recebem o que merecem. Ironicamente, uma insistência humanista na livre ação ameaça resultar em falta de humanidade. Não há dúvida de que, ao localizar esse perigo, Brooks apressa-se em acrescentar que o herói "pelo menos [...] finalmente deseja aceitar [seu sofrimento] como parte da natureza das coisas".[35] Não está claro por que devemos aceitar

---

35 Brooks (Ed.), *Tragic Themes in Western Literature*, p.5.

o sofrimento se a culpa não é nossa, ou o que mais exatamente distingue aqui um herói de um masoquista. Brooks acredita que devemos aceitar nossa angústia trágica porque ela traz "consciência do pleno significado de nossos compromissos fundamentais",³⁶ o que parece uma maneira bastante drástica de descobri-los. Talvez tipos acadêmicos deem bem mais importância ao autoconhecimento do que aqueles menos ansiosos por atravessar com dificuldade o caos e o sofrimento para alcançá-lo.

Muitos dos chamados acidentes não são, na verdade, sem significação, porque não são, de fato, acidentes. Da mesma forma que uma ação intencional sempre traz um resíduo de não intencional, tal qual a noção de *peripeteia* pode sugerir, também as ações não intencionais são subprodutos de propósitos. E os chamados desastres naturais são, em sua maioria, desastrosos mas não naturais. Além disso, chamar o mundo de arbitrário e caótico é dar-lhe sentido de uma forma particular. Virginia Woolf fez uma carreira notável dessa forma. Isso também traz em seu bojo várias implicações sensatas: que somos vulneráveis ao acaso e que devemos estar atentos para o imprevisível; que é perigoso supor que sempre temos o controle total; que podemos apenas provisoriamente planejar o futuro, e assim por diante. Nesse sentido, o fortuito e o arbitrário não estão além do significado. Como é que as Virginias Woolfs da vida *sabem* que a condição humana é caótica é outra questão. Parece que precisamos de uma perspectiva poderosamente totalizante para afirmar tal coisa.

Entretanto, o rebaixamento do acidente tem raízes mais profundas. Para Raymond Williams, ele se originou quando o controle ético e, mais decisivamente, a ação humana dissociaram-se de nossa compreensão da vida social e política.³⁷ Que tipo de sociedade é essa, pergunta ele, que não encontra nenhum conteúdo ou ação ética em eventos tais como guerra, fome, trabalho, trânsito e política, mas que, em vez disso, os trata como puras contingências? De qualquer forma, podemos trivializar eventos chamando-os tanto de predeterminados quanto de acidentais. "Será que o termo 'tragédia'", pergunta Slavoj Žižek, "pelo menos em seu sentido clássico, ainda representa a lógica do Destino, lógica essa tornada ridícula diante do Holocausto? Dizer que a aniquilação dos judeus obedeceu a uma necessidade oculta do Destino já é aburguesá-la".³⁸ Žižek está equivocado em supor que a tragédia, mesmo

---

36 Ibid., p.5.
37 Williams, *Modern Tragedy*, p.49.
38 Žižek, *Did Somebody Say Totalitarianism?*, p.15.

a tragédia clássica, invariavelmente envolve o destino; mas ele está certo em perceber que a noção pode, de fato, sanear o sofrimento, e é pouco provável que Eurípides faça objeção.

Para o pensamento escolástico, seria paradoxal ver um acidente como essencial. Para Hegel, o acidental não pode ser o típico, e é em torno do último que a tragédia gira. Entretanto, peças como *Juno e o pavão*, de Sean O'Casey, estão repletas de contingências, embora sejam, não obstante, trágicas em relação a isso. Não há nada de predestinado na ruína da família Boyle, a menos que más companhias, hábito crônico de fantasiar, bravatas alcoólicas, sedução sexual, irresponsabilidade financeira, traição política e aversão ao trabalho sejam todas deficiências impostas pelos deuses. Mesmo assim, é apenas esse padrão de acidentes históricos que pode, então, ser visto como típico de uma condição mais geral. E, embora não haja nada preordenado em relação à pobreza e à exploração sexual, também não há nada acidental em relação a elas. Como a maior parte da vida social, elas se inserem em algum lugar entre os dois. Quando Raymond Williams fala de revolução como sendo "o inevitável processo de lidar com uma desordem profunda e trágica",[39] ele não quer dizer que ela está gravada nas estrelas, mas também não quer dizer que é fortuita. Muitas tragédias são tragédias da sorte mais do que do destino; a questão em relação a elas não é que ações perversas saiam pela culatra por causa de alguma lógica inexorável, mas sim que a vida é um negócio precário tanto para os malvados quanto para os inocentes. Ela é arbitrária demais para ter um formato, seja ele malévolo ou benévolo.

Nas tragédias sentimentais de Voltaire, o acaso tende a substituir o destino. As peças insistem na inevitabilidade da catástrofe e tendem a finalizar com um acordo ou conciliação. Se essa é uma expressão de otimismo burguês, ela tem seu equivalente socialista. Para Bertolt Brecht, a rejeição de um destino metafísico precisa estar realmente inserida na própria forma dramática. O que ele, de forma bastante equivocada, chama de "teatro aristotélico" – equivocada, porque Aristóteles, como já vimos, acredita em tramas unificadas, mas nada diz acerca do destino – apresenta uma narrativa perfeitamente consistente, que nega ao público a liberdade do modo subjuntivo, reforçando, portanto, seu fatalismo político. Dessa forma, uma estrutura dramática antecipa toda uma ideologia. Seu próprio teatro "épico" ou episódico, ao contrário, "evita a todo custo fazer um

---

39 Williams, *Modern Tragedy*, p.75.

pacote único dos eventos retratados e apresentá-los como um destino inexorável [...] nem deseja fazer do espectador vítima, por assim dizer, de uma experiência hipnótica no teatro".[40]

Uma unidade de forma dramática reflete-se na consciência entorpecida do espectador, que precisa ser instigado à autodivisão pelos choques proporcionados pela montagem, pelo episódio desconexo, pela personagem contraditória, pelas múltiplas possibilidades. Estranhamente, Brecht parece acreditar que a mutabilidade é inerentemente um bem, mais ou menos como Samuel Johnson argumentava que ela era inerentemente um mal. Se existe um destino, então para Brecht "ele não é mais um poder único e coerente; pelo contrário, é possível ver que há campos de força irradiando-se em direções opostas".[41] Como muitos radicais, Brecht obedientemente endossa uma definição reacionária de tragédia que, em seguida, de forma previsível, ele passa a rejeitar. Tragédia tem a ver com inevitabilidade e, portanto, é uma forma politicamente nociva. Contudo, a antideterminista *Mãe Coragem* é uma esplêndida e consumada peça de teatro trágico, mesmo que a protagonista seja uma oportunista intransigente e ignóbil, que nada aprende com seu sofrimento. Se Brecht é antitrágico por acreditar que a tragédia pode ser evitada, então muitas grandes tragédias também o são.

Como Williams, entretanto, ele é reticente demais acerca do fato de haver tragédias que, por coincidência, não podem ser evitadas. "Por coincidência" é uma qualificação essencial: em sua maioria, os episódios trágicos que se revelam inevitáveis o são por razões contingentes. Levando em conta que faltavam medicamentos no hospital, a criança, com certeza, morreria. Por outro lado, "maioria" é uma qualificação essencial: até mesmo em hospitais bem equipados, pode acontecer de pessoas morrerem antes do tempo. Nesse sentido, tragédia de algum tipo é inevitável; mas isso não acontece porque é dessa forma generosa que os deuses nos dão uma chance de demonstrarmos quão gloriosamente fortes nós somos. Às vezes, fatalismo de algum tipo, apesar dos protestos irascíveis de Brecht contra ele, é uma resposta razoável. Há, de fato, situações em relação às quais nada pode ser feito. Ao final do romance, não há, provavelmente, nenhuma maneira de salvar Jude Fawley ou Tess Durbeyfield. Há também dilemas, como Racine, Ibsen e Hardy sabiam, em que não conseguimos nos mover para lado algum sem provocar danos intoleráveis. O que importa não é nem otimismo nem pessimismo, mas realismo, que, dependendo

---
40 Brecht, *Writings on Theatre*, p.87 e 78.
41 Ibid., p.30.

da situação, algumas vezes assume uma forma e algumas vezes, outra. Albert Camus lembra-nos em *O homem revoltado* que a consciência de que o sofrimento e a injustiça jamais serão totalmente eliminados faz parte da experiência da tragédia. Isso, no entanto, não significa que não haja nada a ser feito em qualquer situação.

A contingência pode ser trágica em outro sentido. A modernidade mais contemporânea, como veremos adiante, está contaminada por um sentido de gratuidade, carente de uma base sólida para suas formas de vida. O escândalo e a glória de qualquer evento em particular está no fato de que ele poderia jamais ter existido; e isso é válido também para a obra de arte, que agora deve incorporar em suas formas uma consciência irônica de sua própria natureza arbitrária, infundada, como o mais próximo que pode chegar ao que costumava ser chamado de verdade. Se a obra de arte, assim como a esfera da ética, deve agora tornar-se sua própria lei, legislar-se por si mesma, isso ocorre, em grande medida, porque não há nada senão areia movediça debaixo dela. O preço que a arte e a ética precisam pagar por sua recente e orgulhosa autonomia é, portanto, aflitivamente alto. Tudo agora é um maravilhoso dom do ser e, ao mesmo tempo, uma alarmante ausência de propósito. Para a modernidade, o problema não é a questão de um destino todo-poderoso, mas o fato de que parece não haver, absolutamente, nenhum destino. William James afirma em *Pragmatismo* que um mundo com um Deus pode muito bem se consumir em chamas ou congelar, mas "no lugar onde ele está, a tragédia é apenas parcial e temporária, e naufrágio e desintegração não são as coisas absolutamente derradeiras".[42]

A narrativa da Criação, em outras palavras, parece conceder alguma significação ao mundo. Isso é irônico, já que o sentido teológico de "criação" é exatamente que não há razão alguma para o mundo. Ele foi gerado não como o último passo em algum processo causal inexorável, mas puramente como uma gratuidade de Deus. Criação é aquilo que poderia também nunca ter sido; e é, portanto, a refutação final de uma racionalidade instrumental. Isso, na verdade, é parte do significado da transcendência de Deus. Ele transcende sua criação no sentido de que ela não é necessária para ele e ele não teve de produzi-la. O mundo é um presente, não um destino. Sua origem está na liberdade, não na imposição. Como o artista e seu produto, Deus moldou o mundo só por um capricho, o que, sem dúvida, pode ser confirmado com um rápido olhar ao redor.

---

42 James, op. cit., p.50.

Mesmo assim, a modernidade necessita de suas próprias narrativas grandiosas do destino, da mesma forma que modela seus próprios mitos, apesar de sua hostilidade aos anteriores. Um desses substitutos dos deuses é a Natureza, seja na providencial forma wordsworthiana, seja sob a aparência gananciosa do insaciável oceano de *Riders to the Sea*, de J. M. Synge. Em seus estágios posteriores, a época moderna vêm a aceitar que é a aleatoriedade que governa, que o mundo não é mais moldado por histórias, que o destino é antes aquilo que moldamos do aquilo que suportamos. Destino e tempo linear permanecem juntos ou caem juntos; e o último está sendo colocado em dúvida, quando as esperanças progressistas começam a vacilar e a experiência moderna torna-se tão fragmentada e complexa que a sintaxe ou a narrativa só podem esmagar o que é mais bem apreendido como uma intrincada sincronia dos sentidos. Os sentidos não conhecem nenhuma temporalidade direta, pois as percepções se entrelaçam e as sensações se juntam; e, uma vez que o modernismo é, entre outras coisas, uma mudança significativa da realidade para a experiência, da maneira como o objeto é para como um observador o vê, o tempo fenomenológico vem a desalojar a cronologia. A narrativa, como no ensaio de Benjamin, "O narrador", agora tem ao redor de si uma aura encantadoramente pré-moderna e artesanal – o vestígio de um mundo anterior à morte das falácias genéticas e consequencialistas, para o qual saber uma coisa é saber de onde ela veio e para onde ela vai.

Se, por um lado, as fábulas do destino são minadas pela sobrecarga sensorial da vida moderna, por outro, elas são enfraquecidas pelo inconsciente, que, como Freud nos lembra, é estranho à narrativa e que enlaça o tempo ao redor de si mesmo para criar novas e bizarras constelações entre o muito antigo e o muito novo. O muito antigo é a melhor imagem que temos do muito novo, já que ele não acontece há tanto tempo. Entretanto, até mesmo na mais recente cultura moderna e pós-moderna, certa forma de destino ainda está muito em voga. Acontece apenas que ele agora tem nomes como poder e desejo, forças – cada parcela delas – tão letais, caprichosas e implacáveis como os efeitos de um entrevero no Monte Olimpo. Freud afirma que na era moderna o destino migrou para a família. Cada lareira doméstica é, hoje, uma casa potencial de Atreu – desde *A casa de Bernarda Alba*, de García Lorca, com seu lote de querelas, mulheres sexualmente frustradas e aterrorizadas por uma matriarca dominadora, até a versão mais leve desse imbróglio, *Dançando em Lughnasa*, de Brian Friel.

Em sua fase mais viva – de Hegel a Comte –, entretanto, a modernidade produz o Progresso ou a Razão como substitutos profanos da Providência.

Hegel fala da "racionalidade do destino",[43] como se as forças cegas da sorte tivessem agora assumido a forma mais inteligível do *Geist*. A doutrina de Schopenhauer sobre a Vontade voraz insiste em que nada poderia estar mais longe da verdade; mas, em geral, a tragédia, uma das últimas reservas do arcano e do arcaico, precisa agora se tornar transparente por meio do Iluminismo da classe média. A razão é tão irredutível como o destino, mas, no fim das contas, benéfica. Embora o destino tenha força mas não necessariamente significância, a Razão tem ambos. Na verdade, a ideia de destino é curiosamente ambígua a esse respeito. Ela paira em algum lugar entre a pura força bruta e a ideia de uma narrativa que faz sentido. Como a evolução darwiniana, que tem uma lógica mas não um propósito, ela sugere uma espécie de padrão, porém não necessariamente um padrão que tenha sentido moral. Os deuses gregos, vistos como um todo, mal fazem isso. Daí a crença de que o destino é cego, o que sugere que ele tem a unidade de um agente, mas não a inteligência formante. Frequentemente, críticos conservadores da tragédia pressupõem que padrão ou simetria devem ser valiosos em si mesmos, mas algumas tragédias mostram isso como uma equação falsa.

Mesmo que a narrativa faça sentido, isso não necessariamente significa dizer que ela é racional no sentido de ser razoável. Ela pode revelar um significado, mas isso não significa que seja justa. Podemos ter necessidade sem benevolência, lei sem virtude. E isso, então, permite que alguns críticos da tragédia desviem a atenção que dedicam à injustiça das coisas, e passem a insistir, em vez disso, na sua inteligibilidade. Por outro lado, podemos tentar desculpar as injustiças tangíveis da tragédia, insistindo na sua falta de inteligibilidade. Em seu *Tragedy* – um título muito conciso –, W. MacNeile Dixon, crítico claramente avesso à lucidez racional, vê as próprias iniquidades da tragédia como um sinal da misteriosa inexplicabilidade do cosmos e, assim, extrai dela certo valor perverso. Se a escolha é entre sublimidade e inteligibilidade, mistério e racionalidade, ele irá endossar, em cada caso, o primeiro.

A descrição da lei feita por Franz Kafka em *O processo* tem precisamente a ambiguidade de uma necessidade sem justiça. Como o conceito grego de *dikē*, a lei é lógica, mas não é justa. Pelo contrário, é vingativa, perversa, e a questão é aplacar sua ira lutando para mantê-la em estado de equilíbrio. Como aconteceu com a concepção de Natureza do século

---

43 Paolucci; Paolucci (Eds.), op. cit., p.71.

XIX, ou mesmo com a noção foucaultiana de poder, a lei é um organismo vasto e autorregulador que compensa o fato de ter sofrido uma ruptura em algum ponto, produzindo espontaneamente uma força oposta em outro, assim permanecendo sublimemente inalterada como um todo. Ela é tão impenetrável quanto uma água-viva. Como o padre diz a Josef K. no capítulo "Na catedral": "Não é necessário acreditar que tudo seja verdadeiro; é necessário apenas acreditar que é necessário". Admiramos as simetrias internas dessa lei codificada e rancorosa, mais ou menos como poderíamos admirar a forma de uma obra de arte cujo conteúdo achássemos absolutamente repugnante.

O destino, pelo menos, tem certa consistência, o que é mais do que podemos dizer do acaso ou da sorte. Ver o mundo como sendo governado pelo acaso é vê-lo como não sendo governado de forma alguma. John Milton diz, em *Paraíso reconquistado*, que ele trata "Do destino e do acaso, e de mudança na vida humana", mas não está claro que esses sejam os quase sinônimos que o verso poderia sugerir que são. A mutabilidade, por exemplo, pode ser trágica ou cômica, dependendo do que é que sofre mutação. Seja qual for a escola filosófica do *carpe diem*, a efemeridade não é trágica em si, sobretudo se o que finda é a injustiça ou uma dor atroz. É um reconhecimento da transitoriedade e da consequente insignificância da pompa e do poder que finalmente persuade Segismundo em *A vida é sonho*, de Calderón de la Barca, a abandonar sua conduta tirânica. E nem a permanência é inerentemente positiva se significa, digamos, a extraordinária persistência histórica da opressão contra a mulher; mas também ela não é sempre tristemente monolítica. Seria agradável se a justiça fosse uma condição humana permanente, seja o que for que os defensores da maleabilidade possam acreditar.

Para Oscar Wilde em *O crítico como artista*, o princípio científico da hereditariedade é simplesmente a atemorizante simetria da nêmesis, que retorna sob nova aparência. O processo é dramatizado em *Nana*, de Zola, em que Nana é, genuinamente, a vingança da Natureza contra uma sociedade corrupta e devassa. Ele aparece também em *Electra e os fantasmas*, de Eugene O'Neill, em que Lavinia e Orin se transformam inexoravelmente nas imagens dos pais que haviam assassinado. O passado retorna naquela compulsão neurótica conhecida como vingança. Os mortos nunca repousam e sempre demonstram ser mais fortes do que os vivos, pois muitas gerações deles entraram na feitura daqueles que estão hoje vivos. Os mortos, por assim dizer, têm a vantagem estatística. Em *Felix Holt*, George

Eliot fala da Natureza como uma dramatista trágica, querendo talvez dizer que ela se envolve em simetrias funestas. A própria sociedade, entretanto, pode ser vista como uma segunda Natureza. Podemos substituir as leis de Deus pelas leis da humanidade, como Benjamin Constant sugere em *Adolfo*: "as leis da sociedade são mais fortes do que a vontade dos homens; as emoções mais persuasivas se despedaçam contra a fatalidade das circunstâncias" (cap.6).

O naturalismo é exatamente essa tentativa de encontrar na história humana algo da inexorabilidade da lei natural ou metafísica. As leis imperecíveis da Natureza podem substituir um sentido mais tradicional de imortalidade, enquanto suas profundezas insondáveis podem compensar a perda do mistério religioso. Podemos, assim, colher o consolo da teleologia sem a desvantagem do sobrenaturalismo. O positivismo comtesco é um credo antitrágico que rejeita a negatividade hegeliana e suas nocivas insinuações políticas em favor da sólida autoidentidade do presente, e das leis progressistas que a levarão para um futuro ainda mais garantido. Ao final do romance de Zola, *A terra*, o camponês Jean reflete que a Natureza faz uso até mesmo de nossa natureza mesquinha e degradada para seus propósitos inescrutáveis – que até mesmo nossos defeitos e iniquidades podem, de alguma forma, ser essenciais para ela. Trata-se de uma reciclagem do racionalismo do século XVII sob a aparência evolutiva do século XIX. Portanto, já que a evolução precisou de seus erros crassos e becos sem saída para produzir seus organismos mais admiráveis, uma espécie de teodiceia retorna à agenda intelectual e, consequentemente, fica difícil encontrar a tragédia.

Há um pouquinho de Nietzsche aqui também: o crime, o horror e o derramamento de sangue na genealogia humana são retrospectivamente justificados pelos Übermenschen que ela gera. Ver a humanidade através dessa luz envolve também um distanciamento antitrágico, fazendo a espécie recuar ao seu humilde lugar no todo cósmico. "E qual a importância da desgraça humana" – medita Jean – "quando confrontada com o poderoso mecanismo das estrelas e do Sol?" (Parte 5, cap.6). Na medida em que a evolução descentra o Homem, ela desaloja a tragédia juntamente com ele. Mesmo assim, há tragédia o bastante na narrativa de *A terra*, quando o velho e ganancioso camponês Fouan – um ignóbil rei Lear francês – é traído e destruído por seus filhos turbulentos e homicidas.

A aura pseudocientífica de arte naturalista representa uma negação da tragédia, pois a anestesia do estilo transcende o sensacionalismo sórdido dos conteúdos. Isso é tão verdadeiro em relação a Joyce e ao jovem George

Moore quanto em relação a Gustave Flaubert. A tragédia, como na estetização da forma em Schopenhauer, é privada de suas emoções. Porém, uma vez que poucas coisas são mais sensacionalistas do que as coisas clínicas, como os pornógrafos bem sabem, isso tem o efeito paradoxal de intensificar a desolação. Para teóricos que têm visão conservadora da tragédia, entretanto, tal naturalismo é o inverso do trágico. Ele está centrado no sofrimento mais do que na ação, na biologia mais do que na história, no processo de criação de um bode expiatório mais do que na afirmação; é doentio, inferior e desencantado demais para a condição de trágico, mas também determinista demais, o que significa que suas personagens são quiescentes demais para mostrar uma forte resistência heroica. A sujeição de homens de mulheres a forças escravizadoras é retratada de forma memorável na patética figura de Madame Raquin, da obra *Teresa Raquin*, de Zola, que, de forma muito semelhante ao próprio autor – naturalista e impassível –, pode lembrar-se dos eventos, mas é incapaz de reagir a eles.

Teorias conservadoras da tragédia classificam a ciência, o determinismo e o naturalismo entre os maiores inimigos modernos da forma – o que é estranho, pois a tragédia clássica pode, às vezes, ser suficientemente determinista. Entre seus outros defeitos, tais doutrinas não deixam espaço para o sujeito autônomo – embora isso, como já vimos, também não tenha exatamente prosperado na Antiguidade clássica. Walter Kerr acredita que Freud – na sua visão, um determinista – tenha ajudado a destruir a possibilidade da tragédia moderna, enquanto Patrick Roberts duvida que a psicanálise seja esse determinismo vigoroso, mas admite que ele limita nossa liberdade.[44] Outros críticos, de maneira inversa, argumentam que, na verdade, o determinismo dos tempos atuais renovou o espírito trágico. Henri Peyre afirma que em um mundo de guerras, tecnologia, revoluções e coisas afins a humanidade moderna não pode mais ter a certeza de que é dona de seu próprio destino, de forma que a tragédia encena um ressurgimento. O que enterrou a forma para uns ressuscitou-a para outros.[45]

Há, na verdade, uma intrigante inconsistência nesse caso. Críticos tradicionalistas da tragédia defendem o indivíduo livre contra um desalmado determinismo moderno; mas, já que acreditam em uma Providência à qual temos de nos submeter, eles também criticam um individualismo errante. W. MacNeile Dixon, por exemplo, indaga se o herói trágico é

---

44 Roberts, *The Psychology of Tragic Drama*.
45 Peyre; The Tragedy of Passion: Racine's *Phèdre*. In: Brooks (Ed.), *Tragic Themes in Western Literature*.

responsável por seu próprio destino, pois isso para ele sugere em muito a autodeterminação burguesa. Contudo, ele também reconhece que a autorresponsabilidade é a única maneira em que a catástrofe pode se justificar moralmente – e, mesmo nesse caso, apenas em parte, pois a tragédia tem o hábito de distribuir penalidades desproporcionais. Ao mesmo tempo, embora a ideia de destino seja uma questão mais grandiosa do que um insignificante determinismo mecanicista, não é fácil ignorar suas constrangedoras afinidades. Há, sem dúvida, uma diferença entre ver homens e mulheres guiados por uma misteriosa Providência e vê-los como sendo determinados por seus genes, seu período de infância ou modo de produção econômico. Ambas as formas de ver, entretanto, reduzem bruscamente o indivíduo à insignificância, de forma que antiquados defensores do destino trágico correm o risco de produzir, sob um disfarce mais espiritual, o próprio coletivismo de que tanto se queixam. Contudo, se, em vez disso, optam por uma defesa da responsabilidade individual, eles correm igualmente o risco de respaldar alguns dos aspectos menos saborosos da modernidade da classe média que tanto abominam. A tragédia é tanto a vitrine do humanismo liberal quanto a sua subversão.

O que devemos entender da constante ênfase na tragédia como predestinada, misteriosa e como afirmação da vida? Por que esse clamor crítico abafa com tanta frequência os gritos de sofrimento e os lamentos de angústia que emanam das próprias obras? Uma resposta é que a tragédia, como já sugerimos, é uma espécie de teodiceia secular. Os antigos gregos tinham menos necessidade de tal ciência, porque, de qualquer forma, seus deuses eram um bando bem desprezível; mas o cristianismo propõe um Deus perfeito, que apresenta uma notória dificuldade de se ajustar à sua criação, a qual, de forma alguma, é perfeita. A existência do mal é um dos argumentos mais convincentes contra a fé religiosa, e nenhum apologista religioso jamais lidou com ela de maneira convincente. Como a teologia, a tragédia perturba-se com a presença do mal no mundo e busca, de alguma forma bastante gestual, explicá-lo. Em geral, os autores de tragédias têm tão pouco sucesso nesse empreendimento quanto os teólogos. Porém, se a tragédia é predeterminada, então isso pelo menos tira de nossos próprios ombros a responsabilidade por esse mal; se ela tem uma aura de mistério sagrado, então podemos apenas profaná-la com obtusas perguntas racionais, como "Por quê?"; e, se ela afirma a vida, então pelo menos algum bem surge de suas características negativas, o que é um tipo de justificativa para elas. Se matança e traição estão predestinadas, então podemos fazer de um vício uma necessidade. Ou podemos vê-las como apenas parcialmente determinadas, em cujo caso podemos também deslocar parte da culpa para o protagonista. Se somos, em parte, arquitetos de nossa própria ruína, como na teoria de Aristóteles, isso levanta menos questões desconfortáveis sobre a injustiça do mundo em geral. É uma escolha entre desculpar o herói e desculpar os deuses.

Mesmo assim, permanece o embaraçoso fato de que a tragédia, aos olhos tradicionalistas, deveria revelar a presença de uma ordem cósmica, mas, com muita frequência, acaba mostrando o quão assustadoramente injusto é o mundo. É essa verdade desconcertante que precisa, de alguma maneira, ser negociada. Frank Kermode propõe um sugestivo paralelo entre as ilusões da paranoia, que levam homens e mulheres a sentir que estão sendo injustamente perseguidos, e os enredos trágicos;[46] mas o fato é que, como diz a velha piada, muitos desses paranoicos trágicos estão realmente sendo perseguidos. Entretanto, a noção de inevitabilidade é conveniente aqui, porque, se a tragédia é predeterminada, há um sentido em afirmar que é irrelevante decidir quão justa ou injusta ela é. A doutrina do destino é, entre outras coisas, uma advertência contra levantar questões indelicadas. O que acontece acontece; e o fato de que tinha de acontecer significa que é inútil fazer maiores investigações. "O herói tem de ser destruído", afirma Northrop Frey, "[...] é uma pena que ele seja destruído".[47] E, no fim das contas, isso é tudo o que há para dizer. A suposta inescrutabilidade do trágico, sua resistência a um mero raciocínio secular, pode ser explorada para esconder sua crueldade. E o prazer que extraímos da ação trágica, um prazer que, por em si mesmo, gera certo desconforto entre os críticos, pode ser visto como um sentido de regozijo liberado em nós pela ruína, transformando, assim, esse deleite moralmente tão sombrio em justificativa do sofrimento.

Todavia, nada disso pode se verificar sem uma boa dose de imprecisão. A. C. Bradley nos diz em *A tragédia shakespeariana* que a tragédia diz respeito a perda, mas que sentimos o valor do que é perdido, de forma que a ação não é em vão. A experiência, portanto, não nos deixa "massacrados, rebeldes ou desesperados",[48] atributos que homens de classe média, contemporâneos dele, tinham o hábito de associar às ordens inferiores insurgentes. Se a tragédia é palpavelmente injusta demais, então ela pode provocar um protesto socialmente disruptivo. A lei que destrói o herói,

---

46 Kermode, *An Appetite for Poetry*, p.69.
47 Frye, op. cit., p.214.
48 Bradley, *Shakespearian Tragedy*, p.16.

assegura-nos Bradley, não é nem justa nem benevolente, mas também não é indiferente e cruel. Já que isso exaure muito bem as opções, é difícil saber mais exatamente o que ela é. Observamos a injustiça; entretanto, não há nenhum fatalismo em jogo e, com certeza, não se trata de uma questão de um destino *vingativo*. A tragédia desvela uma ordem moral.

De qualquer modo – afirma Bradley, em uma abrupta "mudança de marcha" –, o agente da tragédia é em grande parte responsável por sua própria ruína, o que parece levantar a questão sobre se há uma ordem malevolente ou benevolente um pouco redundante; contudo, Bradley afirma em outra parte que somos levados a sentir que o protagonista é "até certo ponto, *por mais leve que seja*, a causa de sua própria destruição",[49] o que tem uma ênfase um pouco diferente. Porém, é uma ênfase também necessária, pois se o herói é, em grande parte, a causa de sua própria ruína, então, como já vimos, a questão sobre se ele pode evocar nossa comiseração torna-se uma questão perturbadora. E, embora Bradley argumente como justificativa da catástrofe trágica que o herói tem falhas graves, as falhas que ele realmente menciona – orgulho, credulidade, irresolução, suscetibilidade excessiva a emoções sexuais – não são tão sérias assim.

Contudo – o que é desconcertante –, Bradley descreve essas pequenas mazelas como um "mal", como se procrastinar fosse um ato imoral da parte de Hamlet. Depois de listar alguns exemplos tangíveis de injustiça trágica (Cordélia, Lear, Otelo e outros), ele comenta de forma bastante inesperada que a tragédia é um "exemplo de justiça". "O rigor da justiça", admite ele, "é terrível, sem dúvida [...] mas [...] aquiescemos porque nosso senso de justiça é satisfeito".[50] Isso parece sugerir que aquiescemos a uma punição excessivamente rigorosa – que, em geral, é conhecida como injustiça – porque ela é justa. Aceitamos realmente a morte de Cordélia como nada mais do que aquilo que ela merece? Em razão de qual crime é Hipólito, de Racine, destruído? Que pecado cometeu Jerônimo, em *A tragédia espanhola*, de Kyd, para que seu filho seja assassinado?

Como muitos outros críticos, Bradley busca absolver a tragédia de brutalidade indevida valendo-se da estratégia negativa de debochar da doutrina da justiça poética. Esperar que uma peça recompense os virtuosos e puna os maus, como exige Thomas Rymer, seria tristemente ingênuo. Afinal de contas, a tragédia deve ser uma imitação da vida, em todo o seu axadrezado moral. Mas essa não é a questão. A questão é por que uma

---

49 Ibid., p.20 (grifos meus).
50 Ibid., p.22-3.

forma que mostra o inocente sendo despedaçado membro por membro deve ser aclamada como a mais alta expressão de valor humano. Entretanto, logo após utilizar essa tática de isentar de culpa a tragédia, Bradley recorre a outra. Buscando, com certo nervosismo, seu lado hegeliano, ele observa que, na verdade, a tragédia, não é, de forma alguma, uma questão de justiça ou injustiça, mesmo nos tendo informado antes que ela é um exemplo de justiça. Karl Jaspers faz afirmação semelhante, descartando a justiça ou outra forma de destino como "irrelevante", "mero moralismo insignificante" que confunde tragédia com assuntos sublunares, tais como doença, desespero, o mal e a morte.[51]

Como ocorre em Hegel – afirma Bradley –, não julgamos as afirmações concorrentes em questão, mesmo que ele próprio tenha acabado de espalhar, generosamente, epítetos avaliativos de personagens shakespearianas. Hegel, no entanto, não sustenta a opinião de que devemos nos abster de julgamentos; pelo contrário, ele acredita que ambos os polos do conflito trágico se justificam. O problema é que há juízos demais, e não de menos. E o fato é que, sem dúvida, nosso julgamento fica entre Otelo e Iago, o pastor Manders e Oswald Alving. Entretanto, embora a justiça e a injustiça não sejam a questão, Bradley acrescenta que a ordem moral revelada pela tragédia é, no fim das contas, benéfica, "aparentada com o bem e distanciada do mal". Não fica fácil entender que tipo de ordem cósmica possa ser análogo ao bem, mas indiferente à justiça.

A ordem moral – assegura-nos Bradley – não é caprichosa, mas opera "a partir da necessidade de sua natureza".[52] Isso faz que ela se torne ominosamente semelhante ao destino, que não é bem a mesma coisa que uma Providência complacente; mas também não chega a ser um destino voluntarioso – logo, podemos tirar algum consolo do fato de que ser tostado aos poucos em um espeto estava realmente planejado pelas instâncias superiores, não era apenas o resultado de um equívoco negligente da parte delas. Entretanto, existe aqui uma tensão entre o moralismo de Bradley e seu hegelianismo. A ordem moral pode ser positiva; mas, se a tragédia deve ser imanente mais do que acidental, ela precisa gerar esse mal a partir de sua própria substância e, com isso, começa a se parecer, de forma bem sinistra, com o Deus gnóstico. Como a ordem pode ser moral e, ainda assim, conter sua própria destrutividade? Bradley amortece a triste notícia de que a destruição trágica está embutida no mundo, dizendo-nos

---

51 Jaspers, op. cit., p.98.
52 Ibid., p.27.

que o *Geist* é "levado a mutilar sua própria substância",[53] o que parece uma maneira menos desagradável de descrever o comércio escravo, digamos, do que certos relatos a respeito dele. A ordem moral é sólida no sentido de que ela finalmente expulsa o mal, embora somente à custa de um trágico desperdício do bem. Parece, entretanto, não haver mais sentido em protestar contra esse sistema automático, cruelmente autorregulador, do que em atribuir propósitos morais ao aquecimento central.

Como muitos críticos da tragédia de sua época, Bradley recorre implicitamente a noções vitorianas de leis físicas inexoráveis, que, uma vez violadas, irão exigir sua forra mortal. Transferir para assuntos humanos essa noção em estilo comtesco tem, portanto, o benefício de sugerir que esses são, igualmente, processos inexoráveis que vão além do juízo moral. O universo de Thomas Carlyle, por exemplo, é um mecanismo calvinista de um rígido e autorregulador olho por olho: colhemos o que plantamos, de forma que, por exemplo, o cosmos irá infligir sua vingança automática contra a indolência. Porém, já que essa é uma ordem justa e suas penalidades são à base do olho por olho em vez de excessivas, ela não é, de maneira geral, trágica. Um desastre é sempre o resultado do pecado, ainda que não necessariamente nosso, e, portanto, em certo sentido cósmico, nossa própria falha. É uma doutrina bem conhecida da direita: aqueles que estão doentes ou morrendo de fome, para não falar depauperados ou desempregados, são, de alguma forma obscura ou não tão obscura, responsáveis pelo fato.

No final, Bradley joga a toalha. A tragédia pode não ser inteiramente moral, mas Shakespeare não estava tentando justificar os caminhos de Deus até os homens ou escrever *A divina comédia*. Tragédia é simplesmente tragédia e nada mais há a dizer a respeito. Tragédia não seria tragédia "se ela não fosse um mistério doloroso".[54] Depois de tanto contorcionismo conceitual, tudo o que Bradley consegue mostrar, afinal, é uma retumbante tautologia. No fim, excetuando-se a alusão ao mistério, um extenso processo de análise é atirado pelos ares. Eis o último refúgio de um sofista.

Nem todos os críticos são assim tão tortuosamente inconsistentes. S. H. Butcher não tem nenhuma restrição em acreditar que "pela ruína [do herói] a ordem perturbada do universo é restaurada e as forças morais reafirmam seu poder".[55] Leo Aylen informa-nos que, "embora [os dramaturgos

---

53 Ibid., p.28.
54 Ibid.
55 Butcher, *A Theory of Poetry and Fine Arts*, p.312.

gregos] nunca conseguissem expressar sua crença de que a ordem derradeira era moral, eles certamente sentiam que era, ou que pelo menos devia ser".⁵⁶ É mais ou menos como afirmar que não há adultério em Hollywood, ou que, pelo menos, não deveria haver. Schiller vai mais além, com sua pomposa afirmação de que "a experiência do poder vitorioso da lei moral é tão superior, tão real e boa que somos até mesmo tentados a nos reconciliar com o mal, ao qual temos de agradecer por isso".⁵⁷ Quase vale a pena violar a lei moral massacrando um povoado inteiro só para ter a satisfação de conhecer a vitória absoluta da lei. "Ter sido grande de alma", entoa piamente H. D. F. Kitto, "é tudo".⁵⁸ O que é um crime comparado com a magnanimidade? O padrão do destino, acredita Kitto, pode atravessar cruelmente a vida do indivíduo; mas "pelo menos sabemos que ele existe, e podemos nos assegurar de que piedade e pureza são parte importante dele".⁵⁹ Hécuba não parece tão segura, em *As troianas*, quando comenta: "Compreendo como os deuses superiores dispõem deste mundo; vejo/ os humildes exaltados até o céu e os grandes, humilhados". Adrasto acrescenta em *As suplicantes* que "os deuses são cruéis e os homens, dignos de compaixão". Os versos finais de *As traquínias*, de Sófocles, contêm uma causticante denúncia da injustiça divina. Héracles, na peça de Eurípides, está atormentado, mas é totalmente inocente; Medeia é culpada, mas escapa impune. Andrômaca, de *As troianas*, é inocente e, não obstante, condenada a um destino terrível.

Todavia, esse é Eurípides, com quem a submissão trágica já está entrando em declínio para cair em uma tosca rebelião. Ainda assim, Édipo – de Sófocles –, outro inocente, diz ao coro em Colono que "suportou a injustiça mais vil". Em *Sophocles the Dramatist* – obra de uma iconoclastia bastante vigorosa –, A. J. A. Waldock acredita que os deuses emergem do drama sofocliano sem nenhum crédito – um caso de ênfase excessiva, mas revigorantemente heterodoxo.⁶⁰ O coro de *Prometeu acorrentado*, de Ésquilo, censura o herói por sua ira, orgulho e obstinação, mas parece acreditar, mesmo assim, que o castigo de Zeus imposto a Prometeu é excessivo. Schopenhauer argumenta que a tragédia grega é inferior à sua contrapartida moderna exatamente porque seus protagonistas *não* aceitam seu

---

56 Aylen, op. cit., p.151-2.
57 Schiller apud Mandel, op. cit., p.72.
58 Kitto, *Greek Tragedy*, p.147.
59 Ibid., p.141.
60 Waldock, *Sophocles the Dramatist*, p.157.

destino, diferentemente da resignação cristã, que, feliz, recua do mundo como se ele fosse um enorme entulho.

De forma alguma todos os protagonistas gregos admitem que seu sofrimento é justificado, aceitam sua culpa ou confessam que a calamidade que lhes aconteceu é consequência de seu próprio comportamento. E eles, em sua maioria, estão muito certos em não fazê-lo. São os teóricos da tragédia, e não as vítimas dela, que imaginam que eles os fazem, ou, pelo menos que deveriam fazê-lo. Richard B. Sewell afirma que nenhum herói grego – ou heroína – aceita seu destino de bom grado, mesmo que o resultado disso seja que "o sofrimento ganhou uma estrutura".[61] Já vimos anteriormente essa preocupação estética com a forma do sofrimento, muito mais do que com seu conteúdo. George Steiner acredita que a tragédia carece da presença intolerável dos deuses, mas a verdade é que, não raro, suas personagens estariam em muito melhores condições se eles estivessem ausentes. Se, de fato, a tragédia precisa de deuses, como parece ser a suposição de Steiner, nem sempre é porque eles emprestam a ela uma profundidade convenientemente espiritual, mas sim porque, a princípio, sem as mesquinhas maquinações do Monte Olimpo, a tragédia jamais poderia acontecer.

Com seu estilo cerebral, Kitto parece acreditar que a mera existência de um padrão cósmico é reconfortante, como se um mundo aleatório, mas não em ruínas, não fosse preferível a um mundo predeterminado, mas perverso. Como outros inimigos da contingência, da qual a paternidade é presumivelmente o protótipo, ele ignora o fato de que o sofrimento acidental pode não ser cosmicamente significativo, mas pode ainda ser importante. Valor não depende necessariamente de significância metafísica. A Mona Lisa ou um tratamento dentário normal têm valor, mas não um valor metafísico. De forma inversa, padrão não necessariamente sugere significado, como é o caso de um floco de neve. Embora a vida tenha sido cruel para Édipo, Kitto tem a generosidade de admitir que "entretanto, não é o caos [...] O sentimento que nos é transmitido é de que o Universo é coerente, mesmo que não consigamos compreendê-lo por completo".[62]

Isso não parece servir de consolo. Se Édipo é destruído pelo destino, então poderia ter sido melhor para sua saúde se, em vez do cosmos, tivesse realmente havido caos. Muita tragédia parece não testemunhar nenhum dos dois, exceto o fato mais perturbador de que existe uma ordem, mas

---

61 Sewell, *The Vision of Tragedy*, p.48.
62 Kitto, *Greek Tragedy*, p.235.

que ela não é justa. Esse é, então, o equivalente metafísico de uma situação política radical. No que diz respeito ao universo coerente de Kitto, não há muita evidência dele em *The White Devil* nem em *The Revenger's Tragedy*, para não falar de *Saved*, de Edward Bond. "Perversidade absoluta", declara T. R. Henn, "priva a tragédia de significado".[63] Em outras palavras, é preciso haver uma ordem positiva para que a tragédia seja inteligivelmente violada, da mesma forma que precisamos receber um convite para recusá-lo. Entretanto, há uma enorme quantidade de obras trágicas que suspeitam que tal ordem não existe de forma alguma, ou que ela é uma ordem malévola e ativa.

E. R. Dodds escreve de maneira bem jovial a respeito da "ideia pueril" de justiça poética, que ele bruscamente descarta como "insensatez".[64] Menos brusco, Joseph Addison comenta na revista *The Spectator* que, se os virtuosos são sempre apresentados como bem-sucedidos, então não há espaço para a compaixão trágica. Exigir que a tragédia deva recompensar os virtuosos e castigar os maus é, de fato, uma mostra de moralismo simplório. No século XVIII – berço dessa visão – é também (embora Kitto, curiosamente, deixe de mencioná-lo) uma flagrante mostra de ideologia os críticos didáticos postarem-se de sentinelas contra o estabelecimento de um mau exemplo moral para as classes inferiores. Não é necessário ver a malvadeza prosperar no palco, se nossa vida e nossos bens devem estar seguros nos bastidores. Mesmo assim, é notável perceber o quão raramente essa branda e pragmática rejeição da justiça poética considera o custo envolvido nessa rejeição. Ao resgatar a tragédia da ingenuidade moral, ela o faz somente ao reconhecer que boa parte das tragédias ridiculariza de maneira cruel a própria ordem moral a que os críticos da justiça poética atribuem tão grande valor. É a mentalidade de certo tipo de catedrático ao velho estilo de Oxbridge, que preferiria ser considerado malvado a ser considerado ingênuo.

No entanto, Lessing, que, de maneira geral, é progressista quando se trata de tragédia, sustentando a noção de que a posição de um homem infeliz não está nem aqui nem acolá, adverte poetas trágicos que exploram por demais nosso senso de injustiça universal e nos fazem estremecer diante dos caminhos incompreensíveis da Providência, pois essas são emoções fúteis. De qualquer forma, insiste ele, não precisamos dessas táticas para nos ensinar submissão, uma vez que uma razão indiferente

---

63 Henn, op. cit., p.41.
64 Dodds; The Greeks and the Irrational. In: Georgopoulos (Ed.), *Tragedy and Philosophy*, p.180.

pode fazê-lo por nós de maneira menos angustiante. O caso é explicitamente ideológico: se devemos manter a confiança e uma coragem jubilosa – assim Lessing instrui os autores de tragédia –, é essencial que devamos ser lembrados o menos possível de tais terrores.[65] A melancolia, uma vez mais, é socialmente subversiva. Entretanto, nem mesmo Lessing é tão audaciosamente ideológico quanto Platão, que ressalta em *A República* que, se a ideia é manter estável a situação política, os dramaturgos não devem retratar os deuses como injustos, e sim mostrar como aqueles que são punidos colhem benefícios da punição.

"Onde há recompensa", afirma George Steiner, "há justiça, e não tragédia".[66] Isso – mais uma vez – não é verdade. Muitas tragédias terminam com a distribuição de justiça; o que é trágico acerca delas é que deva ser necessário tanto derramamento de sangue para alcançá-la, ou que deva haver crimes que exijam a princípio esses castigos tão severos. O Livro de Jó é o exemplo que Steiner oferece de narrativa de justiça, em vez de tragédia; porém, mesmo que Jó seja, no final, consolado, não foi trágico para ele sofrer a princípio tanta aflição? Por que deveria ser verdadeiro que tudo está bem quando termina bem? *As bacantes* continua sendo uma tragédia, mesmo que achemos que a mutilação sofrida por Penteu é sua merecida recompensa pela arrogante impiedade em relação a um deus. I. A. Richards compartilha a visão sombria de Steiner a respeito de finais trágicos, insistindo em que "o menor indício de qualquer teologia que tenha um Paraíso recompensador para oferecer ao herói trágico é fatal".[67] Não obstante, Richards encontra alegria na tragédia – embora isso "não seja indicação de que "tudo está certo com o mundo" ou que "em algum lugar, de alguma forma, existe justiça"; é sinal de que tudo está certo aqui e agora no sistema nervoso".[68] O que Richards descreve de modo efusivo como a coisa mais importante e mais rara na literatura resume-se em uma questão de higiene mental.

Alguns críticos parecem realmente deleitar-se com a injustiça trágica, trazendo-a de modo ostensivo à nossa atenção. Em *Soul and Form*, Georg Lukács comenta que na tragédia "a sentença é proferida sem misericórdia

---

65 Muitas das mais interessantes reflexões de Lessing sobre a tragédia podem ser encontradas em seu livro *Hamburgische Dramaturgie*.
66 Steiner, op. cit., p.4.
67 Richards, op. cit., p.247.
68 Ibid., p.246.

sobre a menor falha",⁶⁹ como se nada pudesse nos gratificar mais profundamente. De acordo com o juízo que fazem os teóricos, a maior parte deles conservadores, trata-se de uma forma não liberal e virulenta. No mesmo espírito, Jean Racine observa com orgulho em seu prefácio a *Fedra* que "as menores falhas são rigorosamente punidas" na peça, como se isso fosse uma recomendação. Para o jansenista Racine, a justiça é administrada por um Deus oculto, cujos caminhos nós não devemos sequer esperar que nos sejam inteligíveis; é suficiente sabermos que, como Deus é Deus, eles são divinos. Se o Todo-Poderoso transcende nosso discurso, então suas ações não são justas, mas também não são injustas. Apesar disso, Roland Barthes argumenta em *Sobre Racine* que o universo raciniano é manifestamente injusto, e que, para racionalizá-lo, homens e mulheres precisam inventar uma culpa para si mesmos. Personagens trágicas, portanto, nascem inocentes, mas tornam-se culpadas para salvar a pele de Deus.

Northrop Frye afirma que "a tragédia é inteligível porque sua catástrofe relaciona-se de forma plausível com a situação".⁷⁰ Mas não é a inteligibilidade que está em questão; é o fato de que uma Providência supostamente auspiciosa parece repartir os danos entre os inocentes com um desembaraço tão inconsequente. A catástrofe é plausível no sentido de que ela surge da situação, mas não no sentido de que é proporcional a ela. Sansão, de *Samson Agonistes* – de Milton –, queixa-se de que Deus parece infligir punição "dolorosa demais para a transgressão ou omissão". Na conclusão de *Rei Lear*, é como se a peça finalmente liberasse sua violência grotesca sobre os próprios espectadores, voltando-se sadicamente contra eles e esfregando em seus narizes as revoltantes injustiças, até que se sintam tentados a lamuriar-se e dizer que não aguentam mais. Samuel Johnson, com certeza, não aguentou. Como afirma Sadhan Kumar Ghosh, "é a desproporção, e não a punição, que constitui o verdadeiro terror da tragédia"⁷¹ – tanto que ele acredita, de fato, que justiça e tragédia são pouco compatíveis.

Na verdade, em uma teoria da tragédia, a punição *precisa* ser desproporcional. Como já vimos, o herói – ou heroína – trágico tem de ser razoavelmente virtuoso para ganhar nossa compaixão e, portanto, não pode merecer punição por inteiro. Existe uma espécie de tragédia neoclássica francesa, a chamada *tragédie heureuse*, que leva essa doutrina ao extremo: a justiça poética precisa ser executada, já que o herói é

---

69 Lukács, *Soul and Form*, p.158.
70 Frye, op. cit., p.41
71 Ghosh, *Tragedy*, p.8.

absolutamente incorruptível e, portanto, não pode ser destruído. Como afirma John Dryden em seu *Ensaio sobre a poesia dramática*, apenas aqueles que têm uma boa vida mas são desafortunados evocam nossa compaixão – de modo que, se a tragédia deve provocar em nós uma reação adequada, parece forçada a admitir que o universo não chega a ser justo. A força da forma, o fato de ela alimentar compaixões humanas, está, portanto, diretamente relacionada com seus embaraços morais. Se é para sermos tocados por um sentimento de respeito e admiração diante da visão de uma vítima em grande parte inocente e que resiste heroicamente ao seu destino, não podemos deixar de ficar igualmente cheios de indignação perante o fato de que, de qualquer modo, ela tenha de sofrer.

A imagem-espelho da punição desproporcional é o perdão, que devolve menos do que o esperado, em vez de mais. O perdão interrompe o circuito do olho por olho, desestabilizando a economia das punições merecidas. Com um gesto indiferente, ele põe de lado os rígidos valores de troca da justiça, erguendo-se acima da tediosa lógica pequeno-burguesa de dívidas e punições merecidas. Na verdade, a equivalência do olho por olho era, em si mesma, uma questão de misericórdia para o Velho Testamento: significava que não devíamos cobrar na punição mais do que aquilo de que tivéssemos sido privados. É um corretivo para o tipo errado de excesso. Justiça Infinita, codinome rapidamente outorgado à campanha norte-americana contra o terrorismo, é, em certo sentido, o tipo de oximoro que esperaríamos da retórica militar oficial. O tipo certo de excesso, em oposição, é o perdão. Perdão é tanto algo pródigo, já que é uma forma de generosidade, como também uma espécie de negação, na medida em que se recusa a retribuir na base do olho por olho, arrancando algo do nada. Como tal, é um gesto utópico que, por um momento, fica fora das regras do jogo. A recusa em retaliar aceita o que parece seu oposto, a extravagância de dar mais do que é, de fato, exigido, oferecendo a capa e o paletó ou caminhando duas milhas em vez de uma. Essa é uma espécie de zombaria carnavalesca das equivalências neuroticamente exatas da justiça, com um olho em um mundo futuro onde elas não serão tão importantes. Até esse tempo chegar, entretanto, uma ética da medida por medida continua essencial, principalmente porque os fracos seriam imprudentes se confiassem na caprichosa generosidade dos poderosos. Com sua lógica de contabilidade, a justiça nos ata ao mundo como ele é, mas sem ela os poderosos fariam a festa. E gestos exorbitantes como o perdão são, com muita frequência, prerrogativa dos poderosos, além de, algumas vezes, serem autocomplacentes. Isso, contudo, não quer dizer que tais gestos não possam criativamente colocar a justiça em dúvida, como a injustiça a coloca em dúvida em todas as formas erradas.

Como a misericórdia pode florescer sem zombar da justiça é um problema com o qual Milton se debate em *Paraíso perdido*. De maneira semelhante, *Medida por medida*, de Shakespeare, contrasta o tipo de absolvição que, na verdade, é apenas uma despreocupada indiferença, com aquele tipo que precisa computar o preço. E há sempre aqueles, como o psicopata Bernardino, que não podem ser perdoados, porque não falam a linguagem do valor moral da mesma forma que não falam búlgaro. Bernardino é como o inocente de *Em queda livre*, de William Golding, que não consegue perdoar porque não entendem que foram ofendidos. Da mesma forma, os mortos não podem perdoar. Eles não podem nos libertar da culpa e da raiva que sentimos por não estarem mais aqui.

Há uma influente linha de pensamento segundo a qual o propósito da tragédia é didático; mas se a tragédia é predestinada, como pode ela nos advertir em relação àquilo contra o qual nada pode ser feito? E, se ela carece de justiça, como pode estimular a integridade? O próprio excesso que nos afasta da imoralidade também não nos consegue convencer da solidez moral da forma. Em qualquer caso, às vezes são nossas virtudes, e não nossos vícios, que nos trazem sofrimento. A arte trágica, sem dúvida, pode nos ensinar "sobre quão frágeis bases são construídos telhados dourados",[72] como insiste Philip Sidney, e assim agir como um baluarte contra o húbris. Ela pode também nos reconciliar com nosso humilde lugar na vida, como sugere o Conde de Shaftesbury, ao atrelar uma moral do século XVIII a uma definição medieval

> [a tragédia] consiste na representação viva das desordens e da desgraça dos grandes; para que o povo e aqueles de condição mais humilde possam ser mais bem ensinados a se contentarem com a privacidade, desfrutarem de sua condição mais segura e valorizarem a igualdade e a justiça das leis guardiãs.[73]

Entretanto, quanto se trata de moralidade, parece que a arte trágica se encontra em terreno muito mais pantanoso. Isso não tem muita importância em nossos dias, quando a arte é o exato oposto do didatismo, mesmo que o sermão continue a ser um modo literário respeitado. "A tragédia não

---

72 Sidney, *An Apology for Poetry*, p.22.
73 Shaftesbury [Anthony Ashley Cooper], *Characteristics*, v.1.

rende lições morais", insiste R. P. Draper.⁷⁴ Porém, ela apresenta problemas em uma época mais moralista. O que é ideologicamente desejável é uma versão de justiça poética; e, todavia, isso é exatamente o que deixa de convencer. David Hume afirma que ver o virtuoso sofrer é desagradável, mas Joseph Addison rejeita a doutrina da justiça poética como contrária à natureza e à razão.⁷⁵ Os romances de Henry Fielding terminam em justiça poética, mas eles o fazem com um toque de ironia, sinalizando que agora é só na ficção que os maus têm seu merecido castigo e os bons, seus parceiros conjugais. Na vida real – assim sugere Fielding no perverso vácuo entre forma artística e conteúdo empírico –, os vilões provavelmente acabam como arcebispos. Quanto mais a ficção celebra a justiça poética, mais subversivamente ela chama a atenção para a sua falta fora do texto. Quando o angustiado Renzio, personagem da obra *Os noivos*, de Manzoni, mergulhado em meditação, diz que "Neste mundo, existe justiça a longo prazo", seu narrador, mais desencantado, acrescenta, a uma distância que, por assim dizer, ele não possa ouvir: "Como é verdade que um homem massacrado pelo sofrimento não sabe mais o que está dizendo!" (cap.3).

Mesmo assim, a ideia de que o bem irá prosperar não é de todo infundada. Rosalind Hursthouse manifesta-se: "Acreditamos que (falando de maneira geral, na maior parte) se agirmos bem, as coisas dão certo para nós".⁷⁶ Sermos justos, prudentes, compassivos e misericordiosos provavelmente nos tornará mais protegidos do mal do que sermos negligentes, injustos, cruéis e vingativos; contudo, não necessariamente. Ainda assim, não conseguimos evitar enganos, má sorte, companheiros de quarto psicopatas, colegas trapaceiros, ou sermos presa de forças malévolas. Don Abbondio, de Manzoni, em *Os noivos*, é ingênuo em supor que "acidentes desagradáveis não acontecem ao homem honesto que evita a companhia dos outros e cuida da própria vida" (cap.1). A virtude é, ao mesmo tempo, a melhor receita para a felicidade e, como Fielding reconhece, uma forma de nos tornarmos vulneráveis em um mundo sem princípios. É por essa razão que ela é, a um só tempo, admirável e ridícula, como é a própria palavra "virtude".

Consequentemente, a teoria do trágico está emparedada entre um pessimismo ideologicamente desconcertante e uma justiça poética implausível. Parece que a tragédia consegue estimular a compaixão apenas

---

74 Draper, op. cit., p.34.
75 Sobre as reflexões de Addison acerca da tragédia, ver *The Spectator*, n.40 e n.548.
76 Hursthouse, op. cit., p.185.

quando confessa injustiça. Esse dilema seria facilitado se a teoria se livrasse do preconceito de que somente os moralmente admiráveis são "alimento" adequado para a piedade. Dizem que os ingleses levaram um longo tempo para ver Napoleão como uma figura trágica. Entretanto, embora Zamore e Orosmane, personagens de Voltaire, sejam ambos assassinos, eles devem, aos olhos de seu bondoso autor, merecer compaixão, e não condenação. Boris Godunov, de Pushkin, assassinou o príncipe herdeiro para tomar o posto de czar, porém sua morte é tratada de forma compassiva na peça, e ele, ao final, emerge como uma figura positiva. Em *O rebelde*, Albert Camus argumenta que consideramos a injustiça repugnante, mesmo que seja feita a um de nossos inimigos. Schopenhauer, em seu costumeiro estilo não conformista, sustenta a ideia de que podemos nos compadecer de protagonistas trágicos, mesmo quando seu sofrimento é merecido e eles não demonstram nenhum autorreconhecimento. Ele também comenta, à sua maneira melancólica, que nós, espectadores, provavelmente somos bem capazes de cometer muito da maldade que vemos no palco. E, de fato, personagens que não merecem nenhuma compaixão às vezes têm permissão para escapar da justiça. Um caso flagrante é o patologicamente ciumento Gutierre Alfonso Solís, de *The Surgeon of Honour*, de Calderón de la Barca, que deixa sua esposa sangrar até a morte por ela lhe ter sido infiel, mas como punição ele é apenas forçado a se casar com outra mulher.

Schopenhauer zomba da ideia de que "somente a visão de mundo tediosa e otimista do racionalista protestante ou do peculiarmente judeu irá exigir justiça poética e nela encontrar satisfação".[77] Na visão de Schopenhauer, o herói trágico sabe que expia não seus próprios pecados, mas o crime da própria existência. A tragédia, em outras palavras, contém tanto a justiça quanto a injustiça do sacrifício: o ato do sacrifício é uma expiação necessária de algum crime; não obstante, sua vítima deve ser inocente. Ainda assim, se a tragédia rejeita a justiça poética, como pode ela ser moralmente edificante? Esse não é um problema para o próprio Schopenhauer, que nada tem a ver com absurdos idealistas como edificação moral, por exemplo; mas é certamente um problema para os críticos de orientação mais moralista, como John Dennis, que sustenta que toda tragédia deve ser uma magnânima homilia, castigando os maus e protegendo os bons.[78] Rousseau não se convenceu; sugere ele que, se detestamos os crimes de

---

77 Schopenhauer, op. cit., v.2, p.435.
78 Ver Dennis, *The Advancement and Reformation of Modern Poetry*.

uma Fedra ou de uma Medeia tanto no início quanto no final da peça, então onde está a lição moral da tragédia?[79]

A lição é que geralmente devemos tomar cuidado para não violar a ordem moral. Geralmente, mas nem sempre – efetivamente, não para Walter Benjamin, que vê a tragédia como uma sacudidela do cosmos moral por parte de uma criatura que se reconheceu como superior aos seus deuses. Todavia, embora quase todos os críticos que examinamos concordem que a tragédia pressupõe tal ordem, a questão está longe de comprovada. Realmente, a verdade pode ser o contrário. Pode-se argumentar que a tragédia surge não da violação de uma ordem estável, mas do fato de que essa mesma ordem tornou-se presa de uma complexa crise transicional. E isso, então, modifica a ideologia simplista da forma "herói livre *versus* cosmos prescritivo". "A zona da tragédia é a transição", declara Karl Jaspers,[80] enquanto Benjamin vê o teatro trágico como uma passagem historicamente necessária do mito para a filosofia.

Os classicistas J.-P. Vernant e P. Vidal-Naquet asseveram que a tragédia grega surge de uma tensão entre velhos caminhos mítico-religiosos do pensamento e novos caminhos político-legais, que ainda permanecem nebulosos e em disputa. "A tragédia", proclamam eles, "nasce quando o mito começa a ser considerado do ponto de vista do cidadão".[81] O teatro grego é uma combinação do primitivo e do progressista, de Dioniso e Apolo, de forças elementares e da ponderação coletiva de questões morais para chegar a uma conclusão racional. Se ela é um teatro de crueldade, é também um fórum de debate cívico. Moses Finley acredita que os dramaturgos e, em especial, Eurípides, sondaram "com surpreendente amplitude e liberdade os mitos e as crenças tradicionais", e associa isso ao ambiente democrático de Atenas no século V.[82] Martha Nussbaum afirma em *Love's Knowledge* que assistir a um drama grego era "envolver-se em um processo comunal de investigação, reflexão e sentimento com relação a importantes fins cívicos e pessoais".[83] Os poetas trágicos tornavam-se os principais professores de ética, o que claramente desconcertava pessoas como Platão.

Ver a tragédia grega equilibrada entre o mítico-heroico e o legal--racional é dizer, como Freud, que ela é atingida pelo paradoxo de que

---

79 Rousseau, *Lettre a d'Alembert sur les spectacles*, p.83.
80 Jaspers apud Kerr, op. cit., p.135.
81 Vernant; Vidal-Naquet, op. cit., p.9.
82 Finley, *The Ancient Greeks*, p.105.
83 Nussbaum, *Love's Knowledge*, p.15.

as próprias forças que entram na constituição da civilização são ingovernáveis, incivis e potencialmente disruptivas. Isso é bastante óbvio na sexualidade, ao mesmo tempo paixão anárquica e âncora da vida doméstica. Entretanto, podemos dizer a mesma coisa da produção material – as energias brutas e telúricas sobre as quais a civilização é erigida e que avultam, ameaçadoras, no mito de Prometeu. O que vale nesses casos aplica-se igualmente à esfera ético-legal, em que a justiça é tanto impedida quanto promovida pelo arcaico impulso de vingança. O poder político, por mais esclarecido que seja, ainda é presa de perigos e tabus. Se o dionisíaco é tanto temido quanto reverenciado, essa ambivalência profundamente sedimentada estende-se à criação da civilização como um todo, uma ambivalência também codificada pelo mito de Fausto. Dessa forma, Vernant e Vidal-Naquet rejeitam a leitura teleológica da *Oresteia* como uma penosa jornada dos poderes ctônicos à legalidade civil; o drama é, ao mesmo tempo, sobre ambos, sobre a lei e sobre as Eumênides.

Northrop Frye, em um singular lampejo de *insight* marxista, afirma que o drama trágico tanto da Atenas do século V quanto da Inglaterra moderna "pertence a um período da história social em que uma aristocracia está perdendo rapidamente seu poder efetivo, mas ainda retém grande parte do prestígio ideológico".[84] Há uma situação em que importantes grupos de tragédia surgem em tempos cruciais de formação sociopolítica, como ocorreu no nascimento da antiga pólis ou do Estado-nação no Renascimento. "As épocas de crença comparativamente estável", escreve Raymond Williams, "[...] não parecem produzir tragédias de nenhuma intensidade". Ou melhor, o cenário mais comum da forma parece ser "o período anterior à ruptura e à transformação essenciais de uma cultura importante".[85] Uma ordem tradicional ainda está ativa, mas cada vez mais em desacordo com valores, relações e estruturas de sentimento emergentes. Esse pode também ser o caso do modernismo, que, segundo Perry Anderson, tende a prosperar em sociedades ainda ligadas à tradição, as quais, não obstante, estão vivenciando pela primeira vez o impacto ao mesmo tempo alarmante e estimulante da modernização.[86] De fato, o modernismo produz um volume distinto de arte trágica, embora não necessariamente centrado no palco.

---

84 Frye, op. cit., p.37.
85 Williams, *Modern Tragedy*, p.54.
86 Ver Anderson; Modernity and Revolution, *New Left Review,* n.144, mar.-abr. 1984.

Em um ensaio bastante sugestivo, Franco Moretti vê na tragédia renascentista uma encenação da cultura do absolutismo em seu processo de dissolução.[87] Ela representa a contínua degeneração dessa soberania absoluta, porém em condições em que aqueles que foram apanhados nesse declínio não mais conseguem compreendê-la. Como uma classe governante em decadência histórica não consegue mais compreender sua situação, a iniciativa é transferida para os próprios espectadores do teatro, que agora devem, sem uma autoridade absoluta que possa guiá-los, pensar e julgar por eles mesmos. Como tal, representam os primeiros vislumbres da esfera pública racional da sociedade de classe média que surge mais tarde e que da mesma forma repudia a autoridade tradicional em favor do debate crítico. Desse ponto de vista, a tragédia é um mecanismo vital na evolução da cultura feudal mais recente para a cultura burguesa.

A tragédia é, portanto, uma forma essencialmente transicional – fruto nem do cosmos nem do caos; tampouco é produto da fé ou da dúvida, mas do que poderíamos chamar de fé cética. Ela pode surgir, por exemplo, do choque entre um relembrado sentido de valor e do que parece ser um presente predatório e degenerado. O desencanto trágico é possível porque o idealismo ainda é possível. Ou ela pode dramatizar o impasse entre o asfixiante peso do passado e uma melancólica luta pelo futuro, entre os quais o presente é comprimido até a morte. Isso ocorre tanto em Ibsen como em Chekhov. Para Hegel, a tragédia reflete com frequência uma batalha entre o passado e o presente – o herói trágico sendo despedaçado na competição entre ambos. O protagonista pode ser como um Hamlet desconjuntado, deslocado de seu tempo, um avatar por demais prematuro de um mundo novo ou um fracassado sobrevivente de um mundo antigo. Götz von Berlichingen, de Goethe, pertence ao último tipo; mas há também, como argumentava Marx, os revolucionários cuja hora ainda não soou, dos quais Thomas Münzer é exemplar. Marx achava a escolha que Lassalle fez de Franz von Sickingen para o herói epônimo de sua tragédia um falso recurso nesse sentido: von Sickingen, que se pretendia precursor do futuro, é, na verdade, uma ressaca aristocrática do *ancien régime*.[88]

Também a tragédia shakespeariana pode ser vista em tais termos transicionais. Shakespeare é atraído pela ideia tradicional de valores inerentes e identidades estáveis, mas também é defensor da diferença, na medida em que reconhece que as coisas, inclusive os sujeitos humanos, devem se

---

87 Ver Moretti; The Great Eclipse. In: _____, *Signs Taken For Wonders*.
88 Ver Prawer, *Karl Marx and World Literature*, p.222.

constituir mutuamente apenas para serem elas mesmas. Valores intrínsecos são uma espécie de retumbante tautologia; como afirma Wittgenstein em *Investigações filosóficas,* não existe proposição mais inútil do que a da identidade de uma coisa consigo mesma. Ainda assim, parece que a alternativa em Shakespeare é um tipo perigoso de relativismo em que todas as identidades se tornam contextualmente definidas e, portanto, não são mais, de forma alguma, identidades consistentes. A diferença ou a mutualidade, positiva em si mesma, tem uma espécie de infinitude "ruim" ocultando-se no seu interior, de forma que um valor ou identidade pode confundir-se com outro em um processo que ameaça nivelar todos eles em nada. Nas peças, dinheiro, linguagem e desejo são três ótimos exemplos dessa promiscuidade, que corre o risco de minar toda a unidade e estabilidade. Entretanto, já que isso também é válido para a linguagem extravagantemente metafórica com a qual o drama nos convence, é difícil erradicar essa perpétua mistura e troca de identidades – o que é fonte tanto de tragédia quanto de comédia – sem eliminar também os poderes criativos. Da mesma forma, é difícil dar combate a novos ideólogos severos como Edmund, Iago ou Lady Macbeth, com sua arrogante crença em uma infindável automodelagem, uma construção de sua singularidade, sem reconhecer que tal transgressão é uma condição da história e da ação humanas como tal.[89]

De qualquer forma, a oposição entre ordem e transgressão pode ser desmantelada. Em primeiro lugar, a Lei tem um interesse "pessoal" em nossa iniquidade, já que, se não nos excedemos, ela fica sem serviço. Em segundo lugar, é "correto" de nossa parte transgredir, no sentido de que um perpétuo ultrapassar os limites é parte de nossa natureza, e não um lamentável desvio dela. Uma palavra para essa transgressão constante é história. Não ter nenhuma localização muito estável é algo que está embutido na ordem do animal linguístico e produtivo. Um regime nitidamente humano é um regime com um poder imanente de superar-se. A linguagem é exatamente tal formação. É essa capacidade de transgressão que faz um sistema cultural funcionar, em vez de simplesmente interromper suas operações regulares. Algumas vezes, a tragédia detecta uma espécie de distorção ou uma severa dissonância no âmago das coisas, quando alguma insinuação do Real – digamos, incesto ou ter no prato a carne dos filhos assassinados – irrompe dentro de uma ordem ética que, em geral, sobrevive mantendo tais

---

89 Desenvolvi esses comentários em *Shakespeare.*

horrores a distância. Sem esse Real excluído, entretanto, nenhuma ordem ética teria condições de funcionar.

Nem toda tragédia é desse tipo; algumas não são especialmente horrorosas ou ofensivas, mas simplesmente dolorosas. Mesmo assim, tais vislumbres do Real são tanto fascinantes quanto muitíssimo agradáveis – de forma que, mesmo quando a mente é abalada em suas raízes, aturdida e violada pelos terrores que testemunhou, bradando que tais coisas são simplesmente inconcebíveis, embora vendo muito bem que estão acontecendo, ela também compreende que essa distorção, que extrapola significação é, de alguma forma, parte necessária da maneira como as coisas funcionam. Sem esse ponto cego no centro de nossa visão, esse silêncio clamoroso no centro de nossa fala, seríamos absolutamente incapazes de ver ou de falar. No próprio seio da ordem existe algo fora do lugar ou, na expressão lacaniana, algo êxtimo – seja um desejo reprimido, seja um grupo ou classe excluídos – que ajuda a manter a ordem em movimento. É essa necessidade, essa alteridade ou elemento fora do lugar de que precisamos para, afinal, estar no lugar, que está por trás das ideias de destino e de Vontade, e da qual o Deus cristão é um exemplo mais benévolo. Isso pode também esclarecer a doutrina cristã do pecado original, a crença de que a transgressão é parte da maneira como naturalmente funcionamos, uma estrutura essencial de nosso ser genérico, e de que esse é um estado feliz ou *felix culpa*, já que é a fonte de nossa realização, bem como de nossa própria ruína.

A palavra "ordem" sugere um sistema coerente; mas esse quase nunca é o contexto real da tragédia, no sentido de que eruditos solenemente já empregaram para imaginar uma elegante entidade conhecida como Visão de Mundo Elisabetana. Como afirma Raymond Williams, a Grécia antiga era "uma cultura marcada por uma extraordinária rede de crenças ligadas a instituições, práticas e sentimentos, mas não pelas doutrinas sistemáticas e abstratas que agora chamamos de teologia ou filosofia trágica".[90] Porém, se a ordem não é tão estável como pode parecer, da mesma forma o desejo transgressor nada é senão rotina. Para Spinoza, nossos próprios desejos são determinados, ao passo que, para Freud, o desejo tem a anonimidade de uma ordem impessoal. Segundo Freud, o desejo não é definido por seu objeto, o que é bastante infundado; em vez disso, ele faz todo o percurso e surge em algum lugar do outro lado, para voltar a

---

[90] Williams, *Modern Tragedy*, p.17.

juntar-se a si mesmo. Nas tragédias de Racine, o desejo tem exatamente essa qualidade cruel, inumana, como uma espécie de catástrofe natural que, de repente, empina a cabeça e nos derruba de lado. É uma doença ou aflição a ser tão profundamente lamentada quanto a morte, e da qual a morte é sempre a única saída. O teatro raciniano é um teatro em que o desejo sempre perde o alvo, de forma que sua rígida economia é, muitas vezes, um balanço suficiente de não reciprocidades, um fracasso da simetria como um todo, da mesma forma que uma personagem ama outra que ama outra. Andrômaca ama Heitor, seu marido que está morto, Pirro ama Andrômaca, Hermione ama Pirro e Orestes ama Hermione. Em *Britânico*, Nero está apaixonado por Júnia, amada de Britânico; Tito, de *Berenice*, ama Berenice, mas livra-se dela, enquanto Antíoco ama-a platonicamente. Fedra ama Hipólito, que a detesta; Arícia ama-o também, e Hipólito retribui seu amor.

Então, tudo isso no drama de Racine dá origem à série de incongruências, mistificações, tiros que saem pela culatra, ambiguidades, equívocos mútuos, estratégias contraproducentes, autorruína e autodivisão, pelos quais o desejo pode, afinal, anular-se com a morte. Essa rígida forma neoclássica é menos uma questão de equilíbrio do que uma densa rede de frustrações mútuas, que parece harmoniosa apenas porque todas as personagens estão potencialmente submersas em tal conflito. A linguagem homogênea sugere indícios dessa área delimitada e claustrofóbica, mesmo quando sua elegância ergue-se acima da assustadora selvageria que retrata. Esses nobres de boas maneiras são também monstros libidinosos. Há constante desordem no seio da mais rigorosa ordem, de forma que a ruptura torna-se, ela própria, uma espécie de simetria sinistra, as impiedosas repetições do desejo. A escolha de Fedra está entre ser devastada por essa lei implacável ou destruída pelos igualmente inexoráveis editos da sociedade.

É verdade que, visto de outro ângulo, o desejo é uma força rebelde e anárquica, que causa uma devastação no dever e viola os laços de amizade, parentesco, legalidade, lealdade cívica. O desejo, como bem sabe o romance dos séculos XVIII e XIX, não respeita distinções sociais, o que é uma razão para ser tão nefasto. Ver o desejo como anárquico é, sem dúvida, especialmente tentador para uma época racionalista, uma época para a qual a emoção só pode ser definida como rival da razão; aqui não pode haver nada da ideia de moralidade clássica de desejo *razoável*, da mesma forma que não pode haver para o pensamento pós-moderno. No entanto, a paixão é, simultaneamente, uma relação e um delírio, um destino impiedoso e uma infecção acidental. O amor é, ao mesmo tempo, inevitável e fortuito: essa pessoa insubstituível é o único objeto para ele imaginável, mesmo que, evidentemente, pudesse sempre ter sido alguma outra pessoa.

Embora personagens como Fedra ajam e conspirem como agentes livres, elas são determinadas a cada momento por esse anseio cruel e impessoal que as separa tão radicalmente de si próprias que elas só podem observar, indefesas, sua paixão conduzi-las para a ruína. O desejo traz consigo sofrimento e autorrepressão, de forma que, como acontece em *Os sofrimentos do jovem Werther*, de Goethe, tememos isso como se temêssemos um crime hediondo ou um contágio virulento. Seu oposto parece menos ódio que saúde. O amor é um vício letal que nos torna estranhos a nós mesmos, força-nos à dissimulação, à negação, à autotortura, e pode mudar completamente de direção em um piscar de olhos. O ser que amamos é também nosso inimigo mortal, como, na verdade, é a parte do eu que ama. A condição típica é, portanto, uma condição de ambivalência, pois impulsos criativos e destrutivos entrelaçam-se de maneira trágica. Muito disso vale para *Medeia*, de Eurípides, para *Yerma*, de Lorca, e para *Quem tem medo de Virginia Woolf?*, de Edward Albee, que, como *Medeia*, tem um *Kindermort*, embora dessa vez seja um filho puramente imaginário.

Mesmo que haja algum tipo de ordem no mundo, ela pode ser uma ordem intermitente e ambígua, suas regulamentações tanto coercitivas quanto inescrutáveis. A ficção de Kafka é o *locus classicus* desse dilema, mas ele pode ser encontrado, de maneira mais geral, no protestantismo e na noção do *Deus absconditus*, na visão de homens e mulheres tateando entre os signos semilegíveis de um mundo obscurecido, em busca de uma certeza de salvação que lhes é negada para sempre. Por essa forma de ver, as coisas não são racionais por si mesmas; elas são racionais somente porque Deus decretou arbitrariamente que elas fossem assim. Arbitrariedade semelhante pertence à Lei em geral, que não pode ser motivada racionalmente, já que ela estaria, então, subordinada à razão e, assim, perderia sua autoridade absoluta. A Lei pode manter essa autoridade sendo apenas uma retumbante tautologia ("A Lei é a Lei!"), um significado vazio cujo imperativo "Obedeça!" é tão intransitivo quanto as ordens daquele que simplesmente deseja estar no comando, e não ver algo realizado. Josef K., de Kafka, precisa escrever uma declaração de defesa contra um crime que não foi especificado. "O que eles querem de mim?", "O que é que devo fazer?", é a pergunta aflitiva do sujeito que se posta perante a Lei, perguntando a si mesmo se consegue compreender esse texto indecifrável e se a Lei interpretou corretamente aquilo que exige.

Se não há justificativa perante a Lei, isso acontece, em primeiro lugar, porque nada há na Lei com que possamos argumentar ou concordar; ela não tem nenhum conteúdo além do mero ato performativo de garantir seu próprio domínio. Ela tem, portanto, o formalismo de toda violência pura e é tão impérvia a argumentos quanto um psicótico. Em *Crime e castigo*, de Dostoievski, Raskolnikov reflete e acha que todos os grandes legisladores da humanidade foram sanguinários porque todos eles foram inovadores ousados; o portador do novo, daquilo que até agora carece de legitimidade, é, nesse sentido, semelhante ao criminoso. O vanguardista e o malfeitor são gêmeos. Hegel via a história como produto de tiranos criativos encharcados de sangue e de imaginação, prodígios assassinos levados a transgredir fronteiras morais e atropelar outros sob seus pés simplesmente porque estavam no caminhão do progresso. É uma trágica visão da civilização humana: Hegel não acreditava que houvesse muita felicidade para homens e mulheres além da esfera privada, e entendia que a história era, em grande parte, desprovida de tais realizações.

"O que eles querem de mim?" é também a pergunta do protagonista de *O castelo*, de Kafka, que nunca tem certeza de que as autoridades do castelo o estão "saudando" pessoalmente ou não têm consciência de sua existência. "Minha posição aqui", ele protesta, "é muito incerta". Ele fora convocado para alguma finalidade ou foi algum equívoco administrativo? Em dado momento, o burocrata Klamm grita o nome de Frieda, mas K. imagina que ele pode não tê-la em mente de forma alguma. É difícil saber o que exigir da Lei, além de um mero reconhecimento de nossa existência; mas essa exigência ou é tão formal ou tão completa, ou é tudo ou quase nada, que fica difícil dizer o que indicaria que ela foi satisfeita. Como poderia K. reconhecer o reconhecimento? Os vereditos do castelo – dizem a ele – não devem ser interpretados ("Você interpreta tudo de maneira errada"), e, de qualquer forma, talvez não haja nenhuma metalinguagem ou uma única fonte de expressão no castelo. Depois de algum tempo, dizem a K. que existem "autoridades no controle", mas nenhuma Autoridade no Controle. Ele, naturalmente, quer ter boas relações com essas autoridades, pois pode, assim, descobrir o que esperam que ele faça, fazer algum tipo de diferença; mas, se uma autoridade é um poder que precede e apropria-se do lugar que se ocupa, então, talvez tudo tenha sido decidido antes, e K. está perdendo seu tempo. É impossível dizer se as coisas são fortuitas ou se são rigorosamente determinadas. Para ser perdoado, é preciso, antes de tudo, provar que se é culpado, o que o castelo nega; não pode haver salvação para o inocente. Pode ser também que o castelo, como a Lei mosaica, aos olhos de São Paulo, pode apenas condenar em vez de perdoar. A Lei tem seus usos, mas, como Paulo reconhece, ela apenas nos mostra onde erramos, não nos instrui como agir da maneira correta.

Dizem a K. que sua felicidade terminará no dia em que ele descobrir que a esperança que ele depositou em Klamm é em vão, o que parece o oposto de uma análise lacaniana bem-sucedida. Para o sujeito, o fato de compreender que ele não tem nenhum alicerce no Outro, que nada pode garanti-lo inequivocamente, representa o vislumbre da sabedoria lacaniana, e não o fim da felicidade. É o momento ao final de *O prodígio do mundo ocidental*, de J. M. Synge, quando Christy Mahon, depois de deixar de depender do pai e passar a depender de fantasias que o levam a admirar a comunidade, vem a compreender que não há base segura de identidade em nenhum dos dois e abandona a ambos por uma narrativa de perpétua autoinvenção. A personagem K., de Kafka, não desiste de seu desejo de reconhecimento, e a conclusão pretendida dessa fábula inconclusa representa um acordo: ele é comunicado de que não há garantia oficial ou legitimação de sua posição na sociedade do castelo, mas em seu leito de morte, exaurido pela luta, chega a notícia de que, embora seu pedido legal de permanecer no vilarejo seja inválido, ele tem, diante de certas circunstâncias secundárias, permissão para viver e trabalhar lá.[91]

A Lei não é o oposto do desejo, mas é o tabu que a princípio o gera. Nesse sentido, como veremos adiante, ela é um pouco parecida com a tragédia, que – supõe-se – provoca as próprias emoções que ela, em seguida, passa a expurgar. Paradoxalmente, é só através da Lei que podemos ter acesso ao desejo que ela proíbe, já que a proibição é a primeira coisa que aprendemos a respeito dela. "Se não fosse pela lei", escreve São Paulo aos romanos, "eu não saberia o que é o pecado. Eu não saberia o que é a cobiça, se a lei não dissesse 'Não cobiçarás'"(Romanos 7:7). Nesse sentido, é a Lei que nos diz o que desejar. Franco Moretti indica que na ficção de Balzac e de Flaubert, o herói realmente deseja apenas aquilo que os outros desejam que ele deseje.[92] Na forma do superego freudiano, a Lei é vingativa de uma maneira insana e selvagemente sádica, lançando homens e mulheres na loucura e no desespero. Essa Lei retaliativa e paranoica está fora de controle, doente de desejo, fazendo estragos em nome da estabilidade, voltando-se contra o frágil ego, com ferocidade mortal.

---

91 Ver a nota do tradutor em Kafka, *The Castle*, p.7.
92 Moretti, *The Way of the World*, p.166.

Como se isso não fosse o bastante, a Lei é também obtusa, surda à verdade de que o sujeito não tem condições de obedecer às suas exigências infantis e desarrazoadas, e cega diante do fato de que sua violência é excessiva, mesmo para seus próprios fins. Ela tem toda a arrogância do poder, mas nada da sua astúcia. Aqueles que se agarram de maneira muito submissa a esse augusto poder podem ser os mais culpados, pois é sempre possível que, como o gélido Ângelo de *Medida por medida*, sua ânsia por se adequar seja uma defesa inconsciente contra sua compulsão por se rebelar.[93] Da mesma forma que o sublime, a Lei é tanto atemorizante quanto sedutora; na verdade, para Kant, a lei moral é a forma absoluta de sublimidade. O terror sagrado do sublime é a maneira pela qual a Natureza aponta para além dela própria, para a lei moral em sua própria destrutibilidade furiosa. Uma vez sublimada dessa forma, essas forças destrutivas parecem redimir-se: agora elas assumem a forma da própria autoridade moral, em toda a sua assombrosa majestade. Entretanto, como essa autoridade não é representável por si mesma, ela pode ser representada somente pela Natureza, e, portanto, sem dúvida, tem a aura do caos e da crueldade da Natureza ainda presa a ela. Aqui, existe um paralelo com a tragédia. A destruição trágica aponta para além de si mesma, para uma lei que parece justificá-la; entretanto, essa lei envolve, ela própria, mais que um toque de loucura, desordem e injustiça. Se essa é uma solução para o conflito, ou uma expressão superior dele, não é fácil avaliar.

De qualquer maneira, pode ser que a ordem e o indivíduo poderoso, pelo menos na era moderna, não sejam, em geral, encontrados lado a lado. Hegel, e posteriormente Max Weber, achava que o Estado burocrático mais ou menos arruinou os heróis, de forma que, quanto mais estabilidade houver, provavelmente menos rebeldes admiráveis serão gerados. A. C. Bradley deplorava os efeitos de um mundo de "calças, máquinas e policiais" sobre "eventos espetaculares ou ações individuais em grande escala".[94] Exatamente por que um mundo heroico deva ser um mundo sem calças não fica claro. Além disso, ordem e transgressão não podem ser opostos polarizados, já que a lei é a sua própria transgressão. Certamente sua origem, como bem sabia Edmund Burke, exclui a existência de lei, já que não há lei antes da Lei, e o estabelecimento da Lei deve, portanto, ter sido arbitrário e coercitivo. Contrariamente, a coerção da Lei requer um consentimento geral de autoridade às instituições. Para Burke, uma

---

93 Ver Žižek, *Did Somebody Say Totalitarianism?*, p.100.
94 Bradley, *Oxford Lectures on Poetry*, p.191.

sociedade civilizada é simplesmente o processo pelo qual, com o passar do tempo, essa origem violenta ou crime aborígine é misericordiosamente apagada da memória humana, de forma que, aos poucos, a ilegitimidade modula-se e se transforma em normalidade. Civilidade é apenas violência naturalizada. Na origem de qualquer história humana encontra-se alguma transgressão primordial ou alguma quebra de tabu, que agora foi sensatamente empurrada para o inconsciente político e não pode ser trazida à luz do dia sem o risco de grave trauma. Esses radicais que retornam ao passado, a essa fonte ilícita, reabrem a cena primal, desvelam a vergonha do pai, arrebatam o véu da decência das fontes inevitavelmente maculadas da vida social e expõem o pouco atraente falo da Lei.[95]

Esse conluio entre Lei e desejo é óbvio o bastante na tragédia de vingança. Vingadores como Bussy D'Ambois, de Chapman, ou Vindice, de *The Revenger's Tragedy*, transformam-se, por alguma lógica fatídica, na imagem daqueles que eles caçam, ficando cada vez menos distinguíveis deles. Se Vindice pune os maus, ele também se alegra ao fazer isso. O vingador é, ao mesmo tempo, criminoso e responsável pela aplicação da lei, guardião da ordem e infrator dela. Ferdinand, símbolo da autoridade em *The Duchess of Malfi*, de Webster, é um monstro do mal. Clamar por justiça como vingador é ser sugado para dentro da própria ordem que a nega, aceitando suas reciprocidades distorcidas, seus valores de troca, sua árida lógica do olho por olho. Somente por um gesto de absoluta recusa, um ato gratuito de renúncia e clemência, é possível cortar o nó dessa situação, interrompendo o circuito mortal; todavia, isso significa permitir que a injustiça prospere, de forma que não é fácil diferenciar tal transcendência de uma indiferença criminosa. Talvez seja necessário recuar dessa violência, que se autoabastece, para alguma metaposição que prenuncie a morte, em que todas as probabilidades se equivalem, lendo essa morte dentro do presente, no gesto que conhecemos como misericórdia. É nesse espírito que Walter Benjamin fala da morte como a forma de vida do protagonista trágico, em vez de apenas o fim dela.[96] Não obstante, esse nivelamento criativo de valores está ominosamente próximo de um tipo de ceticismo.

Todos esses conluios do tipo gato e rato entre lei e rebelião lançam dúvida sobre certa antítese simples entre padrão cósmico e transgressão individual. Um de nossos desejos mais persistentes, se dermos crédito a

---

95 Discuti mais detalhadamente essas ideias de Burke em meu livro *Heathcliff and the Great Hunger*, capítulo 2.
96 Benjamin, *The Origin of German Tragic Drama*, p.114.

Freud, é um desejo pela Lei em si mesma, uma paixão por autolaceração. E isso, como veremos, desempenha sua parte no prazer trágico. Ademais, se a transgressão deve ser real, também deve ser real a lei que ela afronta, o que significa que a transgressão não pode deixar de confirmar o próprio poder que infringe. O crime, se pretende ser autêntico, deve sugerir valor, de forma que o anarquista é quase tão fanático pela lei e pela ordem quanto o arcebispo. O Marquês de Sade, logicamente, não pode ser um niilista.

Dorothea Krook afirma que os tormentos da tragédia são necessários e são aceitos pelos protagonistas como tal, mesmo que sejam inocentes. A dor que eles sentem é redentora e expiatória; ela torna inteligível o mistério do sofrimento, reafirma a lei moral e alcança a conciliação. Há, sem dúvida, algumas obras trágicas em relação às quais isso é verdadeiro, mas é falso em relação à grande maioria, de *Antígona* e *Otelo* a *John Gabriel Borkman* e *A gaivota*. É o desejo dos críticos por harmonia moral, e não o desejo dos autores de tragédias, que está em jogo aqui. Ver a angústia humana intimamente ligada ao dilaceramento e ao reforço de uma ordem cósmica é uma tentativa de justificar o indefensável. É como argumentar que a perda da vida em um naufrágio pelo menos comprova o magnífico poder da Natureza. De fato, essa é mais ou menos a opinião de Hölderlin, para quem a tragédia é um sacrifício necessário que permite à Natureza aparecer como tal. Mas isso, como outras apologias análogas, é lançado na linguagem pomposa do idealismo alemão, e suas implicações mais condenáveis são, assim, facilmente desconsideradas. Tais filósofos da Natureza, da sublimidade e da intolerável presença dos deuses precisam lembrar-se de que tragédia lida, tradicionalmente, com piedade e medo, tópico que agora passaremos a abordar.

CAPÍTULO 6
Compaixão, medo e prazer

A tragédia, a mais viril das formas de arte, começou como uma atividade bastante afeminada. Uma das diversas razões pelas quais Platão a desterra de sua república ideal como o principal exemplo de arte irracional é porque ela nos permite satisfazer emoções perigosamente inviris, como compaixão e medo, por exemplo. Na arte, não devemos dar rédeas a paixões que, na realidade, reprimimos, mesmo que Platão relute em admitir quão agradáveis elas possam ser. A compaixão que sentimos pelos outros corre o risco de nos infectar; é difícil sentirmos piedade sem sentirmos pena de nós mesmos também.[1] Em *O que é arte?*, Liev Tolstoi abraça uma teoria bastante semelhante de contaminação emocional. Quanto ao medo, um excesso dele obviamente ameaça as virtudes masculinas de força bruta e autodisciplina, sobre as quais repousa a organização política. Platão tem algumas razões mais honrosas para sua desconfiança em relação à tragédia, sobretudo sua crença de que um verdadeiro entendimento da lei, da sabedoria e da justiça a eliminariam da vida. A filosofia é o antídoto do trágico; porém, o assunto gera tanto o pior quanto o melhor em Platão.

O inventivo contragolpe de Aristóteles a essa reprovação é a doutrina da catarse, que aceita as premissas de Platão, mas nega as suas conclusões.[2] A tragédia pode realizar o agradável e politicamente valioso serviço de

---

[1] Ver Platão, *The Republic*, p.374-7.
[2] O significado dessa doutrina mostrou-se bastante controverso e, a respeito dela, assumo aqui uma interpretação específica e razoavelmente conhecida, sem defendê-la. Gerald F. Else, em seu magistral estudo sobre a *Poética* de Aristóteles, adota a agora ultrapassada ideia de que a catarse não se refere absolutamente aos espectadores. Ver Else, *Aristotle's Poetics:* The Argument, p.224-32.

drenar um excesso de emoções debilitantes, como compaixão e medo, fornecendo, assim, uma espécie de terapia pública àqueles cidadãos que correm o risco de apresentar instabilidade emocional. Sentimos medo, mas não nos animamos a fugir. Somos, por assim dizer, sacudidos, mas não provocados. Nesse sentido, o drama trágico desempenha um papel central na proteção militar e política do Estado, organizando o complexo de sentimentos apropriados para esses propósitos, mais ou menos como o *Proletkult* bolchevique via a arte como um princípio de organização de novos tipos de sentimento apropriados para o Homem soviético. Rapin, crítico neoclássico francês, afirma que a tragédia nos insensibiliza contra o medo, na medida em que nos acostumamos a ver aqueles mais eminentes do que nós enfrentando o sofrimento, bem como nos disciplina a guardar nossa compaixão para aqueles que mais a merecem.

A tragédia é, portanto, um instrumento de regulação de sentimentos sociais, e seu propósito, como Milton escreve no prefácio a *Samson Agonistes*, é "mitigar e reduzir [as paixões] à medida justa com uma espécie de deleite".[3] Philippe Lacoue-Labarthe considera a tragédia grega uma política da emoção, ressaltando que a compaixão e o medo são noções políticas mais do que psicológicas. Compaixão refere-se ao elo social, ao passo que medo refere-se ao risco de sua dissolução.[4] Dessa forma, eles correspondem, em sentido geral, aos papéis que Edmund Burke em sua investigação estética atribui respectivamente ao belo e ao sublime – a primeira como as graciosas afinidades e os atos de mimese que consolidam a vida social, o último como a dinâmica disruptiva ou a atividade inquieta que a dissolve apenas para recriá-la.[5] A tragédia – poderíamos afirmar – é uma mescla de beleza e sublimidade: ela é um bem dado em pagamento parcial das reações sociais comuns de amor e política, mas vê esses últimos como abrindo-se para uma alteridade que não podem controlar inteiramente.

Sendo assim, Aristóteles considera o teatro trágico um depósito de refugos de emoções socialmente indesejáveis, ou pelo menos um programa de reciclagem. Se Brecht acreditava que o público de teatro deveria deixar seus sentimentos excessivamente ternos na chapelaria, junto com seus chapéus e casacos, Aristóteles sustentava a opinião de que devemos deixá-los para trás ao sairmos. Walter Kaufmann faz uma paráfrase dessa

---

3 Milton; Samson Agonistes. In: Bush (Ed.), *John Milton*: Poetical Works, p.517.
4 Lacoue-Labarthe, op. cit., p.9.
5 Ver Burke; Philosophical Inquiry into the Origin of our Ideas of the Sublime and the Beautiful. In: _____. *The Works of Edmund Burke* [1906], v.1, p.95 e 102.

noção: "pessoas confusas e sensíveis irão se sentir melhor depois de um bom choro".[6] Entretanto, talvez não valha – isso é o que fica sugerido – para tipos autodisciplinados como você e I. F. L. Lucas, o qual, exibindo uma sensibilidade quase pós-moderna à diferença cultural, acha que a teoria de Aristóteles "pode ter sido mais válida para uma raça mediterrânea entusiástica".[7] Atualmente, o conflito entre Platão e Aristóteles é, portanto, um conflito rotineiro entre teorias miméticas e terapêuticas em relação a pornografia ou violência na mídia. Ou a coisa toda nos conduz à brutalidade da vida real ou ela tem exatamente o efeito oposto. Nietzsche adotou a teoria mimética e rejeitou a doutrina da catarse: para ele, quanto mais os instintos eram exprimidos, mais eles se fortaleciam.[8]

Na *Poética*, Aristóteles afirma que compaixão e medo estão entrelaçados. Nós nos apiedamos dos outros por aquilo que tememos que possa acontecer conosco, e aqueles incapazes de um desses sentimentos são, portanto, também insensíveis ao outro. Assim, a compaixão é egoísta, como é também para alguns filósofos modernos, embora Aristóteles estabeleça, em outra parte de sua obra, a diferença entre essa emoção egocêntrica e compaixão ou filantropia. Compaixão transforma-se em medo, comenta Aristóteles na *Retórica*, quando seu objeto é tão íntimo que o sofrimento parece ser nosso próprio sofrimento. Levada ao extremo, então, a distinção entre os dois sentimentos torna-se quase indecidível. Ambos estão sedimentados na imaginação – no caso da compaixão, na reconstrução dos sentimentos do outro; no caso do medo, em uma visão do que poderia acontecer conosco. Aristóteles não considera que possamos ter piedade daqueles que provocaram seu próprio infortúnio, opinião compartilhada por Martha Nussbaum, mas não, como vimos, pelo presente estudo.[9] Parece bastante cruel não sentir nenhuma ferroada de compaixão por alguém que arranca o volante do carro em um surto momentâneo de fúria e acaba perdendo os membros. Nussbaum, entretanto, enfatiza de forma bastante apropriada, que não podemos sentir piedade sem nos sentirmos potencialmente vulneráveis ou inseguros, sobretudo se a piedade é tão egocêntrica quanto Aristóteles parece acreditar.

Nem todo crítico é tão obstinado quanto Aristóteles a respeito dessa questão. O manso Lessing, cujas ideias sobre compaixão sofreram a

---

6 Kaufmann, op. cit., p.50.
7 Lucas, op. cit., p.50.
8 Ver Nietzsche, *Human All Too Human*, v.l, p.191.
9 Ver Nussbaum, *The Fragility of Goodness*, p.384.

influência de Adam Smith, acredita que podemos nos apiedar até mesmo de pessoas malvadas.[10] David Hume assevera que "sentimos piedade até mesmo de estranhos, os quais são absolutamente indiferentes a nós".[11] Aqui há, todavia, um dilema submerso, como já notamos no capítulo anterior. Se os protagonistas são indefectíveis demais, então eles se arriscam a ser passivos demais, seu sofrimento torna-se repugnante, e não é fácil afirmar, como fazem os apologistas da ordem cósmica, que a tragédia tem muito a ver com justiça. Porém, se eles contribuem para sua própria ruína, é difícil para alguns críticos ver como podemos sentir piedade deles e, assim, ver sua ruína como trágica em vez de merecida. Podemos, entretanto, sentir, de fato, pena daqueles que achamos desagradáveis. Oscar Mandel pergunta se gostamos de Emma Bovary o suficiente para considerar o romance trágico, mas Emma é trágica, quer gostemos dela ou não.[12] Tudo o que precisamos saber para avaliar a tragicidade de sua história de vida é se ela é humana, e não se é atraente, autodestrutiva, virtuosa ou nobre.

Há, portanto, uma espécie de falha ou fragilidade potencial na raiz da compaixão, fazendo que ela pareça uma questão desagradável *de haut en bas*. Se fôssemos completamente autônomos, não poderíamos sentir piedade dos outros; na verdade, haveria um quê de psicopata em nós. John Dryden pode estar equivocado ao classificar a piedade como "a mais nobre e a mais divina das virtudes", como faz em seu prefácio a *Troilo e Créssida*; mas também essa não é necessariamente uma condescendência apenas odiosa, mesmo que falemos com mais facilidade do objeto da piedade do que de seu sujeito. Hetty Sorel em *Adam Bede*, de George Eliot, tem negada sua real tragicidade exatamente dessa maneira. Na verdade, para alguns críticos, a tragédia e a compaixão produzem parceiros desconfortáveis: não desprezamos aqueles que vemos como trágicos, embora a piedade possa envolver precisamente essa complacência. Hegel consegue ser condescendente com a piedade em si, que na tragédia, precisa ser algo superior à espécie comum. "Mera" piedade e medo, ele afirma, são inferiores aos propósitos mais nobres da arte. Para Hegel, a longa tragédia do povo judeu não pode despertar nem compaixão nem terror, apenas horror. Ela nada tem da beleza e da grandeza da herança grega, incapaz, por causa de seu Deus absolutamente transcendente, de encarnar o divino na esfera

---

10 Ver Robertson, *Lessing's Dramatic Theory*, p.362.
11 Hume, op. cit., p.417.
12 Mandel, op. cit., p.90.

humana. Em um dos tortuosos absurdos que enxovalham a teoria do trágico, a tragédia dos judeus para Hegel – nas palavras de alguns de seus intérpretes – é "desprovida de qualquer dimensão trágica".[13]

A doutrina de Aristóteles é homeopática: a tragédia desperta sentimentos de compaixão e medo apenas para expurgá-los, purificando-nos do terror e sentimentalidade excessivos, alimentando-nos com doses controladas dessas mesmas paixões. Temos permissão para ceder a esses sentimentos, mas apenas no sentido de reduzi-los à devida dimensão. A tragédia, então, tem uma qualidade estranhamente circular, que estimula para depois extrair como se utilizasse um sifão. Assemelha-se mais a uma terapia do grito primal do que a uma sala de concertos. E, da mesma forma que nossa reação à tragédia funde estranhamente dor e prazer, também esse processo de purgação mostra uma ambivalência similar: os sentimentos que estão sendo liberados são dolorosos por si mesmos, mas o ato de liberá-los é prazeroso. Podemos ignorar em silêncio inofensivo a óbvia analogia com esse ato de nos esvaziarmos com satisfação de uma carga dolorosamente incômoda. Contudo, essa dialética da dor e do prazer é uma dialética dupla, já que, em primeiro lugar, ambas as sensações atuam na piedade e no medo. O século XVIII tinha muita consciência da confiante luminosidade do sentimentalismo que a piedade podia envolver, e uma época fascinada pelo sublime não estava, de forma alguma, distanciada da sugestão de que o terror podia ser fascinante.

Quão egoísta é a compaixão? Thomas Hobbes a vê em um estilo tipicamente egocêntrico como a "imaginação ou ficção de calamidade futura para nós mesmos, proveniente da percepção da calamidade do outro".[14] A compaixão pode ser uma espécie de *Schadenfreude*, trazendo-nos à mente a agradável lembrança de que estamos livres do mal em comparação com o infortúnio do outro. Joseph Addison leva essa questão a um limite sádico: quanto maior o sofrimento do herói, mais intenso é nosso prazer. Amartya Sen afirma:

[...] pode-se argumentar que o comportamento baseado na compaixão é, em um importante sentido, um comportamento egoísta, pois sentimos prazer

---

13 Beistegui; Sparks (Eds.), op. cit., p.13.
14 Hobbes, *English Works*, ed. William Molesworth, v.4, p.44. Na citação, omiti os vários grifos de Hobbes.

com os prazeres dos outros e dor com a dor dos outros, e a busca de nossa própria vantagem pode, então, receber ajuda por meio de uma ação solidária.[15]

Tanto para Sen quanto para Kant, uma noção empírica ou humiana de solidariedade, pela qual copiamos ou refletimos as emoções dos outros diretamente em nós mesmos, pode não ser uma base sólida para a moralidade, já que existe sempre a probabilidade de que ela traia um subtexto egocêntrico. Solidariedade e empatia, entretanto, nem sempre são claramente diferenciadas na teoria da tragédia. Não há valor moral no mero ato de empatia. Tornar-se Henry Kissinger por um ato de identificação imaginativa não significa sentir piedade dele, sobretudo porque acabo de suspender o eu que poderia exercê-lo. Solidariedade sugere a existência de identidades distintas. Se Keats consegue tornar-se o rouxinol, ele não pode, logicamente, obter nenhuma satisfação desse fato, já que não haverá nenhum Keats ao redor para obtê-la.

Pode ser, como argumentam os egoístas filosóficos, que eu sinta pena de você somente porque posso me imaginar passando pelas mesmas aflições; mas há uma diferença entre sentir *por* e sentir. Para sentir pena de você, eu não preciso sentir a sua dor, no sentido de recriá-la mimeticamente dentro de mim mesmo. Há uma diferença entre sentir pena de você e sentir o seu sofrimento. É um equívoco dos românticos supor que sentir pena *de* deve envolver o sentir. É o equivalente emocional da crença de que, para compreender o que outra pessoa quer dizer, precisamos tatear o caminho até atingirmos a sua mente. Empirismo gera romantismo: se ficamos todos presos em nossos solitários mundos experienciais, então somente alguma faculdade extraordinária como a imaginação, a intuição ou o senso moral poderia, compreensivelmente, saltar o abismo entre nós. Podemos, entretanto, nos compadecer de uma mulher torturada pelas contrações do parto sem sermos, nós mesmos, anatomicamente capazes de nos sentirmos torturados por elas, da mesma forma que podemos julgar um péssimo flautista sem jamais termos tocado flauta. Uma pessoa falida que, de mau humor, rejeita nossa solidariedade porque nunca passamos pela experiência da falência não é apenas uma pessoa difícil de consolar, mas alguém que não apreendeu o conceito de solidariedade. É até possível que sintamos o sofrimento de alguém de maneira mais intensa do que ele próprio. Pode ser que eu queira amenizar seu desespero

---

15 Sen; Rational Fools: A Critique of the Behavioral Foundations of Economic Theory, *Philosophy and Public Affairs*, n.6.

apenas para que, por identificação com os seus sentimentos, eu próprio tenha menos pensamentos suicidas. Entretanto, também podemos querer ajudar alguém sem nos sentirmos muito além do desejo de ajudar, da mesma forma que nos compadecemos do infortúnio do outro sem sentir o mais leve impulso de mitigá-lo. Podemos achar que ele merece o que lhe aconteceu, ou nos deleitarmos com o espetáculo estético de sua angústia, ou sentirmos, nós mesmos, uma relutância masoquista em parar de desfrutar dessa sensação.

O filósofo Henri Bergson argumenta que, se a piedade fosse apenas uma questão de solidariedade com a dor de alguém, nós a evitaríamos por ser desagradável demais; ela também precisa expressar um desejo de ajuda. Bergson, no entanto, também acredita que a piedade expressa um desejo de sofrer: "a essência da piedade é, portanto, uma necessidade de auto--humilhação, uma aspiração descendente".[16] Para Bergson, a verdadeira piedade consiste em não se comiserar com o sofrimento, mas em desejá--lo. Compadecemo-nos de alguém que sofre, pois temos uma necessidade rasteira de nos sentirmos tão deprimidos quanto ele. Para Bergson, é como se a Natureza estivesse cometendo uma enorme injustiça que provoca sofrimento, e é necessário livrarmo-nos da cumplicidade com tal injustiça através desse anseio "não natural". Afinal de contas, não é tão fácil ignorar o masoquismo. Mesmo que solidariedade não seja empatia, podemos ainda sentir intensamente quando nos defrontamos com o sofrimento do outro, e isso pode muito bem se revelar tanto angustiante quanto delicioso. Em *Crime e castigo*, Dostoievski fala a respeito

> [...] desse estranho e secreto brilho de satisfação que sempre se encontra, até mesmo entre os entes mais próximos e queridos, quando um desastre súbito atinge nosso vizinho, e do qual nenhum de nós está imune, por mais sinceras que sejam nossa compaixão e solidariedade." (Parte 2, cap.7).

Se Hobbes é um egoísta em relação à piedade, David Hume é um semiegoísta. Em seu *Tratado da natureza humana*, Hume discute a piedade mantendo claramente a tragédia em mente e argumentando, em oposição a Aristóteles, que o medo envolve solidariedade. Porém, "solidariedade" é um termo ambíguo aqui, significando menos compaixão do que a mera capacidade de imaginar o estado emocional do outro; e, portanto, segue-se

---

16 Bergson, *Time and Free Will*, p.19.

logicamente que só podemos temer se pudermos imaginar o que tememos. Hume acredita que somos todos impressionistas espontâneos ou animais miméticos por natureza, vividamente receptivos aos sentimentos dos outros e capazes de reproduzi-los em nós mesmos; mas não fica claro o quão egoísta ou altruísta é essa faculdade. Hume é uma criatura simpática e comunicativa, mas também muito perspicaz e refinada, com uma irônica percepção do egoísmo humano; e esses seus dois aspectos fundem-se com certa indefinição no tratamento que ele dá ao assunto. Desse modo, afirma ele:

> [...] a contemplação direta do prazer do outro nos dá um prazer natural e, portanto, produz dor quando comparada com a nossa própria dor. A dor que ele sente, considerada em si mesma, é dolorosa para nós, mas intensifica a noção de nossa própria felicidade, e nos dá prazer".[17]

Isso parece fundir altruísmo com egoísmo, solidariedade com *Schadenfreude*; embora o caso seja, ao mesmo tempo, mais e menos admirável do que isso sugere. Por um lado, se a solidariedade pelos outros é, de fato, natural, então ela dificilmente pode ser mais meritória do que sangrar ou respirar. Por outro lado, Hume não afirma que extraímos um prazer perverso da desgraça alheia, mas apenas que nossa própria felicidade é realçada pelo contraste. Ele denomina isso de "piedade reversa". Também não afirma que nos ressentimos do prazer dos outros, mas apenas que ele torna mais dolorosamente evidente a falta que nós mesmos sentimos dele; de qualquer forma, por que exatamente piedade funde dor e prazer está claro para Hume: o prazer é autocentrado, ao passo que a dor é centrada no outro. E essa noção parece valer-se de outra distinção entre sentimento e sentimento *em relação a*: sentimos a dor ou o prazer do outro espontaneamente, mimeticamente, mas também temos sentimentos a respeito dela, e eles envolvem conceitos, juízos, comparações etc. Entretanto, não se trata de uma diferença tão intensa assim – pois sentir prazer com o prazer do outro parece envolver interesses, e não apenas reflexos naturais. Nós nos deleitamos com o deleite do outro, mas também nos deleitamos com isso por razões de interesse próprio.

A questão de que solidariedade natural é também solidariedade não moral é igualmente um problema para o filósofo irlandês do século

---

17 Hume, op. cit., p.424.

XVIII, Francis Hutcheson.[18] Um fervoroso anti-hobbesiano na escola da benevolência dominada pelos celtas, Hutcheson acredita que temos um sentido nato e espontâneo de compaixão pelos outros antes de qualquer raciocínio e interesse próprio.[19] Para ele, indiferença significa não uma falsa imparcialidade, mas esse descentralizar do eu em relação aos outros, que é a prática da solidariedade. Desejar o bem do outro independentemente de nossos próprios interesses é entendido pelo pós-modernismo como uma neutralidade espúria e pelo pensamento ético mais tradicional, como amor. A virtude, para Hutcheson e também para Shaftesbury, é um fim em si mesmo, uma questão de prazer mais do que de dever que está profundamente arraigada em nosso ser genérico, e o sentido moral é uma fonte de prazer intenso, quase estético. Hume herda de Hutcheson algo dessa doutrina, ao sustentar que somos governados pelo sentimento mais do que pela razão e que sentimos compaixão pelos outros antes de qualquer cálculo racional. Porém, essa espontaneidade à *la* Hutcheson nunca é para ele inteiramente distinta do egoísmo, já que "nossa preocupação com nosso próprio interesse nos dá prazer no prazer, e dor na dor de um parceiro".[20] Seguindo o mesmo raciocínio, entretanto, ferir o outro certamente pode fazer o ódio que ele tem em relação a nós refletir-se em nós na forma de auto-ódio. "Costumes e relações", comenta Hume, "fazem-nos penetrar profundamente nos sentimentos dos outros; e a sorte que presumimos acompanhá-los, seja ela qual for, torna-se presente para nós por meio da imaginação e opera como se originalmente fosse nossa própria sorte".[21] Não é fácil dizer se isso é mais altruísta do que egoísta.

Há, portanto, várias maneiras de explicar a peculiar mescla de prazer e dor na tragédia. Podemos argumentar, como Hume, que a dor e o prazer coexistem quando testemunhamos a angústia do outro; ou que sentimentos dolorosos podem ser purgados prazerosamente; ou que a tragédia apresenta conteúdos angustiantes de uma maneira artisticamente deleitosa; ou que ela mantém estreitas relações com o sublime, que intimida e desalenta até mesmo quando estimula. Podemos até mesmo cobrir todo o percurso e ver o prazer trágico como uma alegria genuína diante do

---

18 Para uma explanação sobre Hutcheson, ver Eagleton, *Heathcliff and the Great Hunger*, capítulo 3.
19 Ver, por exemplo, Hutcheson; An Inquiry Concerning the Original of our Ideas of Virtue and Moral Good. In: Selby-Bigge, *British Moralists*. De sua autoria, ver também: *Short Introduction to Moral Philosophy*; *An Essay on the Nature and Conduct of the Passions and Affections*; e *A System of Moral Philosophy*.
20 Hume, op. cit., p.432.
21 Ibid., p.437.

infortúnio do outro. Entretanto, poucos além de Nietzsche são corajosos o suficiente para fazer isso.

Jean-Jacques Rousseau é outro que acredita em uma força natural de compaixão antes de toda reflexão,

> [...] que a mais extrema depravação da moral mal consegue destruir – pois vemos diariamente em nossos teatros homens sendo tocados, até mesmo chorando com o sofrimento de um infeliz que, estivessem eles no lugar do tirano, só aumentariam os tormentos de seu inimigo.[22]

Se precisássemos depender de algo tão frágil quanto a razão para nos comover e nos levar à piedade, a espécie humana, na concepção de Rousseau, provavelmente estaria agora extinta. Para ele, a piedade é a fonte de toda virtude social; é ela que desempenha o papel da lei e da moralidade no estado de natureza e que nos impede de sermos monstros. Rousseau brinca com a hipótese de que piedade é apenas empatia, um sentimento que nos coloca no lugar daquele que está sofrendo, mas acredita – o que é bastante curioso – que isso reforça, em vez de enfraquecer, o seu argumento para altruísmo.

Em suas *Confissões*, Santo Agostinho dá mostras de ter consciência de que há um lampejo de crueldade no tipo de compaixão que está em desamparo diante de uma situação desesperadora. A frustração envolvida nisso pode degenerar em sadismo, como uma espécie de defesa psíquica contra a nossa impotência. Há um fatalismo *post-factum* acerca da piedade que entra em conflito com seu impulso utópico implícito. Schopenhauer sente uma profunda compaixão pelo mundo, precisamente porque não é possível mudá-lo. Samuel Beckett, ironicamente, comenta que aquele que sofre na tragédia é, pelo menos, poupado do desespero do espectador, embora isso possa ser mais verdadeiro em relação às suas próprias peças do que em relação a algum outro drama.[23] Piedade pode simplesmente ser um sinal de que a catástrofe já aconteceu e que tudo o que nos resta é lamentar. É embaraçoso vê-la como parasita da infelicidade. Nesse sentido, é pertinente que uma de nossas primeiras discussões a respeito da emoção aconteça no contexto do teatro, em que os espectadores – fisicamente separados do palco e impossibilitados de intervir na ação, seja pela convenção social, seja porque ela é ficcional – pouco podem fazer além de

---

22 Rousseau, *A Discourse on Inequality*, p.100.
23 Beckett, *Proust*, p.29.

observar, perplexos, que um desastre já prescrito segue seu curso estabelecido com sublime indiferença aos desejos que eles mesmos possam sentir. Um teatro que afirma o valor e a ação dos homens também fornece em sua própria estrutura uma imagem eloquente do destino, da passividade e da alienação. A piedade é um esporte para o espectador.

Consequentemente, Brecht revoluciona o próprio aparato cênico, buscando transformar o estranhamento por ele criado em uma força politicamente construtiva, além de banir do palco a ilusão de predestinação. Empatia pode significar uma intimidade epistemológica, mas também exige uma distância através da qual podemos fantasiar; de forma que o espaço que permite a um público sonhar pode se transformar em um espaço que o exorta a questionar. A recusa à empatia e a crítica da piedade estão, assim, ligadas uma à outra como a forma está ligada ao conteúdo. Tanto para Brecht quanto para Blake, a piedade é a face lacrimosa que a exploração volta para o mundo. De fato, em *A ópera dos três vinténs*, ela se tornou, por si mesma, uma próspera indústria.

Para o século XVIII, aquilo que Raymond Williams chama de "contraste entre piedade e pompa"[24] insere-se em um ataque ideológico à ordem tradicional dominante por seus oponentes humanitários da classe média. Há uma mudança em termos de sensibilidade, que passa da admiração (heroica e aristocrática) para a piedade e a ternura (doméstica e burguesa). Piedade é o fator "sentir-se bem" do século XVIII.[25] O *páthos*, a tendência para o choro, a *tendresse*, as emoções brandas e fugazes, as devoções domésticas, os galanteadores de salas de visita, o otimismo sentimental, os cultos da sensação e da benevolência, a confiança ardente na Providência cristã, mais do que em um fatalismo pagão à moda antiga – se todo esse enlevo e esse queixume são uma poderosa crítica da barbárie e da *hauteur* da alta classe, eles também se revelam em grande parte incompatíveis com a criação da tragédia. Na verdade, nas mãos de Lessing, seu apologista maior, ela envolve um forte revisionismo histórico que coloca em segundo plano o drama neoclássico, território familiar à frígida nobreza, e redesenha as linhas da tradição a partir dos gregos e de Shakespeare diretamente para o presente da classe média. Um resultado dessa nova e ousada cartografia é a falsa aliança entre Sófocles e Shakespeare, da qual a teoria da tragédia ainda não se recuperou inteiramente.

---

24 Williams, *Modern Tragedy*, p.92.
25 Para uma análise mais detida sobre a benevolência e o sentimentalismo do século XVIII, ver Eagleton, *Crazy John and the Bishop*, capítulo 3.

A própria peça de Lessing, *Natan, o sábio*, termina com uma orgia positiva de abraços e conciliação, enquanto as tragédias sentimentais de Voltaire apelam de forma semelhante ao sentimento em vez de apelarem à razão. "O que é uma tragédia se ela não nos faz chorar?", perguntava ele, e uma peça como *Orestes* ressoa com uma constante lamúria. *Mérope*, drama doméstico sobre o amor maternal, revela um robusto otimismo subjacente: a natureza humana é essencialmente benfazeja; tiranos são, em sua maioria, infelizes; homens e mulheres são vítimas ingênuas do infortúnio. É o tipo de alegria que também caracteriza *A nova Heloísa*, de Rousseau, em que um caso de amor ilícito a caminho de uma tragédia é evitado, quando Julie renuncia a Saint-Preux e se reabilita espiritualmente.

Poucos críticos da tragédia questionam a validade das categorias aristotélicas de piedade e medo. James Joyce até mesmo lhes acrescenta uma distorção escolástica extra em *Retrato do artista quando jovem*, dividindo-as entre a reação àquele que sofre e a reação à causa do sofrimento. Não obstante, Oscar Mandel, que dificilmente pode ser considerado o mais dissidente dos críticos, faz soar uma nota surpreendentemente negativa, duvidando, com sabedoria, se a complexidade de nossa reação à tragédia pode ser dividida, de forma mecanicista, em duas emoções determinadas e necessárias.[26] Walter Kaufmann tem dúvidas quanto a se qualquer espectador comum teme sofrer o destino de um Édipo ou de um Prometeu, enquanto Raymond Williams zomba de uma cultura do século XVIII que "passa a ver o espectador como um consumidor imparcial e generalizado de sentimentos".[27]

Compaixão-e-medo é, sem dúvida, uma fórmula inadequada para a experiência trágica. Entretanto, ela abrange a noção de que tragédia envolve algum tipo de castigo, na complexidade absoluta do termo: humilhação, sujeição, choque, repulsa, repressão, purificação, disciplina, moderação. E a fórmula, por mais redutora que seja, sugere algo da dialética da alteridade e da intimidade que a tragédia pode envolver. Falando de maneira geral, compaixão é uma questão de intimidade, enquanto medo é uma reação à alteridade. Em suas *Confissões*, Santo Agostinho fala de uma luz que brilha através dele e o enche de terror e de amor intenso: "Com terror, porquanto sou totalmente diferente dele, com amor intenso no sentido de que sou semelhante a ele".[28] Na verdade, é possível ver essas

---

26 Mandel, op. cit., p.68.
27 Williams. *Modern Tragedy*, p.27.
28 Santo Agostinho, *Confessions*, p.201.

emoções como verdadeiros opostos: o oposto de amor é provavelmente mais medo do que ódio. Thomas Hobbes acredita que todas as ações humanas são geradas a partir do orgulho (na verdade, desejo de poder) ou do medo, o primeiro impelindo-nos a nos apropriarmos de um objeto, e o último a rechaçá-lo.[29] Somos impelidos para as coisas e repelidos por elas, mais ou menos como a piedade e o medo trágicos; e essa psicologia mecanicista de apetências e aversões sobrevive até I. A. Richards. Richards acredita que a tragédia produz um perfeito equilíbrio entre a compaixão, que é o impulso de aproximação, e, de outro lado, o temor, que é o reflexo do recuo.[30] Malcolm Lowry, que estudou em Cambridge e possivelmente assistiu a palestras de Richards, cita essa fórmula em À *sombra do vulcão*, embora, ironicamente, ele acrescente uma terceira possibilidade: "a convicção de que é melhor ficar onde você está" (cap.8). No bem diferente universo de *Dialética do esclarecimento*, Max Horkheimer e Theodor Adorno examinam a tensão entre identificação e temor – entre o desejo mimético de se fundir no mundo e o terror de ser tomado pelas forças estranhas que ele traz consigo.

Confrontados com o sofrimento do outro, podemos nos imaginar vacilando entre "Poderia ser eu!", "Ainda bem que não sou eu", "Não deve ser eu! (a mensagem didática da tragédia) e "Não é possível que seja eu!" (por mais que me identifique, permanece algum resíduo de alteridade aqui, alguma lacuna que não consigo preencher). "Eu sou e não sou isso", poderia então cristalizar parte do que o preceito compaixão/medo está tateando. Talvez essa seja uma das razões por que o incesto tem sido um tema tão recorrente na arte trágica. O incesto é uma espécie de ironia, em que uma coisa se compõe monstruosamente (irmã/filha, pai/irmão), tanto dela própria quanto de alguma outra coisa mais; e essa compressão reflete-se na parca economia da forma trágica, como se o incesto levasse essa tensa estrutura de contradições ao ponto da autoparódia. Podemos até mesmo acrescentar mais componentes à composição por meio de um incesto duplo, como em *O eleito*, de Thomas Mann, em que um filho, fruto de incesto, casa-se depois com a própria mãe. Incesto é uma questão de manter as coisas em família, revelando, assim, a terrível deformidade que essa comunidade pode gerar. Talvez Aristóteles denotasse mais do que sabia quando comentou na *Poética* que a tragédia é principalmente uma questão de família. O incesto, no entanto, é também um enigma de afinidade e

---

29 Molesworth (Ed.), *The English Works of Thomas Hobbes*, v.7, p.73.
30 Richards, op. cit., p.245.

alteridade, identidade e diferença, definindo o ponto em que um resvala na direção do outro. Intimidade excessiva resulta, ironicamente, em distanciamento – seja porque derruba o elemento diferenciador da lei entre aqueles envolvidos, seja porque o fato de estar perto demais das fontes da própria identidade implica enfrentar uma alteridade traumática, que ali fica esperando, à espreita. Fundir-se com o pai ou a mãe é chegar próximo demais das fontes-tabu da própria identidade e, como Édipo, ficar cegado pelo excesso de luz. É só com o estabelecimento de uma distância de nós mesmos, assim como em qualquer ato de conhecimento, que podemos nos conhecer pelo que somos; mas existe nisso o risco de uma outra espécie de estranhamento.

Como em *Édipo rei*, de Sófocles, o incesto tem tudo a ver com aritmética – com equações insolúveis ou impossibilidades matemáticas ("dois dá quatro", "dois não cabem em um"). Entre outras coisas, tem a ver com o paradoxo de que a alteridade é o terreno da intimidade. Caso contrário, jamais poderíamos escapar do narcisismo de nos relacionarmos apenas conosco – embora nem mesmo isso seja concebível sem um outro que, como o oráculo de Delfos, possa me dizer quem eu sou. Há algo de autofrustrante ou impensável acerca das relações humanas, do qual o incesto é apenas um exemplo bizarro. Ter filhas como irmãs e filhos como irmãos reflete um enigma embutido nesses tipos de relação. Há um sentido de distanciamento no âmago do eu que é impiedosamente indiferente a isso e, no entanto, sem isso não poderia haver fala, tampouco identidade. É o ponto cego que nos permite ver, assim como Édipo só vê realmente quando perde a visão. Édipo é tanto um estranho quanto um parente dos outros, de forma que compaixão e medo, no sentido do semelhante e do estranho, estão em operação no próprio drama. Assim, a reação do público à peça espelha seu conteúdo. Também nós somos tanto estranhos quanto parentes de Édipo. A tragédia é a arte na qual as ambiguidades mostradas no palco são também as ambiguidades entre o palco e os espectadores.

Édipo, mestre dos enigmas, elabora suas equações e equivalências apenas para descobrir que, no processo, reduziu a si mesmo ao zero, excluiu-se do cálculo, diminuindo-se da imponente figura da majestade para a não entidade de um pobre exilado. O homem que força a Natureza na figura da esfinge para que ela renuncie aos seus segredos também viola a Natureza em seu amor ilícito. O incestuoso está deslocado; é o coringa no baralho que rompe a ordem simbólica de parentesco, mas expressa suas contradições latentes e, assim, encarna a verdade proibida do próprio reino do qual foi expulso. Como todas as figuras liminares iguais a essa, conforme veremos adiante, ele ou ela é, então, sagrado e impuro, santo e maldito; e essa é a condição de Édipo quando chega a Colono para morrer. O incestuoso é uma abominação que confunde distinções essenciais; porém, já que o desejo, de qualquer forma, não respeita tais fronteiras, essa figura vilipendiada é também representativa do modo como é o mundo, do inconsciente social, de algum crime sem nome ou uma combinação obscena inerente à própria existência.

O tema do incesto, central em *Hamlet*, de Shakespeare, surge na obra de Lope de Vega, *Punishment without Revenge*, em que Federico tem um caso com sua madrasta Casandra, em vez de se casar com sua prima Aurora – ambos criados como irmãos. O incesto também frequenta o drama trágico de Racine, principalmente *Fedra* e *Britânico*. "Incesto, rivalidade entre irmãos, assassínio do pai, golpe político que derruba os filhos – essas são as ações fundamentais do teatro raciniano", afirma Roland Barthes, ao detectar o mito freudiano da horda primitiva e parricida ocultando-se em algum lugar na raiz dessas ações.[31] Há um quê de incesto no tratamento brutal que Ithocles dá a sua irmã gêmea em *The Broken Heart*, de John Ford, e o tema vem dramaticamente a público na paixão condenada e desafiadora de Giovanni e Anabella em *Pena ela ser o que é*. A peça termina com uma *Liebestod* que encontra eco no decorrer dos séculos, no final de *Rosmersholm*, de Ibsen.

Em Ford, o incesto é um fechamento ou uma perfeita mutualidade; seus protagonistas podem transcender uma sociedade cruel, forjando, em seu lugar, seu próprio universo absoluto e autônomo. Algo semelhante vale para Catherine e Heathcliff, de *O morro dos ventos uivantes*, que podem ser meios-irmãos. Hippolito, de *Women Beware Women*, de Thomas Middleton, é tomado de uma paixão ilícita pela sobrinha Isabella e, para satisfazer os próprios desejos, convence-a de que não é seu tio. Pode haver um componente incestuoso na furiosa oposição de Ferdinand ao casamento de sua irmã em *The Duchess of Malfi*, de John Webster, enquanto Spurio e a duquesa de *The Revenger's Tragedy* estão presos em uma relação incestuosa. D'Amville, em *The Atheist's Tragedy*, de Tourneur, faz uma proposta covarde e incestuosa a Castabella, e o incesto paira ameaçador em *Mirra*, drama trágico surgido da pena de Alfieri, dramaturgo italiano do século XVIII.

Em *The Orphans*, de Thomas Otway, a personagem Charmont, desconfiada, opõe-se ao casamento de sua irmã Monimia, que secretamente se casa com Castalio, com cujo irmão, Polydore, ela dorme por engano.

---

31 Barthes. In: Sontag (Ed.), *A Barthes Reader*, p.175-6.

Ambos os parceiros sentem a degradação do incesto e se rejeitam um ao outro. Castalio, então, mata Polydore. O conde Cenci comete um delito incestuoso com sua filha Beatrice em *The Cenci*, de Shelley, embora a relação ilícita entre Cain e sua irmã Adah em *Cain*, de Byron, que resulta no filho Enoch, seja bem mais justificável, tendo em vista a escassez de parceiros sexuais alternativos à época. O espectro do incesto surge apenas para ser dissipado em *Natan, o sábio*, de Lessing, enquanto em *Don Carlos*, de Schiller, Carlos está apaixonado pela rainha, sua madrasta – uma paixão que é denunciada ao seu despótico pai. Quase todas as principais relações em *Electra e os fantasmas*, de Eugene O'Neill (Ezra e Lavinia, Lavinia e Orin, Orin e Christine) são implicitamente incestuosas, e o tema do incesto também se insinua em *Um panorama visto da ponte*, de Arthur Miller. Naquilo que Raymond Williams denomina tragédia "liberal", a aspiração sempre traz consigo o peso da culpa, de forma que, no próprio ato de buscar a liberdade, nos colocamos diante de nós mesmos como estranhos. Com sua fusão de identidade e alteridade, o incesto pode, então, tornar-se uma metáfora dessa autodivisão, como acontece em *Espectros*, de Ibsen.

"O incesto", afirma Franco Moretti, "é aquela forma de desejo que torna impossível a troca conjugal que [...] reforça e perpetua a rede de riqueza".[32] É, portanto, uma espécie de política radical em si mesma, um estremecimento da ordem simbólica em suas raízes. Em uma relação incestuosa, o que os dois parceiros compartilham é uma desconjunção, e esse encontro na terra de ninguém também é válido para a compaixão e o medo. No sentido mais profundo, exclamar "Esse não sou eu!" a respeito da vítima trágica não é negar a agonia, mas reconhecê-la. Pode significar que, confrontada com essa dor insuportável, toda identidade, inclusive a nossa, agora definhou, não deixando ninguém sequer para efetuar um ato de identificação. Em termos lacanianos, aquilo que compartilhamos não é mais uma questão do imaginário – rivalidade, mimese, antagonismo, identificação solidária – ou do simbólico – diferença, identidade, alteridade – mas do Real; o que significa dizer que nos encontramos uns com os outros no terreno do trauma, do impasse, da dissolução absoluta de significado, a partir da qual procuramos, às duras penas, começar de novo.

Entrelaçando as três categorias lacanianas: a tragédia retrata conflitos da ordem simbólica – disputa política, traição sexual e situações afins – com as quais somos convidados principalmente pela compaixão

---

32 Moretti, *Signs Taken For Wonders*, p.74.

a construir uma identificação imaginária; mas essa relação imaginária é interrompida pelo medo, ou seja, pela intrusão do Real. Conseguem prosperar apenas as relações baseadas em um reconhecimento mútuo do Real – do terrivelmente desumano que se instala no âmago do outro e de nós mesmos, para o qual um nome é a pulsão de morte. O que precisa ser compartilhado, para contornar um mero espelhar de egos, é aquilo que é estranho para nós dois. E isso é o que é expulso do mundo da consciência e da civilidade. É somente com base no oblíquo, no êxtimo, no expulso, que se pode construir uma comunidade de compaixão. A pedra angular de uma nova ordem precisa ser, como Édipo em Colono, o ofendido e o impuro.

Isso requer uma combinação especial de piedade e medo, o que, na maior parte, os filósofos da tragédia ignoraram; eles se calaram a respeito da questão; envolve apiedarmo-nos daquilo que tememos, encontrando nosso próprio eu refletido no repugnante e no abominável e, assim, reinscrevendo o imaginário dentro do Real. Para os conservadores, monstros são os outros; para os liberais, não existem monstros, apenas maltratados e mal compreendidos; para os radicais, os monstros verdadeiros somos nós mesmos. Se os egoístas filosóficos estão certos em afirmar que a piedade sempre trai sua mescla adulterante de egoísmo, então ela precisa ser transferida do domínio do imaginário, no qual o eu-no-outro mantém sua influência, para o registro do Real. É aqui que podemos efetuar um encontro mais duradouro, juntando-nos no terreno daquilo que exclui tanto o eu quanto o outro, que rompe nossas identidades imaginárias a partir de seu interior, enquanto é, ao mesmo tempo, a própria matriz delas. E esse terreno inóspito, esse reino cujos cidadãos compartilham apenas o fato de estar perdidos de si mesmos, é o que temos mais profundamente em comum, e não uma troca mútua de egos; e determinado tipo de tragédia – *Édipo rei* e *Rei Lear*, as mais memoráveis – consegue realizar essa transferência e revelar essa verdade. Porém, esse não é, de forma alguma, o único espécime da arte que existe nem um relato da forma como um todo. Não é particularmente relevante a *Tito Andrônico*, *A tragédia espanhola*, *O judeu de Malta* ou *O jardim das cerejeiras*.

Se a piedade não deve permanecer na esfera imaginária do ego, como acontece na visão de Hobbes, Hume e Rousseau, ela precisa se expandir para alguma dimensão menos pessoal, mais anônima, "não humana", e é isso que o "medo" pode significar na teoria aristotélica. Se pretendemos escapar do circuito fechado do eu ou do igualmente asfixiante clausura que encerra o eu e o outro, precisamos demonstrar solidariedade para com o outro exatamente em seu ser monstruoso, sentir piedade de Édipo cegado ou do demente Lear em sua asquerosa desumanidade. E isso exige uma compaixão respectivamente "desumana", que está longe de ser agradável. Para a tradição judaico-cristã, essa forma inumana de compaixão é conhecida como a lei do amor. Ver, no Velho Testamento, a preocupação com a observância de rituais e, no Novo Testamento, a remoção desse legalismo mediante amor e interioridade é uma parte sofisticada do antissemitismo cristão. A lei que os judeus do Velho Testamento advogam é, ela própria, a lei do amor que Jesus, como judeu devoto, declara que veio para cumprir, e não abolir. Jesus não veio para pôr o sentimento no lugar da obrigação. Ninguém é crucificado por fazer isso.

Não há nada propriamente condenável em obedecer uma lista de editos, contanto que se reconheça que isso é para o iniciante que ainda precisa de orientação. É por isso que São Paulo acha que a lei é uma questão pueril, uma questão para crianças. Enquanto virmos a autoridade ética como uma autoridade superior que nos repreende e recompensa, não seremos pessoas crescidas. Na verdade, não fizemos muito progresso em relação a cães, para não dizer em relação a crianças que ainda estão engatinhando. O que está inscrito em placas de pedra precisa estar escrito em corações de carne, para que, como São Paulo observa em sua epístola aos romanos, possamos "morrer" para essa Lei que se embate com a morte e sermos liberados de sua incômoda influência. À semelhança das regras da arte, a Lei se cumpre a si mesma quando aprendemos a viver sem ela e adquirimos, em vez disso, o hábito espontâneo da virtude. À semelhança das regras da arte, também, parte do que a Lei nos propõe é quando jogá-la fora. Tendo progredido na virtude, podemos dispensar a necessidade de recorrer aos livros durante todo o tempo, tal qual um falante fluente de árabe pode dispensar um dicionário. Ao mesmo tempo, o ritual passa para o segundo plano, porque, em relação ao Novo Testamento, tropeçamos no reconhecimento profundamente inoportuno de que a salvação é ética (alimentar os famintos, visitar os doentes e os presidiários e assim por diante) em vez de cultual. Entretanto, o cumprimento lógico da Lei é também a morte, já que existe a probabilidade de aqueles que amam o bastante serem eliminados pelo Estado.

Porém, como pode o amor ser uma questão de lei? Como podemos receber ordem para amar? "Amem-se uns aos outros" não é tão absurdo quanto "Ache essa piada engraçada!" ou "Sinta ciúmes dentro de quatro segundos!"? Esse, sem dúvida, seria o caso, se a compaixão fosse, em grande parte, uma questão de sentimento, como os românticos equivocadamente supunham. Para um tipo de moralista, o que mais importa na ética é a imaginação. Somente por meio dessa faculdade mimética podemos saber como é ser outra pessoa e, assim, tratá-la como a nós mesmos. Para a consternação de Immanuel Kant, o ético aqui começa a confundir-se com o estético. No entanto, como já vimos, a solidariedade não é uma questão de empatia, e, mesmo que fosse, dificilmente seria uma mercadoria tão rara. É nesse ponto que os apologistas do imaginário precisam ceder terreno aos defensores do Real. Ninguém espera que tenhamos um sentimento caloroso por quem quer que tenha estripado nosso vombate de estimação, simplesmente para tratá-lo com justiça e humanidade, e não para reagir de forma equivalente, e assim por diante. E, já que esse estripador poderia ser qualquer um, o amor é também uma questão de lei no sentido de que é desejo tão indiferente quanto inconsciente em relação a qualquer indivíduo em particular, o que significa dizer que é ele é incondicional. Não se trata de estar sensivelmente afinado com peculiaridades culturais e étnicas no mais delicado estilo pós-moderno, mas de reconhecer que qualquer um tem direitos sobre nós, não importa a sua cultura. Nesse sentido, a compaixão é impiedosamente impessoal. Ela não depende de nossos caprichos emocionais.

O amor, então, não respeita as pessoas e, acima de tudo, não respeita famílias. Não há absolutamente nada de adorável nisso. É muito significativo que o Novo Testamento tenha pouco a dizer a respeito da família ou da sexualidade, daqueles fetiches, respectivamente, dos cristãos conservadores e dos pós-modernistas radicais; mas o que, de fato, ele tem a dizer a respeito da família é claramente hostil. Quando se trata de compaixão, presume-se que não concedamos àqueles mais queridos e que estão mais próximos de nós nenhuma prioridade especial. De qualquer forma, o amor no seio da família é tanto uma obrigação quanto o é fora dela. David Hume achava que afeições naturais desse tipo eram um dever; não dependia de nossa preocupação ou não com os filhos. Gostar deles ajuda, é claro, mas não é indispensável. Como Nagg responde a Hamm em *Fim de jogo*, de Samuel Beckett, quando esse último lhe pergunta, irritado, por que ele o procriou: eu não sabia que seria você.

Que o amor não é acima de tudo uma questão de sentimento explica-se pelo fato de que o seu caso paradigmático está na maneira de tratarmos os estranhos ou os inimigos, e não os amigos. Se temos de amar os outros em toda a sua individualidade traumática e repugnante, então é, em certo sentido, sempre como inimigos – ameaças potencialmente devastadoras à nossa própria identidade – que os encontramos. De qualquer forma, o que poderia ser menos louvável do que amar um amigo? Seria como receber um certificado por desfrutar de sexo ou de chocolate. Amar nosso vizinho como amamos a nós mesmos é sermos confortavelmente pouco exigentes, se com isso queremos dizer amar um *alter ego*. É nesse registro imaginário que o amor é geralmente compreendido. Entretanto, em outro sentido, não é nada fácil, já que não é fácil amarmos a nós mesmos, em oposição a nos mimarmos, a nos termos em alta conta, a sermos brutalmente egoístas etc. Não ansiamos por sermos tratados por algumas pessoas da maneira que elas tratam a si mesmas. Blaise Pascal acredita que nossa concupiscência nos torna odiosos a nós mesmos, de forma que amarmos a nós mesmos só pode significar que "devemos amar um ser que está dentro de nós, mas não nosso próprio eu".[33] Para o pensamento psicanalítico, esse êxtimo é o Real. Temos de amar a nós mesmos da maneira que somos, com toda a nossa sordidez moral, que é como temos de amar o outro também. Sentir solidariedade pelo outro como sentimos por nós mesmos é, portanto, sentirmos-nos solidários a ele como ele é, em vez de uma reprodução de nós mesmos. É conhecê-lo no Real mais do que no imaginário. É amar até mesmo aquela parte "inumana" dele que também subjaz em nós. E isso, longe de ser confortavelmente pouco exigente, é quase impossível. É o que para nós significaria ser livres, mas isso pode muito bem estar além de nosso poder.

Mesmo assim, essa impessoalidade que busca envolver o outro como ele realmente é em toda a sua falta de encanto existencial evita, ironicamente, que a compaixão seja abstrata em um sentido mais nocivo, que quer dizer não compaixão de fato por *essa* pessoa, de forma alguma, mas uma abertura promíscua, petulantemente indiferente ao seu objeto. Você tem de me amar não apenas em minha vileza humana em geral, mas naquela forma singular de hediondez que é toda minha. Além do mais, como se tudo isso não fosse esgotante o suficiente, incondicionalidade também significa não reciprocidade. O mandamento é simplesmente "Ame!" Não é "Ame e você será recompensado!" ou "Ame apenas aqueles que lhe demonstrem a devoção mais detestável e servil!". A compaixão é desumana nesse sentido também, nessa recusa em avaliar as consequências interpessoais, rompendo violentamente com a ordem natural de crédito e débito, as reguladas simetrias da ordem simbólica.

Se o amor é uma lei, então a diferença entre sentimento privado e obrigação pública se desmantela, e a compaixão é empurrada para além da

---

33 Pascal, op. cit., p.194.

arena privada, chegando ao domínio político. Na sociedade burguesa, essas esferas são tanto separadas quanto secretamente relacionadas entre si. Se políticos pragmáticos tendem a chorar em público, em especial nos Estados Unidos, é porque o sentimentalismo é a versão corrupta de sentimento do pragmático, a marca mais autêntica de sentimento que ele consegue exibir, mais ou menos como o boêmio é a imagem que o burguês escandalizado faz do artista. Sufocar-se e sufocar alguém não são coisas assim tão diferentes. Nessa perspectiva, os sentimentos são privados e arbitrários, enquanto as responsabilidades públicas estão gravadas na pedra. Na verdade, os sentimentos podem ser tão racionais quanto o jogo de xadrez e as obrigações públicas, tão arbitrárias quanto estilos de corte de cabelo. Algumas consequências éticas importantes fluem desse desmantelamento da oposição entre o privado e o público, algumas delas relevantes ao socialismo. A generosidade, por exemplo, torna-se uma obrigação pública. Ter nossas necessidades satisfeitas, para além do dever, é nada mais do que aquilo que merecemos. Temos o direito de esperar misericórdia, de pensar no impensável. A não reciprocidade torna-se uma questão de rotina.

Há um sentido definitivo que nos permite falar da lei do amor. O verso de W. H. Auden – um pouco grandiloquente demais – "Precisamos amar uns aos outros ou morrer", que ele, no entanto, mais tarde repeliu, capta a verdade política de que, a menos que cooperemos, é provável que não sobrevivamos. Às vezes, os filósofos intrigam-se quanto a se podemos progredir de um fato para um valor; mas talvez aqui esteja exatamente um inesperado exemplo de tal deslocamento. Nossa situação material é tal que apenas ao valorizarmos um ao outro é possível seguir adiante.[34] Sem esse valor, podemos acabar sem absolutamente nenhum fato. Há muito tempo temos consciência de que os seres humanos são construídos de tal forma que eles necessitam de afeição para prosperar; mas, politicamente falando, parece que eles agora podem precisar dela apenas para sobreviver.

"Por que a tragédia gera prazer?" é uma das mais antigas perguntas filosóficas, semelhante a "Por que afinal as coisas existem?", "Por que existe o mal no mundo?". Não há escassez de respostas. A tragédia gera prazer porque purificar uma emoção excessiva é agradável por si só, porque sentimos prazer na mimese como tal, até mesmo nas representações de

---

34 Não estou afirmando que essa seja literalmente uma solução para a chamada falácia naturalista. Para tanto, seria preciso demonstrar que há algo em nossa situação material que torna naturalmente desejável sua manutenção.

desastres; porque a arte trágica modela o sofrimento em um padrão significativo, controlando-o enquanto o torna agradavelmente inteligível; ou porque ela coloca nossos insignificantes problemas na perspectiva de castigo. Nós nos deleitamos com a firmeza do espírito humano diante de uma calamidade torturante, ou encontramos uma satisfação epistemofílica, por mais rabugenta que seja, em apreender a verdade e conhecer o pior. Deleitamo-nos com a tragédia, porque ver a desventura do outro é uma fonte de prazer cruel para nós, ou porque gostamos de nos compadecer das vítimas, o que também sempre é, em algum nível, um agradável exercício de autopiedade. Ao vermos o equilíbrio da justiça cósmica harmonicamente restaurado, nós colhemos satisfação moral e intelectual, embora também nos deleite identificarmo-nos com os trapaceiros e rebeldes que a desestruturam. Ademais, é possível sentir prazer a partir de um ensaio simbólico e assim desarmar nossa própria morte, o que as representações ficcionais da morte nos permitem fazer.

Não faltam outras respostas à pergunta. É imaginativamente gratificante nos identificarmos com outra pessoa, por pior que seja seu dilema, e na tragédia isso acarreta um agradável bônus sadomasoquista. A tragédia é satisfatória porque permite que nos entreguemos às nossas fantasias destrutivas, enquanto sabemos que não podemos ser prejudicados, liberando em nós os prazeres da pulsão da morte sob um pretexto culturalmente respeitável. Essa alegria libidinal em provocar uma devastação pode se misturar com o nosso senso moral de que existe, de fato, algum valor no sofrimento. Encontramos satisfação na educação moral a que a tragédia nos submete, e simplesmente achamos agradável ser tão intensamente estimulados, por mais terrível que seja a natureza do estímulo. "Quando a tragédia é bem estruturada e bem representada", escreve Amélie Oksenberg Rorty, "ela reúne prazeres sensoriais, terapêuticos e intelectuais; prazer sobre prazer, prazer dentro de prazer, produzindo prazer".[35] Comparadas com a *jouissance* de *Gorboduc* ou *Santa Joana*, as orgias sexuais parecem, para muitos críticos ardorosos, cair na irrelevância.

Parte de nosso prazer pela tragédia, sem dúvida, provém de mera curiosidade. Não testemunhamos crimes brutais todo dia, e ficamos, então, intrigados por encontrá-los até mesmo na forma ficcional. Na verdade, o fato de serem ficcionais é a base de uma teoria do prazer trágico: para David Hume, em seu ensaio sobre a tragédia, apreciamos na arte o

---

35 Rorty (Ed.), *Essays on Aristotle's Poetics*, p.16.

que não apreciaríamos na vida. A peça de J. M. Synge, *Deirdre of the Sorrows*, termina fazendo um contraste entre a angustiante morte dos protagonistas e a alegria que o recontar da lenda através dos tempos irá significar. A forma arranca da derrota uma espécie de vitória, revertendo, assim, a própria ação trágica. A tragédia é uma imitação e, para Hume, imitação é sempre agradável; em qualquer caso, a eloquência da arte trágica atenua o desconforto que ela produz. Isso, entretanto, ainda não explica por que apreciamos *desastres* na arte. O fato de que apreciamos a imitação como tal não lança nenhuma luz sobre a emoção específica que a catástrofe – real ou imaginada – traz como consequência. E, embora a eloquência possa atenuar a tragédia, ela pode também intensificá-la, como o próprio Hume sugere, quando ele se imagina fornecendo a um pai um relato vívido demais da morte do filho favorito.

É claro que sabemos que as pessoas não estão sendo trucidadas de verdade no palco, o que permite que desfrutemos do espetáculo com a consciência tranquila; mas por que *apreciamos* isso? O argumento baseado na ficção simplesmente faz a pergunta retroceder uma fase. Em *Defesa da poesia*, Philip Sidney fala-nos de um tirano abominável que assassinou impiedosamente muitas pessoas; "não obstante, ele não conseguia resistir à doce violência de uma *Tragedie*".[36] Porém, aqui, Sidney está falando a respeito de ser levado à piedade pela tragédia, e não de saborear o tormento que ela significa, de forma que o caso não é diferente de alguém derramando lágrimas por causa de imagens de indigentes, enquanto gera desemprego em massa em sua empresa. Não há nada especialmente surpreendente com relação a isso: se os desempregados começassem a quebrar as suas janelas, logo ele iria parar de chorar. Segundo seus ensaios sobre arte no *Spectator*, Joseph Addison acredita que o prazer trágico, que deixa uma "agradável angústia" na mente, provém da comparação que fazemos de nossa situação segura com a devastação que está ocorrendo no palco. Sua visão é compartilhada por Lucrécio, que em *De rerum natura* escreve sobre quão doce é contemplar um naufrágio quando estamos em terra firme – não, acrescenta ele, que nos sintamos felizes que outros possam estar em uma situação aflitiva, mas porque é sempre prazeroso testemunhar uma perversidade da qual estamos isentos. Como diz Hume, há uma diferença entre sentir-se absolutamente feliz com o sofrimento do outro e sentir-se relativamente feliz com isso. É muito provável que o

---

[36] Sidney, op. cit., p.22.

Marquês de Sade, que supostamente pagou alguém para andar para cima e para baixo sob sua janela debaixo de uma chuva torrencial, estivesse colhendo ambos os tipos de benefício.

Edmund Burke, entretanto, em seu ensaio sobre o sublime e o belo, pode se ver não sentindo essa satisfação, mesmo que reconheça a sublimidade como um deleite na dor. Ele também levanta a questão pragmática de que, na verdade, nem sempre preferimos o sofrimento ficcional ao sofrimento da vida real. Uma multidão, argumenta ele, abandona em grandes grupos um espetáculo teatral para testemunhar uma execução na vida real. Aqueles críticos que acham que a tragédia molifica com sua arte o que acharíamos insuportável na vida obviamente ignoram os congestionamentos de trânsito provocados pelos abomináveis *voyeurs* em volta de acidentes de avião. A ideia, de qualquer forma, é que a dor na vida real torna-se docemente agradável quando é mitigada, e a mesma coisa vale para a dor artística, em que o abrandamento é alcançado pela forma e pela ficção. Porém, com certeza não é verdade que sempre nos alegramos com a dor quando ela é virtual em vez de ser real. Não acho nem um pouco atraente a ideia de extrair meus dentes sem anestesia, nem mesmo como uma hipótese; sendo assim, nosso prazer especial por danos não pode ser apenas uma questão de sua embalagem ficcional.

Burke acredita que "o terror é uma paixão que sempre engendra deleite quando não pressiona demais, e a piedade é uma paixão que vem acompanhada de prazer, porque surge do amor e da afeição social".[37] A arte é, sem dúvida, uma maneira de manter o terror a distância, mas não a única. Se a multidão que deixa o teatro para avolumar-se ao redor da forca sofresse a ameaça de enforcamento, seu prazer pela cena possivelmente diminuiria. Talvez qualquer espécie de postura do espectador em relação ao sofrimento, não apenas a da arte, possa, às vezes, torná-lo agradável. Contrariamente a Hume e Addison, contudo, Burke argumenta que algumas tragédias são tanto mais prazerosas quanto menos ficcionais forem: "A prosperidade de nenhum império ou a grandeza de nenhum rei pode nos afetar de forma tão agradável, na leitura, quanto a ruína do Estado da Macedônia e a desgraça de um rei infeliz".[38] Para um de seus servidores mais leais, ler acerca da ruína do Estado na Grã-Bretanha pode revelar-se uma questão menos agradável; mas, após ter enfatizado a alegria que extraímos da desgraça alheia, Burke prossegue, fornecendo

---

37 Burke, *A Philosophical Enquiry into the Origin of our Ideas of the Sublime and Beautiful* [1958], p.46.
38 Ibid., p.45.

uma explicação inesperadamente edificante disso. É verdade que "não buscamos nenhum espetáculo com tanta ansiedade quanto aquele que trata de alguma calamidade incomum e dolorosa",[39] mas esse aparente sadismo é, na verdade, um altruísmo: a menos que sejamos atraídos pelo sofrimento, nós evitamos cenas da vida real que o mostrem e, assim, deixamos de prestar auxílio às vítimas. Nosso prazer pelo sofrimento alheio é, então, um artifício astucioso pelo qual a Natureza reforça mais do que afrouxa nossos elos sociais. Sadismo é realmente solidariedade. A teoria é tão engenhosa quanto implausível. Por que deveríamos pôr um fim ao nosso prazer correndo para ajudar a vítima, a menos que o impulso para ajudar seja sempre por alguma razão mais forte do que o próprio prazer? Por que simplesmente não a deixamos lá deitada enquanto nos deleitamos com a situação?

A crítica Maud Bodkin acredita que a tragédia é agradável porque nos dá um sentimento "tribal" de renovação da vida em grupo por meio do sacrifício. Não há certeza de que isso seja o que aqueles que frequentam o teatro sentem ao sair de uma encenação de *Blasted* ou de *The Quare Fellow*. Franco Moretti oferece uma proposta mais original (embora menos grandiosa em termos universais) em *The Way of the World*: o mundo moderno valoriza a infelicidade e sente prazer em desfechos sombrios, porque isso ameniza a má-fé da sociedade burguesa de não viver à altura de seus próprios princípios. Se pelo menos alguma força externa não tivesse intervindo, talvez isso fosse cabível. O destino, portanto, a libera de responsabilidade, o que sempre traz uma sensação agradável.[40] Talvez essa seja uma razão por que a palavra "felicidade" é um termo tão insípido em nosso léxico, quase tão constrangedoramente imprestável quanto "amor". Sugere também uma inércia bastante "bovina", conflitante com o frenético dinamismo da sociedade capitalista. De alguma forma, infelicidade soa mais real – não só porque, historicamente falando, ela o é, mas também, como sugere Moretti, porque podemos adotá-la avidamente como resposta aos nossos fracassos.

Talvez tenhamos prazer em assistir a tragédias porque gostamos de ser estimulados, como pensava Descartes. William Hazlitt pensava mais ou menos da mesma forma, ao acreditar que o objeto que nos estimula era menos importante do que o fato de haver estímulo.[41] Isso, que poderíamos

---

39 Ibid., p.46.
40 Moretti, *The Way of the World*, p.127.
41 Ver Wasserman; The Pleasures of Tragedy, *English Literary History*, v.14, n.4, p.288-90.

chamar de teoria antitédio do prazer do trágico, foi bastante popular no período neoclássico: tanto Dennis como Rapin anteciparam versões dela. Talvez Samuel Beckett, cuja obra transforma em prazer até mesmo o tédio, sirva para refutar o caso. O abade Dubos comentava que recorremos a uma tragédia porque é mais agradável sentir pesar do que tédio. Melhor sermos sacudidos vivos pela emoção do que apodrecermos de enfado. Isso, todavia, também poderia ser válido para outras formas de arte; não rende especificamente uma teoria do prazer trágico. Afinal de contas, sabemos que existem pessoas que morrem de rir em uma comédia, o que parece estímulo suficiente.

Ou pode ser – como sustentavam alguns críticos do século XVIII – que a Providência molificou consideravelmente todas as emoções fortes, dando-lhes um bálsamo como acompanhamento. Uma espécie de catarse está divinamente embutida aí. Outros críticos do período sustentavam a noção de que o prazer da tragédia estava na satisfação moral – seja na realização da justiça poética, seja em um sentido mais aprimorado de nossa própria benevolência, quando sofremos por causa de uma ruína e de uma injustiça. Talvez pudéssemos chamar isso mais precisamente de presunção moral. O Conde de Shaftesbury faz o prazer trágico parecer uma questão moral edificante, quando escreve a respeito que "sensibilizar nossos prazeres dessa maneira pesarosa, empregá-los no interesse do mérito e do valor, e praticar o que quer que tenhamos de afeições sociais e de solidariedade humana são do mais alto deleite".[42]

Para Schopenhauer, o regozijo em relação à tragédia surge quando nos desligamos do mundo e renunciamos à vontade de viver. Há um melancólico tipo de prazer a ser obtido do reconhecimento de que o mundo e a vontade não podem nos conceder nenhuma satisfação absoluta e, portanto, não vale a pena nos apegarmos a eles. Essa é a alegria de uma liberdade plena, que se sabe invulnerável porque, como os depressivos e os melancólicos, abandonou todo investimento na realidade. O sujeito simplesmente não está em questão de forma suficiente para sofrer danos, e o sentido de imortalidade que isso gera é uma fonte adicional de consolo. Portanto, o que é realmente imolado na tragédia é menos o herói do que o ego do espectador. Os prazeres derivados da tragédia são nirvânicos. De fato, isso é verdadeiro para Schopenhauer em relação ao estético em geral, que afasta a câmara de tortura que é este mundo, fazendo dela uma espécie

---

42 Shaftesbury [Anthony Ashley Cooper], op. cit., v.I, p.297.

de charada teatral, com seus gritos e uivos encapsulados na tagarelice de palco, para a extasiada plateia em indiferenciada contemplação.

O sublime é, portanto, o mais típico de todos os estados estéticos, permitindo-nos, como o faz, observar enormidades assustadoras com total tranquilidade, serenos na consciência de que elas não podem mais nos prejudicar. Como Danton comenta em *A morte de Danton*, de Büchner: "Flerto com a morte; é muito agradável; flerto com ela através de um telescópio como este, de uma distância bastante segura" (Ato II, cena 4). No sublime, o ego fantasia um estado de exultante invulnerabilidade, descarregando, assim, sua cólera olímpica contra as forças que o acossam até a morte. Podemos nos entregar aos prazeres masoquistas da pulsão de morte, certos da consciência de que somos indestrutíveis. Assim, a tragédia – ou o estético – é, para Schopenhauer, uma vitória momentânea tanto sobre Eros quanto sobre Tânatos – sobre a vontade de viver, e também, como um fantasma de indestrutibilidade, sobre a morte. Em vez disso, como o próprio bode expiatório trágico, encontramo-nos em algum limbo ou estado liminar entre ambos. O estético triunfa sobre a morte, suplantando-a friamente, encenando-a já na indiferença imparcial da obra de arte, extraindo seu ferrão ao cometer uma espécie de suicídio espiritual antes que a sepultura possa reivindicá-la. Assim ele transcende simultaneamente a vida.

Entretanto, há também algo malsucedido em relação a essa condição, já que, enquanto o ego ainda se deleita com sua dissolução, ele não pode tê-la alcançado. Na tragédia, sentimos piedade do outro porque sabemos que sua própria substância interior, a Vontade cruel, é nossa também; mas ao mesmo tempo desdenhamos a futilidade cega da Vontade, libertando-nos das traiçoeiras ilusões das quais ela enriquece o viver. Essa é a própria versão que Schopenhauer faz da dialética da piedade e do medo, da intimidade e do distanciamento, à medida que somos impelidos para um sofrimento que reconhecemos como nosso, embora, mediante o poder estruturador e tranquilizador do estético, nos distanciemos com desdém de todo o espetáculo grotescamente sem sentido.

Em seu *Why Does Tragedy Give Pleasure?*, A. D. Nuttall comenta a respeito "daquela estranha doçura do medo e da dor" que caracteriza nossa reação à arte,[43] enquanto no *Filebo*, Platão fala a respeito dos espectadores de uma tragédia regozijando-se com seu próprio sofrimento. Também no

---

43 Nuttall, *Why Does Tragedy Give Pleasure?*, p.74.

Fédon ele fala a respeito da morte de Sócrates como evocativa tanto de dor quanto de prazer no próprio Fédon ("uma sensação bastante estranha, uma espécie de curiosa combinação de prazer e dor").⁴⁴ Não é apenas o fato de nos sentirmos felizes e aflitos ao mesmo tempo, mas de nos sentirmos felizes em relação ao nosso sofrimento. Penteu, de *As bacantes*, saboreia a tristeza que sente, enquanto espia como um *voyeur* mulheres em êxtase, como se ele fosse um espectador de uma tragédia dentro de uma tragédia. Nossa reação, em outras palavras, não é apenas ambivalente, mas masoquista. E, uma vez que esse prazer doloroso provém de uma identificação com as vítimas no palco, ele é também sádico, pois a única maneira de perpetuá-lo dentro de nós mesmos é desejar que elas sofram mais. Vê-las atormentadas nos faz sentir a sua desgraça como se fosse nossa, nos faz gostar de senti-la e, portanto, nos faz querer que elas enfrentem mais dor; como afirma Freud, falando da vida mais do que da arte trágica: "O sadismo do superego e o masoquismo do ego complementam-se um ao outro e unem-se para produzir os mesmos efeitos".⁴⁵

Nenhum autor tem mais consciência disso do que Dostoievski, cuja ficção é entrelaçada de sadomasoquismo de uma ponta a outra e cujas personagens chafurdam nos intrincados deleites de ser mortalmente ofendidos. Nesse mundo de emoção abruptamente ilógica, em que todos parecem estar em permanente estado de irritabilidade patologicamente mórbida, poucas experiências são mais familiares do que uma aflitiva humilhação. Seu colega russo, Vladimir Nabokov, é outro virtuose dessa condição. Depois de se conduzir para uma situação mortificante, os nobres decadentes de Dostoievski – proprietários de terra burlescos e funcionários socialmente paranoicos – não conseguem resistir ao impulso de manter seu grotesco comportamento servil até ampliarem sua degradação, tanto como uma temerária agressão aos outros quanto como uma violência autoinfligida. Marmeladov, de *Crime e castigo*, bebe para aprofundar sua desgraça e regozija-se com as agressões que sofre por parte da esposa, enquanto Raskolnikov corteja sua própria ruína em seu jogo de gato e rato com o investigador Porify. "A mariposa voando em direção à própria vela" é como o romance descreve sua compulsão para a autoimolação. Há uma aura diferente envolvendo a perversidade fascinantemente complexa de Svidrigaylov, que envenena a esposa. O narrador neuroticamente sensível de *Memórias do subsolo* é outro caso de auto-humilhação, enquanto

---

44 Platão, *The Last Days of Socrates*, p.113.
45 Freud; Mourning and Melancholia. In: _____. *Sigmund Freud:* On Metapsychology, p.425.

o padre Zosima aconselha Aliocha Karamazov a "buscar a felicidade no sofrimento".

Entretanto, os críticos, em sua maioria, sentem-se claramente incomodados com a teoria sadomasoquista do prazer do trágico. Northrop Frye fala num tom um pouco vigoroso demais que "o prazer que extraímos [de Gloucester sendo cegado] nada tem a ver com sadismo",[46] enquanto A. D. Nutall, embora, em geral, mais aberto a um *insight* freudiano, mostra ceticismo semelhante em relação ao caso. Oscar Mandel esclarece-nos, no que, sem dúvida, poderia ser lido como um gesto clássico de negação, que "o argumento de que nosso prazer extrai da maldade (*Schadenfreude*) sempre foi refutado e não exige maior atenção".[47] Longe de ser refutado com frequência, ele raramente é exprimido, exceto pelos próprios autores de tragédias. Uma personagem em *O sonho*, de August Strindberg, por exemplo, comenta que "as pessoas têm um horror instintivo à boa sorte dos outros". Em geral, os críticos preferem explicações mais magnânimas do prazer pelo trágico, como na afável declaração de D. D. Raphael de que "nosso prazer surge do sentimento de que alguém semelhante a nós atingiu as alturas mais elevadas".[48] Porém, a questão está mais relacionada ao porquê de estalarmos os lábios quando o vemos cair lá de cima. Nietzsche não tem nenhuma dúvida de que o sadismo é a solução: "Ver os outros sofrerem nos faz bem", escreve ele com satisfação, "mas fazer que os outros sofram faz mais bem ainda".[49] Até mesmo o refinado Matthew Arnold observa que, "quanto mais trágica a situação, maior é o regozijo", o que sugere um sadismo bastante não arnoldiano.[50] Herman Melville comenta em *Moby Dick* que "todos os homens tragicamente grandes tornam-se grandes graças a certa morbidez" (cap.16).

Não há razão alguma para que sejamos forçados a escolher entre explicações humanistas e psicanalíticas.[51] O prazer do trágico opera em vários níveis. O próprio Freud parecia acreditar que ambos os casos captavam algo da verdade, observando, como o fez, que o indivíduo mediano é tanto mais quanto menos moral do que ele imagina. Quando se trata da questão de valor moral, seus escritos não só ultrapassam os humanistas, como também

---

46 Frye, op. cit., p.94.
47 Mandel, op. cit., p.74-5.
48 Raphael, op. cit., p.36.
49 Nietzsche; The Genealogy of Morals. In: Kaufmann (Ed.), *Basic Writings of Nietzsche*, p.503 (tradução alterada).
50 *The Poems of Matthew Arnold*, ed. Kenneth Allot, p.592.
51 Para um estudo psicanalítico da tragédia, ver Green, *The Tragic Effect*.

os solapam. Slavoj Žižek observa que na encenação do sofrimento como espetáculo estético há algo abusivo no próprio seio da tragédia.[52] O crítico de orientação psicanalítica pode aceitar isso, embora ainda encontre valor na forma, mas o humanista geralmente tem dificuldade com relação a essa resposta dual. Se a tragédia é a realização mais elevada do espírito humano, poderia parecer grosseria degradante falar dela em termos de sadomasoquismo, como se estivéssemos discutindo *A divina comédia* em termos de fetichismo por borracha; mas por que deveria o sadomasoquismo ser degradante? A dar crédito a Freud, o sadomasoquismo é uma estrutura indispensável da psique, sem o qual não funcionaríamos como sujeitos humanos. Se é perversidade achar a dor gratificante, então, já que estamos todos sujeitos ao que Žižek chama de "desfrute obsceno" da pulsão de morte,[53] que ordena que sintamos prazer em nossa própria dissolução, fica difícil saber quem exatamente deve representar a norma.

Aqui podemos imaginar um processo de três fases. Primeiro, o humanista resiste à sugestão de que nosso prazer pela tragédia nada tem de moralmente puro. Depois, talvez, relutante, ele pode ser persuadido a reconhecer um elemento de *Schadenfreude* na crise trágica, e até mesmo chegar a ver a insistência que mostrou anteriormente na sua sublimidade moral como uma espécie de defesa psíquica. Mas e se a admissão da *Schadenfreude* for também uma defesa? E se preferíssemos confessar nosso prazer pela agonia do outro em vez de reconhecermos a vergonhosa verdade de que a destruição com a qual mais nos alegramos é a nossa própria destruição? Seria nosso sadismo – ironicamente admitido – ainda outra máscara da pulsão de morte?

Santo Agostinho é muito menos recatado do que muitos críticos modernos, ao falar em suas *Confissões* a respeito da tragédia como alegria pela dor do outro. Ele entende o que é ser tomado de um "prazer pernicioso" ou de uma "felicidade deprimente". Como alguém que buscou perversamente a vergonha e o sofrimento, pecando apenas para deleitar-se com a própria devassidão, ele pondera sobre a questão de por que um homem deveria ansiar por ser levado a afligir-se "contemplando eventos tristes e trágicos, os quais a sua própria pessoa não estaria disposta a sofrer". A tristeza é um prazer para nós, e aquele que sofre "permanece

---

52 Žižek, *Did somebody Say Totalitarianism?*, p.87.
53 O conceito aparece em boa parte da obra de Žižek, mas dois textos seus particularmente relevantes são *The Ticklish Subject* e *The Fragile Absolute*.

extasiado e chora de alegria".⁵⁴ Talvez – reflete Santo Agostinho – seja a piedade que nos dê prazer, e não o sofrimento, embora esse último possa ser o companheiro inevitável da piedade. Deveríamos sentir-nos contentes, pensa ele, em amar a dor de tempos em tempos, mas precisamos tomar cuidado com a impureza – de forma que seu argumento aqui é semelhante à doutrina da catarse de Aristóteles. Esse, devemos nos lembrar, é o Agostinho pós-conversão olhando retrospectivamente para seu eu depravado e sadomasoquista, e traçando uma linha rigorosa, mas suspeita, entre a compaixão e a soberba. Ele afirma que é impossível apiedarmo-nos verdadeiramente do outro, embora desejemos que ele persista em seu sofrimento para que possamos persistir em nosso desfrute desse sofrimento. Porém, talvez seja revelador o próprio fato de que a ideia até mesmo passe pela sua mente. A piedade verdadeira é nitidamente distinta da variedade falsa, compaixão apartada do interesse próprio.

Entretanto, se algum drama trágico é tão convincente, em parte é porque entra na chuva humanista e não se molha. Tragédia desse tipo é sublime tanto no sentido humanista quanto no sentido psicanalítico – prazerosa, majestosa, impressionante, sugestiva de capacidade infinita e de valor imensurável e, não obstante, também punitiva, intimidante, colocando-nos cruelmente em nosso devido lugar. Vemos homens e mulheres punidos pela Lei por causa de seu desejo ilícito, uma desaprovação que, com admirável economia, satisfaz nosso senso de justiça, nosso respeito pela autoridade e nosso impulso para o sadismo. Porém, uma vez que também nos identificamos com esses descontentes, sentimos a amargura de seus anseios, uma solidariedade que, moralmente falando, é piedade e, psicanaliticamente falando, é masoquismo. Compartilhamos sua paixão aliciante, ao mesmo tempo que encontramos prazer em nos castigar por tal deleite criminoso. A piedade aproxima-nos libidinalmente deles, enquanto o medo os rechaça em nome da Lei. Mas também temem os nossa própria compaixão, alarmados com nosso próprio flerte com a destruição. Nem toda tragédia opõe insurreição e autoridade; mas quando isso ocorre, ela satisfaz as sombrias exigências do superego, enquanto deixa a pulsão de morte extaticamente livre. E isso nada faz para alterar o fato de que os pontos em questão continuam a ser éticos e políticos, questões de justiça, violência, autorrealização e afins. Poucas formas artísticas mostram essa impressionante economia erótica, e talvez nenhuma atenda de forma

---

54 Santo Agostinho, op. cit., p.71.

tão perspicaz ao nosso sadismo, nosso masoquismo e nossa consciência moral – tudo ao mesmo tempo. Poucas também revelam um espelhamento tão íntimo entre as transações no palco e as transações entre o palco e os espectadores.

Se a tragédia tem algo da alegria melancólica do sublime, para alguns críticos ela também mostra uma estrutura semelhante. A dor do sublime kantiano provém do reconhecimento da finitude: lutamos para corresponder a alguma Lei ou Razão insondável, mas inevitavelmente fracassamos. O sublime, portanto, tem uma estrutura edipiana; mas, se nossa finitude é, então, colocada em rude relevo, também, por contraste, é a augusta infinitude pela qual ansiamos; e, no próprio ato de lutar e não conseguir atingi-la, encenamos uma liberdade na qual podemos ouvir um débil eco do próprio poder sublime. Ficando aquém da Lei ou do Absoluto, acusamos nossa afinidade com ela, reconhecendo que nossa única verdadeira moradia é dentro de seu próprio e eterno desamparo. De maneira semelhante, para o pensamento trágico clássico, o herói revela um insondável valor no próprio ato de cair das alturas a que se ergue, de forma que a experiência é temperada, a um só tempo, com dor e prazer. Em termos psicanalíticos, é um empate entre a Lei e o desejo. O sadismo do superego e o masoquismo do desejo desnorteado são ambos satisfeitos; mas o desejo também leva uma vantagem maldosamente prazerosa sobre a Lei, sentindo-se tanto gratificado quando culpado por fazê-lo. Ao mesmo tempo, ele faz a momentosa descoberta de que a Lei e o desejo estão em total harmonia – que a infinitude que ele encontra é o desejo sob diferente aparência, e que o mais profundo desígnio da Lei é não proibir nosso desejo, mas, pelo contrário, exigir que nos entreguemos a ele. Porém, uma vez que o desejo em questão é a pulsão de morte, é a Lei do desejo que ri por último.

CAPÍTULO 7
A tragédia e o romance

Falamos do romance cômico, mas raramente do romance trágico. Parece que o teatro reivindicou a tragédia exclusivamente para si. "Por Deus! Por que chamar uma coisa de tragédia a menos que pretenda ser uma peça?", perguntou um exasperado crítico de uma obra menor de Byron, do século XIX.[1] Seria porque há algo inerentemente não trágico no romance? À primeira vista, é tentador acreditar que sim. "A história do declínio do drama sério é, em parte, a história do surgimento do romance", afirma George Steiner,[2] e, sem dúvida, poderíamos forjar algum tipo de narrativa a partir dessa sequência. Um teatro trágico associado ao absolutismo despótico, a intrigas palacianas, a feudos tradicionais, a rígidas leis de consanguinidade, a códigos de honra, a visões de mundo e fé no destino do *ancien régime* cede espaço no romance às ideologias mais racionais, esperançosas, realistas e pragmáticas da classe média.

Agora, o que reina é menos o destino do que a ação humana, menos códigos de honra do que convenções sociais. O trabalho e o lar, e não a corte, a Igreja e o Estado, tornam-se os cenários principais, e a alta política rende-se às intrigas da vida cotidiana. Trata-se de um deslocamento do marcial para o marital – o primeiro sendo parte do problema e o último, parte de uma solução. A esfera pública da tragédia, com sua estridente retórica e fatídica economia, é abandonada em favor da linguagem cotidiana da prosa ficcional, mais expansiva, mais irônica, consumida na privacidade. E isso, para alguns, é certamente uma perda: alguns críticos,

---

1 Apud King, op. cit., p.36.
2 Steiner, op. cit., p.118.

como sugere Henry Peyre, culpam o romance pela morte da tragédia, no sentido de que ele "capturou os elementos essenciais da emoção trágica, embora a tenha muitas vezes diluído e desvalorizado".[3] Thomas Mann, demonstrando bastante desdém, acreditava que a democracia era "a condição para romances", que não deviam ser confundidos com Cultura.[4]

Sem dúvida, há algo nessa circunstância histórica. É difícil, por exemplo, pensar em muitos romancistas trágicos na Inglaterra antes de Hardy, James e Conrad. Há algumas obras importantes de ficção trágica (*Clarissa*, *O morro dos ventos uivantes*) e outras que podem ter atingido tal condição (*O moinho do Rio Floss* e alguns dos últimos romances de Dickens), mas nenhum conjunto de ficção trágica importante, eminente. O caráter da ficção inglesa dos séculos XVIII e XIX – o auge da formação da classe média inglesa – é antitrágico. É somente no final do século XIX, quando essa classe começa a entrar em um significativo declínio, que o romance trágico surge como uma forma importante. Ao ser ultrapassada pelo romance, a tragédia alcança-o novamente. O final sorrateiramente afirmativo de *Middlemarch*, juntamente com *Daniel Deronda*, uma mescla de tragédia pessoal e salvação política, é um marco de transição. Agora é preciso reduzir proporcionalmente a utopia ou exportá-la. É o mais próximo da nota trágica que, antes de James e Hardy, parece ideologicamente permissível no romance inglês.

Ademais, essa não é uma questão concernente apenas à Inglaterra. Em seu *Os noivos*, romance que se constituiu uma espécie de evento fundador da modernidade italiana, Alessandro Manzoni começa afirmando ter se inspirado em uma narrativa do século XVII cujo estilo de alta tragédia ele ao mesmo tempo rejeita, julgando-o inadequado ao leitor moderno. Esse manuscrito desgastado, que fala de "dolorosas Tragédias de Horror e cenas de terrível Crueldade", é tratado com desdém pelo narrador autoconscientemente atualizado como um texto cheio de "declamações bombásticas", repleto daqueles tipos de extravagância vulgar que os leitores modernos mais sofisticados já viram à exaustão. Mesmo assim, essa nítida distinção entre a retórica trágica *passé* e a modernidade prosaica do romance vai se enfraquecendo à medida que se desenrola. Em primeiro lugar, o próprio autor do século XVII desculpa-se servilmente por lidar com "pessoas de tão pouca importância e de nível tão inferior", de forma que a descensão da alta tragédia para a baixa democracia já está contida no interior da

---

3 Peyre, op. cit., p.77.
4 Mann, *Reflections of a Nonpolitical Man*, p.218.

primeira. Em segundo lugar, o narrador atual de Manzoni admite que muito da protonarrativa flui de forma bastante suave e natural, quaisquer que sejam seus floreios barrocos ocasionais; e, afinal de contas, ele próprio realmente decide fazer uso da história, remodelando a linguagem e a sequência dos eventos para adequá-la aos tempos modernos. E, em uma ironia final, o conteúdo do romance de Manzoni, com o abominável rapto, a luta, a calamidade e a fome, revela-se como alta tragédia o bastante até mesmo para o mais antiquado dos gostos.

O que temos aqui, em resumo, é uma alegoria menor das conturbadas relações do gênero romanesco com seus precursores genéricos, quando o primeiro, proclamando com orgulho seu revolucionário rompimento com os últimos, se vê inescapavelmente parasita deles. Como ocorre na concepção marxista das relações entre liberalismo e socialismo, trata-se de um caso de continuidade revolucionária. Mesmo assim, Manzoni absorveu proleticamente a lição que Max irá pregar em seu *O dezoito brumário de Luís Bonaparte*, extraindo sua narrativa, mas não sua poesia, do passado. E essa luta de classes no âmbito da forma literária reflete-se na substância de *Os noivos*, quando um desenfreado ataque aristocrático à mais característica das instituições burguesas, o casamento, é finalmente repelido. As piedosas e pacíficas virtudes da classe média triunfam sobre uma nobreza predatória e anárquica – o que quer dizer que o gênero romanesco prevalece sobre a tragédia.

Entretanto, no final do século XVIII, a refinada Europa foi chacoalhada em seu âmago por um romance trágico, *Os sofrimentos do jovem Werther*, de um autor notoriamente avesso ao modo trágico; e, embora o leitor moderno possa muito bem sentir que a única falha trágica do herói imbuído de uma pródiga autocomiseração foi não ter se matado muito antes, não há como negar que poucas narrativas trágicas desde *Clarissa*, de Richardson, traumatizaram seus leitores em uma escala tão extraordinária. Ademais, o romance francês do século XIX dificilmente se priva de tramas trágicas. Stendhal, Balzac, Flaubert – como resultado de uma revolução burguesa que rapidamente desandava, todos esses autores surgem com importantes obras envolvendo tragédia; e, enquanto Dickens, por mais sombrio que seja o seu humor em geral, ainda está conseguindo obter arranjos satisfatórios em *A casa abandonada*, *A pequena Dorrit* e *Our Mutual Friend*, Herman Melville, nos Estados Unidos, está produzindo um magnífico trabalho de ficção trágica que termina em completo desastre. *Moby Dick* precisa ser em prosa, já que lida com uma catástrofe da gente comum; mas, para conceder a esses baleeiros a dignidade trágica que lhes é devida, a obra precisa também romper os limites do realismo e sua polida retórica shakespeariana, colocando um herói satânico lado a lado com informações detalhadas sobre anzóis com gordura de baleia e a estrutura óssea do cachalote. Não devemos, portanto, tirar conclusões apressadas e generalizadas a partir do exemplo da Grã-Bretanha – em alguns aspectos, a menos típica das culturas europeias –, que teve tempo de deixar para trás as sublevações trágicas de sua história política do século XVII e, como a primeira nação capitalista do mundo, embarcar em um extenso programa de industrialização doméstica e de conquistas imperiais no exterior.

Em *Teoria do romance*, Georg Lukács vê o épico e o romance como "totalidades extensivas", em contraste com a "totalidade intensiva" do drama. Porém, *Fausto*, de Goethe, dificilmente é tão intensivo quanto alguns poderiam desejar, e *As ondas*, de Woolf, mal pode ser considerado extensivo. Também não é bem verdade que o romance trata de interioridade e o drama trata de ação: o que dizer de Cervantes e Fielding, de um lado, e Racine e Chekhov, de outro? Mesmo assim, é difícil nos livrarmos da suspeita de que haja algo não trágico inerente à forma do romance. Franco Moretti vê um tipo de romance, o *Bildungsroman*, exatamente assim, com sua harmoniosa integração entre indivíduo e sociedade, liberdade e felicidade, autodeterminação e socialização. Essa forma otimista, inerentemente progressista, evidencia um "triunfo do significado sobre o tempo",[5] e, como a maioria dos tipos de romance, "torna a normalidade interessante e significativa *como* normalidade".[6] Os gêneros literários clássicos frequentemente mostravam parco interesse pelo dia a dia, e o pós-modernismo tem uma arraigada desconfiança da normalidade, que ele rejeita de forma dogmática, considerando-o opressivo sempre e em toda parte; mas no meio dos dois surge essa atração pelo mediano, igualmente estranha ao pastoral, de um lado, e ao periférico, de outro.

Não há dúvida de que agora é quase impossível retomarmos o entusiasmo imaginativo sentido por aqueles educados no regime da tragédia, da elegia e dos sermões edificantes, com a ascensão de uma forma que pareceu ver no lugar-comum e no cotidiano algo extraordinariamente fascinante, presumindo, à sua maneira protestante, a existência de dramas espirituais escondidos atrás de cada fachada de loja e sob cada sobrecasaca. Moretti acha esse mundo ficcional bastante incompatível com uma crise revolucionária, e *A educação sentimental*, de Flaubert, poderia ser oferecido

---

5 Moretti, *The Way of the World*, p.55.
6 Ibid., p.11.

como argumento para respaldar sua afirmação, quando o jovem e inexperiente Frédéric Moreau se arrasta tropegamente em sua existência fútil e sem objetivo, enquanto a Revolução Francesa de 1848 desponta com toda a sua força. Moretti comenta que o que o *Bildungsroman* aborda, de fato, é "como a dupla revolução do século XVIII poderia ser sido evitada".[7] *Madame Bovary* retrata a trágica destruição de uma jovem que é enganada; mas, com seu estilo – como se pretendesse argumentar que a retórica da tragédia não pode coexistir com a ficção do lugar-comum – o romance recusa-se escrupulosamente às emoções que sua ação parece determinada a provocar.

Enquanto o drama trágico – esse é o argumento – extrai da matéria da vida à sua volta alguns momentos genuínos de crise, o romance é uma espécie de sociologia imaginativa que devolve tais momentos intensos e isolados ao fluxo e contrafluxo da história, desfiando pacientemente as forças menos exóticas e menos comuns que entraram na sua feitura, e relativizando, assim, juízos que podem parecer, em sua forma dramática, muito mais crus e intratáveis. Na topografia do romance há menos precipícios e curvas fechadas, menos muros a serem escalados. Nessa perspectiva, o romance é uma questão de *chronos*, da passagem gradativa do tempo histórico, ao passo que a tragédia é uma questão de *kairos*, de tempo cobrado, atormentado por uma crise, repleto de verdade momentosa. Aldous Huxley argumenta em seu ensaio "Tragedy and the Whole Truth", em *Music at Night*, que o romance tenta vender a verdade completa em toda a sua irrelevante contingência e, dessa forma, dilui a pureza química da tragédia. Não se esquivar de nada, não excluir, é não ser trágico. E, no grande oceano das irrelevâncias que constituem a vida contemporânea, a tragédia, como consequência, recuou. A inclinação para o trágico em Stendhal e Pushkin, como indica Moretti, significa que eles mostram menos prazer na densidade da textura social, menos fascínio digressivo pela pura contingência e mais disposição para chegar diretamente ao ponto dramático.[8] De fato, poderíamos ver os heróis de Stendhal – ambiciosos e prontos para renunciar ao mundo – como desgarrados de alguma alta tragédia indo cair em um mundo romanesco que, de modo geral, é prosaico demais para eles e do qual, no fim, eles desdenhosamente batem em retirada.

Em Stendhal, essa discrepância entre idealismo e mundanidade, ou tragédia e romance, dramatiza a transição da burguesia, que passa de

---

7 Ibid., p.64.
8 Ibid., p.105.

sua fase heroica para sua fase pragmática. À época de Flaubert, o conflito entre ambos torna-se simplesmente absurdo, pois um sonhar ocioso e um mundo degradado empurram um ao outro cada vez mais profundamente para a autoparódia. É como se os protagonistas de Stendhal se recusassem a sobreviver nessa época sombria, escolhendo, em vez disso, morrer com os sonhos intactos porque eles não se concretizaram. Para eles, o conflito entre pragmatismo e idealismo ainda é um conflito trágico, mesmo que o amor possa oferecer uma alternativa heroica à política do desencanto. Na verdade, em Stendhal, isso é conduzido com toda a precisão planejada de uma campanha militar.

Os heróis dessas ficções, presos entre a poesia do passado revolucionário e a prosa do presente pós-napoleônico, internalizam essa contradição como seres esquizoides, ao mesmo tempo absolutistas e oportunistas, autênticos e charlatões, honrosos e medíocres, virtuosos e inescrupulosos, altruístas e egocêntricos, ardentes e calculistas, admiráveis e ridículos. Divididos entre ambição material e *contemptus mundi*, seu sagaz conformismo exterior combina-se com uma obstinada recusa interior, em uma época em que poder e idealismo não mais são compatíveis. O próprio impulso que os leva a fazer ajustes na hierarquia social é também o sentido de superioridade espiritual que os leva finalmente a desprezá-la. À maneira protomodernista, o eu não é mais destino, mas desempenho, uma questão de máscaras polimorfas e uma esplêndida improvisação. Especialistas em participar do jogo político, Julien Sorel de *O vermelho e o negro* e Fabrizio del Dongo de *A cartuxa de Parma*, entretanto, recusam-se a desistir de seu desejo revolucionário e são por ele levados à ruína. Ambos ilustram os versos de Pushkin em *Eugene Oneguin*: "Ver a vida como um jogo ritual/ E seguir com a respeitável multidão/ Embora ninguém compartilhe de forma alguma/ Suas visões, paixões ou desventuras!" (cap.8, 11).

Julien, um dos aristocratas da Natureza, no fim, mostra um espírito nobre demais até mesmo para se preocupar em continuar a viver; e, já que sua vida, de qualquer forma, foi uma espécie de automonitoramento e autoexperiência calculados, ela possui uma qualidade dissociada em relação a si mesma que pressagia a morte dele. Como o clássico pícaro espanhol, ele acaba acreditando que o mundo é um vazio da verdade, repleto de trapaça, corrupção e odiosos privilégios de classe, e sua morte por execução é realmente uma forma racional de suicídio. Ele tem muita consciência de que a lei que o envia para a morte é uma lei de classes, que seu verdadeiro crime foi a ascensão social. Se ele não deseja desafiar essa lei, é porque ele a despreza, e não porque a respeita. Os ideais ainda são absolutos, mas eles não podem mais se realizar; e isso, para Stendhal e para Lucien Goldmann, em *The Hidden God*, é uma condição trágica. Paixão e energia ainda florescem; mas, em uma sociedade exploradora, elas precisam procurar intensamente por si mesmas, gerando assim um egocentrismo calculado que ameaça miná-las. Fabrizio mantém a aparência exterior de um pregador jovem e moderno, mas continua obcecado pela idealista Clelia, retirando-se do mundo quando ela morre.

Como assinala Franco Moretti, liberdade e felicidade não podem se harmonizar em Stendhal da forma como o fazem no *Bildungsroman* clássico. No fim, não é possível haver acordo entre o extremismo trágico ("Não vejo nada além da sentença de morte que distingue um homem", comenta Mathilde, despreocupada, em *O vermelho e o negro*) e os desgastados dilemas da vida diária. A tragédia é intransigente; o romance, construído a partir de um acordo; e os heróis de Stendhal desaparecem no vão entre ambos. Entretanto, mesmo que o mundo político dessas ficções seja violento e corrupto, ele retém uma aura de *glamour* e aventura, de espiões, de jesuítas maquinadores e de imbróglios na corte, como se esses fossem quase os últimos romances em que alta política pudesse ainda ser matéria para drama. A política – comentava Stendhal – ainda podia ser heroica na Itália, mas não na Inglaterra, onde batalhas e execuções haviam cedido terreno para números e impostos.[9] Com Flaubert e Zola, desocupamos essa esfera política fanfarronesca para ocupá-la com a esfera mais mundana da existência social.

Quer a tragédia e o romance sejam incompatíveis ou não, é, sem dúvida, difícil no período moderno ver uma intersecção entre heroísmo e vida comum, e, em escritores como Sean O'Casey, isso acontece apenas em nome de uma paródia mútua. Uma solução para esse problema é colocar a ação trágica em alguma margem pré-moderna em que, como ocorre em *Riders to the Sea*, de Synge, *Deirdre*, de Yeats, *A casa de Bernarda Alba*, de García Lorca, *De repente no último verão*, de Tennessee Williams ou certa ficção trágica de William Faulkner, a própria vida do dia a dia parece mais ritualizada e intensa, as emoções mais cruas e expostas. O mar é outro cenário convenientemente histriônico para uma arte trágica emperrada pela modernidade, de Herman Melville a Joseph Conrad. Em seu valioso ensaio sobre leitura histórica da tragédia, John Orr observa que o teatro trágico europeu do final do século XIX provém sobretudo das periferias, da

---

9 Stendhal apud ibid., p.102.

Escandinávia, da Irlanda, da Espanha ou da Rússia: "O drama trágico não poderia ter como berço os principais epicentros do capitalismo europeu da época, nem escolhido seus protagonistas trágicos no seio da burguesia urbana das grandes nações."[10] Poderíamos acrescentar que essas são, na sua maioria, sociedades em que o conflito entre tradição e modernidade era peculiarmente intenso naquela época. Se a vida moderna é enfadonha demais para a tragédia, podemos, então, erigir o conflito em algum cenário mais simples, em que honra e sentimento de culpa pelo crime ou lamentação ritual ainda prosperam. Conforme retratado na obra de Faulkner, o patriarcal e dinástico Sul, da luta racial e da nobreza decadente, cansado da guerra e repleto de fantasmas, é uma provável localização desse cenário. *Absalão, Absalão!*, que dramatiza a destruição de um protagonista representativo de uma dinastia, menciona, a respeito de Quentin, que:

> [...] seu próprio corpo era um salão ecoando sonoros nomes de derrotados: ele não era um ser, uma entidade; era uma nação. Era um quartel cheio de fantasmas teimosos, com o olhar voltado para o passado, ainda se recuperando, até mesmo quarenta e três anos mais tarde, da febre que curara a doença. (cap.1).

Nesse ínterim, o estilo verboso e grandiloquente de Faulkner assinala que tudo isso, apesar da paisagem provinciana, é, sem dúvida, Literatura.

Na perspectiva que vimos investigando, a tragédia está mais à vontade no conto do que no romance propriamente dito, sendo uma forma menos bem acolchoada, na qual, como vemos em Chekhov e Kipling, a narrativa pode ser mais facilmente reduzida a um único momento de ruptura ou de revelação. Nas mãos de George Eliot, o romance consegue evitar a tragédia, porque sua tarefa é rastrear as complexas cadeias de causalidade que se entrelaçam para formar o presente, deixando, assim, a explicação tomar o lugar da condenação. *Tout comprendre est tout pardonner.* O romancista realista e o liberal político são companheiros naturais. Além disso, essa espécie de ficção intrincadamente hermenêutica também pode levar-nos para além dos fatos externos, na direção de uma fenomenologia deles, de como suas luzes e sombras incidem de formas distintas em diferentes centros de consciência e, portanto, previnem juízos absolutos dessa maneira também. Em Eliot não há vilões, apenas egoístas, o que significa aqueles que são incapazes de se tornarem romancistas, pois imaginação

---

10 Orr, op. cit., p.xvii.

e solidariedade humana, na tradição empirista inglesa, redundam em quase a mesma coisa; e o sutil fluir e recuar da compaixão no romance, sempre, é claro, dentro de uma forma contida, torna-se um paradigma político, talvez agora o único lugar sobrevivente em que solidariedade e autoridade, afeições locais e lealdade ao todo, podem estar unidas. Há uma ética antitrágica em ação aqui: a maldade provém simplesmente da falta de imaginação. Os monstruosos manipuladores de Sade, que podem imaginar muito bem o que suas vítimas estão sofrendo e assim deleitam-se com mais júbilo, têm uma visão um pouco menos confiante.

Honoré de Balzac é, sem dúvida, o maior sociólogo imaginativo de todos; entretanto, sua ficção está semeada de tragédias: a vingativa malevolência da prima Bette, a perseguição do misterioso Pons, a arrogante ruína do imaturo jovem Lucien de Rubempré, a humilhação semelhante à de Lear sofrida por Goriot, o suicídio de Esther em *Esplendores e misérias das cortesãs*, a cruel destruição de Eugénie Grandet, a loucura de Gobseck. Ainda assim, essas vidas desvirtuadas e arruinadas ajudam a compor uma Comédia Humana, e não uma tragédia, já que a emergente sociedade burguesa à qual elas pertencem ainda é robusta, extravagante e até mesmo heroica – "cômica" no sentido de que está fervilhante da abundância de Deus e regalando os leitores com essa diversidade pululante de formas de vida. Em *O primo Pons*, Balzac escreve a respeito "dessa comédia terrível". Há uma monstruosa energia em atividade para a qual até mesmo o mal é magnificamente teatral, mais diabólico do que suburbano. E isso ocorre, em parte, porque, enquanto Stendhal trata da superestrutura, a esfera de interesse de Balzac é a base. Se a vida diária pode ser heroica no último caso, mas não no primeiro, é porque o território de Stendhal é o das instituições da corte, da Igreja e do Estado, das maquinações políticas em altos postos, as quais, em uma sociedade pós-revolucionária, estão agora incorrigivelmente decadentes e voltadas para os próprios interesses; enquanto Balzac escreve não apenas a respeito da sociedade burguesa, mas da sociedade *capitalista*, das aventuras radicais no mundo das altas finanças, de concorrentes cruéis e aventureiros velhacos, quando narrativas de temerosa instabilidade e flutuações melodramáticas da sorte colidem e divergem como em alguma grande bolsa de valores da imaginação literária. Algo da mesma energia voraz, quase patológica, pode ser encontrado em Dickens, cuja irreprimível vitalidade imaginativa pode conduzi-lo através dos cenários mais sombrios. No próprio ato de desmascarar as barbaridades da Dotheboys Hall em *Nicholas Nickleby*, ele se sente, por um momento, tentado a ver o lado engraçado das coisas, e o ritmo acelerado da passagem relativa à ferrovia em *Dombey and Son* revela uma emoção diante dessa visão de progresso que conflita bastante com o fato de que esses monstros negros são oficialmente um símbolo da morte. A imaginação de Dickens é copiosa e histriônica demais para ser trágica, pois a pura energia do ato de escrever sobrepuja quaisquer cenas horríveis que ela representa.

Ver o romance como um antídoto para a tragédia é vê-lo como uma forma intrinsecamente liberal, descentralizada, dialógica e com um final aberto, defensor do crescimento, da mudança e da provisoriedade como modos antitrágicos. De fato, poderíamos esperar que Mikhail Bakhtin, o mais destacado expoente desse argumento, contrastasse a democracia rústica, mas eficaz, da forma com a presença mais indiferente da tragédia – e a aura que ela sugere –, o que, surpreendentemente, ele deixa de fazer. Pelo contrário, ele vincula a tragédia ao riso, em oposição a uma retórica intimidante. Tanto a tragédia quanto o riso, comenta Bakhtin, lutam para expulsar o medo que envolve mudança e catástrofe; mas a primeira faz isso com uma espécie de "coragem séria, permanecendo na zona da individualidade bloqueada", ao passo que o riso responde à mudança com "alegria e abuso". A tragédia, então, nada mais é do que o primo pobre do carnaval; mas eles se dão as mãos, em sua hostilidade:

> [à] moralização e ao otimismo, a qualquer tipo de harmonia prematura e "abreviada" no que existe (quando a própria coisa que alcança a harmonização não está presente), à idealização abstrata e à sublimação. A tragédia e o riso olham o ser diretamente nos olhos, não constroem nenhum tipo de ilusão, são sóbrios e exigentes.[11]

Para Bakhtin, tanto a tragédia quanto o riso parecem formas de realismo moral e epistemológico, e sua advertência contra a prematura harmonização de ambos atinge um tom raro na crítica sobre o trágico. Idealização, sublimação, falsa euforia e simetrias construídas às pressas infestam a teoria da tragédia do começo ao fim; portanto, é animador ver esse gesto de dissensão da parte de um dos maiores filósofos de cultura da era moderna.

Entretanto, na visão de Bakhtin, a tragédia permanece uma modalidade inferior ao riso carnavalesco. De fato, é precisamente da tragédia da vida individual autoconfinada, rigorosamente delimitada pela vida e pela morte,

---

11 Bakhtin, *Collected Works*, v.5, p.463, n.1. Sou grato a Ken Hirschkop por ter chamado minha atenção para essa página.

que o carnavalesco nos redime. Esse grande celebrante do impetuoso riso libidinal e da *jouissance* comunal tem, na verdade, uma visão assustadora e sombria da vulnerabilidade da vida individual que a arte trágica supostamente adota como seu objeto. O enredo trágico é posto em movimento por uma transgressão que, para Bakhtin, exprime nada menos do que o "crime profundo (a criminalidade potencial) de toda individualidade autoafirmativa".[12] A tragédia pode elevar tal individualismo, por si só um assunto um pouco frágil, à condição de grande arte; e é, dessa forma, uma questão muito diferente do meticuloso realismo literário, para o qual o individualismo significa segurança e estabilidade rotineiras, um estilo de vida que "evita a morte e a verdadeira luta, que acontece nos locais mais confortáveis e seguros de bancos, casas de câmbio, escritórios, salas etc.".[13] O que esse renomado teórico do romance contrasta desfavoravelmente com os gestos perdulários e extravagantes do carnaval e da tragédia é exatamente o material do romance; ou, pelo menos, a sua variedade mais convencional, mais naturalista. A tragédia e o carnaval dizem respeito a mudança, a revertérios abruptos, ao exagerado, em contraste com as velhas continuidades da vida rotineira; e, para Bakhtin, a questão é se a própria história do romance não pode ser relida nesses termos carnavalescos e antinaturalistas.

O carnaval combina ruptura dramática e sabedoria das ruas, conciliando o excepcional e o rotineiro. A sabedoria popular é decididamente antitrágica, em oposição à visão de mundo de seus superiores, de gestos mais largos e dominados pelo destino. O sobrinho em *O sobrinho de Rameau*, de Diderot, é um desses populistas antitrágicos: um malandro sanguessuga, esperto, palhaço, oportunista, detrator, hedonista e cético – tudo em uma só pessoa –, um materialista instintivo cuja pantomima é uma astuta forma de adaptação e, portanto, é pouco provável que venha a enfrentar infortúnios. Os filósofos procuram interpretar o mundo, enquanto o povo sabe que a questão é sobreviver a ele. O determinismo de Jacques, o fatalista, de Diderot, em um romance que podemos ler como uma curiosa *mélange* de Sterne, Fielding, carnavalesco e *conte philosophique*, também reflete um tom tradicional de estoicismo popular. O que antes era uma questão de sina cósmica é para Jacques uma questão de causalidade rotineira. A vida persiste cega e obstinadamente, o que pode servir de pouco consolo, mas pelo menos reduz uma retórica trágica afetada. As

---

12 Bakhtin apud Hirschkop, *Mikhail Bakhtin:* An Aesthetic for Democracy, p.182.
13 Bakhtin apud ibid., p.183.

pessoas comuns – sujeitos apropriados para a "baixa" tragédia, que aborda sofrimento e labuta infrutíferos – ainda não são sujeitos apropriados para a "alta" tragédia, pois ainda precisam proceder à sua entrada dramática como agentes da cena política. O povo ainda precisa se transformar na classe operária.

Ao mesmo tempo, há uma ligação duradoura entre a vida social mais inferior e o metafísico, se não exatamente o político, na mais venerável das formas romanescas, o romance picaresco, em que o viajante trapaceiro percebe as formas ontologicamente ocas da existência social. Se o romance é o gênero da mobilidade social *par excellence*, quem melhor do que o solitário pícaro para exemplificar essa errância? E quantas formas artísticas de tão venerável linhagem colocam em seu centro um vigarista inescrupuloso?[14] Se o romance é a mais gregária das formas literárias, então, ironicamente, a gama de experiência social pode ser retratada pelas desimpedidas andanças de um indivíduo despojado de um lar, de ocupação e de relações sociais. E, se ele é um oportunista suficientemente prático e realista para ver os outros como eles são, em vez de percebê-los de algum modo literário solenemente mistificado, então tanto melhor para o realismo social.

Com seu idealismo ironizante à *la* Cervantes, o romance pode, pelo menos, encorajar-nos a não esperar demais e, assim, não cairmos em uma atitude de melancolia e desencanto. As mesmas qualidades que para Samuel Johnson ou Laurence Sterne tornam a vida diária um constante processo de frustrações, tormentos, irritabilidade e pequenas decepções são também as que a privam da grandeza e da finalidade que poderiam se prestar à tragédia. Além disso, a pura temporalidade do romance traz consigo certa esperança lúgubre: nada dura, inclusive a infelicidade. Há sempre a ansiosa expectativa de trocar uma variedade dela por outra. A temporalidade, sem dúvida, pode também ser um meio trágico: uma vez realizadas, as ações são eternamente irrevogáveis e produzirão seus perniciosos frutos no futuro. Porém, enquanto existir o tempo, existirá a promessa de redenção, e o gênero romanesco tira vantagem desse fato.

O romance realista conserva um delicado equilíbrio entre pontos de vista conflitantes, deslocando seu foco com equidade impecável e boas maneiras, de forma a iluminar ora um centro de consciência ora outro. Todos esses variados componentes precisam ser totalizados, reunidos em um todo, mas sem detrimento de sua especificidade ímpar. É isso

---

14 Um dos maiores exemplos modernos do gênero são *As confissões de Felix Krull*, de Thomas Mann.

que Hegel quer dizer com "tipicidade". Há ainda necessidade de uma metalinguagem, como há necessidade de um Estado político; mas, da mesma maneira que ocorre com o Estado liberal, essa metalinguagem é receptiva a uma variedade de formas de vida e só pode governá-las se as ouvir atentamente. Há impasses e contradições, alguns dos quais tragicamente insolúveis; entretanto, eles são superados em princípio pela própria forma literária, cuja unidade complexa torna-se um discreto gesto utópico. O romance apresenta conflitos, mas na forma de sua potencial resolução; e uma maneira de ele fazer isso é personalizando esses conflitos, deslocando metonimicamente questões sociais para questões individuais, de forma que um casamento, um empregador benevolente ou um primo perdido há muito possam fornecer a solução para a infelicidade de uma criatura. Quando o romance realista na Inglaterra do século XIX atinge certo impasse ideológico, ele tende a retomar modos ficcionais mais antigos, pré-realistas, como o gótico e o conto popular, remexendo em seu repertório de artifícios bastante gastos até conseguir arrancar de lá algum estratagema conveniente – um legado inesperado, uma voz fantasmagórica em nosso ouvido – que possa empurrar a história para diante. E, num mundo austenítico de algumas famílias distintas, essa estratégia pode ser plausível o bastante; mas existem forças sociais e políticas resistentes a tal figuração, e, na época de Henry James e E. M. Forster, o romance tem a desconfortável consciência de que sobrevive em parte reprimindo-as.

O poeta irlandês Patrick Kavanagh certa vez comentou que a tragédia era comédia subdesenvolvida, talvez querendo dizer que reintroduzir uma crise trágica no contexto, discursificá-la, significa desativá-la.[15] Moretti acredita que o *Bildungsroman*, ou talvez o romance realista, de forma mais geral, não consegue sobreviver a muita fratura e interrupção. Em sua forma mais expansiva, mais ampla, ele é cético quanto ao momento trágico ou existencial da verdade, quanto ao lance dos dados ontológicos em torno dos quais se presume que tudo gira. "É uma constante fuga dos momentos históricos críticos e das rupturas", comenta Moretti, "uma fuga da tragédia e daí [...] da própria ideia de que as sociedades e os indivíduos adquirem seu pleno significado em um 'momento de verdade'".[16] Wilhelm Meister, de Goethe, finalmente abandona a busca do ato definitivo em que seu destino irá brilhar; Sammy Mountjoy, de *Em queda livre*, o romance de William

---

15 Ver Kiberd, *Irish Classics*, p.258.
16 Moretti, *The Way of the World*, p.12.

Golding, é incapaz de identificar precisamente o momento-chave em que perdeu a consciência, por mais que retroceda em sua narrativa. Não há origem isolável, pois a textualidade do romance e da trajetória de Mountjoy proliferam, indo além de qualquer fonte ou encerramento naturais.

Rüdiger Bittner argumenta de forma ousada que a tragédia é fraudulenta exatamente por essa razão: ela busca um momento de totalidade que não é verdadeiro em relação àquilo que somos – criaturas dispersas, governadas pelo tempo:

> [...] a totalidade do herói trágico não é algo de que carecemos. É uma ilusão. Não existe essa coisa de se colocar tudo em jogo. Na tragédia, a decisão é anulada: não permanecemos de pé e nem caímos porque, diferentemente do herói eminente, estamos em muitos lugares. A tragédia erra.[17]

Henri Lefebvre faz restrições semelhantes em relação ao existencialismo, um credo que ele censura por ter "chegado mais perto da vida diária [...] apenas para desacreditá-la", desvalorizando-a em favor de "momentos puros ou trágicos – crítica da vida por meio da angústia ou da morte, critérios artificiais de autenticidade, etc.".18 Em resumo, a tragédia é, desse ponto de vista, uma forma extrema, uma estrutura cristalina de forças e contraforças, em oposição ao que Franco Moretti vê como a normalidade típica do *Bildungsroman*. E o romance é, de qualquer forma, mais democrático do que o teatro, porque nos permite controlar nossa participação. Desse ponto de vista, a arte trágica tem a ver com simetria, nêmesis, desforra rápida, ações subitamente desviadas na direção dos seus opostos, toda uma lógica cruelmente inexorável que exige uma rigorosa unidade de ação e que só pode ser diluída pelo discursivo. O romance, além disso, presta-se muito mais do que o teatro para mapear formação e desenvolvimento, temas importantes no repertório cultural da burguesia.

Entretanto, essa não representa toda a verdade. Moretti e Bittner estão certos em demonstrar cautela quanto ao que poderíamos chamar de Quarto 101 ou a síndrome do Pulo de Lord Jim – a dúbia crença modernista de que há alguma palavra, um gesto ou uma ação privilegiada que encarna o todo da nossa individualidade, com tanta certeza quanto o símbolo romântico expande o infinito. A diferença entre o modernismo e o Romantismo é que esse momento é agora extraordinariamente difícil de determinar. No

---

17 Rüdiger Bittner; One Action. In: Rorty (Ed.), *New Essays on Aristotle's Poetics*, p.109.
18 Lefebvre, *Critique of Everyday Life*, p.130 e 264.

entanto, por que deveríamos presumir que aquilo que gritamos quando alguém prende uma gaiola de ratos famintos ao nosso rosto é a verdade? A maioria de nós diria simplesmente qualquer coisa. Poderíamos também dar a isso o nome de síndrome do Senhor das Moscas – o dogma quintessencialmente modernista de que, sob a superfície da civilização, lisa e fina como uma folha de papel, ruminam forças ctônicas que traem sua verdade indizível e que explodirão em alguma terrível epifania, ao abandonarmos um grupo de crianças em idade escolar, sem bastões de críquete e sem monitor, em uma ilha deserta. Dessa forma, a abundante literatura modernista de antiepifania – o escrupulosamente anticlimático *Dublinenses*, de Joyce, o imaculado vazio das cavernas de Marabar, de Forster, o vento que sopra na Chapel Perilous, em *A terra desolada*, a relação inconclusa de Birkin e Ursula em *Mulheres apaixonadas*, os ruinosos encontros entre Stephen e Bloom em *Ulisses* – é tão somente o anverso desse credo.

Ainda assim, o Quarto 101 e as síndromes do Pulo de Jim e do Senhor das Moscas derivam todos eles de romances, e não de dramas trágicos; e, embora *Em queda livre* jamais se localize com precisão o momento em que o herói cai em desgraça, o romance, sem dúvida, concede a ele uma epifania transfiguradora da graça, quando ele é libertado do armário de vassouras. Talvez hoje até mesmo o realismo seja extremismo, já que extremismo é o jeito de ser do mundo. Se existe um sentido no qual o mundo moderno está perpetuamente em crise, então o drama trágico não tem nenhum monopólio do momento da verdade. De fato, é essa convicção que nos comunica o mais imperecível de todos os estudos literários, *Mímesis*, de Erich Auerbach, para o qual o triunfo de um realismo que evolui gradativamente, desde o Velho Testamento até a ficção de Émile Zola, é aceitar a vida comum e aquelas personagens dos extratos inferiores da sociedade que a incorporam com uma seriedade sem precedentes. "Seriedade" é uma palavra-chave tanto para Auerbach quanto para a teoria do trágico; e, para *Mímesis*, um teste supremo para verificar se a vida diária está tendo sua posição devidamente reconhecida é se ela é considerada um meio apropriado para a tragédia. As nobres figuras de Racine e Corneille estão segregadas de tudo o que é "baixo e criatural", como é a arte do absolutismo barroco em geral, enquanto Goethe e Schiller evitam misturar um realismo efetivo com uma concepção trágica de sua época.

É, acima de tudo, no grande romance realista pós-revolucionário – na literatura de Stendhal e de Balzac – que o aparente oximoro de *realismo trágico* é plenamente realizado e, para Auerbach, atinge sua apoteose com Zola. A arte precisa nascer das "profundezas do mundo cotidiano e de seus homens e mulheres",[19] revelando um "tratamento sério da realidade cotidiana, da ascensão de mais membros de grupos humanos socialmente inferiores à condição de tema para representação problemático-existencial".[20] Esse populismo literário, cômico ou trágico, está em pé de guerra com formas de arte mais portentosas e hierárquicas – como a tragédia clássica, por exemplo –, as quais exaltam a personagem trágica e suas "paixões principescas" acima do universo social circundante, e que encontram um eco sinistro nas posturas elitistas de grandeza que levaram o judeu Auerbach da Alemanha nazista para o exílio na Turquia. Nesse momento de perigo histórico mundial, uma linhagem de realismo plebeu e humanista, que como as escrituras judaico-cristãs funde o sublime com o mundano, precisa ser invocada para prestar testemunho contra a falsa sublimidade e o anti-humanismo mitológico da cultura fascista.

De qualquer forma, não há dúvida de que é um equívoco ver a tragédia invariavelmente dependente de um momento absoluto da verdade. Goethe observa em *O aprendizado de Wilhelm Meister* que as coisas no teatro movem-se muito rapidamente e o herói ativo suporta tudo diante de si, ao passo que o típico herói de um romance é mais passivo. John Synder argumenta que na tragédia "nenhuma perambulação ou atraso homéricos são permitidos; apenas o caminho assustadoramente direto e estreito na direção da vitória, perda ou empate".[21] Isso, sem dúvida, subestima o número de zigue-zagues trágicos com os quais topamos (*Hamlet* toma-os como seu tema, o que é discutível), da mesma forma que Moretti talvez exagere um pouco a respeito da natureza receptiva, híbrida e ironicamente anti-heroica do romance.

Se há Scott, Austen, Edgeworth e Eliot, há também a ficção mais absolutista e intransigente de Stendhal, Hawthorne, Melville, Conrad e Dostoievski. *Os Brudenbrooks*, de Thomas Mann, é todo sobre processo, degeneração e continuidades genealógicas, mas *A montanha mágica* não seria a mesma sem o *insight* epifânico de Hans Castorp na neve. Se *Guerra e paz* termina antes da ruptura da ordem social pela insurreição decembrista, dedicando, em vez disso, a palavra final ao casamento, *Anna Karienina* é uma tragédia completa. Tolstoi retrata uma crise definitiva de conversão em *A morte de Ivan Ilich*, em que o emocionalmente autista Ilich vivencia uma alegre revelação de amor em seu leito de morte, e também em

---

19 Auerbach, *Mimesis:* The Representation of Reality in Western Literature, p.444.
20 Ibid., p.491.
21 Synder, *Prospects of Power*, p.90.

Ressurreição, em que há uma renovação de vida para o pecador penitente Nekhlyudov. E a ficção de Virginia Woolf retrata momentos privilegiados, extraídos do fluxo de tempo profano.

Refinar a distinção, entretanto, não é rejeitá-la. O palco, sem dúvida, exige mais momentos fanfarronescos de verdade do que o estúdio. E, se o romance de alto realismo é uma forma conciliadora e confortável, há nele certo traço de drama trágico que tem tudo a ver com uma recusa de conciliação. Henry James afirma:

> [...] os velhos dramaturgos [...] tinham uma civilização mais simples para representar – sociedades em que a vida do homem se encontrava na ação, na paixão, na experiência imediata e violenta. Essas coisas podiam ser colocadas nos tabuleiros das casas de jogo com comparativamente menor sacrifício de sua completude e de sua verdade. Hoje, somos infinitamente mais meditativos, complicados e dispersos – e isso faz toda a diferença [...][22]

Os costumes modernos são matizados, oblíquos e reservados demais para uma arte heroica, e por causa disso precisamos de um narrador em *off*, que o romance pode nos dar com menos pressão do que o teatro moderno, o que nos ajuda a desemaranhar essas sutilezas, sobretudo no que se refere a personagens inarticuladas. Os menos eloquentes e sofisticados, portanto, se dão bem melhor no romance do que no palco, tendo, por assim dizer, um intérprete ao lado deles, o que talvez seja outra razão por que o romance é uma forma mais popular e democrática do que o drama trágico.

Na verdade, as relações entre os dois gêneros podem ser vistas como uma alegoria das relações entre a classe média e a aristocracia – a classe média precisando usurpar, em nome de seus propósitos políticos, um pouco da grandiloquência e das formas cerimoniais de seus superiores, embora sinta que essas formas sejam opressoras e simplistas demais para seu próprio – e psicologicamente intrincado – mundo da vida. Wilhelm Meister começa, elevando a Musa da Tragédia acima da figura do Comércio, mas no final do romance, não tendo encontrado nenhum sucesso especial no palco, ele reconhece o comércio como a verdadeira forma de nobreza, uma forma na qual, além do mais, é possível confiar como um baluarte contra a revolução política. O Comércio é sensível a rupturas e insurreições, exatamente como ocorre com o romance. Também, como

---

22 James, *The Tragic Muse*, v.l, p. 59.

ocorre com o romance, tudo é uma questão de trama, de estabelecer conexões entre elementos distantes e atraí-los para dentro de um todo elaborado, porém de forma organizada. Werner, o companheiro de Wilhelm, chega até mesmo ao ponto de exaltar o método das partidas dobradas em contabilidade como "uma das invenções mais belas da mente humana" (Livro 1, cap.10), não a mais universal das opiniões. O problema, entretanto, como Matthew Arnold reconhece mais tarde, é como emprestar a essa cultura burguesa inicial e essencialmente privada uma presença pública majestosa; e a própria – e improvável – solução de Wilhelm é o teatro, em que figuras da classe média podem trocar suas identidades privadas por *personae* públicas e aparecer no palco como cavalheiros da cultura capazes de vencer a nobreza em seu próprio jogo. A nova esfera do público burguês será o teatro, moldando as narrativas comuns da privacidade da classe média em uma forma simbólica mais sociável.

A ficção realista geralmente opera a partir do interior de uma cultura, como uma dramatização da vida cotidiana, daquilo que, em algum lugar, Schiller chama de "seu íntimo e doce bem-estar". Não é parte especial da tarefa dessa ficção submeter aquela vida a uma análise crítica abrangente. Tal ficção, portanto, é reminiscente da noção de que estamos relaxadamente em casa, em experiência secular, quaisquer que sejam os mortificantes problemas do mundo; ela contrasta com aquelas formas artísticas para as quais o que parece problemático agora é nada menos do que a própria experiência do dia a dia. A tragédia, por outro lado, pode facilmente passar a sensação de desamparo. Não diríamos de um típico herói balzaquiano ou tolstoiano, conforme comenta Lucien Goldmann em *The Hidden God* a respeito dos protagonistas trágicos de Racine, que eles estão simultaneamente presentes e ausentes no mundo. E, se o romance preza o realismo psicológico, dissecando as raízes por vezes obscuras do caráter e da conduta, então sua própria forma tende a sabotar o tipo de heroísmo que depende de uma repressão diplomática de tudo isso. Como acontece em relação a cônjuges e criados, o romance tem uma consciência por demais interior para ser ofuscado pelo gesto suntuoso ou pelo show aparente. É difícil heroicizar personagens que conhecemos tão de perto no decorrer de quatrocentas ou quinhentas páginas, em oposição a figuras que vemos pavoneando-se durante algumas horas no palco. E, embora a *performance* dramática seja uma questão mais da "vida real" do que a leitura, há um sentido em que, exatamente por causa disso, ela é também mais artificial e, assim, mais propensa à idealização. As personagens do romance, pelo menos, não são pessoas reais fingindo ser barões ou mendigos.

Franco Moretti argumenta que a esfera econômica não está representada no *Bildungsroman* – em Goethe ou em Austen, por exemplo, – na verdade, que ela mal figura "nas grandes narrativas dos dois últimos séculos".[23] Considerando que nossa noção de que a classe média parece ter passado esse tempo fazendo muito pouco, exceto dinheiro, essa é, certamente, uma lacuna extraordinária. Porém, sem dúvida, a razão está clara: não há como extrair uma narrativa estável do crescimento e maturidade das flutuações aleatórias e das conexões casuais do mercado, de modo que a ideologia burguesa entra, nesse sentido, em conflito com sua própria infraestrutura material. Poderíamos ver aqui um contraste entre o *Bildungsroman* e as formas picarescas de Fielding, Defoe e Smolett, cujas personagens, presumimos, não evoluem de forma especial e movimentam-se na forma de episódios através de um conjunto de encontros casuais que têm força, mas não necessariamente significado. Em contrapartida, a narrativa é a moldagem do evento a fim de transformá-lo em significado; e é de se notar que há muito pouco disso em um romance de Defoe, em que as aventuras se acumulam com toda a autogeração arbitrária e potencialmente infinita do próprio capital, e, no final, precisam ser abruptamente truncadas diante do temor de que possam continuar para sempre. "O que vem em seguida?" é, de fato, a única pergunta a ser feita no meio dessa ofegante sintaxe narracional, que permuta um item exótico por outro no interior do meio nivelador de seu pálido estilo de prosa.

A ficção de Fielding, por outro lado, é uma curiosa combinação dos dois modos, e o significado de seus romances está em algum lugar na irônica lacuna entre eles. Supõe-se que acreditemos que haja algum sentido orgânico ou um padrão fortuito para essa confraria arbitrária de trapaceiros e contratempos grotescos, mesmo que flagremos o autor sinalizando astuciosamente que tal acaso existe apenas porque estamos dentro de um romance. Os romances de Jane Austen nos oferecem um registro de experiência, mas juntamente com ele vêm as normas pelas quais essa experiência deve ser julgada e corrigida; e a forma literária é uma portadora vital dessas normas. Em outras mãos, porém, a forma pode facilmente tornar-se irônica, já que, como a Lei na visão de São Paulo, ela serve apenas para nos mostrar quanto o desgastado conteúdo de nossa vida fica aquém dela. De qualquer forma, se a tarefa do romance realista é refletir um mundo empírico que carece de um desígnio

---

23 Moretti, *The Way of the World*, p.25.

imanente, então, sua forma, como Sterne logo percebeu, só pode ser injustificada, um enorme conto do vigário ou *tromp l'oeil*. Forma literária significa editar, excluir, manipular – tudo isso Sterne vê com uma *faux* benevolência, como uma espécie de estratégia para enganar o leitor, um equivalente literário da *hauteur* e domínio aristocráticos. Representação não é compatível com reticência, e Sterne, portanto, comete a gentileza de jogar a forma aos quatro ventos, confundindo, assim, seus leitores em um estilo cordialmente sádico.

Não há contraste mais acentuado entre tragédia e romance do que em *Teoria do romance*, de Georg Lukács, para o qual a tragédia envolve essências espirituais e o romance, uma existência empírica degradada. A diferença é endossada com muito entusiasmo em muitos dos escritos de Yeats sobre o assunto. A teoria dos gêneros proposta por Lukács aqui é essencialmente kantiana: enquanto o épico revela o significado como sendo ainda imanente à vida comum, a tragédia encena um conflito entre o que é (a vida comum) e o que deve ser (*Sollen*), encontrando uma manifestação do último no herói trágico. Depois do épico e da tragédia na Grécia antiga, vem a filosofia, em que as essências ficam à deriva, completamente separadas da existência, de forma que a própria filosofia é um fenômeno trágico, uma forma de desamparo espiritual. No Lukács marxista e maduro, esses dois domínios do fato e do valor serão reintegrados pelo realismo. Nesse ínterim, contudo, a tragédia sobrevive até a era moderna, já que, por ser "estranha" à vida, ela não é afetada por mudanças históricas; mas o épico resvala para o romance, na medida em que o significado imanente cede lugar a um mundo abandonado por Deus.

Em sentido restrito, para o jovem Lukács, o romance é um gênero pós-trágico, pois vem logo atrás do clássico trio épico-tragédia-filosofia. Em outro sentido, contudo, ele é, de fato, trágico, como uma forma em que essência e existência jamais coincidem, em que significado e valor estão sempre alhures, e em que a forma precisa ser subjetivamente – e, portanto, arbitrariamente – concedida. Nesse sentido, a forma é a morte do destino. Lukács, então, consegue fazer que todos os romances pareçam romances modernistas, quando um sujeito lançado em uma crise confronta um mundo contingente, quando incidente e interioridade são forçados a se separar, quando ocorre um descompasso entre ação e significado, e a única totalidade possível é uma totalidade abstrata, artificial. À medida que a totalidade se torna mais inorgânica em um mundo não mais moldado pela narrativa, a lacuna entre ela e as minúcias sensoriais da vida projeta-se em uma irônica exposição – o que significa dizer que o Lukács que mais tarde iria reinventar os manuscritos perdidos de Marx sobre Paris também mais ou menos profetiza *Ulisses*, de Joyce, oito anos antes de seu surgimento.

Podemos nos arriscar e propor o paradoxo de que o romance é uma forma trágica para o Lukács do início, ao passo que a tragédia não o é. Já que despreza o empírico – uma esfera pela qual Lukács nunca teve particular entusiasmo –, a tragédia é um assunto elevado, afirmativo, muito mais para ser celebrado do que lamentado. O mais alto valor humano reside em uma forma artística que dá as costas à existência humana. Para Lukács, há um tipo de arte trágica que sente o poder dessa existência, embora possa evitá-lo. Mas há outra variedade em que o mundo de essências espirituais consome inteiramente a vida, liberando a paixão trágica da "escória humana" e reduzindo a cinzas tudo o que é meramente humano. Esse mundo platônico, que, diferentemente do romance pós-lapsariano,[24] não conhece o tempo, resiste com determinação à vida como tal: se a essência assume uma existência sensória na figura do herói, é apenas para que ele possa morrer e a transcendência possa, então, tornar-se visível. Em uma distinção kantiana, a "totalidade intensiva" do teatro é uma questão do "inteligível", ao passo que o épico e o romance giram ao redor do empírico. Aqui há, entretanto, um problema para a tragédia, porque, quanto mais suas essências espirituais se afastam do mundo empírico, mais longo será o percurso que o herói precisa trilhar para descobri-las – o que, então, ameaça solapar a "totalidade intensiva" ou a fragilidade da construção. Como a essência se retira, ela necessariamente complica a esfera empírica e, dessa forma, realça ainda mais a distância entre elas.[25]

Seja qual for a nostalgia que Lukács possa discernir na própria estrutura do romance, permanece o fato de que alguns de seus praticantes modernos mais eminentes deram as costas ao trágico. Em vista do humor geralmente sombrio e angustiado do modernismo, isso surge como certa surpresa. Marcel Proust, talvez o melhor dos romancistas modernos, usa sua arte para salvar a complexa unidade orgânica da vida de seu narrador, que pode, então, ser apresentado completo e por inteiro, sem ruptura ou descontinuidade. A famosa epifania proustiana pode suspender o tempo, mas aqui ela se reduz à função de conectar, exumar, escavar, redimir, de resistir às erosões e dispersões da temporalidade. À medida que o romance se aproxima do desfecho, o repique do sino no portão do jardim de seu pai

---

24 Romance com temática sobre a perda da inocência. (N.E.)
25 Para uma excelente análise do texto de Lukács, ver Bernstein, *Philosophy and the Novel*, capítulo 2, e Jameson, *Marxism and Form*, capítulo 3.

ainda soa nítido nos ouvidos do narrador, ligados em uma linha contínua da infância ao presente. Nesse ponto, com uma vingança, encontra-se a resistência da forma romanesca à crise revolucionária. A nota final de *Em busca do tempo perdido* é uma nota afirmativa, quando o narrador – sua vida focalizada em um ponto único por sua consciência da morte iminente – assume a tarefa de escrever sua grande obra. Se essa obra é possibilitada pela morte, ela é também uma maneira de conquistá-la.

O homem sem qualidades, de Robert Musil, trata do prelúdio a um cataclismo trágico – a Primeira Guerra Mundial – com sagacidade, sátira e um humor surreal, ao passo que a ficção de Lawrence, conforme já vimos, é doutrinariamente hostil à tragédia. Há personagens lawrencianas que são insatisfeitas ou impossíveis de satisfazer, mas essas são apenas os feridos ambulantes de uma guerra em que a Vida sempre leva vantagem. O verdadeiro herói dos romances de Lawrence, essa força insondável que ele chama de vida espontâneo-criativa, simplesmente descarta tais invólucros vazios, livrando-se deles como se fossem uma enorme quantidade de lixo deslizando pelo caminho, buscando algum instrumento mais vibrante pelo qual ele possa alcançar uma expressão. Não há nada de trágico em relação àqueles que são lançados ao monturo da Vida; são apenas códigos ontológicos, homens e mulheres que negaram o deus que existe dentro deles e, dessa forma, se dispuseram à perdição. Portanto, há um profundo anti-humanismo subjacente à raiz da metafísica de Lawrence: a distinção que importa não é entre humanos, de um lado, e serpentes ou gencianas, de outro, mas entre aqueles organismos que conseguem se tornar transmissores sensíveis da própria Vida e aqueles que não o conseguem. Um girassol ou uma célula vislumbrada por meio de um microscópio podem encarnar essa força mais magnificamente do que um homem ou uma mulher.

Aqui está em operação um vigoroso determinismo, não obstante o libertarismo romântico de Lawrence. A própria vida não pode ser derrotada, e ela se lança sem misericórdia no caminho da autorrealização. No âmago do eu encontra-se aquilo que é implacavelmente estranho a ela. É somente aos expressarmos o que não somos, ao abrirmo-nos obedientemente ao que se move inescrutável dentro de nós, que podemos nos desenvolver e ser uma individualidade autônoma. Homens e mulheres são estranhos ao seu próprio ser, e precisam simplesmente observar e se questionar à medida que ele segue seu próprio e suave caminho, com suprema indiferença aos seus egos insignificantes. Para Lawrence, a ação humana nada mais é do que um mito burguês-humanista. Para ele, a blasfêmia imperdoável é tentar escavar esse mistério da vida espontânea e trazê-lo à luz do dia, submetê-lo ao domínio do intelecto interferente, forçar a abrir os botões em florescência de hoje para vaticinar as flores do amanhã. A Vida, entretanto, irá exigir sua vingança de todo esse humanismo profano; e esse é um triunfalismo que não pode coexistir com a tragédia.

A arte de Lawrence compensa, em parte, a crueza de sua metafísica, o que é mais do que se pode dizer a favor de George Bernard Shaw. Shaw, cuja metafísica poderia ser descrita como um lamarckismo vulgar entremeado com uma versão de manual do pensamento nietzschiano, acredita, semelhantemente, no triunfo da Vida, embora em seu caso ela seja conhecida como Evolução Criativa. O super-homem shawiano é aquele no qual essa força finalmente atingiu a autoconsciência e, assim, pode perseguir mais efetivamente seus enigmáticos propósitos. Entre esses propósitos, pode muito bem estar a conquista final da morte. Não pode haver nenhum transtorno ou falha nesse mundo brutalmente progressista. Nesse tipo evolutivo de racionalismo cósmico, o pecado, o crime e a perda serão todos, no final, vigorosamente reciclados como sucesso, uma crença com a qual também Yeats, o colega dublinense de Shaw, estava muito familiarizado.

O estilo de prosa arrogante e presunçosa de Shaw é um meio conveniente para essa doutrina. Shaw não conseguia, de forma alguma, perceber o que havia de comovente a respeito de *De profundis*, de Oscar Wilde, uma obra que, com sua perversidade típica, ele considerava de uma comicidade estimulante. "Irrita-me", ele diz, "ver pessoas reduzindo toda a questão [em relação a Wilde] ao nível da tragédia sentimental."[26] "Sentimental", sem dúvida, é um insulto aos britânicos, e Shaw – ele próprio um intruso irlandês, sem nada para apregoar além de sua sagacidade e seu discurso – compreendeu Wilde muito melhor do que a maioria dos observadores da nação metropolitana. Ele também reconheceu, com muita perspicácia, que o espiritualmente castigado Wilde dos escritos da prisão era, entre outras coisas, apenas outra *persona*, cultivada com muito desvelo. Tendo usado várias máscaras em sua época, Oscar agora experimentava a de Jesus Cristo para ver se lhe servia. Mesmo assim, a trajetória de Wilde saiu diretamente de um compêndio de teoria do trágico, quando o extremamente talentoso e (nem tão) virtuoso protagonista escala os píncaros do sucesso, supera-se a si mesmo de forma arrogante, arruína-se de uma maneira inerente ao seu temperamento, mas do que

---

26 Beckson (Ed.), *Oscar Wilde*: The Critical Heritage, p.244.

ele é apenas parcialmente culpado, e, ao fazê-lo, acaba vítima da nêmesis, inspirando piedade entre muitos e medo entre seus colegas homossexuais em especial.

Embora sentisse muito por seu colega, Shaw era tão desprovido do sentido trágico da vida quanto um *hamster*. Com suas fantasias barrocas transcendendo inteiramente a matéria, ele via a natureza frágil da espécie humana sobretudo como um obstáculo à vida do pensamento desenfreado. Joana d'Arc, em *Santa Joana* – supostamente o drama trágico mais maduro de Shaw –, representa essas fantasias intelectuais travestidas num precário disfarce de camponesa francesa. Ela representa mais um dos *Übermenschen* de Shaw, um recorte alegórico, uma personificação da pura força do Progresso que anseia por romper as enervantes complexidades do humano e do histórico. Shaw acaba revelando o jogo vitalista, expondo descaradamente algo da estupidez ideológica que subjaz à arte muito mais complexa de um Lawrence. Seu trabalho é quase suficiente para nos fazer apreciar o valor da agonia.

Quanto àquele outro dublinense da baixa classe média, James Joyce, poderíamos bem ver o Stephen Dedalus de *Retrato do artista quando jovem* como uma figura estereotípica da tragédia moderna: solitário, satânico, autoexilado e desafeiçoado. Esse *Bildungsroman* especial termina com uma nota inconclusa, com um desfecho que não é nem harmônico nem narrativo. Entretanto, Stephen não é Joyce, e *Ulisses* irá inserir essa narrativa potencialmente trágica no contexto social cotidiano da Dublin de Bloom e Molly, fundindo, dessa forma, os gêneros que vimos contrastando. No encontro de Stephen e Bloom, um modernismo trágico depara-se com um naturalismo cômico. A narrativa de Stephen, carregada de desgraça, é uma continuação de *Retrato*, mas é também interrompida e ironizada por outros pontos de vista. Já que ele próprio não realiza nenhuma integração em especial, a romantização de sua crise de identidade, que entretece o dentro e o fora da história exageradamente lugar-comum de Molly e Leopold Bloom, chega a uma espécie de conciliação em nome dele.

A refinada história de Stephen é, entre outras coisas, necessária para evitar que *Ulisses* caia em uma simples paródia elefantina de naturalismo; mas, nos diálogos que cria, contrapondo a retórica bastante pedante de Stephen a algumas vozes menos fastidiosamente reticentes, Joyce garante o raro truque de fazer a tragédia parecer frágil e emocionalmente regressiva, em contraste com a comédia. Sobretudo nós, modernos, quase não resistimos à ideia de que a tragédia é, de alguma forma, *mais profunda* do que a comédia, apesar da afirmação de Bakhtin de que o riso "tem o profundo significado de uma perspectiva de mundo; é uma das formas mais importantes da verdade sobre o mundo em sua totalidade, sobre a história e sobre o homem".[27] Se quisermos designar um pensador cômico inglês nesse sentido mais profundo do termo, Shaftesbury pode acorrer à mente. No fim das contas, não seria mais corajoso ser afirmativo e enfrentar o pesadelo da história? Ou não seria esse também um momento vital da tragédia?

Comédia desse tipo beira à fé quase mística de que, qualquer que seja a assustadora evidência em contrário, no fim e de alguma forma, tudo está bem. Nem sempre é fácil distinguir esse desapego misericordioso – muito evidente em Joyce – da visão dissociada que faz da tragédia uma comédia, quando o cosmos é estetizado de uma maneira divertida, o que também é muito evidente em Joyce. A tradição cômica que se está por trás dele é a tradição da Europa católica medieval, de Dante, em vez de Dickens; e, na obra de Joyce, a *sanitas*, o equilíbrio e a serenidade dessa visão de mundo fundem-se – mais do que tudo – com uma espécie de materialismo. De fato, quando Joyce se descreveu como alguém que tem a mente de um merceeiro – não exatamente o tipo de afirmação que poderíamos imaginar saindo da boca de um Yeats ou de um Eliot –, ele podia estar se referindo tanto ao seu impulso escolástico de fazer classificações quanto a inquebrantável mundanidade de sua imaginação. Porém, ele é um magnífico merceeiro de alta classe, preocupado com as possíveis e infinitas permutações da matéria, da maneira como os mesmos poucos elementos inferiores podem se combinar de acordo com certas grandes leis permanentes para produzir textos, assuntos, temas, histórias, linguagens etc. *Finnegans Wake* é a suprema *combinatoire*, o código de todos os códigos. Entretanto, como nada jamais pode finalmente perecer nesses poderosos ciclos de nascimento, copulação e morte, para Joyce – tanto quanto para Yeats –, isso representa outra rejeição a rupturas e perdas absolutas, uma celebração do lugar-comum e do contínuo e, portanto, outra forma de resistência à tragédia. O próprio e indiferente nivelamento das coisas que ameaça certa noção clássica de valor é convertido em valor por seu próprio mérito, da mesma forma que a letárgica indiferença de Molly à diferença poderia também articular um tipo mais profundo de aceitação.

Todavia, nem todas as formas de nivelamento são cômicas, e disso *Passagem para a Índia*, de E. M. Forster, mostra consciência. Há também o ousado solapamento do valor e do significado que o eco das cavernas

---

27 Bakhtin apud Tihanov, *The Master and the Slave*, p.279.

de Marabar representa – aquela sensação de que tudo existe, mas nada tem valor, que finalmente se infiltra na senhora Moore como uma espécie de terrível caos interior que exaure sua identidade e reclama sua vida. Se os imperialistas britânicos são classificados de forma rígida demais, seus parentes mais liberais rebelam-se contra essas hierarquias brutais, caindo espetacularmente no niilismo. A crença liberal no eu solidário, pressionada em excesso, transforma-se em um ceticismo "oriental" do próprio conceito de individualidade. Nivelamento desse tipo, como veremos adiante, é semelhante àquilo que Milan Kundera chama de diabólico. Ademais, quando se trata de Joyce, há certo tom de negação ou repúdio nessa visão cômica que ele acalentou quando a Europa ao seu redor explodia em chamas. Da mesma forma que os giros e ciclos sibilantes de Yeats servem, entre outras coisas, para compensar uma história que agora está em vias de afastá-lo juntamente com sua espécie social, também Joyce desafia a perda e o colapso absolutos, lançando-os de volta aos ciclos da dissolução e da renovação de que fala Vico. Isso faz da morte uma parte da vida, ao estilo do velório irlandês, despojando-a de sua aura intimidante e depreciando-a de maneira satírica. Porém, ela não se desconcerta com essas perdas que são, de fato, absolutas, pelo menos para aqueles envolvidos; e isso, uma vez descartado o consolo do cíclico, abrange um número alarmante de privações, inclusive todas as mortes humanas. Yeats e Joyce compartilham uma desconfiança do tempo linear, que alguns veem como arraigado à cultura irlandesa; mas Yeats, com seu jeito radical-extremista e apocalíptico, vê a passagem de um ciclo histórico para outro como violenta, tumultuosa e, portanto, potencialmente trágica (isso nos leva a pensar no poema "Uma prece por minha filha"), ao passo que Joyce, com seu estilo mais mundano e social-democrata, rejeita qualquer visão histriônica desse tipo em favor da continuidade em meio a mudança.

Se a morte é um assunto fugidio para a nossa compreensão, não é só porque ela é, por assim dizer, a última coisa que vivenciamos, mas porque ela ocorre na junção do significado e do não significado, do valor e do fato. Minha morte é, de imediato, o que me diferencia da multidão de meus companheiros viventes, já que nada poderia ilustrar mais explicitamente o fato de que existe apenas um de mim, muito embora, ao mesmo tempo, eu me entrelace à espécie como um dos eventos biológicos mais banais e previsíveis. O fato de que esse indivíduo singular deve perecer é uma questão absolutamente corriqueira. A morte é democrática, porque, diferentemente da maior parte de teoria do trágico, ela revela que o que é, em última análise, precioso acerca de nós não é essa ou aquela qualidade de caráter, mas justamente o fato nu e cru de sermos insubstituíveis. E, no que se refere a isso, estamos todos no mesmo plano. O simples fato de morrermos importa mais do que a forma como nos preparamos para isso. O que a morte faz de nós é mais fundamental do que o que nós fazemos dela. Exceto pela perspectiva cômica de um Joyce, nada é insubstituível, muito menos o pai de Stephen Dedalus, que surge em um disfarce menos desmazelado na pessoa de Leopold Bloom. E, embora a vida chegue à morte e desta surja novamente, há pouca noção do preço que isso pode envolver. Aquilo que perdemos nos vaivéns da semiótica compensamos nos carrosséis de Vico. Em relação a isso, a arte de Joyce às vezes não fica longe dos aspectos mais imaturos ou arrogantes de Yeats. Já que mal podemos falar sobre a necessidade de o cosmos calcular o custo da perda de um coelho, essa visão, uma vez projetada na história como um todo, lança uma ideia de sacrifício que está em grande parte ligada à abnegação da arte. O asceta verdadeiro é agora o esteta.

Bakhtin fala da tragédia da vida individual enclausurada em si mesma, uma tragédia que, poderíamos acrescentar, surge sobretudo do fato de que tal vida seria infernalmente ininteligível para si mesma. Aquilo que certa fantasia burguesa concebe com boa parcela de culpa – a noção daquilo que é absoluta e inalienavelmente meu – é, na verdade, uma condição de caos assustador, pois o que é, em princípio, inteligível apenas para mim é, de fato, tão sem sentido para mim quanto para qualquer outro. A crítica pós-estruturalista do "apropriado" está aí para mostrar que o que parece trágico ao humanismo burguês – alienação, apropriação, reificação e afins – é, na verdade, cômico e está em operação desde sempre, como parte das próprias condições de nossa socialidade. Franco Moretti alude a essa mutação no caso do modernismo: "Benjamin e Adorno vincularam textos 'fragmentários' a melancolia, dor, vulnerabilidade, perda da esperança; hoje, ambos evocariam os muito mais estimulantes conceitos de liberdade semântica, destotalização e heterogeneidade produtiva".[28]

De forma semelhante, Bakhtin aponta que a reificação da palavra, sua independência em relação a um ato intencional específico, é uma condição necessária para sua multiplicidade de significados, da mesma forma que poderíamos argumentar que algum tipo de objetificação é condição essencial para todas as relações. Seja o que mais for que os seres humanos possam ser, eles são, com toda a certeza, objetos naturais. Portanto,

---

28 Moretti; The Spell of Indecision, *New Left Review*, n.64, p.27.

alteridade, inacabamento, hibridismo, indeterminação e outras condições afins deixam de ser ataques letais à identidade e passam a ser o próprio fundamento dela; ou seja: passam da tragédia para a comédia. Toda individualidade precisa ser refratada através do Outro – contudo, se para Lacan essa é a única forma de chegarmos a nós mesmos, trata-se também de uma forma potencialmente trágica de alienação. Enquanto Jacques Derrida e seus acólitos tendem meramente a inverter o *status quo ante*, de forma que o que costumava ser visto como uma insuportável perda do que é próprio, autêntico ou originário é agora apreendido como possibilitador e produtivo, Lacan, um filósofo muito mais trágico, tem consciência tanto dos ganhos quanto das perdas dessa linha de pensamento. O sujeito corre o risco de se perder no próprio meio que lhe permite vir a ser.

O significante do estado inconcebível que é inteligível apenas para mim é a morte, a qual temos de cumprir inteiramente por nós mesmos, e da qual nada sabemos a partir do interior, porque, não sendo uma experiência, ela não possui um interior. A noção de que tudo continuará como sempre após a minha morte é, ao mesmo tempo, por assim dizer, uma certeza absoluta e um paradigma do puramente especulativo, pois não existe, é claro, nenhuma maneira de eu verificar isso. Curiosamente, é também a derradeira validação do materialismo, da existência de um mundo objetivo, independente, que não apenas deixará de notar quando minha própria consciência particular desaparecer, como também estará despreocupadamente olhando para o outro lado quando a de todos os outros também desaparecer. Nenhuma sugestão poderia ser mais ofensiva àqueles tipos de idealismo linguístico segundo os quais, já que mundo e discurso permanecem juntos ou caem juntos, podemos transcender nossa carne mortal com fantasia. Como ocorre com todo idealismo, o eu e o mundo estão trancados aqui em uma conivência imaginária; e, se isso empresta uma qualidade bastante frágil ao mundo – dependente que é de nada mais bem fundamentado do que nosso discurso –, empresta também um reconfortante toque ontológico à nossa condição de sujeitos.

Há outras sugestões igualmente profanas em relação à imortalidade. O nacionalismo, por exemplo, para o qual o que é imperecível é o povo, e que é, portanto, apesar de sua história trágica, um credo antitrágico. Isso nos faz pensar também na declaração socialista-humanista de Raymond Williams, "Eu morro, mas nós não morremos",[29] que seria bem mais

---

29 Williams, *Modern Tragedy*, p.58.

convincente em uma era pré-nuclear. Para Bakhtin, nosso modo de imortalidade é conhecido como corpo – não o corpo "construído" da teoria pós-moderna, já que esse pertence à cultura e, portanto, em princípio, à tragédia, mas uma versão mais grosseira dessa bastante afável ficção pós-moderna, uma ficção que envolve digestão e disciplina, defecação e sexualidade. O corpo foucaultiano é o *locus* da tragédia em potencial, de uma insidiosa inscritura e opressão. Não é, certamente, trágico na realidade, pois o corpo é, ele próprio, um suplente para o tipo de interioridade que seria necessário para vivenciar o trágico como tal, uma interioridade à qual Foucault é quase patologicamente avesso. O corpo bakhtiniano, em comparação, é cômico e utópico, um princípio de solidariedade mais do que um índice de exploração, uma força para continuidades que teimam em sobreviver, mais do que um delicado *locus* da diferença.

Há algo elogiável na aliança entre o romance e a tragédia, embora essa lhes seja uma situação pouco confortável. O romance espanhol picaresco clássico, como já vimos, desmascara a arrogância do mundo ao perceber seu vazio metafísico, mas faz com ele uma barganha pragmática ou um acordo útil. Romancistas como Scott, Manzoni e Sholokov escrevem, todos eles, usando como pano de fundo uma tragédia histórica; entretanto, trabalham em direção a alguma afirmação final. Scott mantém sua visão progressista e moderada; Manzoni encerra *Os noivos* com alguma pálida esperança de um mundo mais gentil, enquanto o Sholokov de *And Quiet Flows the Don* sustenta sua fé no experimento bolchevique, apesar das tragédias locais que ele implica. Para o jovem Georg Lukács, forma e conteúdo, valor e fato ou cultura e vida estão tragicamente em desacordo; para o teórico do romance, o Lukács mais experiente, esses aspectos harmonizam-se por meio de uma forma utópica, ironicamente conhecida como realismo.

Entretanto, o realismo, afinal de contas, é apenas um estilo de ficção. A crença de que o gênero romanesco é *ipso facto* não trágico origina-se principalmente da generalização dessa sua privilegiada linha realista em relação ao gênero como um todo, assim como de um exagerado respeito pela doutrina clássica de que a tragédia é sempre uma questão de crise. O romance realista clássico sem dúvida tem em vista acordo e *détente*, reparação e restituição, casamento e identidade significativa, quaisquer que sejam a destruição e o desencanto que ele precise atravessar para chegar lá; mas o que dizer do romance que vem depois dele? *The Counterfeiters, The Outsiders, Adeus às armas, Luz em agosto, À sombra do vulcão, As vinhas da ira, O poder e a glória, The Death of the Heart, O terceiro tira, The Ante-Room,*

O último magnata, Lolita, Pincher Martin, Bend Sinister, Guerrilheiros, Pastoral americana, Amada, Vida e época de Michael K – a lista é suficientemente arbitrária, mas o fundo trágico comum é inequívoco. Mais ou menos a partir do final do século XIX, um gênero que havia lutado para evitar a tragédia em nome do moralmente inspirador sucumbe a ela em uma escala surpreendente, quando a ordem da classe média que o gerou transpõe seu zênite histórico e entra na longa era do gelo do século XX.

Quanto à tragédia ser uma questão de crise, ela pode, sem dúvida, ser tanto uma condição quanto um evento, o que a leva a servir muitíssimo bem para a criação de romances. Na verdade, um dos maiores romances trágicos repousa em um não evento momentoso, uma violação trágica que não é, de forma alguma, representada, que, de fato, não tem nenhuma necessidade de ser representada, e que, de acordo com um ou dois críticos de mente mais imaginativa, pode, efetivamente, nunca ter acontecido. No próprio âmago da modernidade, com a civilização inglesa aparentemente em sua mais radiante autoconfiança, Samuel Richardson escreve o surpreendente *Clarissa*, em que tragédia e lugar-comum são inseparáveis. O romance tornou-se modelo para uma das maiores obras de ficção da época, *As ligações perigosas*, de Laclos. No próprio lar do progresso e da liberdade, uma humanidade reprimida e mutilada abre caminho abruptamente, quando a trágica condição das mulheres desafia a cômica visão dos homens.

Clarissa, romance cuja heroína tem uma precursora trágica na anoréxica Penthea, de *The Broken Heart*, de autoria de John Ford, é uma obra de recusa e renúncia, dando friamente as costas a um mundo corriqueiro, no qual cada detalhe ele acha irresistivelmente fascinante. Ao desdenhar um mundo que deseja, ele torna-se um romance sobre sacrifício, e sua heroína é um dos grandes bodes expiatórios da literatura mundial, com um controle inteligente de sua morte e a ferrenha resolução de, através da morte, retirar-se do convívio social de violência e dominação. À medida que seu corpo paulatinamente se deteriora para se tornar um significante pleno de um estado mais geral do processo de criação de um bode expiatório, sua agonia, prolongada de forma insensata, transforma a sua morte em um teatro público no qual os males de uma sociedade aproveitadora podem ser escandalosamente exibidos.

Como uma heroína jamesiana, Clarissa vence de mãos vazias, transformando sua passividade em uma forma de prática, tão docilmente mansa que sua morte desencadeia, ao estilo de Sansão, uma violência sádica para com os seus perseguidores, tão piamente empenhada na virtude que ela abala as bases de uma sociedade que nada mais faz do que expressar sentimentos só da boca para fora. Richardson, de maneira geral, um autor "amigo do leitor", extraordinariamente hábil em relações públicas, fez ouvidos moucos àqueles leitores que se sentiram ultrajados e queriam que sua heroína vivesse. Ele percebeu que a justiça poética poderia sugerir que o tipo de virtude que ela possuía recebe sua recompensa neste mundo, assim liberando de responsabilidade a ordem social que a perseguiu.[30] A morte de Clarissa é tanto uma negação trágica quanto uma transcendência utópica, e John Kerrigan está, sem dúvida, certo em sugerir que o romance "oferece um contraexemplo da tese familiar, meio persuasiva, de que o cristianismo é inimigo da tragédia".[31] Clarissa é uma das grandes figuras trágicas da literatura inglesa, embora, conforme aponta um crítico, Aristóteles não teria concordado com essa afirmação. Ela é inocente demais, e a injustiça de sua morte, portanto, é repulsiva demais.[32] Trata-se de outro caso da estranha discrepância entre a teoria do trágico e a prática do trágico.

---

30 Ver Carroll (Ed.), *Selected Letters of Samuel Richardson*, p.108.
31 Kerrigan, *Revenge Tragedy*, p.218. Para uma abordagem mais aprofundada do romance, ver meu livro *The Rape of Clarissa*.
32 Smart, op. cit., p.15.

CAPÍTULO 8
A tragédia e a modernidade

Poucos pensadores poderiam ser mais alheios ao espírito da tragédia do que Benedictus de Spinoza. Filho de um judeu português sefardita que emigrou para a Holanda, Spinoza foi expulso da comunidade judaica de Amsterdam por heresia, mantinha laços estreitos com menonitas anabatistas, sofreu a influência de Descartes e, mais tarde, inspiraria profundamente Goethe e Coleridge. Membro de uma minoria maltratada, ele foi um apóstolo da tolerância e do iluminismo liberal, um corajoso desmistificador da Bíblia e um erudito reconhecido por seu espírito de caridade e humildade. Em nosso próprio tempo, muitas de suas doutrinas surgiram sob um pesado disfarce marxista-leninista nos escritos de Louis Althusser.

Para Spinoza, Deus é uma causa autocausadora: ele age unicamente pelas leis de sua natureza e, portanto, é livre, embora não seja livre para não agir dessa forma. Deus é necessariamente como é. Aquilo que é livre existe pela necessidade de sua própria natureza, em vez de ser determinado por alguma força externa. A mente humana é parte do intelecto de Deus, e a Natureza é parte de sua substância infinita; portanto, as leis da Natureza provêm da natureza de Deus e elas também não poderiam ser diferentes daquilo que são. Todas as coisas têm sua essência na mente de Deus, e conhecer Deus – o que significa compreender como as coisas são e como devem necessariamente ser da forma que são – é a realização maior do ser humano, o estado bem-aventurado de amor intelectual.

Para Spinoza, os virtuosos são aqueles que vivem de acordo com tal razão e, portanto, levam vidas serenas, resignadas e profundamente não trágicas. Se compreendermos por que aquele que nos ofendeu não poderia ter agido de outra maneira, nós nos sentiremos menos ofendidos pela injustiça cometida. O determinismo conduz à tolerância, e não ao desespero. O que quer que seja que pareça ao indivíduo virtuoso "ímpio, horrível, injusto ou vergonhoso provém do fato de que ele concebe essas coisas de uma maneira perturbada, truncada e confusa; e, por causa disso, ele se empenha acima de tudo em conceber as coisas como elas são em si mesmas".[1] A razão, a objetividade e o desinteresse estão do lado do amor e da misericórdia, e não da opressão. Nada no mundo acontece por acaso – "No universo não há nada contingente"[2] – e essa falta de casualidade é o que torna o mundo não trágico. Se nada pode acontecer de forma diferente daquela que acontece, não faz sentido lamentar ou resistir com vigor. A plebe, entretanto, vive de imaginação (a "ideologia" de Althusser), mais do que de razão ("teoria"), e, portanto, é ignorante quanto às causas das coisas, acreditando que é livre. A liberdade é a ignorância da necessidade.

O indivíduo racional retribui o ódio com amor e não tem medo da morte. A virtude não é mais teleológica do que o próprio universo: da mesma forma que o mundo, sendo parte da substância de Deus, tem um fim em si mesmo, da mesma forma apenas as massas incultas imaginam, com um espírito espontaneamente utilitário, que as coisas são boas ou más, na medida em que satisfazem a felicidade humana, deixando de perceber que a virtude é autotélica. A verdadeira virtude é desejar o que nos preserva o ser, de forma que o interesse próprio está na sua base; mas essa é uma forma razoável de amor próprio que obedece às leis gerais da Natureza e que é perfeitamente compatível com a amizade, a paz e o amor. Buscar o que é útil para nós é buscar o que é o mais útil para os outros. Não há conflito trágico entre o indivíduo e a sociedade, e nenhum prazer sádico no sofrimento do outro: "cada um, conduzido pela razão, deseja a seus semelhantes o bem que deseja a si mesmo".[3]

Essa não é a mais sedutora das visões de mundo para o século XXI. De fato, ela representa tudo o que é comumente visto como errado no pensamento da modernidade:[4] racionalista, cientificista, totalizante, metafísico, universalista e entediantemente otimista. Sem dúvida, um toque de tragédia não faria mal algum a ela. Para Spinoza, como também para Leibniz e Vico, o mal é simplesmente o bem apreendido fora de contexto; para ele,

---

1 Spinoza, *Ethics*, p.187.
2 Ibid., p.25.
3 Ibid., p.187.
4 O conceito de modernidade não é elementar. Ver, por exemplo, Anderson, op. cit., e Osborne, Modernity is a Qualitative, Not a Chronological Category, *New Left Review*, n.192.

assim como para Descartes, a essência da humanidade encontra-se no intelecto, uma opinião que, para alguns, poderia criar confusão. Porém, não devemos nos esquecer de que, em Spinoza, essas doutrinas rebarbativas caminham de mãos dadas com um humanismo revolucionário que prega um tipo de pluralismo liberal, coloca a espécie humana no lugar de Deus e entende a democracia da plebe como a forma mais fértil de política.[5] De qualquer forma, não devemos reduzir toda uma complexa época a um conjunto de doutrinas, pois existe uma modernidade trágica tanto quanto uma modernidade progressista; e se o pensamento dialético é um requisito básico na era moderna é porque os dois são aliados íntimos.

É por essa razão que existe uma ironia na proposta de que a ideia de tragédia é uma crítica vigorosa da modernidade. De fato, as ironias são múltiplas. Em primeiro lugar, na era moderna, a tragédia está pronta para esvaziar o jactancioso humanismo burguês, um humanismo que compra suas asserções a um preço muito baixo. E há abundância disso nos discursos da modernidade – de Bacon a Bakunin. O Romantismo tem seus conflitos trágicos, mas, no todo, ele prefere atribuir a ruína e a aflição aos poderes que oprimem o sujeito humano, em vez de observar qualquer falha central na constituição desse sujeito. Manfred, de Byron, por exemplo, finalmente desafia os maus espíritos que vêm reclamá-lo e, com rebeldia, insiste na absoluta independência da mente humana. Na época de Sartre, essa fé na sacralidade da autodeterminação era tão ardente que quase todo apelo a forças condicionantes tornou-se um caso de *mauvaise foi*. A tragédia pode submeter toda essa conversa insípida sobre o Homem e suas infinitas habilidades a um sóbrio lembrete da morte e da fragilidade, da extrema estranheza que a humanidade tem em relação a si mesma, de seu curso fugidio, de sua individualidade volátil, de seu desamparo transcendental. Todavia, a ideia de tragédia, como já vimos, dificilmente está bem equipada para essa tarefa punitiva, dada sua própria propensão para um humanismo jactancioso, que ignora desdenhosamente o fato da fragilidade humana. A ideia de tragédia é, nesse sentido, outra versão do humanismo burguês, e não um antídoto para ele; ou talvez fosse mais correto dizer que ela contraria os tipos mais ingênuos, inexperientes e utópicos de humanismo com uma variedade mais conservadora do mesmo credo.

Assim é, então, que a tragédia, nas mãos de teóricos, e não de práticos, desloca-se para uma era democrática com um indulgente olhar

---

5 Ver, por exemplo, seu livro *Tratado teológico-político*, especialmente o capítulo 20.

retrospectivo para a honra, a hierarquia e o heroísmo, e opõe o destino antigo à liberdade moderna. Ela eleva o valor do sofrimento acima do impulso para erradicá-lo, repudiando a razão em favor do mito, a história em favor da eternidade, o acidente em favor da essência. A tragédia opõe uma retórica refinada à fala demótica da modernidade, agarrando-se a compromissos inflexíveis, que não toleram nenhum acordo. O que, em sua visão, dá significado à vida não é o amor nem a amizade, mas a morte. Ela zomba da noção de progresso secular e é cética quanto ao sujeito autodeterminante. Felicidade é coisa para lojistas, e não para heróis trágicos, que têm algo mais precioso para buscar. "O drama trágico", afirma George Steiner, "nos diz que as esferas da razão, da ordem e da justiça são terrivelmente limitadas e que nenhum progresso de nossa ciência ou de nossos recursos técnicos aumentarão a relevância delas".[6] A tragédia, que desempenha a função da sabedoria para o conhecimento da ciência, *Vernunft* para *Verstand*, é, portanto, o próprio paradigma do que conhecemos hoje como as Humanidades, ou do que se conhece tradicionalmente como *Kulturkritik*.[7] Ao mesmo tempo, em sua desconfiança da razão, da ordem e do progresso, esse tipo de reação polida tem muito em comum com certo pós-modernismo supostamente radical.

Essa visão de tragédia surge, surpreendentemente, em um período que testemunhou mais tragédias da vida real do que qualquer outro período da história. Embora os intelectuais sejam tomados de emoção, falando da tragédia como sendo apreciável e enobrecedora, ou emitindo lamentos elegíacos pelo seu declínio, a história está tomada por guerras, massacres, doenças, fome, assassinatos políticos. É verdade que, assim como o sofrimento se agravou rapidamente, de maneira geral, também se agravou a nossa sensibilidade em relação a ele. A mais sangrenta das épocas foi também a mais humanitária. Esse humanitarismo não é só de "fachada", embora, sem dúvida, também o seja; é também porque um humanismo e um individualismo, fontes dessa destrutividade, também podem mostrar um genuíno respeito à vida humana. Porém, é desconcertante perceber que, nesse período encharcado de sangue, a tragédia é declarada morta ou portadora de valor absoluto.

Em mais uma irônica reviravolta, a primeira alegação, de maneira geral, implica a última, já que a morte da tragédia é normalmente lamentada como a morte de algo que, no fim das contas, é precioso. Porém, ambas as

---

6 Steiner, op. cit., p.88.
7 Para uma análise cuidadosa dessa tradição, ver Mulhern, *Culture / Metaculture*, Parte I.

asserções são respostas à devastação e à matança, e não apenas a negação dessas últimas. Se a tragédia está morta, então, como já vimos, é porque ela postula um sentido de valor que uma história de terror supostamente extinguiu. E se ela tem valor absoluto, seja viva ou morta, é porque representa uma reação à barbárie moderna. Simplesmente aquilo que ela denuncia nessa era costuma ser a ciência, a democracia, o liberalismo e a esperança social, e não a injustiça, a exploração e a agressão militar. Nesse sentido, a tragédia está vinculada às próprias formas sociais que ela própria repudia.

O que acontece com a tragédia no século XX não é a sua morte, mas sua transformação em modernismo, pois uma importante linha do modernismo, oriunda da direita mais do que da esquerda, também ridiculariza uma sociedade de classe média da qual, não obstante, ela se mantém cúmplice, criticando sua condição de espiritualmente abandonada. O modernismo, além do mais, pode ser rancorosamente antidemocrático, estridentemente elitista, saudoso do primitivo e do arcaico, escravo dos absolutos espirituais que significam a morte do iluminismo liberal. E se o modernismo confere vida nova ao impulso trágico é sobretudo por causa do retorno da mitologia. Na modernidade recente, o destino mítico mostra a face novamente sob a aparência de forças tremendas e anônimas – a linguagem, a Vontade, o poder, a história, a produção, o desejo –, que "nos fazem viver" muito mais do que nós as vivemos. O sujeito humano, ultimamente tão orgulhoso de sua livre ação, uma vez mais parece um joguete de poderes misteriosos, e o próprio eterno retorno volta, dessa vez na forma de mercadoria. À medida que a vida humana se torna tão coletiva quanto nos tempos pré-modernos, o atávico e a vanguarda formam novas e curiosas afinidades. Para Joyce e Beckett, tanto quanto para a mitologia pré-moderna, a mudança é apenas uma variação dos mesmos velhos e eternos elementos. A história perde seu senso de direção, cedendo lugar para o cíclico, o sincrônico, a epifania da eternidade, a gramática profunda de todas as culturas, o eterno agora do inconsciente, as energias primitivas na raiz de todas as formas de vida, o momento dentro e fora do tempo, o ponto fixo do mundo em rotação, o colapso da narrativa romanesca.

Entretanto, a modernidade jamais precisou, de fato, ser lembrada da tragédia. Presumir isso é reduzir uma formação complexa a uma doutrina única, estupidamente triunfalista, uma grande narrativa de progresso que desconsidera completamente vidas individuais. Arthur Schopenhauer contou uma dessas grandes narrativas, a da Vontade, mas nada havia de teleológico a respeito dela, e certamente nada de triunfante. Pelo contrário, era uma das fábulas mais impiedosamente trágicas que a história moderna testemunhou. É um equívoco supor que todas as grandes narrativas estão sempre se esforçando para seguir adiante. Embora a modernidade conte várias dessas histórias, elas não exaurem seu repertório narrativo. Há também histórias a serem contadas sobre impasses, contradições, autodesmantelamento, as quais representam o lado oculto e obscuro das fábulas do progresso.

O filósofo Georg Simmel retrata uma dessas contradições, que ele chama abertamente de trágica. Em seu ensaio "On the Concept and Tragedy of Culture" [Sobre o Conceito e a Tragédia da Cultura], ele argumenta em estilo hegeliano que o espírito pode se realizar apenas em formas que o alienam, e que então, vêm a assumir uma ominosa lógica objetiva própria. De fato, o ensaio de Simmel é uma previsão precoce da doutrina da Morte do Autor, e apresenta uma argumentação anti-intencionalista que enfatiza a lógica imanente das formas culturais e, nelas, a ausência de um produtor único. Uma vez que cabe ao espírito estranhar-se a si mesmo – já que sua autosseparação é ironicamente inerente a ele –, o resultado é uma condição trágica clássica. A alienação é uma espécie de *peripeteia*, em que a autorrealização volta-se para a perda de si. De fato, posse deve, logicamente, implicar perda: só posso falar de um objeto como sendo genuinamente meu se ele é potencialmente alienável, e é por essa razão que não posso descrever meu corpo ou uma dor nas costas como uma posse. "Até mesmo nos primeiros momentos de sua existência", afirma Simmel, "a cultura carrega dentro de si alguma coisa que, como se fosse por um destino intrínseco, está determinada a obstruir, sobrecarregar, obscurecer e cindir seu propósito mais essencial".[8] A cultura desconstrói-se a si própria, pois o peso do espírito objetificado vem a sobrepujar a vida subjetiva; como comenta o protagonista de *O imoralista*, de André Gide, "a cultura, que nasce da vida, acaba matando-a". Cultura é o que torna a vida digna de ser vivida, mas é também o que emascula as energias vitais da vida em um processo que, tragicamente, se autoconsome.

Para Nietzsche, Freud e Simmel, a civilização é vida que se vira destrutivamente contra si mesma, por mais indispensável que essa irônica duplicação possa ser. A produção material gera uma cultura que seu próprio filistinismo desestabiliza. Como os defensores da *Lebensphilosophie* advertem os formalistas neokantianos, as formas culturais tendem a trair

---

8 Simmel; On the Concept and Tragedy of Culture. In: _____, *The Conflict in Modern Culture and Other Essays*, p.46.

a diversidade da vida no próprio momento em que a expressam. Dessa maneira, Mikhail Bakhtin volta-se para o romance, com suas formas miscigenadas, abertas e perpetuamente inacabadas, como solução para esse dilema.[9] Para o Freud de *O mal-estar na civilização*, a cultura é presa de um conflito trágico com as próprias forças destrutivas que ela deveria transcender. A criação da civilização envolve a sublimação de parte de nossa agressividade primária, desviando-a do ego e fundindo-a com Eros, o construtor de cidades, para subjugar a Natureza e erigir nossas instituições. A pulsão de morte, oculta no interior de nossa agressividade é, assim, enganada em suas intenções hostis e atrelada ao processo de construção de uma ordem social.

Fazer isso, contudo, envolve a renúncia à satisfação instintiva; e, para garantir esse doloroso sacrifício, algumas de nossas energias agressivas precisam ser desviadas para formar o superego. Entretanto, cada renúncia de satisfação instintiva fortalece a autoridade desse autocrata cruel, intensificando seu poder sádico e, dessa forma, aprofundando nossa culpa. Quando mais admiravelmente idealistas nos tornamos, mais atiçamos dentro de nós uma cultura letal de ódio por nós mesmos. E, quanto mais sublimamos Eros na construção de bancos e de salões de ópera, mais esgotamos seus recursos internos, expondo-o a seu velho antagonista, Tânatos, ou à pulsão de morte. Portanto, quanto mais civilizados nos tornamos, mais nos destruímos pela culpa e autoagressão. Afinal de contas, cultura e morte não são rivais. Há uma trágica automutilação no próprio âmago da civilização. É que a civilização precisa dessa paródia selvagem de si mesma para poder funcionar. A psicanálise é a ciência do desejo; e a lição que ela tem a ensinar é que o desejo é a tragédia da vida cotidiana, esplendorosamente melodramática e, ao mesmo tempo, banal como o respirar.

As contradições do idealismo são um tema familiar à modernidade. A sociedade burguesa está repleta de ideais admiráveis, mas é estruturalmente incapaz de realizá-los – de modo que o que Simmel vê como a natureza autodesfigurante de toda cultura revela-se aqui em sua forma mais intensa. Uma vez que essa dialética estanque entre um idealismo impotente e uma realidade degradada é inerente à ordem social burguesa e incapaz de ser resolvida por tal ordem, ela poderia muito bem ser chamada de trágica. Ela está lá, de modo cômico, na altercação entre o filósofo de espírito elevado e o despachado sobrinho em *O sobrinho de Rameau*, o

---

9 Ver Tihanov, op. cit., capítulo 5.

romance de Diderot. Proclamando valores que nunca consegue realizar, a modernidade está presa à crônica má-fé de uma contradição performativa. Lucien Goldmann em *The Hidden God* entende que o "homem trágico" está preso entre um ideal que é irrefutável, mas cada vez mais ausente, e um mundo empírico que está presente, mas é moralmente sem valor. Já que valor absoluto esvaiu-se da vida cotidiana, o protagonista trágico é levado a rejeitar o mundo; mas, se o valor absoluto desapareceu, então o único lugar a partir do qual ele pode lançar sua rejeição é o próprio interior do mundo que ele despreza. Assim, ele precisa, ao mesmo tempo, reconhecer e recusar esse mundo, em um simultâneo sim e não que, para Goldmann, contém as sementes de uma racionalidade dialética. Tudo o que resta da transcendência agora é a ânsia por ela.

Como o Deus oculto, o herói trágico está, a um só tempo, presente e ausente no mundo, incapaz de ficar ou de partir, privado de uma alternativa exatamente pelas mesmas razões que o tornam irrequieto diante do que ele tem. Como observa Georg Lukács em *Soul and Form*, a tragédia é a forma em que "Deus deve deixar o palco, mas deve, não obstante, continuar como espectador".[10] Se Deus está plenamente presente em sua criação, então ele rouba-a de seu valor autônomo, assim como priva suas criaturas de liberdade; mas sua ausência igualmente rouba o mundo de significado, e o protagonista trágico torna-se presa desse fogo cruzado metafísico. Sua liberdade está garantida, mas, pela mesma razão, ele agora pode praticá-la somente em um mundo reles. Ademais, o ominoso silêncio de Deus, a perda do paraíso, torna esse mundo mais precioso no próprio momento em que se acentua sua perecibilidade.

Em face dessa visão, Kant é um filósofo trágico. Para Goldmann, ele está emperrado no *Verstand*, mas encantado pela *Vernunft*, ainda ansiando por valores ideais – a liberdade, a totalidade, a comunidade ética universal dos fins – que agora são opacos e incognoscíveis, lançados na esfera do numênico e, portanto, separados da esfera fenomênica em que se supõe que eles estejam ativos.[11] Isso, pelo menos, impede que eles sofram danos, mas somente à custa de serem sepultados como alguém que, ansioso em preservar sua força, nunca se levanta da cama. Os ideais estão garantidos – mas somente porque estão lacrados e separados do mundo empírico, de forma que eles se reduzem a obscuras abstrações e, assim, com efeito, deixam de ser garantidos. Como o Deus do jansenismo, ou, na verdade, os nobres

---

10 Lukács, *Soul and Form*, p.154.
11 Ver Goldmann, *Immanuel Kant*.

fins da sociedade burguesa, tais valores estão, simultaneamente, presentes e ausentes. É como se o campo da tragédia e a paisagem romanesca da vida cotidiana estivessem em bom estado de funcionamento, mas separados um do outro por um abismo ontológico.

Valores absolutos, sem dúvida, existem, mas como eles vieram a sê-lo nesse mundo profano deve permanecer um mistério. Se, afinal, existem valores, então eles podem se situar em relação a nós mesmos, uma relatividade que, então, ameaça desestabilizá-los. Spinoza, um exemplo precoce de uma longa linha de filósofos morais antirrealistas, achava que termos valorativos, como "bom" e "mau", nada designavam no mundo em si mesmo. A mesma coisa pensava Thomas Hobbes. Nos tempos do *Tractatus Logico-Philosophicus*, de Wittgenstein, o valor foi de todo banido do mundo, juntamente com o sujeito. Não podemos transpor o abismo entre o mundo-para-nós e o mundo-em-si-mesmo, embora possamos abolir totalmente o último, argumentando, como Berkeley, que os objetos são apenas complexos de percepções, sem nenhum desvio entre como eles são e como parecem a nós. A ontologia, portanto, torna-se fenomenologia. Somos resgatados da tragédia à custa de nunca escaparmos de nossa própria pele.

O fato de Deus estar escondido é também uma preocupação do grande autor de tragédias do final do final do século XVII na Inglaterra, John Milton. Como muitas obras de arte famosas, os grandes poemas trágicos de Milton não são eternos, mas são desconformes em relação ao seu tempo; diferentemente, digamos, da literatura de John Dryden ou do Conde de Rochester, eles não mostram muita harmonia com sua conjuntura histórica; pertencem menos ao seu momento cronológico do que ao período revolucionário que o precede, pois o mitologizador-mor da revolução burguesa inglesa, que, assim como a revolução, passa agora por momentos difíceis, volta-se para a questão de como esse paraíso republicano veio a se perder. Ocorreu uma tragédia histórica, o que a poesia de Milton precisa decifrar à sua própria maneira mitopoética, colocando uma debacle política no interior de uma narrativa escatológica mais longa de pecado e salvação. Não mais parece que o curso da história manifesta a divindade: Deus é um *Deus absconditus* – o que, para o Milton que se agarra à heresia ariana, é inerentemente verdadeiro. O Pai não se encarnou plenamente no Filho; continua indiferente e insondável. Para a teologia cristã ortodoxa, a Encarnação significa que Deus não é mais o patriarca austero ou o Nome do Pai, mas a carne e o sangue que sofrem, amigo e vítima companheira; mas Milton precisa manter essas duas pessoas da Trindade rigorosamente separadas, com receio de que a misericórdia de Cristo possa ser maculada pela arrogância despótica do Pai. Em um cenário classicamente protestante, o amor de Cristo é necessário para nos proteger da justiça colérica do Pai, assim como um solidário advogado de defesa nos salvaria de um interrogatório realizado por um juiz especialmente irascível.

É isso o que Blake tem em mente quando chama o deus satânico de Milton e outros como "papai-de-ninguém". No Velho Testamento, a palavra "Satanás" significa "acusador", e representa a imagem que Deus faz daqueles que precisam, para seus próprios propósitos, vê-lo como um juiz vingativo. É a imagem de Deus cultivada pelos respeitáveis e moralistas, que acreditam que, se conseguissem apaziguar esse patriarca terrível por meio de cultos ritualísticos e uma conduta impecável, poderiam barganhar seu lugar no paraíso. É o reverso da imagem de Deus como um corpo arruinado, um criminoso político executado. Na austera teologia ariana de Milton, o Nome do Pai não é destronado, mas apaziguado. Portanto, apesar de seu compromisso com o bom senso, o discurso e a razão, há um abismo intransponível entre Deus e a humanidade, o que o povo inglês, por deixar de realizar o reino dos céus na terra, nada fez para estreitar. E isso também não foi facilitado pelo crescente racionalismo da época. Para o protestante puritano, movendo-se apreensivamente na escuridão entre fragmentos de revelação, Deus é justo, mas absolutamente inescrutável. Como comenta Frank Kermode, o Deus de Milton "muitas vezes parece indiferente aos seres humanos; ele parece não compreendê-los. Suas tramas causam-lhes dor excruciante e não têm relação com o senso humano de justiça. Ele desdenha a justiça, até mesmo a sanidade".[12] Isso é muito semelhante à visão que Eurípides tinha de seu lote particular de divindades.

O Deus de *Samson Agonistes* parece especialmente errático nesse sentido. O poema contém uma das mais vigorosas denúncias literárias da chamada justiça de Deus. Deus é justiça e razão, mas em um sentido impenetravelmente diferente do nosso, assim como poderíamos especular que uma tarântula tem alguma noção de elegância, mas uma elegância anos-luz distante da nossa. Os caminhos de Deus precisam, por definição, ser justos porque ele é Deus, do mesmo modo que os devaneios de um cambojano precisam, por definição, ser os devaneios de uma pessoa originária do Camboja, mas não se conclui disso que o senso de justiça de Deus satisfaça nossos próprios critérios de justiça. Não está claro, por exemplo, por que

---

12 Kermode, op. cit., p.77-8.

desobedecê-lo por causa de uma questão tão fútil como uma maçã deva ser suficiente para afundar a história humana em um pesadelo pelos próximos milênios. Isso, entretanto, é recorrer a razões, e parte do problema é que a razão é, na verdade, exatamente aquilo que Deus decide de forma arbitrária. Ele próprio não é governado pela racionalidade, já que ele a criou, mais ou menos como um monarca absoluto é o maior anarquista, pois não está sujeito a seus próprios decretos. Na visão católica, Deus deseja o que é bom; em certa visão protestante, as coisas são boas porque Deus quer que elas sejam boas. Se tivesse lhe apetecido, ele poderia ter desejado que o genocídio fosse louvável. Se algumas coisas são apenas boas ou ruins, sem considerar se Deus as quer ou não, isso, aparentemente, restringe sua liberdade, e o cosmos deixa de ser barro em suas mãos. Porém, liberdade incontida, liberdade para declarar que a tortura é louvável, é algo tão sem sentido quanto tirânico, como o Deus de *Paraíso perdido* aos olhos de, por exemplo, William Empson em *Milton's God*. Veremos o mesmo problema mais adiante no caso do existencialismo.

Para algumas correntes de pensamento modernas, poderia parecer verdadeiro que somos livres e, ao mesmo tempo, não livres. Esse é o caso tanto de Kant quanto da sociedade de classes. Na visão kantiana, o que pode ser conhecido precisa ser determinado, e esse é o mundo como ele é conhecido pela razão pura. O eu empírico cai dentro dessa esfera, sendo causalmente determinado e, portanto, não livre. Contudo, nossa atuação no mundo pertence à esfera da liberdade ou da razão prática; e, se o mundo está definido, então é impossível que nossa ação o altere. Portanto, para que nossa liberdade tenha significado, o mundo sobre o qual agimos deve ser indeterminado, passível de receber uma estrutura que ele a princípio não tem. Porém, se assim for, então o mundo sobre o qual agimos deve ser incognoscível, já que o cognoscível é o determinado. O mundo (fenomênico) que conhecemos não pode, então, ser o mesmo que o mundo (numênico) sobre o qual agimos, de forma que teoria e prática, razão pura e razão prática, são necessariamente antagônicas. Nesse sentido, o conhecimento e a liberdade são também antagônicos porque, para agir de forma efetiva, precisaríamos conhecer antecipadamente os efeitos de nossas ações, o que, então, negaria nossa liberdade. Agimos necessariamente no escuro, e, à medida que o mundo se torna cada vez mais complexo, isso se torna ainda mais perigoso. A situação ideal no mercado seria que eu conhecesse o futuro e você, não.

Da mesma forma, não podemos saber que somos agentes livres, já que nossa liberdade também é numênica. Podemos apenas ter fé que o somos. O fideísmo, aqui como em outras áreas do pensamento moderno, é o resultado lógico do positivismo, do empirismo ou do fenomenalismo. Se o conhecimento não pode ter nada a ver com valor, a fé não pode ter nenhuma afinidade com os fatos. Essa inevitável discordância entre teoria e prática emerge, por vezes com implicações trágicas, em pensadores tão díspares entre si, como Nietzsche, Freud, Conrad, Althusser e Paul de Man. Para agir construtivamente, devemos reprimir, a qualquer preço, o conhecimento que nos informa que o agente não tem unidade real, que ele ou ela é inteiramente permutável com outro, que aquilo que o agente vê como motivações racionais são, na verdade, preconceitos emocionais, que não existem fins inerentemente valiosos e que o mundo sobre o qual agimos é insondável, indeterminado ou revela uma fria indiferença aos nossos projetos. É a presença, e não a falta de uma certa amnésia ou cegueira em relação a si próprio, que é a condição da constituição da individualidade.

Muito disso é verdadeiro para David Hume, que, depois de reduzir a identidade à ficção, a razão à imaginação, a moralidade ao sentimento, a causalidade ao costume e a crença ao sentimento, sente necessidade de levantar acampamento diante dos estragos filosóficos que causou, cultivando com muito cuidado uma falsa consciência apolínea. Depois de ter calmamente removido as bases da vida social sentado em seu gabinete, Hume sai para passear, jogar gamão e se divertir com os amigos, certo de que a teoria é uma coisa e a prática, outra. "Reflexões muito sofisticadas", escreve ele, revelando um óbvio sentimento de alívio, "têm pouca ou nenhuma influência sobre nós".[13] O clubinho social é um refúgio do conceitual. A teoria, longe de assegurar a prática social, na verdade, invalida-a. Se a intuição nos assegura que a verdade existe, a verdade nos informa que o que existe é apenas intuição. Em uma inversão irônica que Wittgenstein iria ecoar posteriormente, é o senso comum que é metafísico, por presumir a existência de algum terreno inatacável para os costumes sociais, e a filosofia chega rapidamente com a monstruosa notícia de que os costumes repousam em nada mais impossível de afundar do que eles próprios. A ordem simbólica é "apoiada" por um Real que é absolutamente nada, e Hume teve um vislumbre proibido dessa verdade terrível. Ele foi levado por sua própria e irresistível cadeia de raciocínio a adentrar uma terra devastada para além da razão.

---

13 Hume, op. cit., p.315-6.

Em um raro momento de pânico, o normalmente delicado Hume confessa que se sente como se fosse "algum monstro estranho e bronco", banido de toda a convivência humana por suas céticas reflexões e "completamente abandonado e inconsolável".[14] Não é nem mesmo como se esse Édipo de Edimburgo pudesse consolar-se com a noção de que está dizendo a verdade, já que a verdade é precisamente parte do que ele questionou. Sua crença de que crença é apenas uma espécie vívida de sentimento não deveria aplicar-se a si mesma? Em uma curiosa ironia, o filósofo torna-se um pária antissocial, um profeta peludo uivando no ermo, não por proclamar alguma verdade apocalíptica ou encabeçar alguma revolução sensacional, mas por transmitir a mensagem mais perturbadora de que a prática social e os hábitos da natureza humana são tudo o que sempre tivemos e temos. Se é assim, então não há dúvida de que é ainda mais alarmante nos sentirmos levados a abandoná-las; para onde, então, devemos ir?

A busca do absoluto nunca pode ser justificada, segundo a crítica kantiana, que delineia as fronteiras entre aquilo de que se pode e não se pode falar inteligivelmente. Porém, a esperança em relação a isso nunca é inteiramente erradicada e fará sentir sua presença, entre outros lugares, nas reflexões sobre o sublime em *Crítica do juízo*. Da mesma forma que o pecador nunca pode ser justificado, mas continua a ansiar melancolicamente a salvação, também é difícil renunciar à totalidade, mesmo que a única evidência que temos dela seja a frágil crença de que o entulho de fatos atomizados que vemos ao nosso redor pode, com certeza, não ser toda a história. Para Goldmann, Pascal é outro pensador trágico, pois aceita essa visão mecanicista do mundo em um nível, enquanto a recusa em outro. A burguesia não pode desistir de seus ideais, mas também não pode concretizá-los; e, quanto menos ela pode fazê-lo, mais impalatáveis e abstratos eles se tornam. Quanto mais racionalizado e arregimentado o seu mundo, mais ela precisa apelar a valores espirituais para legitimá-lo, apenas para, no final, descobrir que os racionaliza somente quando eles são mais necessários.

É possível, no entanto, ver no programa de Kant tanto um antídoto para a tragédia quanto um exemplo dela. A questão é renunciar a extravagâncias metafísicas, moderar nossas paixões, evitar o excesso de confiança, conhecermos a nós mesmos e a nossos limites, cultivar a

---

14 Ibid., p.311-2.

razão e o comedimento. Um mundo purgado de especulações inebriantes e entusiasmo apocalíptico é um mundo pobre, porém honesto. A razão pode ser uma ideia sublime que ultrapassa a compreensão; fato e valor eternamente apartados; o mundo, no fim das contas, incognoscível; sua intencionalidade, uma hipótese; a liberdade, um enigma impensável, e o Absoluto, rigorosamente intangível – mas tudo isso nos deixa uma espécie viável de lugar em que podemos viver, por mais sombrio e monótono que seja. Há uma espécie de renúncia trágica em operação aqui, quando Kant declara como anátema toda fervorosa conjectura romântica e volta heroicamente a face na direção oposta do fruto proibido. É um remédio antigo para a tragédia: não abuse e você não se dará mal. Tal espírito antitrágico está vivo no estilo de prosa cética, autoironizante de Montaigne, um escritor dotado do que Claude Rawson chamou de "um caprichoso furtar-se a perspectivas catastróficas",[15] o que pode ser igualmente detectado no pragmatismo manhoso e complacente daquele bicho-papão da tragédia de palco, Maquiavel.

Mesmo assim, é alarmente perceber que as fontes da liberdade são tão obscuras, já que a sociedade burguesa não consegue contribuir com nenhuma base segura para o valor que mais preza. Se a essência do Homem é sua liberdade, então é provável que ele se desembarace instantaneamente daquilo a que ele próprio se agarra, que se veja reduzido, no auge de sua afirmação, a uma espécie de nulidade. Tão logo tentemos definir essa coisa proteica e errática chamada liberdade ou subjetividade, ela desliza pela rede de significações e nos deixa a agarrar o nada. Se conhecêssemos um sujeito humano, ele seria um objeto determinado; não seria absolutamente um sujeito. O sujeito livre, o princípio fundador de toda a empreitada, não pode, ele próprio, ser representado no campo que gera, da mesma forma que o olho não pode capturar a si mesmo dentro do campo de visão. O sujeito é, em certa medida, o elemento incalculável ou o fator fora de lugar que permite que a princípio esse campo passe a existir. O que nosso conhecimento nos informa é que estamos além de seu alcance.

A subjetividade é, portanto, tudo e nada, a fonte produtiva do mundo e, não obstante, uma muda epifania ou um silêncio fecundo. Podemos vislumbrá-la do canto dos olhos, mas ela evapora assim que a encaramos diretamente. Ela não pode ser computada com os objetos entre os quais se movimenta, pois ela é o poder que a princípio os traz à presença, e,

---

15 Rawson, *God, Gulliver, and Genocide*, p.38.

assim, deve estar em algum plano completamente diferente. O eu não é um objeto no mundo, mas um ponto de vista transcendental em relação a ele, uma prodigiosa força estruturante que é, ao mesmo tempo, pura vacuidade. O sujeito é um resíduo ou uma sobra, mais ou menos como a teoria da evolução traz consigo a sóbria percepção de que a consciência humana é um acidente, uma excrescência, resultado de puro alheamento da parte de uma Natureza dedicada a outras questões.

Como o bode expiatório sacrifical da tragédia, esse sujeito é a pedra fundamental da ordem social, mas ao mesmo tempo o excedente, o excessivo, marcando os limites do cognoscível pelo próprio fato de encontrar-se além deles. Da mesma forma que ocorre com o sublime, tudo o que podemos compreender a respeito dele é a sua incompreensibilidade. Isso apresenta um problema para o Romantismo, que precisa saber quais dos vários impulsos do eu são autênticos e provenientes de sua necessidade interior. Esses são os desejos em relação aos quais é preciso agir a qualquer preço; mas, se o eu é um abismo inescrutável, não é fácil identificar ou distinguir os desejos que são falsos ou fúteis. Essa profunda subjetividade é, ao mesmo tempo, uma imensidade a ser reverenciada e um abismo no qual afundamos sem deixar vestígios. A um só tempo ausente e presente no mundo, o sujeito burguês é, ele próprio, o grande herói trágico da modernidade. Para a Antiguidade judaica, não poderia haver nenhum simulacro de Deus porque a única imagem de Deus foi a humanidade. Agora que a humanidade usurpou seu lugar, ela também se tornou irrepresentável, de forma que toda a verdadeira filosofia deve ser a iconoclastia. Em um clássico ritmo trágico, o surgimento do Homem é também o seu desaparecimento. Como celebridades promovidas pelo olhar do público, a espécie humana emerge sem deixar vestígios. O humano substituiu o divino como *locus* do valor absoluto; ainda assim, se Deus está morto, então – como Nietzsche percebeu – não há nenhuma posição privilegiada fora do humano, de onde seja logicamente possível fazer um julgamento de seu valor. A morte de Deus, seja lá o que for que Feuerbach tenha pensado, ameaça, portanto, arrastar o humanismo na sua esteira.

Então, é assim que Blaise Pascal vê a humanidade como um *locus* de contradições, aclamando o Homem e zombando dele ao mesmo tempo. É uma criatura cheia de falhas, cuja preciosa razão varia ao sabor do vento, cujos princípios básicos são intuitivos mais do que racionais e cujos valores mais acalentados são culturalmente relativos. "Não há nada justo ou injusto que não mude de cor como muda de clima. Três graus de latitude derrubam toda a jurisprudência e um meridiano determina o que é verdadeiro."[16] Para Pascal, assim como para Hume e Burke, o costume é o único alicerce da justiça e a força e a concupiscência são as motivações ignóbeis de todas as nossas ações. A única razão para nos prendermos aos costumes é que é habitual fazê-lo. O hábito é uma espécie de segunda natureza, mas a natureza não é, a princípio, mais do que hábito ou convenção. Nossa vida, governada por um perpétuo flutuar do desejo, é um composto de tédio e mau humor, e nosso conhecimento tem alicerces precários. Na ciência e na matemática, os princípios "que se supõe serem absolutos não se sustentam, mas dependem de outros que, por sua vez, dependem de outros, e assim nunca permitem nenhuma resolução".[17] Uma falsa consciência é nossa condição natural: no centro da existência humana repousam o monstruoso trauma da morte e a ameaça de perdição eterna; entretanto, ninguém perde tanto sono por causa disso como perde por causa de alguma afronta imaginária à sua honra. O que chamamos de realidade é apenas o conjunto de ilusões desgastadas que nos protegem da morte, uma espécie de Soho da psique.

Não obstante, devemos fazer uma pausa antes de desvelarmos dramaticamente um Pascal pós-moderno, pois esse é também o homem que louva a magnificência da humanidade, uma magnificência bastante inseparável de sua absurdidade. "A grandeza do homem", afirma ele, "vem de saber que ele é um pobre coitado; uma árvore não sabe que é uma pobre coitada".[18] Dois negativos fazem um positivo: ao duplicar nossa triste condição, elevando-a à segunda potência da autoconsciência, podemos ter esperança de superá-la. De fato, a grandeza da humanidade pode ser deduzida de seu sofrimento, já que só uma criatura que sabe que é capaz de coisas maiores poderia se sentir tão completamente inconsolável. Se não há nenhum sentido de valor, não há tragédia; se fôssemos menos preciosos, seríamos menos taciturnos. A verdade da condição humana pode, então, ser apreendida apenas na linguagem da antítese e do oximoro. O homem é vil e grandioso, corajoso e tímido, crédulo e cético, e a própria tarefa de Pascal, bem semelhante à do psicoterapeuta, é exaltá-lo quando ele se humilha e humilhá-lo quando ele se exalta – não, é claro, para ajustá-lo a algum meio totalmente ilusório, mas para fazê-lo entender que ele é "um monstro que ultrapassa qualquer entendimento".[19] A monstruosidade

---

16 Pascal, op. cit., p.16.
17 Ibid., p.62.
18 Ibid., p.29.
19 Ibid., p.32.

é nossa condição natural, e não um desvio dela. Não é que o sujeito humano seja por vezes agradável e por vezes vil, mas que ele é ambas as coisas juntas e, assim, representa uma aporia que confunde o pensamento. "O homem", assevera Pascal, "transcende o homem".[20] Ele é a atividade do iludir a si mesmo incessantemente, o processo de sua auto-opacidade.

De forma semelhante ao bode expiatório clássico – como Édipo em Colono –, o sujeito humano é tanto "glória quanto refugo do universo", "frágil minhoca" e "repositório da verdade".[21] O sujeito é supérfluo ("refugo"), excrementício, inerentemente fora de lugar; ainda assim, essa deficiência é também uma espécie de exaltação. O paradoxo da humanidade é que ela parece ser construída para a redenção, mas não consegue atingi-la; e para Pascal é nessa contradição que podemos vislumbrar o perfil de Deus. A questão não é renunciar à razão (Pascal não é fideísta), mas fazê-la voltar-se contra si mesma e praticá-la de outra forma; e isso só pode ser realizado se abrimos mão da razão como a conhecemos. Somente pela rendição da razão é que podemos nos conhecer verdadeiramente, já que a razão, para Pascal e também para Freud, é mais uma barreira contra tal autoconhecimento do que um caminho para ele. Da mesma forma que as regras que governam um procedimento às vezes nos convidam a improvisar em relação a elas ou a nos livrar delas completamente, também a razão precisa se exceder ou transformar a si mesma – mas somente quando julgar razoável fazê-lo: "É certo, então, que a razão deve sujeitar-se quando julgar conveniente sujeitar-se".[22] Deve existir um momento em que as razões simplesmente se exaurem ou apontam para além delas mesmas. As explicações, como observa Wittgenstein em *Investigações filosóficas*, devem chegar a um fim em algum ponto; acontece que elas próprias têm uma participação importante na decisão de qual é esse ponto. É razoável que a razão não faça todo o percurso.

Sustentar que há certas crenças que não precisam ser justificadas por outras crenças é ser um fundacionista. Contudo, também podemos argumentar que algo não precisa de um alicerce porque alicerça a si mesmo. É a sua própria fundação, fim, causa e razão, em vez de repousar em algum leito ontológico debaixo de si. É esse o caso da moderna concepção de liberdade. Como aponta Albrecht Wellmer, o Iluminismo insiste em que as normas agora podem encontrar sua justificação apenas na vontade da

---

20 Ibid., p.34.
21 Ibid., p.34.
22 Ibid., p.54.

humanidade, e não em Deus, na Natureza ou na tradição; mas esse deve ter sido um insight vertiginoso, uma experiência de liberdade que foi, "ou assustadora, ou entusiasmante".[23] De forma entusiasmante – significa que a humanidade está livre para se remodelar; de forma assustadora – significa que não há nada além dessa liberdade para lhe emprestar um selo ontológico de aprovação. Se houvesse, então nossa liberdade seria reprimida. Estabelecer a lei para nós mesmos é tanto a forma suprema de dignidade quanto uma tautologia oca.

O sujeito moderno precisa de um Outro para lhe assegurar que seus poderes são genuínos e sua liberdade, autêntica. Do contrário, ele se comporta como o homem em *Investigações filosóficas*, de Wittgenstein, que grita "Mas eu sei qual é minha altura!" e coloca a mão no topo da cabeça. Mesmo assim, tal alteridade é também intolerável ao sujeito, pois está a lembrá-lo de um mundo que ele não conseguiu saturar com sua própria subjetividade. Não pode haver sujeito sem objetificação; entretanto, essa é exatamente a maneira pela qual o sujeito chega a perder contato consigo mesmo. Ele precisa dos outros para ser ele próprio, mas constantemente acha que essa dependência infringe sua autonomia. Como diz o poeta Bernard O'Donoghue, "Nossa "falha geológica": somos projetados/ para viver nem juntos nem sozinhos".[24]

Por outro lado, se o mundo para o qual o sujeito se dirige não é mais do que uma mal disfarçada versão de si mesmo, todas as relações tornam-se narcisísticas. É como outra das figuras tolas de Wittgenstein, que transfere dinheiro de uma mão para a outra e acredita que realizou uma transação financeira. Talvez o sujeito possa se conhecer como um objeto valendo-se simplesmente da autorreflexão, o que poderia ser uma forma de manter a sua objetividade dentro do círculo encantado de sua própria consciência. Entretanto, fazer isso significa dividir-se em dois, dilacerando a própria unidade no próprio ato de tentar agarrar-se a ela. O sujeito é soberano, mas como um monarca no exílio, ele não tem um reino verdadeiro sob seu domínio. Conforme afirma Kierkegaard em *O desespero humano*, aquele que escolhe sua própria identidade é um "rei sem nação", e seus súditos vivem sob uma condição em que a rebelião é legítima a cada momento.

Então, é assim que o sonho da liberdade pode rapidamente azedar e se transformar em pesadelo, como a provocadora vanglória dos modernos ("Extraio valor somente de mim!") se reduz a um grito de angústia

---

23 Wellmer, *The Persistence of Modernity*, p.113.
24 O'Donoghue; The Faultline. In: _____, *Here Nor There*, p.7.

("Sinto-me tão só neste universo!"). O sujeito humanista é uma criatura maníaco-depressiva, descobrindo, para sua consternação, que, ao se apropriar da Natureza, ele se apropriou de sua própria objetividade juntamente com ela. Além disso, é um mistério a maneira exata como ele consegue, de fato, agir sobre a Natureza, pois para isso a subjetividade necessita de um corpo; e, como ela não pode tolerar uma partícula de matéria em sua constituição, fica difícil entender como ela pode ligar-se a algo tão vulgar. Nesse sentido, ademais, o sujeito humano é um enigma ou uma contradição, semelhante à monstruosa unidade de dois universos, um composto de matéria e outro de antimatéria, os quais, para Descartes, se encontram em alguma região nas proximidades da glândula pineal.

O paradoxo da liberdade é que ela nos separa do mundo em que a praticamos. Uma vez mais, a autorrealização envolve autoalienação. O preço da liberdade é viver uma eterna condição de desamparo. A liberdade não pode encontrar nenhum correlativo objetivo adequado de si mesma em nenhuma de suas operações, fato que ameaça tornar todas elas banais e arbitrárias. Um desejo a partir do qual agimos, portanto, vem a parecer tão infrutífero quanto um desejo sobre o qual não agimos. Quanto mais o sujeito sente que sua liberdade é necessária, mais desencorajadora e contingente se torna sua existência. Para Maquiavel, nossos apetites são insaciáveis e nossas realizações, limitadas, de forma que "a mente humana está eternamente descontente e tende a se cansar de suas posses".[25] De forma memorável, Troilo, de Shakespeare, diz a Créssida: "Esta é a monstruosidade do amor, senhora: a vontade é infinita e a execução, limitada; o desejo é ilimitado e a ação, escrava do limite" (Ato III, cena 2). O desejo é o grande protagonista trágico da modernidade; pelejando e ficando sempre aquém, enredando-se em sua própria demasia.

Muito disso fica claro na filosofia de Sade, para quem a Natureza é um caos sem sentido e o desejo mais elevado é a experiência orgiástica do nada. Com o devido respeito aos mesquinhos hedonistas e utilitaristas, devemos desejar tudo, independentemente das consequências, aceitando a pista que a Natureza oferece e vivendo para a morte e a destruição. A pista de Sade é o *ne plus ultra* da filosofia da liberdade; mas também o são os melancólicos escritos de Giacomo Leopardi, que acredita que "tudo é maldade; a existência é um mal e está ordenada para o mal";[26] para ele, somos criaturas erigidas para uma felicidade que a natureza simplesmente

---

25 Maquiavel, op. cit., p.268.
26 Leopardi apud Whitfield, *Giacomo Leopardi*, p.159.

não acomoda. O enfado – o puro anseio da satisfação infinita – é a maneira como a mente sente o vazio da existência, a única experiência que a salva do não ser; porque, depois de descobrir que não existe satisfação, o desejo finalmente passa a se considerar um objeto, e é esse desejo de seu próprio vazio, uma versão da pulsão de morte, que nos mantém letargicamente em movimento. O que para a pós-modernidade é a emocionante subversividade do desejo é, para a modernidade, um prolongado desencanto. A furiosa liberdade da era moderna entra em conflito com o sentir-se em casa no mundo; e fazer-nos sentir que nós e o mundo somos parceiros, imagens-espelho, fechados em um conluio imaginário, é um propósito fundamental da ideologia. Nesse sentido, a burguesia é uma ameaça à sua própria ideologia. A liberdade e a felicidade devem agora se reconciliar apenas em lugares excepcionais, como, por exemplo, no romance realista; ou, quanto a esse ponto, na mente excepcional de Hegel, para quem o sujeito pode se unir ao mundo sem nenhuma ameaça à sua liberdade espiritual, já que o próprio mundo é simplesmente liberdade espiritual disfarçada de matéria.

Se a liberdade conflita com a felicidade, ela parece igualmente estar em guerra com a razão. Com certeza, não para Kant ou Hegel, mas para o tipo de libertarismo para o qual qualquer fundamento racional da liberdade deve inevitavelmente limitá-la. Se podemos dar motivos para a liberdade, então já desalojamos sua prioridade e maculamos a sua pureza. Com base nessa excêntrica teoria moderna, beber porque sentimos sede é uma espécie de coerção. Então, compramos nossa liberdade à custa de seus fundamentos, o que significa que ela é tão precária quanto preciosa. Um resultado desse libertarismo é o *acte gratuit*, o ato realizado simplesmente para provar nossa liberdade, como Lafcadio Wluiki lançando um estranho fora de um vagão de trem na obra *Os subterrâneos do Vaticano*, de Gide; ou como Calígula, de Albert Camus, para quem a liberdade é tanto absoluta quanto absurda, um impulso apavorante que "quer tornar possível o impossível" e que nada no mundo pode aplacar. Na peça de Camus, Calígula acha o mundo inútil e vê a liberdade como o feliz desvinculamento desse mundo, ocasionado por esse insight. Uma vez que aceitamos que nos matar seria uma boa coisa, não há limites para o que é possível. Nada pode fazer mal a quem já desistiu da vida. A verdadeira liberdade significa livrarmo-nos do mundo, e não nos juntarmos a ele.

Mesmo assim, a liberdade absoluta consome-se a si mesma, pois realizar-se é abolir-se. Como o enlouquecido professor anarquista de Conrad em *O agente secreto*, essa liberdade precisa estar preparada para fazer em pedaços o mundo que quer transformar – e ela própria juntamente com ele. Stefan, o revolucionário faustiano da peça *Os justos*, de Camus, afirma que não há limite para a liberdade; mas ele não percebe que é exatamente essa falta de determinação que a torna sem sentido. O revolucionário anarquista, como o bode expiatório trágico, é o que se extraviou para além das fronteiras do possível, penetrando em uma zona crepuscular, preso em algum lugar entre a vida e a morte, o humano e o inumano.

Há outros sentidos em que razão e liberdade estão em conflito – sentidos familiares, baseados na *Dialética do esclarecimento*, de Max Horkheimer e Theodor Adorno. A liberdade moderna é inimiga da razão, já que ela a reduz a uma mera ferramenta de poder na conquista da Natureza e na opressão dos outros. Mesmo se o conhecimento da Natureza e da sociedade existe para os propósitos de emancipação, como ocorre na visão de Francis Bacon, o resultado disso é assentar a razão no trono despótico anteriormente reservado a Deus, o que dificilmente é medida de progresso incondicional. A razão é o modo como o sujeito humano impõe seus fins à Natureza; mas ele só pode fazê-lo colocando, simultaneamente, mãos predatórias sobre si mesmo, praticando violência contra a sua própria existência sensória, de criatura humana. O resultado é um sujeito que emerge do ato de individuar-se, muito parecido com todos os outros. Como afirma Jürgen Habermas: "A própria razão destrói a humanidade que ela, a princípio, tornou possível".[27] E, se ela destrói nossa liberdade, também arruína nossa felicidade, que agora está sitiada a partir de várias posições. Acontece, então, que o grande e desordenado transbordamento de energia e desejo que é a época moderna acaba na "jaula de ferro" da racionalização.

A expressão é de Max Weber,[28] ele próprio um filósofo trágico que temia que toda essa poderosa criação da desenfreada vontade burguesa tivesse levado a um imobilismo da vida individual e à ameaça de uma nova era de servidão. Os valores liberais estavam então em perigo diante da própria ordem social que os havia gerado, e o melancólico Weber não conseguiu ver uma saída para essa contradição. Como ocorre com Marx, sua crítica é ainda mais persuasiva, porque ele próprio não era nenhum Jeremias antimoderno da turma dos heideggerianos. A racionalização não devia simplesmente ser deplorada: se ela obstruía a liberdade individual,

---

27 Habermas, *The Philosophical Discourse of Modernity*, p.110.
28 Ver Weber, *The Protestant Ethic and the Spirit of Capitalism*, p.181. Ver também Runciman, *A Critique of Max Weber's Philosophy of Social Science*, e Mommsen, *The Political and Social Theory of Max Weber*.

ela também contribuía para criar as condições para isso. A separação neokantiana que Weber faz entre fato e valor, a esfera pública e a privada, é, entre outras coisas, uma forma de proteger a esfera ética – com seus ideais elevados e heroicos – de um mundo sombriamente administrado. À sua própria maneira, é outra versão da crescente fissura entre a tragédia e o romance.

Parece, então, que é difícil conciliar liberdade com razão e felicidade; porém, a felicidade parece estar igualmente em conflito com a virtude, pelo menos para alguns moralistas modernos. É nesse período que floresce a crença letal de que a virtude e a autorrealização, tão intimamente entrelaçadas para Aristóteles, São Tomás de Aquino e Marx, são mais ou menos antitéticas. Para Kant, assim como para uma figura autodilacerante como Alissa em *A porta estreita*, de Gide, é improvável que uma ação seja virtuosa se ela parece minimamente agradável. Há uma base de classe para essa maneira de ver. É o pequeno-burguês cabeça-redonda, e não o cavalheiro da alta classe, que vê a virtude como uma luta árdua. A diferença é dramatizada no choque entre os dois maiores romancistas ingleses do século XVIII, Richardson e Fielding. Há uma despreocupação aristocrática na literatura de um romancista como Fielding, ou de um moralista como o Conde de Shaftesbury, que é exatamente o inverso do trágico. Enquanto a soturna classe média é sisuda, egoísta, sectária e *au sérieux* em demasia, o aristocrata vê a moralidade como uma questão estética, uma questão de ludicidade, humor, ironia, *bonhomie*, benevolência, realização prazerosa e deleite no cosmos, como uma encantadora obra de arte.

Curiosamente, ambos os pontos de vista são cômicos: porém, enquanto a classe média está alerta e animada porque confia na teleologia e na razão instrumental, acreditando que uma boa coisa pode levar a uma coisa ainda melhor, a alta classe é esperançosa porque é antiteleológica, sustentando a noção de que a virtude encontra satisfação em si mesma e que o cosmos existe não para algum propósito instrumental, mas, como uma esplêndida sinfonia para sua própria e arrebatada contemplação. Essa é uma visão antitrágica, ao passo que o progressismo da classe média aceita a realidade do tempo, que é o ambiente da ruptura trágica, da irrevogabilidade da ação, que pode ter consequências trágicas. Além disso, o mundo, para a classe média – que precisa trabalhar para sobreviver – é uma espécie de lugar recalcitrante, pois ele não é para os indolentes que podem se permitir a ironias lúdicas. Para a classe média, virtude não é virtude, a menos que trabalhemos arduamente por ela; para a alta classe, ela é tão espontânea como o nosso gosto por canteiros de flores.

Tanto para Shaftesbury quanto para Hutcheson, a virtude surge não de algum imperativo melancólico, mas de uma afeição natural por nossos semelhantes, afeições que são também a principal fonte de nossa autossatisfação.[29] Henry Fielding, apesar de considerar a vida social na maioria das vezes predatória, cultiva uma visão de mundo agradável, colocando o ideal contra o empírico para satirizar ambos. Fielding apoia os inocentes e ao mesmo tempo os envia para a prisão. De fato, a sátira é uma bem conhecida e utilizada rota de fuga da tragédia, o que, sem dúvida, é uma razão para sua popularidade em uma era progressista. A sátira dá vazão à malevolência, porém de uma forma que desdenha seu alvo, um menosprezo que, ao neutralizar nossa agressão, evita que ela assuma uma tendência trágica. Dessa forma, a sátira é tanto um escape para uma combatividade potencialmente trágica quanto uma proteção contra ela. Trata-se de um dispositivo conveniente, se quisermos atacar selvagemente um adversário sem lhe garantir posição em demasia. Para um pragmatista cabeça-dura e antimetafísico como Swift, cujas ridicularizações satíricas nas *Viagens de Gulliver* sofrem, literalmente, uma virada, e que cresceu em uma sociedade na qual a tragédia era familiar, a forma trágica é arraigada, profunda e ominosa demais; é uma arte de superfície que ele deseja. *Uma modesta proposta* precisa da obliquidade satírica, em parte como uma defesa contra a própria agressão rancorosa de seu autor anglo-irlandês, um colonialista de segunda classe, em parte porque o horror da situação irlandesa, se não escrupulosamente exteriorizado, traz o risco de sobrecarregar o texto; e em parte porque, como colono, que é com quem as simpatias políticas do texto estão, se aprende com muita rapidez os perigos da franqueza. Contrariamente, *Dunciad*, de Pope, traz uma sátira que se move na direção de uma grande visão trágica.

Shaftesbury estetiza a virtude, de forma que lei e realização, dever e prazer, altruísmo e egoísmo, liberdade e responsabilidade passam com muita fluidez de um para o outro, de forma a evitar a possibilidade de conflito trágico. Em Richardson, pelo contrário, a virtude e a felicidade são cruamente separadas. Com certeza, ambos os casos estão corretos. O jovial Shaftesbury está certo em rejeitar a oposição kantiana entre virtude e felicidade, mas ele pode fazer isso em parte porque, como um nobre, está afastado demais do mundo voraz de uma Clarissa, em que conduta correta significa ser vulnerável em vez de vitorioso. Ele também está certo

---

29 Ver Shaftesbury [Anthony Ashley Cooper], op. cit., v.l.

em pensar que a virtude deve ser sua própria recompensa, que devemos praticar a misericórdia e a compaixão apenas por praticá-las, e não para obter alguma vantagem pessoal. Entretanto, ele insiste nessa questão em parte porque, como um nobre, ele não tem necessidade urgente de se dedicar a questões de justiça social, ao passo que o pequeno-burguês Richardson entende que esperar que Clarissa e suas iguais sejam santas apenas por ser é negar-lhes justiça. Clarissa *deveria* ter sido recompensada por seus infortúnios, como acontece com Pamela, de Richardson, e é a marca de uma sociedade impiedosa o fato de ela não o ser. É muito fácil para o aristocrata ridicularizar de modo arrogante a obsessão da classe média por conveniência. Fielding faz a mesma coisa – embora, como magistrado, ele esteja mais próximo do terreno social do que Shaftesbury –, ao parodiar o tipo de deísmo do conde ou o conservadorismo na pessoa do odioso Square em *Tom Jones*. Ele próprio é cavalheiro o bastante para desprezar os utilitaristas, embora sagaz o suficiente para perceber que é a necessidade social que os faz ser o que são. A ética de Shaftesbury é correta, mas politicamente imatura. Enquanto houver Lovelaces por perto é improvável que a virtude e a felicidade coincidam, e o sacrifício – abrir mão da felicidade em nome da virtude – pode revelar-se tragicamente essencial. Jane Austen pensa de maneira muito semelhante.

Em *Crítica do juízo*, de Kant, o estético mostra-se antitrágico em um sentido bem diferente. É o que nos permite imputar um sentido de finalidade ao mundo, por mais hipotético que isso seja, e, assim, nos entregarmos à utópica fantasia de uma realidade que é magicamente maleável ao nosso toque, ajustando-se como uma luva às nossas faculdades; por um momento abençoado, a coisa em si mesma pode também ser uma coisa para nós, voltando benignamente sua face para nós, oferecendo-nos um reflexo da estrutura de nossa subjetividade em uma imaginária relação-espelho, sem deixar de ser ela própria. O princípio do prazer e o princípio da realidade podem, portanto, se unir. A bem-aventurada contemplação conhecida como estética é o antídoto do desejo, aquele *perpetuum mobile* que atormenta a modernidade, de Hobbes a Freud, pois o desejo é indiferente ao sensivelmente específico, tentando localizar o vazio em seu âmago e movendo-se através dele para seguir adiante com toda a indiferença. O escândalo é que o desejo agora é transcendência – essa transcendência, na verdade, desceu à terra, mas dessa vez como desencarnação em vez de encarnação.

Um dos grandes documentos dessa insatisfação é *As flores do mal*, de Baudelaire, em que a paixão se intensifica com sua própria irrealização. O estético, em contraste, é o momento apreciado, quando a matéria sensual torna-se a exata linguagem do espírito, e, portanto, a resolução utópica de todas as notórias contradições que afligem a modernidade: forma e conteúdo, universal e particular, liberdade e necessidade, Estado e sociedade civil, conceito e intuição, fato e valor, natureza e espírito, lei e amor – muito do que o Georg Lukács de *História e consciência de classe*, em um gesto tão assombroso quanto reducionista, persegue até chegar à forma de mercadoria. Contudo, é igualmente tão assombroso quanto reducionista para o estético dispor-se a resolver tais antinomias. Como é conveniente ter à mão essa solução abrangente para os males da modernidade! E como é desalentador ver que, entre todas as buscas marginais e de pequenos círculos sociais, é o estético que a propõe!

Se a obra de arte pode realizar essa tarefa, é porque sua forma ou sua lei não é uma abstração árida, mas simplesmente a articulação de seus detalhes perceptuais. A lei está, portanto, inscrita no interior da obra de arte, como, de fato, acontece com o sujeito burguês. O que podemos chamar de estético no primeiro caso pode ser chamado de hegemônico no último. E essa é uma união profícua para uma época dividida entre racionalismo e empirismo, lei abstrata e particularidade sensorial. Em seu *Discurso do método*, René Descartes perfaz um equivalente intelectual da *kenosis* trágica ou autoesvaziamento, livrando-se experimentalmente de todo conhecimento derivado de fontes empíricas – e, portanto, falíveis –, tais como costume, percepção e convenção. Contudo, poucas páginas adiante, esse autoabandono resulta em uma engenhosa reconstrução da teologia clássica, partindo de Deus e da alma e seguindo uma ordem descendente, repousando então sobre sólidos princípios *a priori*. A *tabula*, por assim dizer, não estava *rasa* há muito tempo; na verdade, ela nunca foi realmente *rasa*, pois o que a radical redução de Descartes desvela é uma mente já pensante e dotada de uma ideia da divindade. Tudo é exatamente como era – e agora mais ainda –, e alguma coisa, se me permite Lear, surgiu do (quase) nada.

Entretanto, o mundo sensorial não está inteiramente restaurado, já que para conhecer a realidade precisamos confiar em nosso entendimento mais do que em nossos sentidos. Possuir o mundo conceitualmente, portanto, significa perdê-lo perceptualmente, apreendendo pouco mais do que um espectro sem odor, sem cor, da coisa real. É a mente, mais do que o olho, que vê, conforme Descartes afirma na segunda de suas *Meditações*. O conceito é a morte da coisa. Ainda assim, o empirismo simplesmente inverte o dilema, porque, quanto mais vividamente íntima é nossa experiência, menos a compreendemos. As coisas são intensas e, ao mesmo tempo, estão à deriva, mais ou menos como o mundo ficcional de Virginia Woolf. A experiência é o território indistinto, híbrido, que medeia o eu e o mundo e que, de forma ambígua, participa de ambos. Sendo um fundamento, nada poderia parecer menos contestável e nada poderia ser mais escorregadio. Se a experiência sensorial é a pedra de toque da realidade, então, a estrutura, o desígnio, a causalidade, a identidade temporal e afins – todos esses esquemas que podem servir de molde para o eu – nada mais são do que inferências hipotéticas do material de nossas sensações, como a trama, o tempo, a personagem e a narrativa de *A vida e as opiniões do cavalheiro Tristram Shandy*, de Laurence Sterne.

Ao mesmo tempo, o próprio sujeito humano é reduzido a fragmentos, pois nada em nossa experiência sugeriria a existência de um eu permanente. Quando, finalmente, nos vemos, entusiasmados, face a face com o mundo, descobrimos que tanto ele como nós somos vazios de substância. Estamos, sem dúvida, livres do destino trágico – mas apenas porque, para Hume pelo menos, precisamos suspeitar da causalidade de qualquer espécie. O preço que pagamos por nossa liberdade é a contingência, que nunca está muito longe da absurdidade. O eu é filosoficamente desmantelado no exato momento em que é politicamente afirmado, reduzido pelo empirismo a um fluxo aleatório de sensação, pelo sentimentalismo a uma intuição emocional, pelo materialismo a um conjunto de reflexos mecânicos, por Descartes a uma substância espiritual impalpável e por Kant a um enigma impenetrável.

Esse fracasso na apreensão do eu, entretanto, está mais perto da verdade do que se consta. De fato, a modernidade tardia argumenta que esse vazio é o sujeito, esse *être-pour-soi* marcado por uma falta permanente, que é transportado de um significante para outro, mas não consegue se articular plenamente em nenhum deles. Essa é, com certeza, uma criativa espécie de vazio ou *néant*, que nos mantém eternamente em movimento; contudo, a essa altura, também é difícil negar que a subjetividade seja agora algo como um fenômeno trágico por si mesmo. De seu revolucionário vigor inicial ao seu letárgico desencanto posterior, o próprio sujeito agarrou-se fielmente à trajetória da tragédia clássica. Assim como o herói trágico, também a burguesia, na maior parte, age para a sua própria destruição. Seu trabalho estraga o que ela faz, e sua própria energia emaranha-se na força, como observa Antônio a respeito de outro tipo de autodestruição em *Antônio e Cleópatra*. Ao mesmo tempo – novamente da mesma forma que o herói trágico – ela não é inteiramente responsável por sua sina: há poderosas forças políticas dispostas contra ela. E, embora estivesse enfrentando tempos difíceis, ela teve em seu apogeu um idealismo visionário e uma nobreza de espírito aos quais seus inimigos prestam tributo e que tornam seu declínio ainda mais amargo.

Se unir o universal e o particular é um problema para a epistemologia, também o é para a ética. O Marquês de Sade considerava uma contradição da moralidade liberal a noção de que todos os indivíduos deviam ser tratados como um único indivíduo, já que isso parecia negar a própria noção de individual.[30] Para ser um indivíduo moral, é preciso que nos ajustemos a leis universais que ignoram a individualidade do ser. Para Sade, a questão de como devo agir é simplesmente evitada, pois Kant e sua turma só podem responder: exatamente como todo mundo age. É uma contradição endêmica do liberalismo, já que valorizar o indivíduo é valorizar cada indivíduo, um universalismo que parece assim ameaçar a individualidade. O indivíduo, sendo aquele que engana o universal, não pode ser objeto de uma ciência. O componente mais vital do mundo está além do alcance da cognição. A epistemologia do Iluminismo exclui o que ele mais preza politicamente. É por isso que, em uma era que, em grande medida, é indiferente ao valor artístico, é preciso desenvolver um discurso pseudocientífico especial – podemos chamá-lo de estética ou poética – para lidar com o particular e único. Adorno, mais tarde, irá designar esse discurso de "pensamento dialético". Entretanto, até mesmo isso ameaça exprimir o particular apenas para negá-lo. A filosofia de Jacques Derrida é, em certo sentido, uma versão tardia desse Romantismo pragmático; mas é também um remédio para ele, pois nada no olhar desconstrutivo é mais comum do que a diferença, que, nas mãos de Derrida, acumula todas as propriedades – falta de um sujeito, repetição, falta de originalidade, hibridismo, permutabilidade, "má" infinitude e assim por diante – que são a ruína da singularidade do Romantismo, embora, ao mesmo tempo, a própria ideia da diferença, em sua natureza originária, impensável, ubíqua, *a priori*, quase transcendental, retenha mais do que um vestígio de tais absolutos românticos. A diferença cinde o particular e, por isso, é antiestética; mas ela o faz de tal forma que desemaranha a totalidade, um movimento que o particularismo aplaude.

Nietzsche achava que a tragédia precisava de mito e que a modernidade havia banido ambos. Porém, embora isso seja verdade em certo

---

30 Para um estudo relevante a esse respeito, ver Barthes, *Sade-Fourier-Loyola*.

sentido, é falso em outro. É fato que um mundo racionalizado e administrado não pode acumular facilmente os recursos simbólicos de que precisa para legitimar-se. Suas próprias práticas profanas o esgotam constantemente. Isso, presume-se, é parte do que Marx tem em mente quando pergunta sardonicamente, se, com a pólvora e o chumbo, Aquiles seria possível; se, com a máquina impressora, a *Ilíada* seria possível, ou a canção e a saga, com a barra do tipógrafo.[31] Entretanto, a mitologia religiosa sobrevive à modernidade, por mais reduzida que seja a forma; e Horkheimer e Adorno afirmam em *Dialética do esclarecimento* que o Iluminismo, de qualquer forma, torna-se sua própria mitologia. Para eles, o destino que demoveu os heróis da Antiguidade reaparece no mundo moderno como lógica. A isso poderíamos acrescentar que os deuses encenam um retorno na forma de Razão; a Providência, na forma de determinismo científico, e a nêmesis, sob o disfarce de hereditariedade. A infinitude prolonga-se como sublimidade, e o horror traumático no coração da tragédia, ainda uma noção metafísica no caso da Vontade schopenhaueriana, será traduzido por Jacques Lacan como o Real, que tem toda a força do metafísico, mas nada da sua condição.

Para Horkheimer e Adorno, o ego luta para se livrar da Natureza, dominando-a do lado de fora e reprimindo-a do lado de dentro; mas esse divórcio entre Natureza e razão simplesmente permite que a primeira se enfureça. O ressurgimento da mitologia é, então, um exemplo da "perpetuação da cega coerção da natureza no interior do eu".[32] É a própria razão esclarecida que anuncia o retorno dos deuses obscuros, o progressista que introduz o pagão. Como Slavoj Žižek comenta: "a violência extremamente caótica da vida industrial moderna, dissolvendo estruturas 'civilizadas' tradicionais, é diretamente vivenciada como o retorno da violência bárbara mitopoética primordial 'reprimida' pela couraça dos costumes civilizados".[33] Enquanto isso, o eu é forçado a renunciar à sua própria natureza de criatura, preso em uma contradição opressiva entre Natureza e Razão, o que, para Horkheimer e Adorno, é o mistério do sofrimento moderno. O *Logos*, então, não é inteiramente o outro do *mythos*. Ele não pode sobreviver sem suas próprias fábulas simbólicas e ficções habilitadoras, ou sem incitar o turbulento retorno do chamado primitivo. Uma distinção absoluta entre os dois é, por si só, mítica.

---

31 Marx, *Grundrisse*, p.111.
32 Dews, op. cit., p.139.
33 Žižek, *Did Somebody Say Totalitarianism?*, p.38.

O sonho de Schlegel, Schelling, Hölderlin, Nietzsche e Wagner é que o mito renasça em escala épica no centro da época moderna. Somente assim uma ordem social atomizada será provida dos recursos simbólicos coletivos de que necessita. Dioniso precisa retornar, reagindo a um individualismo árido com uma "desdiferenciação" extasiada do eu, dissolvendo o sujeito autônomo e devolvendo-o à sua pré-consciente e abençoada união com a Natureza. Aqui, a modernidade se vê diante de uma espécie de escolha entre "pegar ou largar". É somente ao nos distanciarmos da Natureza que podemos confrontá-la, defender-nos de suas devastadoras ameaças à nossa existência e, assim, garantir as condições de felicidade; entretanto, nossa separação da Natureza é também uma questão dolorosa, uma ferida autoimposta na psique que jamais cicatrizará. Há uma sedutora *promesse de bonheur* na visão de sacrifício do ego autônomo pelos prazeres do indiferenciado. "A tragédia", escreve Yeats, "precisa sempre ser um afogar e um romper dos diques que separam um homem do outro, e [...] é sobre esses diques que a comédia mantém uma casa".[34] Ainda assim, essa regressão arcaica envolve a abolição do eu, que não mais está disponível para desfrutar de seus prazeres. É uma forma espúria de liberação, da mesma forma que o ego autônomo é uma espécie de vitória pírrica. Há também uma falsa liberação na maneira como o dionisíaco reúne em si mesmo conhecimento, poder e arte, confundindo as esferas cuidadosamente distintas da modernidade. Além do mais, isso oferece uma fascinante imagem da felicidade; mas também passa uma rasteira na crítica, que depende de uma distinção entre conhecimento e poder.

Como, nos tempos modernos, a verdade é cada vez mais premida a servir o poder, o mundo do mito, no qual poder e conhecimento estão em harmonia, retorna sob o disfarce de razão instrumental. O mito, contudo, pode também ser aclamado como o lugar de todas as energias descompromissadas e intensidades libidinais que uma racionalidade instrumental descarta como refugo – do Eros e da loucura à arte e ao corpo. Portanto, mito e modernidade são, ao mesmo tempo, adversários e imagens-espelho. A onda mais recente dessa corrente dionisíaca é o pós-estruturalismo, que suspeita que a ideia de tragédia está ligada a um humanismo metafísico. Assim também pensava Nietzsche, que conservou a noção de tragédia, mas lhe deu uma inflexão pós-humanista. Para ele, é possível viver alegremente, mas para isso há que se sacrificar aquele último reduto do sujeito

---

34 Yeats; The Tragic Theatre. In: _____, *Essays of W. B. Yeats*, p.296.

humanista, a própria subjetividade. O sujeito moderno posiciona-se à sua própria maneira, bloqueando sua própria luz, e deve ser imolado para vir a ser ele próprio.

Jürgen Habermas fala desse paradoxo como "o aguçamento do subjetivo ao ponto do absoluto auto-oblívio".[35] Eis talvez a derradeira ironia da ordem burguesa: é o Homem que impede a evolução da humanidade; ou, em termos menos gnômicos: o sujeito humano, no sentido de criatura com *ideologia* burguesa, estável, com sua própria identidade metafisicamente fundamentada, é agora o obstáculo à energia extática, inexaurível da *sociedade* burguesa. Se os dois domínios estão às turras, então a solução arrepiante e radical de Nietzsche é simplesmente abolir o primeiro. Os alicerces metafísicos são uma mentira, não são mais necessários e, de qualquer forma, cada vez mais implausíveis; Deus está morto – na verdade, fomos nós, a verdadeira humanidade burguesa, que o despachamos para o além com nossa impiedosa secularização –, mas nos comportamos nostalgicamente, como se ele ainda estivesse vivo. Se tivéssemos a ousadia de renunciar ao nosso neurótico apelo a esse excesso de bagagem ontológica, seríamos verdadeiramente livres.

Entretanto, Nietzsche, que aprecia o sangue e a faina requisitados na produção desse grandioso e autotorturante sujeito humanista, não subestima o preço a ser pago na ultrapassagem de tal sujeito. "A mais profunda gratidão por aquilo que a moralidade atingiu até agora", escreve ele em *A vontade de poder*, "mas agora ela é apenas um fardo passível de se tornar fatalidade!".[36] O homem moral, comenta ele em *O viajante e sua sombra*, "tornou-se mais manso, mais espiritual, mais alegre e mais circunspecto do que qualquer animal; mas agora ele ainda sofre por ter arrastado seus grilhões por um tempo longo demais".[37] Nietzsche admira o sujeito humanista como uma obra de arte dotada de uma maravilhosa autodisciplina, e, como uma espécie de teleólogo, avalia quão vital é seu reino para o futuro; mas agora sua hora histórica soou. A história exige não apenas um desmembramento cruel desse sujeito moral, um caso que Hegel ou Schelling podem muito bem endossar, como também um desmembramento de toda a categoria da própria identidade, uma liquidação do Homem. E, embora essa superação do fatal princípio de identidade gere seu próprio prazer selvagem – o prazer atroz da pulsão de morte –, a alegria continua trágica

---

35 Ibid., p.93.
36 Nietzsche, *The Will to Power*, p.404.
37 Nietzsche apud Schacht, *Nietzsche*, p.370.

mesmo assim. A *jouissance* da autodissolução vale muito bem a agonia dela decorrente, mas a agonia continua lá. Em contrapartida, para os nossos pós-humanistas dos últimos tempos, o sacrifício desse sujeito não mais é trágico, pois aquilo a que se está renunciando já não tem valor especial. A ideia de suas próprias exéquias enche Michel Foucault de profunda satisfação, e não de desalento. O pós-estruturalismo e o pós-modernismo herdam essa tensão trágica do pensamento, mas dentro de um espírito pós-trágico. Dioniso retorna não como sacrifício trágico, mas como a proliferação infinita de jogo, poder, prazer, diferença e desejo, como um fim em si mesmo. A estetização da realidade concebida por Nietzsche ecoa novamente, mas a violência e a brutalidade necessárias para atingi-la são empurradas para o lado. Em vez disso, a alegria trágica bifurca-se em pessimismo político, de um lado, e *jouissance* estética e teórica, de outro.

Se o sujeito da modernidade situa-se em sua própria luz, é desnecessário dizer que ele se situa também na luz dos outros. Não se presume que uma sociedade individualista seja trágica, pois nenhum credo poderia sentir-se mais alegre; no entanto, trágica é exatamente o que ela é, uma vez que nosso projeto individual, com toda probabilidade, obstrui o do outro. Uma sociedade de indivíduos livres parece um belo ideal, mas também soa como um ominoso oximoro. Como podemos sustentar uma ordem social que consiste na perpétua desordem? "Elena", escreve Turgueniev em *Na véspera*, "não sabia que a felicidade de cada homem baseia-se na infelicidade de outro, que o conforto e a vantagem que ele desfruta exigem, como seguramente uma estátua exige um pedestal, o desconforto e a desvantagem de outras pessoas" (cap.33).

Essa é a selva hobbesiana de *O Ser e o Nada*, de Jean-Paul Sartre, em que, tão logo outro sujeito humano surge no horizonte, eu sinto que ele suga inexoravelmente minha própria liberdade para dentro de sua órbita; meu mundo se dissolve, esvai-se de mim e se vê reconstituído em torno do outro. Agora tenho consciência de mim mesmo como existindo para alguém mais, uma exterioridade que nunca posso dominar e que me reduz a um mero e desamparado *être-en-soi* ou um objeto críptico para a contemplação do outro. A dualidade kantiana de liberdade e objetividade floresceu e desabrochou em uma filosofia trágica. Os romances de Thomas Hardy são marcados por essa tensão fenomenológica entre a nossa vívida presença diante de nós mesmos, como sujeitos ativos e que possuem desejos, e uma humilhada consciência de nossa presença diante dos outros como um corpo a ser sexualmente explorado, uma presença espectral em meio a eles ou como membros anônimos das classes trabalhadoras rurais. Para o jovem Sartre, vivenciamos a subjetividade do outro apenas com a nossa própria destruição. Nesse mundo cartesiano, não podemos ser, ao mesmo tempo, sujeito e objeto para o outro, e nada na objetividade do outro se refere à identidade dele ou dela. Se Sartre tivesse estudado essa questão na escola com seu colega Maurice Merleau-Ponty, ele poderia ter admitido que o corpo humano é, ele próprio, um significante – que toda a ideia de ter de "inferir" ou "deduzir" uma vida subjetiva à espreita dentro dele é tão insustentável quanto a ideia de "inferirmos" significados das palavras. Ele também poderia ter considerado as implicações do falar, mais do que do contemplar, como um veículo de encontro entre sujeitos humanos.

Dessa maneira, nossa automodelagem é posta em risco pelas autoinvenções dos outros. Para o Sartre de *O Ser e o Nada*, minha própria vida se reduz a um mero pano de fundo da sua, um borrão na transparência do seu estar no mundo. É, mais uma vez, a luta mortal de Hegel entre senhor e escravo – embora, pelo menos, essa fábula envolvesse um desfecho classicamente cômico, quando o escravo passa a ter uma vantagem ontológica sobre o senhor. Para Sartre, na peça *Entre quatro paredes*, o inferno são os outros, ou, pelo menos, um triângulo amoroso parisiense. Os outros são o meio para a nossa própria identidade, mas também um obstáculo a ela. Manter um compromisso é trair outro; cada mutualidade é refratada através da contemplação objetificante de um terceiro; e a tortura mútua é tudo o que resta para nos lembrar que ainda estamos vivos. Para essa corrente da modernidade tardia, – de August Strindberg em diante –, a relação agora é trágica em si mesma. Exercitar nossa liberdade é prejudicar o outro; de forma que Inez, a lésbica sádica da peça de Sartre, que não consegue sobreviver sem fazer os outros sofrerem, é simplesmente essa condição comum vivida como escolha. E também não há saída desse círculo vicioso abstendo-nos de agir, recusando-nos a interferir na autonomia dos outros. Henry James, E. M. Forster e seus colegas liberais não precisam que lhes digamos que a inatividade é sempre uma intervenção, que a abstenção pode causar tanto estrago quanto a ação.

O preço da liberdade é, então, uma incompatibilidade de pessoas ou bens; e, dessa forma, a tragédia parece construída dentro de uma cultura pluralista ou individualista; na verdade, dentro de culturas não pluralistas também, já que Aristóteles, na *Ética*, também vê os bens como incomensuráveis. Podemos evitar colisões de mercadorias em concorrência somente se suprimirmos a especificidade do valor, propondo algum parâmetro comum ou valor de troca pelo qual diferentes tipos de excelência podem ser comparados. Porém, não é fácil entender como podemos comparar coragem com paciência, da mesma forma que não podemos encontrar um equilíbrio entre sopa de pato e envidraçamento duplo. Max Weber argumenta que existem alguns conflitos de valor fundamentais, recalcitrantes, que simplesmente precisam ser confrontados de maneira sóbria: "as atitudes, que, no fim das contas, são possíveis em relação à vida, mostram-se irreconciliáveis e, por conseguinte, a luta que elas travam jamais terá um desfecho conclusivo".[38] Rosalind Hursthouse afirma igualmente que, enquanto o utilitarismo for um meio para resolver dilemas morais, a ética da virtude aceitará que há situações em que podemos agir bem e, ainda assim, sair delas com as mãos sujas; ou podemos resolver um dilema e, mesmo assim, sair dele com a vida indelevelmente mais empobrecida.[39]

Talvez o mais renomado expoente dessa quase trágica teoria moral seja Isaiah Berlin, que assevera que "o mundo que encontramos em nossa vivência normal é um mundo em que enfrentamos escolhas igualmente absolutas, e é inevitável que a concretização de algumas delas signifique o sacrifício de outras".[40] Não há uma única fórmula que harmonize os diversos propósitos da humanidade e, portanto, a tragédia, na visão de Berlin, jamais pode ser inteiramente eliminada. Poderíamos nos queixar com alguma justiça de que ele próprio foi um tanto previsível em suas escolhas entre absolutos, decidindo-se com uma regularidade extraordinária pela liberdade, em vez de decidir-se pela justiça ou pela igualdade. Também pode ser que esses impasses trágicos não sejam tão ameaçadores em uma ordem política na qual tais valores são estruturalmente mais compatíveis. Às vezes, Berlin fala sobre escolher entre bens morais, mais ou menos como vacilássemos entre marcas de perfumes igualmente arrebatadores; mas, falando socialmente, as cartas já estão, é claro, marcadas. E ele também não considera adequadamente a questão de quem a princípio define e debate essas opções; mas está certo em ver que o que caracteriza a ordem moral da modernidade é nossa incapacidade de concordar até mesmo nas questões mais básicas. Trata-se de um fato tão flagrante que nos esquecemos de ser surpreendidos por ele. Bem que poderíamos esperar concordar em questões essenciais e divergir em questões específicas, mas não é o que ocorre. Não há absolutamente nenhuma visão comum quanto a por que torturar as pessoas é errado.

---

38 Weber, *Max Weber: Essays in Sociology*, p.152.
39 Hursthouse, op. cit., capítulo 3.
40 Berlin, *Four Essays on Liberty*, p.168.

E, embora tal discórdia não necessite ser trágica em si mesma, ela, com certeza, gera conflitos que podem rapidamente resvalar nessa direção.

Martha Nussbaum minimiza o potencial trágico desse pluralismo, afirmando que tudo é parte da opulência e da diversidade da boa vida.[41] Sendo assim, assim é; mas há momentos em que podemos desejar ter uma vida mais pobre, porém mais feliz. A diversidade não é um bem absoluto, seja o que for que os não absolutistas possam pensar. Menos bens é por vezes preferível a um conflito sério entre os bens que temos, uma situação que o liberal geralmente reluta em admitir. Nussbaum fala do desejo de comprar "esmero e clareza", abolindo essa heterogeneidade, mas poderia também querer dizer não sermos forçados a escolhas indesejáveis entre bens em concorrência. Não é o precisar de esmero e clareza que nos leva a tal visão. Nussbaum comenta a respeito de *Antígona*, de Sófocles, afirmando que "somos convidados a ver que uma vida sem conflito seria carente de valor e beleza em comparação com uma vida em que é possível surgir conflito".[42] Essa é uma leitura liberal extraordinariamente moderna da obra, como se devêssemos afirmar que a lição da *Ilíada* é que o mundo antigo precisava de uma Organização das Nações Unidas. Vidas sem conflito podem carecer de valor e beleza, mas elas são, pelo menos, vidas, em oposição àqueles produtos de conflito conhecidos como cadáveres. Sagazmente, Nussbaum percebe que qualquer bem que vale a pena buscar merece ser buscado, porque ele é separado de outras coisas e, dessa forma, está potencialmente em conflito com elas; entretanto; ela parece bastante confiante no possível resultado de tais disputas.

Um dilema trágico desse tipo é encenado na peça *Venice Prerserv'd*, de Thomas Otway, em que Jaffeir precisa trair seus amigos ou permitir que Veneza se transforme em um mar de sangue. Outro exemplo semelhante é Ximena, em *Cid*, de Corneille, dividida entre seu amor por Don Rodrigo e seu horror diante do fato de ele ser o assassino de seu pai. O herói epônimo de *Cinna*, de Corneille, é um traidor se assassinar César, mas perderá o amor de Emilia se não o fizer. O grande escritor de tragédia, que explora essa condição, entretanto, é Henrik Ibsen. Ibsen sente que é imperativo realizarmo-nos como lei absoluta, de forma que Irene, a personagem autossacrifical de *Quando despertamos de entre os mortos*, comete "autoassassínio – um pecado mortal contra mim mesma". Como ocorre na obra de D. H. Lawrence, depositamos confiança sagrada em nós mesmos,

---

41 Nussbaum, *Love's Knowledge*, p.60.
42 Id., *The Fragility of Goodness*, p.81.

e Nora, de *Casa de bonecas*, precisa agir com base nessa cruel obrigação de ser ela própria, mesmo que isso signifique abandonar os filhos. Entretanto, o que acontece se as consequências que advêm de nossa própria realização implicam o prejuízo, a traição e o uso do outro como bode expiatório, como é tão frequente no teatro de Ibsen? E se a culpa que isso engendra pesa depois em nossa própria autorrealização e a corrói por dentro?

É nesse sentido que Ibsen, a despeito de todo o seu agnosticismo liberal, demonstra uma firme crença no pecado original. Nas complexas reciprocidades da vida social, não pode haver nenhuma ação criativa que não esteja infectada na sua base pelos danos que causa aos outros. August Strindberg, em peças como *O pai* e *Easter*, é ainda mais fortemente tomado por esse sentido de dívida delitiva que todos herdamos, a culpa obscura em que incorremos porque nosso destino está entrelaçado no destino dos outros. Como na ficção gótica, nosso legado é sempre um legado impuro, tanto cortesia quanto veneno. Raymond William refere-se à ideia de herança nesse tipo de tragédia como "maculada e apavorante".[43] É uma condição que Ibsen normalmente dramatiza na forma de um impasse entre o passado e o presente, quando as origens contaminadas de nossa realização presente – como acontece em *Os pilares da sociedade* – retornam para nos atormentar, ou quando a luta para eliminar a falsidade do presente em nome do futuro sufoca tal futuro já no seu nascimento. É impossível viver sem acumular dívidas, mas pagá-las ou ignorá-las é igualmente fatal. O desfecho de *Rosmerholm* e *Solness, o construtor* – em que afirmação e reparação, uma rendição e uma transcendência em relação a ele, estão tão bem equilibradas quanto o desfecho de *O moinho do Rio Floss*, de Eliot – é, posteriormente, evidência desse impasse trágico. As personagens de Ibsen, como John Gabriel Borkman ou Irene e Rubek de *Quando despertamos de entre os mortos*, muitas vezes acabam abandonadas em algum limbo entre a vida e a morte, presente e passado, submissão e rebeldia, afirmação exultante e a culpa que a debilita.

Na obra de Ibsen, a verdade e a felicidade não são facilmente compatíveis. Na verdade, pode ser que personagens magnânimas, entusiasmadas, que dizem a verdade, como, por exemplo, Brand ou Dr. Stockmann, de *Um inimigo do povo*, ou Gregers Werle, de *O pato selvagem*, sejam simplesmente imagens-espelho da corrupta sociedade que eles denunciam, versões espirituais do individualismo que a princípio engendrou esse desagradável

---

43 Williams, *Modern Tragedy*, p.107.

estado de coisas. Nesses idealistas inflexíveis residem os protestos da sociedade burguesa contra as consequências práticas de suas próprias e extravagantes fantasias de liberdade. O inimigo do individualismo da classe média acaba sendo a classe média conformista. De força dinâmica na vida social, o individualismo passa a ser uma crítica desdenhosa dela, adotando um indiferente distanciamento. Na Noruega de Ibsen, como na França de Stendhal, o mundo da classe média é ainda bastante jovem para reter na memória suas nobres aspirações, mas velha o suficiente para vê--las se azedar. De qualquer forma, há uma tênue linha entre o necessário dizer-a-verdade e o obstinado e cego pedantismo em relação às virtudes da conveniência. Antígona pode estar certa, mas Creonte apresenta um argumento convincente. O ideal emancipatório de Rosmer é tanto sublime quanto sombrio, e figuras como Hedda Gabler ou Hilde Wangel sugerem que o idealismo pode ser tão egoísta quanto o pragmatismo que pune. A verdade pode ser tão fatal quanto a desilusão.

Hedda Gabler admira a coragem de Lövborg de viver a vida à sua própria maneira, uma idealização indiferente de uma trajetória que termina em suicídio. Aqui, estamos à beira do moderno culto da autenticidade – a alegação de que o que importa é menos o conteúdo de nossa vida do que sua coerência e consistência. Se um impulso surge diretamente de nossas profundezas, então é blasfêmia negá-lo, por mais pernicioso que seja o resultado de sua encenação. D. H. Lawrence achava que isso se aplicava até mesmo a crimes, e que, de qualquer forma, a maioria dos criminosos pedia por isso. Como podemos identificar tais impulsos autênticos, sem os critérios públicos que são, eles próprios, uma afronta à singularidade individual, é outra questão. Nosso dever não é mais para com a lei moral, e sim para com a nossa própria e espontânea individualidade, com a qual – como o senhor Pecksniff, a personagem de Dickens, aquecendo as mãos junto ao fogo – precisamos nos preocupar com tanta ternura, como ela fosse de outra pessoa. É desnecessário dizer que esse é um tema muito mais velho do que o século XX; na verdade, é matéria-prima do Romantismo; mas na modernidade recente, ele começa a surgir como uma espécie bastante exótica de ética alternativa, disfarçado sobretudo de existencialismo.

O que importa para o existencialismo, tanto quanto para o dedicado dono de um vira-lata, é que aquilo que tenho pertença a mim, e não que esteja em boas condições. Da mesma forma que ocorre no liberalismo, trata-se, então, de um tipo bastante adolescente de ética. Em contrapartida, para uma moralidade objetivista, realmente não importa quem o faz, contanto que seja feito. Para o existencialista, os meus valores estão assentados de forma tão segura quanto os seus, mas, pelo menos, eu consigo criá-los. A conclusão lógica dessa situação é que é esse direito de propriedade que interessa, e não a natureza dos próprios valores. O que me libera para moldar meus próprios valores é o fato de que não mais existem valores determinados; mas, como isso acontece porque o mundo é indiferente a valor como tal, ele, seguramente, continua indiferente em relação àqueles valores que moldo para mim mesmo. Como o existencialista Troilo, de *Troilo e Créssida*, de Shakespeare, nós tornamos as coisas valiosas concedendo-lhes valor, mais ou menos como alguém que tenta dar a uma palavra familiar um significado estranho, fitando-a firmemente enquanto murmura para si o novo significado repetidas vezes. Dessa forma, a autodeterminação tem, finalmente, sua força drenada: como não há fins ou restrições determinados, ela é absoluta, mas exatamente pela mesma razão, ela é absurda.

A noção estetizante de que o que importa em relação a uma vida é sua forma está próxima da crença de que a noção de valor está simplesmente em não recuar, em uma fidelidade tenaz ao nosso desejo, seja qual for sua natureza ou resultado. Ambos os casos são igualmente formalistas. Como afirma Goethe em *Os anos de aprendizado de Wilhelm Meister*: "Qualquer um que vemos lutando com todas as forças para alcançar uma meta pode contar com a nossa compreensão, quer aprovemos ou não tal meta" (Livro 2, cap.1). A posição é generosa ao ponto da insensatez. Jean Genet sustenta visão semelhante, ao escrever em sua revista que "os atos precisam ser realizados até sua conclusão. Qualquer que seja o ponto de partida, o fim será belo. Desprezível é uma ação não ser concluída".[44] Esse é o tipo de absurdidade sublime que somente um intelectual pode atingir. Não admiramos uma pessoa simplesmente por que ela luta com todas as forças para explodir uma escola ou extraímos prazer estético de um ato magnificamente executado de abuso de criança. Não há nada admirável em relação ao compromisso em si mesmo. A situação é uma curiosa paródia de Aristóteles: temermos o resultado do projeto, mas nos compadecemos muito da inabalável determinação que o impele.

À luz dessa visão, personagens trágicas são aquelas que permanecem leais a uma exigência incondicional posta sobre sua cabeça, talvez por elas mesmas, em contraste com aquelas figuras menos vigorosas que recuam, voltam atrás ou abandonam tudo. Um exemplo do primeiro caso

---

44 Genet, *The Thief's Journal*, p.112.

é o terrivelmente autêntico herói de *A dança do sargento Musgrave*, de John Arden, levado ao último grau do inumano em nome da humanidade. Um exemplo do último é Lizzie, de *A prostituta respeitosa*, de Sartre, que volta atrás e não ajuda um afro-americano injustamente acusado no sul dos Estados Unidos. Michael Kohlhaas, na história homônima de Kleist, destrói cidades inteiras porque alguns de seus cavalos foram maltratados. Ironicamente, a busca da justiça ou equivalências exatas pode gerar um monstruoso excesso. Prometeu é outra dessas personagens recalcitrantes, um modelo em sua sombria constância e vontade indomável para o Satanás parodicamente heroico de *Paraíso perdido*. Entretanto, o arquétipo desse tipo de herói trágico é o insensato Édipo, com sua teimosia e persistência, sua paixão epistemofílica por desnudar as próprias origens. Na verdade, como aponta Bernard Knox em *The Heroic Temper*, todos os heróis de Sófocles distinguem-se por uma feroz obstinação de ser, pela capacidade de permanecer, de alguma maneira fundamental, intactos até mesmo diante das circunstâncias mais terríveis. Como Knox comenta: "há algo monstruoso, mais do que humano ou diferente do humano em tal obstinação inumana",[45] o que é igualmente manifesto em Édipo, Ájax, Antígona, Filoctetes, Electra e Hércules. São figuras típicas que, com sua intransigência, flertam com o desastre, levadas por ele à margem da vida social, intratáveis, incorruptíveis e solitariamente autossuficientes.

A tragédia, como aponta Lacan em um de seus seminários, está na vanguarda da experiência do psicanalista. A injunção ética da psicanálise, afirma Lacan, é "Não renuncia ao teu desejo!"[46] O que Lacan tem em mente não são desejos empíricos; o *slogan* não deve ser confundido com uma tradução francesa de sonho americano. Uma das razões é que, para o pensamento psicanalítico, o desejo é um processo profundamente impessoal, que é surdo ao significado, que docemente nos comanda e que secretamente não se preocupa com nada além de si mesmo. O desejo não é nada pessoal: é um fardo que já estava a nossa espera desde o início, uma perversão na qual fomos lançados praticamente desde o nascimento. O que nos torna sujeitos humanos é esse corpo estranho alojado dentro de nós, que invade nossa carne como um vírus letal e que, no entanto, como afirma São Tomás de Aquino a respeito de Deus, está mais próximo de nós do que nós mesmos estamos. Já que, para o pensamento psicanalítico, o desejo está sempre associado à morte – uma morte que a falta no interior

---

45 Knox, op. cit., p.57.
46 Ver Lacan, *Seminaire* n.7, p.362-8.

do desejo prefigura –, não desistir de nosso desejo significa manter, à maneira de Heidegger, uma relação constante com a morte, confrontando a falta do ser que somos. Isso significa não fartar essa carência com objetos imaginários, mas compreender que é isso que nos define, que a morte é o que torna nossa vida real. Isso, então, que Lacan bruscamente denomina a realidade da condição humana, é um imperativo trágico, exortando o sujeito a uma afirmação que pode surgir somente da compreensão que ele tem de sua própria finitude. Nesse mundo especial, só há sempre vitórias de Pirro.

É por isso que, para Lacan, a heroína da psicanálise é Antígona, aquela que se recusa a ceder, aquela que, nas palavras do duque, de *Medida por medida*, está plena para a morte, e que, assim, vem a simbolizar a sublimidade do desejo. Antígona não se sente culpada em relação à sua suposta transgressão, que só pode ser vista pelos poderes dominantes e pelos costumes morais locais como a loucura ou o mal. Ela se recusa a ceder àquilo que considera as leis do paraíso, e permite que essa recusa a leve à morte. Mártir é aquele que eleva algum objeto contingente à sublime condição da Coisa, a lei enigmática ou injunção incondicional do ético, e que valoriza isso mais do que a vida em si mesma. Slavoj Žižek comenta:

> A dignidade trágica mostra-nos como um indivíduo comum e frágil pode invocar uma força incrível e pagar o mais alto preço por sua lealdade à Coisa [...] no trágico dilema, o herói renuncia à vida terrena pela Coisa, de forma que sua própria derrota é seu triunfo, o que lhe confere uma dignidade sublime.[47]

Então, não é, como imagina Hegel, que a lei e o desejo em *Antígona* estão em conflito, mas que a sublimidade da lei moral é o desejo de Antígona. Sua terna lealdade ao Real alastra-se pela ordem simbólica e, inabalável, aponta para a morte, a qual, Creonte desdenhosamente chama de o "deus" dela. Poderíamos afirmar mais ou menos a mesma coisa a respeito de Abraham, da obra *Temor e tremor*, de Kierkegaard, que se mantém tenazmente fiel ao impossível desejo de que seu filho Isaac sobreviva, um desejo que, com efeito, acaba sendo a lei do paraíso. Ou há o caso de Jesus, um criminoso político condenado, que, como Antígona, se recusa a identificar a Coisa lacaniana, o Real do ético, com a zombaria política ao

---

47 Žižek, *Did Somebody Say Totalitarianism?*, p.81.

seu redor ("Meu reino não é deste mundo"), e que é deixado na escuridão, amarrado à cruz, preso a uma lei de amor que parece tê-lo desertado.

Podemos rastrear esse tema da intransigência trágica desde *Édipo rei* até *A morte de um caixeiro-viajante*. Pensamos, por exemplo, no Byron de George Chapman – titânico, arrogante, com sua suprema autoconfiança –, ou em Busy D'Ambois, homens apaixonadamente devotados à autorrealização e preparados para que nada os impeça de atingi-la. Destemidos, determinados e estimulados por uma ilimitada ambição marlowiana, esses heróis estampam sua marca em um mundo que, à maneira de Sêneca, eles, ao mesmo tempo, desprezam. A. C. Bradley detecta certa monomania nos protagonistas de Shakespeare, "uma tendência fatal em associar o ser por inteiro a um interesse, um objeto, uma paixão ou um hábito mental".[48] Poucas das personagens de Racine compreendem o significado da palavra moderação. Polieucte, de Corneille, é um mártir determinado a morrer, recusando-se a desistir dessa glória, nem mesmo por sua amada Pauline. O que para ele é compromisso incondicional é, para os outros, teimosia insana. Os incestuosos Giovanni e Anabella de *Pena ela ser o que é*, de John Ford, criam seu próprio mundo e mutuamente validam-no, desafiando a convenção moral e, juntos, avançam orgulhosamente na direção do absolutismo da morte. Perkin Warbeck, da obra de Ford, que fala a respeito de ser "reis que têm poder sobre a morte", tem um compromisso irredutível semelhante com sua própria causa (ilícita), como pretendente ao trono de Henrique VII, e chega ao seu fim com uma expressão de desprezo nos lábios. Em *Samson Agonistes*, de Milton, a exasperada Dalila chama Sansão de "implacável, mais surdo/ às preces do que o vento e o mar". Há nele mais do que uma simples sugestão a Filoctetes.

Esses são, portanto, homens e mulheres a quem se aplica a advertência de Conchubar a Cuchulain em *On Baile's Strand*, de Yeats: "Zombas de toda esperança sensata,/ e nada terás senão coisas impossíveis". São versões do rebelde camusiano, que sente uma lealdade espontânea a valores que ele está preparado para defender a qualquer preço. O intransigente está meio apaixonado pela morte, mas consegue explorar esse desejo reprovável visando aos propósitos da vida. Com certeza, essa não é propriamente uma maneira de viver; porém, o dilema freudiano é que os que não podem caminhar por essa penosa estrada, mas que transigem seu desejo, são tomados de uma neurose que também não é uma forma

---

48 Bradley, *Shakespearian Tragedy*, p.13.

apropriada de viver. Ou temos o pior de ambos os mundos: a doutrina da tenacidade trágica precisa reconhecer que podemos chegar a um acordo e, no entanto, fracassar. Ainda assim, para alguns, parece que em uma sociedade moderna, privada de metas heroicas, a única nobreza que resta está na intensidade do compromisso, e não em seu conteúdo.

Como já vimos, é isso que o advogado Alfieri em *Um panorama visto da ponte*, de Arthur Miller, cautelosamente admira no iludido Eddie Carbone:

> Agora, na maioria das vezes, nós nos contentamos com a metade e prefiro assim; mas a verdade é sagrada, e, mesmo que eu saiba o quão equivocado ele foi e quão inútil foi sua morte, estremeço, pois confesso que alguma coisa perversamente pura me chama de sua memória – não absolutamente bom, mas absolutamente ele próprio, pois ele se deixou conhecer por inteiro, e por isso acho que irei amá-lo mais do que todos os meus clientes sensatos. E, no entanto, é melhor contentar-me com a metade – é assim que deve ser. Portanto, é por ele que estou enlutado – admito – com certo [...] tumulto. (Ato II).

Trata-se de uma clássica combinação de piedade e medo, que, não obstante, soa como a autêntica nota modernista: sermos puramente nós mesmos é mais audacioso e louvável do que sermos meramente bons ou meramente corretos. Há uma beleza estética acerca da integridade existencial que ultrapassa tanto o conhecimento quanto a virtude. A tragédia permite-nos a satisfação vicária de contentar nossa devoção à morte, ao mesmo tempo que desnuda os riscos dessa lealdade e nos traz à mente a prudência cívica. Portanto, mesmo que nos contentemos com a metade, ainda podemos ter, mesmo que incompatíveis, as duas coisas no teatro. Há momentos – como, por exemplo, aquele em que Willy Loman, também de Arthur Miller, recebe um prudente conselho – nos quais um homem simplesmente tem de ir embora; mas Loman não pode fazer isso assim como não pode voar, o que é tanto sua vitória quanto sua ruína. O modernismo é apaixonado pelo extremo e pelo excessivo, os quais, em seu estilo dionisíaco, rasgam os véus da ilusão da vida burguesa mais recente. Entretanto, essas são também forças que separam entre si as pessoas comuns, embora as desprezem no processo, e Alfieri está certo em falar a favor do apolíneo.

Na época de Anton Chekhov, as visões mais esperançosas da modernidade descambaram para um tom melancólico e elegíaco. Isso é irônico, pois a amarga estupefação que envolve o teatro checkhoviano é, entre outras coisas, uma reação à modernização da Rússia – que ainda está em seu alvorecer – da parte daqueles que estão sendo expulsos por esse processo. Mesmo assim, essa resposta sombria e confusa a uma modernidade ainda em formação encontra eco na modernidade bem posterior da Europa, quando os proprietários de terra, arrendatários, funcionários militares e prósperos mercadores da velha Rússia constituem entre si uma estrutura de sentimento – esgotados, exaltadamente dramáticos com eles próprios, politicamente paralisados – que as vítimas da modernidade recente não têm nenhuma dificuldade de reconhecer. Esse punhado de fracassados filósofos de botequim, de maneira cômica, mas também pavorosamente idiossincrática, é, ao mesmo tempo, abandonado à sorte com suas fantasias particulares, e claustrofobicamente reunidos, de forma que o que percebemos, na expressão de Raymond Williams, não é impasse, mas empate,[49] um entrelaçamento de fantasias que é o mais próximo a que agora podemos chegar da interação social. É um drama tanto de isolamento intenso quanto de sensibilidade compartilhada.

As peças de Chekhov trazem o fascínio das novelas, nas quais nada acontece, mas que despertam em nós um interesse excessivo pelas trivialidades do dia a dia de personagens afáveis e idiossincráticas. Às vezes, é quase como uma versão social realista de Beckett – Beckett com a densidade da textura social restaurada –, na medida em que as personagens conduzem sua vida extravagantemente sem sentido em uma atmosfera de tédio que é tão contagiosa quanto tifo. É um mundo de esperanças perdidas e ambições frustradas, quase surrealistas, um mundo perpetuamente subjuntivo entremeado com ilusões salvadoras, autoengrandecimento, ocasionais gritos de dor. Alguma lassidão fatal prendeu-se à vontade, mas não conseguiu extinguir o desejo. Nesse ambiente de tédio e desencanto, Ivanov pode se matar por puro autodesgosto, nauseado pela contingência absoluta do mundo. Se não podemos mais esperar pela redenção, podemos, pelo menos, confiar na existência de alguma obscura teleologia do nosso sofrimento, algum benefício que o futuro irá colher. Nesse sentido, as personagens de Chekhov veem-se como transitórias, deslocadas, efêmeras, em comparação com algumas figuras trágicas autoabsolutizantes. A tragédia, portanto, modula-se em ironia trágica. Todos os tipos de diagnóstico portentosos do presente são possíveis, mas essas especulações são parte do problema mais do que sua solução. E a própria forma das peças, com sua orquestração sinfônica de vozes, sobrepondo digressões à falta de

---

49 Ver Williams, *Drama from Ibsen to Brecht*, p.107.

um enredo harmônico ou de um direcionamento narrativo, lança dúvidas sobre tais sonhos de intentos.

Judas Fawley, a personagem de Thomas Hardy, também vê sua própria tragédia como transitória. Não é que trabalhadores como ele jamais conseguirão ter uma educação superior; é apenas porque ele próprio tentou fazer isso cedo demais. De fato, não muito tempo após o romance ter sido publicado, a Ruskin College, estabelecimento-sindicato em Oxford, foi fundada. O fracasso, que é absoluto para Jude, é historicamente relativo, pois ele se reconhece a si mesmo. Essa ironia está representada na extraordinária descrição final, que, como *Judas, o obscuro*, vista no todo, forma uma espécie de pivô entre o período vitoriano e o modernismo. Temos uma estereotípica cena de leito de morte, com Judas agonizando, abandonado, e sussurrando para si mesmo passagens do Livro de Jó, enquanto, pela janela flutua uma mescla de sons de aclamação, provenientes de um tradicional torneio de barcos em Oxford. Seu quarto, entretanto, é também invadido pela música do órgão proveniente de uma faculdade na qual se realiza um concerto, e, depois de sua morte, pelo murmúrio de vozes de uma cerimônia de outorga de um título de *honoris causa* que acontece do outro lado da rua e que é também acentuado por alguns vigorosos vivas. Aquilo que Chekhov orquestra suavemente, fundindo vozes disparatadas em uma complexa unidade, Hardy retorce e transforma em dissonância tonal, tocando Schoenberg em vez da lânguida e tonal música russa.

Os sons que penetram no quarto onde Judas agoniza são variados e aleatórios, fragmentos de textos distintos que jamais puderam ser unificados, apropriações de uma mistura de carnaval com música de órgão e retórica cerimonial, formando uma *mélange* arbitrária do sagrado e do profano, alta cultura e cultura popular, o espontâneo e o que já está escrito, o que reflete a trágica e cindida trajetória do próprio Judas. Há, literalmente, linguagens diferentes em jogo aqui, já que o discurso da cerimônia de outorga do título é em latim; entretanto, também não há nenhuma oposição simplista entre cultura de massa e cultura elitista, pois os gritos de exuberância juvenil que chegam do rio provêm do mesmo contexto – a Universidade de Oxford em clima de celebração – na forma da música do órgão, do repicar dos sinos e dos solenes murmúrios do Sheldonian Theatre. O carnavalesco é cúmplice do elitista, pois Judas é excluído tanto das festividades quanto da solenidade, tanto do prazer quanto do conhecimento.

Nessa polifonia de linguagens, a recitação melodramática que Judas faz do Livro de Jó corre o risco de se tornar apenas mais um fragmento teatral, alinhado à cerimônia de outorga do título e à competição ritual dos barcos da universidade, com Judas fazendo o papel de Jó, mais ou menos como se um cidadão comum da rua estivesse desempenhando o augusto papel de vice-reitor. Esse praguejar no leito de morte, um ato de fala performativo tanto quanto as palavras que acompanham a concessão do título no outro lado da rua, corre o risco de redundar apenas em uma série de significantes vazios, como se fosse uma onda de aclamação ou um dobrar de sinos, mais um fluxo contingente de ruídos no ar que ninguém, a não ser o romancista, está lá de fato para registrar. A recitação que Judas faz em sua agonia, como muita coisa mais nesse romance realista tão desatento ao realismo ortodoxo, é um gesto deliberadamente teatral da parte de Hardy, uma citação textualmente autoconsciente de textos sagrados, para cujo acesso Judas se arruinou. Não há nenhuma tentativa de naturalizar esse abrupto arroubo retórico, que não é mais plausível realisticamente do que a própria história de Jó. Quando Judas morre com um texto nos lábios, somos forçados a lembrar – pela pura gratuidade desse ato, de seu caráter calculada e excessivamente planejado e estabelecido – que nós também estamos dentro de um texto. Até mesmo os vivas na fala de Judas são um pouco loquazes demais para serem verdadeiros.

O efeito é reforçado pelo contraste entre a linguagem bíblica e a prosa esparsa, deliberadamente aplainada, com que a cena é descrita. A linguagem escritural opera como uma espécie de efeito de estranhamento (Brecht exortava seus atores a "citar" suas falas), e ao leitor é proibido sentir empatia por Judas agonizando, principalmente pelo fato de que sua morte não é assistida, fato cujo efeito é impressionante. Não temos permissão para ficar junto à sua cabeceira; em vez disso, o romance obriga-nos a sair para a rua e seguir as perambulações e os discretos flertes de Arabella, o que significa que, como ela, perdemos a morte real de Judas. Toda a cena é, ao mesmo tempo, calculadamente exagerada e casualmente minimizada. Somos mantidos literalmente do lado de fora nos momentos finais de Judas, forçados a uma relutante cumplicidade com a frieza de Arabella, quando, como ela, saímos em busca da origem dos sons aleatórios que invadem o quarto de Judas, dessa forma não deixando ninguém, nem mesmo o narrador, para testemunhar sua morte. Depois que ele morre, somos informados em poucos e superficiais comentários que seu cadáver estava "retilíneo como uma flecha", mas não temos permissão para observar seu rosto. Não tivemos acesso aos seus sentimentos, apenas a um texto estabelecido. A tragédia, como em Aristóteles, encontra-se na ação, e não nos sentimentos. Em um plano, a cena é controlada por um contraste um pouco enfático demais entre o sofrimento da morte de Judas e a alegria que a circunda. Em outro plano, porém, nada realmente se funde, um tormento se dissolve e se transforma em outro, sons casuais surgem e se extinguem, e o centro emocional da cena recua tranquilamente e desaparece enquanto não estamos olhando. É uma paródia agressiva de uma cena vitoriana de leito de morte. Depois de produzir essa passagem, Hardy parou de escrever romances.

"Todos nós somos condenados à prisão em solitária dentro de nosso próprio eu, por toda a vida", comenta Val em *A descida de Orfeu*, de Tennessee Williams. Trata-se de um dos grandes clichês da modernidade recente, juntamente com "Ah, se eu conseguisse encontrar as palavras!", "Você precisa parar de fugir de si mesmo", ou "Deixemos de nos preocupar morbidamente com o passado e enfrentemos o futuro com confiança". O individualismo da modernidade, que aprisiona cada um de nós em nosso próprio mundo sensorial, encontra seu apogeu surreal no teatro vanguardista de Beckett, Pirandello, Ionesco, Pinter e outros expoentes da falta de comunicação. No fim das contas, o empirismo leva à insanidade; o atomismo, à ilusão. Quando impelida ao limite extremo, a relatividade dos sentidos gera um mundo em que a verdade é apenas um entrelaçar de ilusões; a identidade, o conjunto do que os outros fazem de nós, e a sanidade, qualquer consenso que a maioria atualmente descobriu por acaso. Como a comédia shakespeariana há muito tempo havia suspeitado, uma fantasia consistente e compartilhada não é, de forma alguma, distinguível da realidade e pode muito bem ser apenas outro nome para ela. *Henrique IV* e *Assim é (se lhe parece)*, de Pirandello, são clássicos desse relativismo epistemológico. Porém, um mundo sem significados compartilhados é um mundo violento, e não apenas um esporte stoppardiano:[50] Henrique encerra a peça, que é anunciada como uma tragédia, matando Belcredi, um de seus "cortesãos". Para o Strindberg de *O pai*, as bases incertas do conhecimento moderno estão simbolizadas na metáfora da paternidade, quando a furiosa epistemofilia do capitão serve apenas para convencê-lo de que jamais podemos saber com certeza se nossos filhos são nossos, jamais podemos desnudar as origens ou os alicerces da realidade.

O que fez a esquerda política dessa condição? Em seu nível menos inspirado, ela refletiu o estúpido progressismo da modernidade, por um lado, e a rebuscada melancolia do modernismo, por outro. As vanguardas

---

50 Referência irônica a Sir Tom Stoppard, diretor de teatro e roteirista de cinema, que traduziu para o inglês e montou a peça *Henrique IV*, de Pirandello, em 2004. (N.E.)

revolucionárias do início do século XX representaram um audacioso e imaginativo contragolpe à modernidade capitalista; entretanto, elas também deram a seu triunfalismo tecnológico uma guinada à esquerda, da mesma forma que algumas correntes anteriores de esquerdismo haviam macaqueado seu melhorismo evolucionista. Em contrapartida, o marxismo ocidental, apesar de toda a sua profundidade e originalidade, traiu algo da melancolia e da *Angst* do modernismo, em vez de revelar as aspirações ingênuas da modernidade. Há uma qualidade trágica em suas reflexões, como Perry Anderson mostrou em suas *Considerações sobre o marxismo ocidental*. Composto de alta melancolia cultural, deslocamento idealista e pessimismo histórico, ele tem raízes teóricas em fontes dubiamente radicais, como o determinismo spinozista, o pensamento kantiano ou nietzschiano, a *Lebensphilosophie*, a sociologia weberiana, o idealismo italiano e o existencialismo heideggeriano. Adorno perdeu as esperanças tanto em relação à classe operária quanto em relação à eficácia da razão instrumental, ao passo que Benjamin defendeu uma escatologia messiânica, em vez de uma teoria materialista da história. Lukács conseguiu paulatinamente encontrar uma solução para a alienação somente no romance realista. Alguns membros da Escola de Frankfurt tenderam a confundir capitalismo com fascismo, ignoraram os aspectos mais positivos da modernidade e ajudaram a reduzir um projeto emancipatório a uma ocupação academicista. Em sua aristocrática aversão pelo popular, sua cautela em relação à análise econômica e acumulando uma melancolia histórica, o marxismo ocidental foi, ao mesmo tempo, uma corrente extraordinariamente rica de radicalismo e curiosamente conservadora.

Como acontece com o protagonista trágico, entretanto, ele não pode ser inteiramente culpado. Como todo movimento alternado da esquerda do início do século XX em diante, ele estava fadado a viver à sombra do stalinismo, que nunca deixou de fustigá-lo. O stalinismo, não apenas em sua variedade russa, foi o reflexo de uma das mais duradouras tragédias do século XX: o fato de que o socialismo revelou-se menos possível onde era mais necessário. Uma visão da emancipação humana que, para ter sucesso, pressupunha todos os preciosos frutos da modernidade – riqueza material, tradições liberais, uma sociedade civil próspera, um povo competente e instruído – tornou-se, em vez disso, a estrela-guia pela qual nações desgraçadamente empobrecidas, privadas de tais benefícios, buscaram livrar-se de seus grilhões. Evitados pelas nações endinheiradas, que poderiam ter-lhes suavizado o caminho para a liberdade, esses países fizeram seu povo marchar para a modernidade sob a mira do revólver, com consequências condenáveis. Não descreveríamos o fascismo como trágico em si mesmo, seja qual for a destruição que ele tenha produzido; porém, o stalinismo foi uma tragédia de um tipo clássico, quando as nobres intenções do socialismo foram desviadas para o seu oposto, nessa inversão fatal que Aristóteles chama de *peripeteia*.

Em nossos dias, um pouco da atmosfera do modernismo de esquerda ou do marxismo ocidental vem sendo legado ao pós-estruturalismo, com sua tendência para um pessimismo libertário. O espectro de um projeto emancipatório persiste, mas seria o ápice da presunção tentar realizá-lo. O máximo que podemos conseguir é um marxismo sem nome, absolvido dos crimes de seus antepassados políticos somente à custa de ser política e doutrinariamente vazio, tão livre dessa cumplicidade quanto a página em branco do poema *symboliste* ideal. Porém, enquanto o pós-estruturalismo continuar preso na armadilha da alta melancolia modernista, o pós-modernismo tem sua chance de saltar para além do trágico, aproveitando-se das forças difusas, provisórias e desestabilizadoras de um capitalismo pós-metafísico; o que quer dizer que, se o pós-estruturalismo não viajou para além de Adorno, o pós-modernismo ainda precisa avançar para muito além de Nietzsche.

CAPÍTULO 9
Demônios

Se a tragédia nasce das contradições inerentes a uma situação – uma suposição bastante ampla, sem dúvida –, então a modernidade é trágica precisamente nesse sentido clássico. Ela é autora de sua própria ruína, gerando, como disse Marx sardonicamente, seu próprio coveiro. O tropo do capitalismo é a ironia trágica, pois o sistema, para atingir seus próprios fins, precisa desencadear forças que são capazes de subjugá-lo. Apreender essa dupla face da época moderna, entretanto, requer o tipo de abordagem dialética que atualmente está em falta. O pós-modernismo vulgar, para o qual tudo, de 1500 em diante, foi um absoluto desastre conhecido como "Iluminismo", deixa um pouco a desejar, esquecido como está de que alguns registros de barbárie são também documentos da civilização; contudo, também não é suficiente afirmar que o Iluminismo precisa apenas ser democratizado, feminizado ou posto em debate para vir a ser ele próprio. Das teorias contemporâneas, somente o marxismo insiste em que a modernidade representou um avanço revolucionário no bem-estar humano e, com igual paixão, que ele foi um longo pesadelo de brutalidade e exploração. Nenhum outro pensamento parece ser capaz de manter essas duas histórias sob tensão, mesmo diante da aristocrática nostalgia, de um lado, e do progressismo bronco ou da amnésia pós-moderna, de outro. Entretanto, é a necessária relação entre eles que detém a chave da modernidade.

Uma das mais corajosas tentativas de fazer isso é a obra clássica de Marshall Berman, *Tudo que é sólido se desmancha no ar*, segundo a qual "ser moderno é nos encontrarmos em um ambiente que promete aventura, poder, alegria, crescimento, transformação nossa e do mundo – e, ao mesmo tempo, que ameaça destruir tudo o que temos, tudo o que somos".[1] Perry Anderson assim resume a questão de Berman:

> De um lado, o capitalismo – na inesquecível expressão de Marx a respeito do *Manifesto [comunista]*, que forma o *leitmotiv* do livro de Berman – destrói todo confinamento ancestral e toda limitação feudal, toda imobilidade social e tradição claustral, em uma enorme operação de limpeza do entulho cultural e dos costumes ao redor do globo. A esse processo corresponde uma tremenda emancipação da possibilidade e da sensibilidade do eu individual, agora cada vez mais liberado da posição social estabelecida e da rígida hierarquia de papéis do passado pré-capitalista, com sua estreita moralidade e seu limitado imaginário. Por outro lado, como enfatizou Marx, justamente a própria investida do desenvolvimento econômico capitalista também gera uma sociedade brutalmente alienada e atomizada, cindida pela exploração econômica insensível e pela fria indiferença social, destruidora de todos os valores culturais e políticos cujo potencial ela própria criou. Da mesma forma, no plano psicológico, o autodesenvolvimento nessas condições poderia apenas significar uma profunda desorientação e insegurança, frustração e desespero, *concomitantes com* – na verdade, inseparáveis de – o senso de engrandecimento e regozijo, as novas capacidades e sentimentos, liberados ao mesmo tempo.[2]

A modernidade é tanto democracia política quanto guerra global, a possibilidade do feminismo e a degradante realidade das mulheres, o fato do imperialismo e o valor do comércio humano através das fronteiras. Em um movimento escandaloso para os *anciens régimes*, ela alega que liberdade e respeito são direitos dos quais ninguém deve ser excluído; ela também impõe suas próprias definições desses valores à humanidade em geral. Tudo em uma situação como essa, comenta Marx, parece sugerir seu oposto, de forma que a ironia, o oximoro, o quiasmo, a ambivalência, a aporia, parecem ser as únicas figuras adequadas para capturar sua lógica. Fontes de riqueza são transformadas em carência, tecnologias que poderiam emancipar o trabalho humano acabam por esmagá-lo até que se esgote, e, por alguma misteriosa lógica, a liberdade desvirtua-se e se transforma em dominação. Em uma emocionante peça de teatro político, a modernidade derrota um Estado absolutista após outro, e, em seguida, instala em seu lugar a tirania do capital. É esse fenômeno

---

[1] Berman, *All That Is Solid Melts Into Air*, p.15.
[2] Anderson, op. cit., p.98.

desconcertantemente autofrustrante que, para alguns, é o único futuro civilizado para o povo Nuer e o povo Dinka, e, para outros, nada mais é do que um sonho ruim de razão controladora, do qual, talvez por volta de 1973, começamos lentamente a despertar, em uma inversão redentora da Queda.

A modernidade capitalista é, de fato, uma Queda; mas, como todas as Quedas mais interessantes, ela foi uma queda para cima, em vez de ser uma queda para baixo, uma liberação de energia humana que também representou o seu próprio confinamento. É uma demonstração da incestuosa intimidade do mortífero e da melhoria da vida, e o mito que codifica essa dualidade da maneira mais assombrosa para o período moderno é a fábula de Fausto.[3] O pacto com Mefistófeles é o preço que pagamos pelo progresso. Em *O manifesto comunista*, Marx retrata a burguesia como um feiticeiro que invoca forças além de seu controle; ou como Byron exprime esse pacto diabólico em sua peça *Cain*: "Estranho bem, esse que precisa surgir de fora/ Seu oposto mortal". Isso não vale para os grandes e pomposos heróis trágicos do Renascimento, como Tamburlaine, de Marlowe, cujas conquistas somos levados a sentir que poderiam durar indefinidamente, e cuja interrupção tem sempre um quê de arbitrário. A queda desses heróis não é irônica, não é uma questão de forças destrutivas inerentes à sua aspiração. Como Northrop Frye comenta: "a relação entre o excesso de arrogância [de Tamburlaine] e sua morte é mais casual do que causal".[4] Em contrapartida, a história de Fausto refere-se ao fato de que as raízes de nossa criatividade são putrefatas – que a civilização está enraizada na barbárie da exploração, que a cultura precisa submeter o instinto de morte ao seu serviço, que a memória exige o oblívio, que debaixo do valor e do significado repousa a materialidade sem sentido, não significativa, da Natureza, o corpo e os impulsos inconscientes.

A Natureza é a base de nossa valoração, mas, assim sendo, transcende-a, tal qual a vontade de poder de Nietzsche, que, embora sendo a fonte transcendental de todos os valores, precisa, ela própria, escapar do juízo de valor. Para ser autêntica, a cultura precisa imergir no elemento destrutivo, reconhecer essas coisas da escuridão como suas; caso contrário, ela adoecerá com a neurose que surge da repressão; mas como ela deve confessar que suas raízes se encontram no não racional sem

---

3 Para uma análise mais abrangente do mito de Fausto, ver Redner, *In the Beginning Was the Deed*. Ver também Lukács, *Goethe and his Age*, capítulo 7.

4 Frye, op. cit., p.283.

sucumbir a um irracionalismo demoníaco que pode despedaçá-la? Karl Jaspers afirma que, "quando somos mais bem-sucedidos, fracassamos mais verdadeiramente",[5] pensando, sem dúvida, na arrogância que nos cega para a fragilidade da qual toda ética ou política efetiva deve seguir o exemplo. Entretanto, como podemos confessar esse fracasso sem alguma mórbida celebração de fiasco?

A questão pode ser novamente proposta em termos de estética. Como pode o espírito mergulhar nos sentidos – como defendem Schiller e a tradição estética – sem cair presa do poder insensato que eles exercem, e como pode o espírito não esvaziar os sentidos em sua implacável busca de satisfação? O sonho do estético é sensualizar o espírito sem que ele perca sua transcendência; mas isso dá provas de ser uma tarefa mais difícil do que Schiller imagina em seu *A educação estética do Homem*.[6] Fica aí excluída a questão do desejo, o qual se encontra em algum lugar da turbulenta fronteira entre o corpo e o espírito, e que é tão cego à particularidade sensória de seu objeto quanto a mais elevada abstração. A razão e o desejo, tão frequentemente confrontados como rivais, são, nesse sentido, parceiros no crime.

A transgressão é o que faz de nós seres históricos, o que explica por que a Queda é uma queda oportuna.[7] Como o Real lacaniano – nesse sentido, uma versão psicanalítica do pecado original –, ela é a falha ou o empecilho que faz as coisas funcionarem. O mito de Prometeu ensina muito dessa mesma sabedoria. "O pecado é mais proveitoso do que a inocência", declara Santo Anselmo, navegando em perigosas águas heterodoxas.[8] Sem a dinâmica resultante de nossa tentativa de reparar nossa condição e fracassar uma vez mais, a história resvalaria e estacionaria. Como as ilhas gregas menores, o Éden é sedutor, mas não há muito o que fazer por lá. Contudo, uma história de transgressão criativa é também a possibilidade aberta de fracassarmos e nos anularmos a nós mesmos. Ao sermos conduzidos para fora do Éden, nós mudamos para um nível superior, passando da relativa segurança da vida biológica para a precariedade crônica da criatura linguística e comprometida com o trabalho. O Satanás de Milton diz a Eva – falsamente, por coincidência – que foi comendo da

---

5 Jaspers, op. cit., p.95.
6 Ver Eagleton, *The Ideology of the Aesthetic*, capítulo 4.
7 Sobre a Queda oportuna, ver Weisinger, *Tragedy and the Paradox of the Fortunate Fall*, que rastreia a ideia desde os primórdios da mitologia.
8 Apud Lovejoy, *Essays in the History of Ideas*, p.288.

árvore proibida que ele aprendeu a falar. De outra forma, a noção de uma *felix culpa* não faz nenhum sentido, porque, se a vida no Éden não é aquela vida de animalidade pré-reflexiva, o despreocupado, porém constrito, estado de natureza de Rousseau, fica difícil entender como a expulsão de lá pode levar a coisas mais elevadas. De acordo com o mito bíblico, entretanto, Adão e Eva são exatamente tais seres pré-reflexivos, ainda anteriores à diferença em sua ignorância em relação ao bem e ao mal. A doutrina da Queda é, portanto, uma doutrina trágica – não porque seu resultado pode não se revelar benigno, mas porque, mesmo que o faça, terá envolvido desperdício e sofrimento inimagináveis.

É possível afirmar, então, que mesmo que o nosso fim seja superior à nossa origem, o custo da jornada é alto demais e teria sido preferível ficarmos quietos onde estávamos. Se realizar o socialismo significa que cada ordem social precisa ser rebocada até o batismo de fogo da modernidade, como os mencheviques e outros ensinaram, então esse pode parecer um preço alto demais a pagar; ou tomemos o caso do colonialismo e do imperialismo. É absurdo supor que eles não tenham gerado absolutamente nenhum bem. Como poderia um fenômeno tão complexo, persistente e de tão grande alcance quanto o colonialismo não ter gerado um único efeito positivo? Na Irlanda, a mais antiga colônia da Grã-Bretanha, o poder metropolitano realmente expropriou a classe proprietária de terras no final do século XIX, passando a terra aos arrendatários rurais; passou também aos irlandeses algumas das ferramentas linguísticas, políticas e educacionais, com as quais eles finalmente mandaram embora seus senhores coloniais. O período que se seguiu à união política entre a Grã-Bretanha e a Irlanda, apesar de ser marcado por uma fome horrenda, foi, de maneira geral, um período de avanço econômico, por mais injusto que tenha sido. Sociedades pós-coloniais, sem dúvida, são capazes de desenvolvimento econômico. E assim por diante. A questão que divide a esquerda e a direita não é se algum bem, de fato, adveio do colonialismo, mas se os benefícios esporádicos que ele concedeu foram realmente suficientes para justificá-lo. Mesmo que ocasionalmente tenham construído escolas e hospitais juntamente com igrejas, prostíbulos e quartéis, os colonialistas deveriam ter ficado em casa.

Poderíamos questionar a atual e tão propalada aversão à própria ideia de progresso social – um ceticismo privilegiado, portanto – se alguma vez existiu tal ideia sem a dependência de um teleologismo brutal. Kenyon, da obra *O fauno de mármore*, de Nathaniel Hawthorne, argumenta que o crime é uma transição necessária para uma condição superior, ao passo que Hilda rejeita essa noção como uma racionalização detestável. Para ela, crime é apenas crime. Essa não é, se pudermos adotar uma posição de superioridade em relação a Hilda, a visão do Arcanjo Gabriel quanto ao balancete do bem e do mal no final de *Paraíso perdido*, de Milton. Ele acha maravilhoso que tanto bem, no fim, resulte de tanto mal (embora ele tenha em mente a salvação divina, em vez do socialismo internacional), e compara-o ao ato original de Deus, quando retirou o cosmos da escuridão. Seu autor, porém, pode não ter concordado totalmente com essa ideia. Milton pode muito bem ter acreditado que teria sido melhor que a humanidade ficasse em estado de beatitude edênica, mas que, uma vez que a Queda acontecera, ela se revelou bem-aventurada e, ao mesmo tempo, fatal.

Essa também é uma questão presente na obra de Jean-Jacques Rousseau, que à sua maneira não primitivista, considera que a mudança da Natureza para a cultura foi uma mudança para melhor e não para pior, uma mudança essencial para nossa civilização, mas que, mesmo assim, os males da civilização excedem suas vantagens. A ciência está nos arruinando e o progresso é uma ilusão; são as supostas melhorias da humanidade que a precipitaram no sofrimento. O *Discurso sobre a origem da desigualdade* vê a propriedade como causadora de guerras, exploração e conflitos de classe, e o contrato social como uma fraude perpetrada pelos ricos sobre os pobres para preservar seus privilégios. A civilização é uma doença e o culpado maior é o desejo: "O selvagem vive dentro de si mesmo; o homem social sempre vive fora de si mesmo; ele só sabe viver conforme a opinião alheia, e é, por assim dizer, a partir do juízo deles apenas que ele extrai o sentido de sua própria existência".[9] Para esse austero acólito da independência, é a ideia do eu refratada através do Outro em uma ordem simbólica complexa que é insuportável. O desejo é o que nos torna excêntricos para nós mesmos.

Como Marx, Rousseau entende que essa dependência tem uma base na produção material, mas para ele isso significa uma lamentável perda de liberdade. O ferro e o trigo civilizaram a sociedade e arruinaram a raça humana. Por outro lado, o estado de natureza parece estar livre de conflito somente porque está livre de relações: os indivíduos vão atrás de seus projetos em mudo isolamento, privados de trabalho, lar, linguagem e parentela. É uma existência inócua, e também empobrecida; não se pode dizer que seja nobre, porque, como no Éden ou na primeira infância, ela antecede

---

9 Rousseau, *A Discourse on Inequality*, p.136.

inteiramente as distinções morais. A virtude política pode prosperar somente em sociedades muito simples, e a humanidade em estados sociais mais avançados é invariavelmente corrupta; mesmo assim, não é possível haver nenhum dever, nenhuma consciência nem relações sociais fora de tal condição. A humanidade tem capacidade para o autoaperfeiçoamento embutido em seu ser genérico, e o avanço da sociedade faz melhorar o raciocínio humano; mas a autorreflexão civilizada, tanto para Rousseau quanto para Nietzsche, é debilitante, bem como enriquecedora. A civilização, sem dúvida, tem seu valor, mas ele é uma coisa desprezível em comparação com os males que ela produz. Os pobres morrem por causa de suas necessidades e os ricos, por seus excessos.

A transgressão é, portanto, original, uma necessidade estrutural para nossa prosperidade, e a serpente infiltrou-se no jardim desde o início. Nesse sentido, talvez os teóricos clássicos da tragédia estejam certos: a *hamartia,* ou o fracasso, está embutida na ação, e não em alguma força externa que a aflige; e um nome para esse perpétuo errar o alvo é desejo. Sem isso, não haveria nenhuma história. Existe um malogro ou um fracasso no interior do empreendimento histórico, sem o qual ele não pode funcionar, mais ou menos como a civilização para Freud requer repressão. Seja lá o que for que consiga atingir o alvo, precisa ser estruturalmente capaz de desviar-se dele. "Um erro se esgueirou para dentro de nós quando fomos feitos", medita o Danton da peça de Büchner, "alguma coisa está faltando [...] Por quanto tempo iremos nós, matemáticos da carne, em nossa caçada pelo sempre ilusório x continuar a escrever nossas equações com os fragmentos ensanguentados de membros humanos?" (Ato 2).

Há várias maneiras pelas quais, ao estilo de Fausto, a virtude e sua negação se entrelaçam. Como afirma Michael Hardt e Antonio Negri, "o mal, a barbaridade e a devassidão do Outro colonizado são o que torna possíveis a bondade, a civilidade e o decoro do Eu europeu".[10] A virtude depende de seu oposto para se definir; mas essa, como Milton entende e Hardt e Negri talvez não, pode ser uma oposição tanto positiva como insidiosa. O Milton de *Areopagítica* recusa-se, com admirável fervor puritano, a louvar uma virtude covarde, monástica, preferindo uma que se defina em um árduo combate com o vício.[11] O Dostoievski de *Crime e castigo* vê a virtude e o sofrimento como ligados em um sentido diferente: aqueles que sofrem são provavelmente mais sensíveis ao sofrimento dos outros.

---

10 Hardt; Negri, *Empire*, p.127.
11 Ver *The Works of John Milton*, v.4, p.311.

Compaixão pressupõe dor. Essas são teodiceias menores, tentativas sugestivas ou sofisticadas de colocar o mal no contexto do bem.

Naphta, de *A montanha mágica*, o romance de Thomas Mann, faz isso em um estilo bem mais espalhafatoso, afirmando que o normal é parasitário do anormal, que os seres humanos "consciente e voluntariamente se afundaram na doença e na loucura em busca de conhecimento que, adquirido por fanatismo, reconduz à saúde".[12] Adrian Leverkühn, de *Doutor Fausto*, também de Mann, é um que se afunda na doença e na loucura por amor do conhecimento, embora não para benefício dos outros. O gênio é uma espécie de doença, mas seus frutos podem se fazer disponíveis ao suburbano saudável, daí justificando essa decadência. "Assim, do horrível pode florescer a perfeição", como reflete Gregorius em *O eleito*, de Mann. Leverkühn sustenta que a arte mais revolucionária deve fazer uso do rançoso, da estupidez e da paródia cínica, de um sentido de desgosto e de absurdidade, em vez de pronunciar-se diretamente. Também nesse sentido o bem é extraído do mal, como a vitalidade surge do tédio baudelairiano. A poesia inicial de T. S. Eliot pode exemplificar a questão.

O modernismo é uma reação ao tédio, à banalidade, ao ranço suburbano – porém, carente de muita fé própria, ele pode desfazer essa inércia somente a partir do seu interior, por meio de ceticismos cáusticos e elaboradas paródias intelectuais, que parecem simular as mesmas qualidades que abominam. A música de Leverkühn é precisamente desse tipo, esplêndida, mas estéril, uma "zombaria intelectual da arte" que em sua dissociação altiva e niilista trai a marca do diabólico. O diabólico, ou desejo aniquilador, é indiferente ao particular sensório, ao qual ele se agarra apenas para torná-lo oco, lançando-se, em seguida, sobre o próximo particular sensório; e a arte suprema de Leverkühn, para não falarmos de sua vida menos do que suprema, possui exatamente essa qualidade antissensorial. Com traços que mais parecem um pastiche, sua música só pode adquirir alguma aparência de vida autônoma, sugando a animação dos outros. Flagelado por um contundente senso de irrealidade, Leverkühn pergunta por que tudo lhe parece uma paródia de si mesmo.

Alternativamente, no que se refere à cumplicidade entre o bem e o mal, podemos argumentar com Leverkühn que a linha que separa cultura de barbárie precisa sempre ser traçada a partir do âmago de uma cultura em particular, o que certamente demoniza seu oposto. Do ponto de

---

[12] Mann, *The Magic Mountain*, p.466.

vista da ordem, toda dissensão parece diabólica. Aos olhos do burguês, o artista parece um boêmio. Divergir de toda uma ordem social, até mesmo uma ordem fascista, com toda a probabilidade parecerá loucura dentro da própria ordem; por outro lado, podemos afirmar que o mal precisa existir para que a liberdade humana não seja infringida, uma situação na qual o marquês da peça *Don Carlos*, de Schiller, insiste: Deus, "em vez de trancafiar uma única partícula de liberdade,/ permite aos terríveis exércitos do demônio/ pavonearem-se desimpedidos ao redor do universo" (Ato III, cena 10). O mal implica liberdade no sentido de que ninguém pode se danar contra sua vontade, e é por essa razão que Adrian Leverkühn estuda teologia; é importante para sua perdição iminente que ele saiba exatamente o que está recusando.

Um dos mentores teológicos de Adrian, o dr. Schleppfuss, argumenta que o vício, uma vez que encontra sua realização manchando a virtude, desfruta de uma liberdade para pecar que é inerente à própria criação. A criação contém sua própria negação, pois o ato de dar vida à virtude necessariamente implica a liberdade de desfigurá-la. O demônio é menos o curinga do baralho ou o significado flutuante na ordem da criação do que um componente estrutural dela. Se o bem não fosse o bem sem o mal, e se a maior glória de Deus está no fato de que ele fez o primeiro a partir do último, então os dois estados do ser são mutuamente dependentes. De qualquer forma, o demônio é tão criativo à sua própria e perversa maneira quanto o poder divino pode ser destrutivo. Ele é também um desconstrucionista que, em sua conversa com Leverkühn, resiste a uma oposição absoluta demais entre o bem e o mal, com a desgastada platitude romântica de que o artista é irmão do louco e do criminoso. Michel Foucault teria se dado gloriosamente bem com ele. O que é fascinante sobre o demônio é que ele é antiburguês; mas, nesse caso, a retórica do fascismo também é.

O discurso moderno que mais vigorosamente rejeita essa trágica concomitância do bem e do mal é o humanismo romântico. O próprio Marx, apesar de seu juízo dialético a respeito do capitalismo, compartilha muito desse ponto de vista, que tende a considerar os poderes humanos inerentemente criativos e a ver a negação como algo que obstrui a livre expressão deles. Diferentemente de William Blake, é só com relutância que essa perspectiva aceita a ideia de que o desejo secreta sua própria ruína, que existe um bloqueio ou proibição na sua essência que o impele a se autodevorar. Essa é a trágica condição de Fausto. "O princípio do prazer inquieto é o que faz homem faustiano", escreve Norman O. Brown, "e o homem faustiano é o homem que faz a história".[13] O desejo de Fausto é pelo autoenriquecimento infinito, como um fim em si mesmo, e que o real sempre tende a frustrar. Daí as buscas constrangedoramente banais em que o Fausto de Marlowe se vê envolvido. Quanto mais insuflado nosso desejo, mais ele desvaloriza o mundo empírico, onde busca se realizar e, assim, mais ele precisa curvar-se sobre si mesmo para se tornar seu próprio objeto, pois não tem nenhuma outra meta digna dele.[14] No fim das contas, tudo o que se ajusta ao desejo é o próprio desejo.

Se o desejo nivela seus vários objetos a tantas carapaças, é porque aquilo de que ele mais precisa é ele próprio, uma consumação que ele só pode realizar na morte. Assim, a dinâmica nessa insaciável busca de satisfação é o Tânatos, ou a pulsão de morte, que busca abolir a história, fazer o relógio voltar no tempo e atingir uma homeostasia em que o ego fique livre de danos. A morte é a meta da vida, e não apenas o seu fim. Um caminho alternativo de suspensão da história é lutar por uma eternidade da vida em vez da morte, e é por essa razão que o diabólico herói da melhor obra faustiana em inglês, o romance *Melmoth the Wanderer*, de Charles Maturin, está à espreita. Para o Freud de *Além do princípio do prazer*, é uma tendência implacavelmente hostil à história que gera o tempo histórico, empenhando a humanidade no que Brown chama de "busca inconsciente do passado no futuro" ou uma "*recherche du temps perdu* que avança na direção do futuro".[15] Perversamente, o que nos impele para a frente é um instinto de viajar de volta ao Éden. Essa é a condição dolorosamente autodestrutiva retratada ao final de *O Grande Gatsby*, de Scott Fitzgerald, pois remamos para diante, em direção ao futuro, e inexoravelmente somos rechaçados pela corrente na direção do passado.

A tendência ao humanismo em Goethe, com sua crença na realização harmônica e completa de nossos impulsos, tem a leveza antitrágica da época burguesa inicial. É por essa razão que seu Fausto pode finalmente se redimir, mesmo que seja apenas pelo que Erich Heller chama "a frágil artimanha de um verbo no futuro".[16] "Para Goethe", comenta Georg Lukács, "o trágico não é mais um princípio absoluto".[17] Nada podia deixar Lukács mais deprimido do que isso. Na segunda parte do grande drama

---

13 Brown, *Life Against Death*, p.87.
14 Para uma excelente abordagem de *Fausto*, de Goethe, ver Moretti, *Modern Epic*, Parte I.
15 Ibid., p.88-9.
16 Heller, op. cit., p.59.
17 Lukács, *Goethe and his Age*, p.169-70.

goethiano, Fausto rejeita heroicamente a visão trágica desvelada pela figura da Apreensão [*Sorge*] da eterna não satisfação do desejo, acreditando, em vez disso, que aqueles que nunca param de lutar serão salvos. É um lema que poderia ficar sobre a mesa de qualquer alto executivo, e, de fato, Fausto acaba sendo uma espécie de empresário industrial, embora talvez pendendo mais para um utópico planejador do tipo Saint Simon do que para um capitalista. Seu projeto de subjugar a Natureza envolve desgraça, exploração e até mesmo homicídio, mas através desse sofrimento essencial vem a surgir uma economia dinâmica e uma comunidade autêntica. É, mais uma vez, um caso de história movendo-se pelo seu lado mau, uma versão hegeliana da teodiceia. A lenda de Fausto é, entre outras coisas, sobre os instintos da vida, ou Eros, buscando colocar a seu serviço a pulsão de morte, ou Tânatos, apenas para, no final, se verem humilhados por esse último. Na verdade, isso mostra muito bem a visão trágica do Freud da maturidade. Eros engana Tânatos em suas nefandas intenções, atrelando-o à tarefa de conquistar a Natureza; contudo, ao ir atrás de seu próprio papel na construção da civilização, Eros exaure suas forças através da sublimação e, assim, expõe-se à devastação da morte.

Observando o Fausto de Goethe construir suas represas e diques para resgatar a terra do domínio do oceano, Mefistófeles murmura um cínico aparte: "E, ainda assim, é para nós que estás trabalhando" (Parte 2, ato V), referindo-se às forças do inferno. Seu argumento é que Netuno, o demônio dos mares, irá colher um prazer sádico em arrasar as poderosas edificações de Fausto. O demoníaco aprecia a criação, pois precisa de algo para atacar. Entretanto, as palavras de Mefistófeles podem também indicar que o desejo de dominar a Natureza é a agressividade ou a pulsão de morte voltada para o exterior e, portanto, ironicamente cúmplice do próprio caos e do nada que ela luta para superar. De fato, o próprio Mefistófeles levanta o argumento de que criação infinita envolve aniquilação sem fim. O que foi realizado está completamente encerrado e, portanto, é negado, como se nunca tivesse se cumprido. A inesgotável paixão do homem faustiano por realização é também uma paixão insaciável pelo nada; mas, quando fala de eventos como "encerrados" em vez de obliterados, colocando-os no tempo em vez de colocá-los na eternidade, ele esconde essa negatividade de si mesmo. Mefistófeles, cínico, porém franco, rezinga; preferiria falar do "Vazio Eterno". O fato de que o desejo é tal vazio é confessado indiretamente na proclamação dos anjos de que "Aquele que se esforça e vive para se esforçar/ ainda pode ganhar redenção" (Parte 2, ato V). Em um conhecido quiasmo capitalista, a vida foi feita para lutar, e não o lutar feito para a vida, principalmente porque qualquer realização em particular certamente parece sem valor à luz de uma eternidade de anseios. Desse ponto de vista, Fausto e Mefistófeles acabam sendo quase a mesma coisa: tudo depende de chamarmos isso de uma luta infinita ou um nada infinito. Entretanto, ao ser redimido, Fausto tem permissão de iludir a pulsão de morte, acoplando a destruição à obra da criação sem ser ele próprio presa dela.

Não foi esse o caso dos nacional-socialistas alemães. A grande alegoria do culto demoníaco da morte praticado pelos nazistas é *Doutor Fausto*,[18] de Thomas Mann, cujo protagonista, Leverkühn, deliberadamente se infecta com uma doença venérea para aumentar seus poderes criativos. Nada une mais eficazmente *Eros* e *Tânatos* do que a sífilis, ou – para o mundo contemporâneo – a aids. Leverkühn encara a doença como uma espécie de *pharmakos*, um veneno que atuará como inspiração, o que para o Freud mais maduro é verdadeiro em relação aos próprios instintos da vida. Contaminar nossa corrente sanguínea para fazer magníficas composições musicais é *felix culpa* com vingança. Porém, a questão da doença e da cura é uma questão que o romance propõe em uma escala mais global. O humanismo liberal, conforme é defendido por Zeitblom, o bondoso narrador do romance, parece uma crença debilmente apolínea quando confrontada com um fascismo barbaramente dionisíaco; então, deveria ele fazer uma aposta diabólica, jogar dados com Mefistófeles e aliar-se às forças revolucionárias do modernismo e do socialismo? Ou isso seria simplesmente opor uma forma de vanguardismo coletivista e anti-humanista a outra? O fascismo é um radicalismo de direita; e ninguém é mais revolucionário do que o demônio, que nesse romance louva o "excesso, o paradoxo, a paixão mística, o ideal absolutamente não burguês" (p.243).

O humanismo burguês é uma crítica honrosa, porém covarde do fascismo, ao passo que o modernismo revolucionário, que, como crítica do fascismo tem a vantagem de atingir as mesmas profundezas dionisíacas que ele atinge, pode, por essa mesma razão, ser conivente com ele. Em certo sentido, então, é irônico que o fascismo vete a arte modernista. Tanto o fascismo quanto o modernismo são vanguarda, porém atávicos, progressistas e primitivistas, tecnológicos e mitológicos, simultaneamente. O modernismo, da mesma forma que o fascismo, é, por assim dizer, uma barbárie elevada à segunda potência – uma barbárie que vem depois da

---

[18] Mann, *Doctor Faustus*. Todas as referências seguintes a essa obra são informadas entre parênteses após a citação.

cultura da modernidade e, portanto, está bem familiarizada com os valores que rejeita, da mesma forma que Leverkühn precisa se familiarizar com a salvação se quiser a danação. Contudo, o modernismo é também uma sofisticada selvageria porque, como sonhava Nietzsche, eleva todas aquelas energias impulsivas ao nível de um culto autoconsciente de ingenuidade, forjando, assim, novos laços entre cultura popular e cultura da minoria. Um populismo elitista, um culto planejado da sabedoria e da espontaneidade populares é outro ponto que o fascismo e o modernismo compartilham. O modernismo, entretanto, é também uma ruptura com o tempo, e não apenas uma ruptura no seu interior, o que é parte de seu perigoso magnetismo. Como reflete Zeitblom, não seriam a reação e o progresso, o passado e o futuro, o velho e o novo indistinguíveis tanto para a esquerda quanto para a direita, de tal forma que na relação espelho-imagem entre ambas possa ser vislumbrado algo como um compartilhamento do "velho-novo mundo da reação revolucionária" (p.368)? O muito velho, afinal de contas, é o que não é testado há muito tempo, e, portanto, é a coisa mais recente. Se queremos deixar a modernidade para trás, é sempre possível aprender a desprezá-la olhando para seu próprio ato original de rompimento com o pré-moderno e, assim, ao negar essa negação, retornar àquele mundo arcaico.

O humanismo burguês, ridicularizado por Leverkühn como "devoção falsa e flácida da classe média" (p.490), não é apenas um credo bastante ineficaz para combater o fascismo, como também está em conluio com ele, pois seu idealismo fornece um argumento conveniente para a brutalidade política. De qualquer forma, o humanismo está em dívida com o anárquico e o arcaico, explorando essas energias primitivas no momento em que as sublima, e, dessa forma, atua, conforme comenta Zeitblom, como a "entrada propiciatória do sombrio e do misterioso para o serviço dos deuses" (p.10). A ciência e o esclarecimento têm suas correlações mágicas ou míticas. Se o humanismo se dilui, então ele precisa retornar às suas raízes na Natureza para se tornar autêntico. Essa, porém, será, ao estilo clássico, uma Natureza idealizada e racional, de sua própria lavra, em cujo caso nada foi alcançado; ou ela será uma Natureza verdadeira, uma Natureza predadora e bárbara, em cujo caso não fica claro como o humanismo pode evitar o monstruoso e o mitológico. A verdadeira Natureza tem uma temerosa sublimidade em relação a isso, não uma beleza humanística, diminuindo o humano em sua vastidão inimaginável.

Todavia, se o liberal e o fascista sentem-se constrangidos com essa aliança, poderíamos argumentar que existe uma nefanda cumplicidade análoga entre o fascismo e o modernismo de vanguarda. Não está claro, por exemplo, se o modernismo, que pode empreender uma minuciosa crítica do humanismo, pode também esvaziar as pretensões de um fascismo morbidamente idealizante; ou se ele é gêmeo do fascismo ao representar semelhante e impetuosa fuga da liberdade. O artista modernista, de fato, escolhe ser acorrentado por uma rigorosa lógica formal, fazendo de seu destino sua escolha; mas seria esse um golpe contra a falsa liberdade do fascismo ou uma imagem-espelho de seu totalitarismo? A liberdade – como Leverkühn aconselha Zeitblom – precisa agora consistir em nos sujeitarmos à lei, ao sistema, à coerção; mas, visto que essa compulsão é autoimposta, ela continua, mesmo assim, sendo liberdade. O liberalismo kantiano é, então, convocado a justificar a autocracia. A liberdade mais sublime é abnegar a liberdade, como faz Leverkühn ao entregar-se ao diabo. Organização total é a nova ordem do dia, tanto da arte quanto da vida social. Um desacreditado expressivismo romântico precisa agora ceder espaço a um sistema fechado, em que a liberdade não é mais do que uma permutação aleatória, um subproduto acidental da necessidade. Porém, considerando que esse sistema também constrói rapidamente combinações bastante tradicionais, a vanguarda é também, nesse sentido, o arcaico, e a dianteira da tecnologia cultural, uma regressão ao oculto. A racionalidade, reduzida a uma paródia extrema de si mesma, torna-se irracionalismo total.

Seria a cultura mais salutar quando é livre, mas ineficaz, ou ela é mais salutar em sua condição cultural, ritual, que é ominosamente irracional, mas pelo menos está atrelada a fins sociais? Deveria a esquerda reinventar essa cultura pré-moderna e ritual na forma de uma arte politicamente organizada, ou isso simplesmente refletiria o fascismo cultural ao qual ela pretende se opor? Talvez a arte autônoma da modernidade seja apenas uma transição entre um estado de não liberdade e outro, entre a arte tradicionalista da Igreja e da corte e a arte propagandística do partido. E, se eventualmente a arte precisar ser revolucionada, a mesma coisa vale para a epistemologia. Talvez agora a verdade, desdenhosa da ciência e da objetividade, necessite render-se ao profícuo *falsum*, e a racionalidade necessite ser redefinida em termos de interesses políticos, e não de algum desinteresse espúrio. Nesse romance são os fascistas que advogam tal projeto, e não – como acontecerá algumas décadas mais tarde – os pós-modernistas. O próprio demônio é um devoto nietzschiano, para quem a verdade é simplesmente "o que nos edifica, o que aumenta nosso sentimento de poder e de potência e de dominação" (p.242). De sua parte,

Zeitblom acredita que a verdade deve ser independente dos interesses da comunidade, e servirá muito mais à comunidade se for respeitada como tal. O programa vanguardista para submeter a verdade e a justiça a serviço do poder, da doxa e da autoridade é, aos olhos dele, uma regressão à autocracia medieval, que tem, então, o descaramento de estigmatizar o próprio liberalismo como arcaico e obsoleto. As doutrinas da verdade objetiva e da justiça imparcial, entretanto, já estão indo pelos ares nas cidades decadentes da Europa.

O modernismo é uma forma "inumana", uma técnica fetichista e extremista, obcecada por correspondências, cruelmente disciplinada e desprovida de interioridade. Desse modo, a arte, esse acme do humano, adquire uma qualidade inquietantemente diabólica para o modernismo, uma transcendência não no sentido humanista, mas do humano como tal. É difícil distinguir entre um tipo positivo e um tipo negativo de anti-humanismo, entre um esvaziamento das falsas idealizações da humanidade e um brutal desprezo pelo humano como tal. Supostamente, isso é parte da diferença entre Birkin e Gerald Crich, de *Mulheres apaixonadas*, de D. H. Lawrence, embora Birkin dificulte o contraste ao fundir ambas as formas de crença. Seria a emergência do inumano um começo auspicioso ou um impasse estéril? Seria isso a remoção do lixo do humanismo liberal para propiciar o nascimento de um mundo melhor, ou o anúncio do assustador surgimento de alguma fera raivosa? A dissolução pode ser um prelúdio essencial de uma nova vida ou o derradeiro colapso apocalíptico da civilização humana. Vários entre os grandes modernistas estão intrigantemente inseguros quanto a que opinião respaldar, e vários deles – Yeats, por exemplo – evitam fazer suas apostas a respeito da questão.

Na arte modernista, a forma é uma força inumana, impondo-se como uma espécie de sina. A expressão pode ser arrancada somente de novos arranjos de materiais que, como ocorre no caso da linguagem, são arbitrários e não significantes em si mesmos. O não significado é a condição de significado na arte, na significação e no inconsciente. Porém, se isso é verdade, então a vanguarda regride mais uma vez ao arcaico, pois o mito também extrai significado de uma Natureza que, em si mesma, é inexpressiva. O demoníaco é outra espécie de formalismo, uma pura dissociação do intelecto que, a despeito de toda a sua *froideur*, é também ferozmente trocista, visto que até mesmo a tragédia deve parecer ridícula àqueles que são puramente indiferentes. Leverkühn é intelectivo e satírico em igual medida. Não obstante, o demoníaco é também o amorfo, a irrupção do puramente caótico e pulsional no mundo de formas estáveis. Os dois estados relacionam-se de forma lógica: uma vez que a razão se petrifica em formalismo, a vida pulsional cai no sensacionalismo.

Doutor Fausto é a alegoria de uma das maiores tragédias da época moderna, uma obra cuja própria existência testemunha a sobrevivência de pelo menos alguns dos valores que ela teme possam ter ido a pique. Entretanto, apesar de sua visão espantosamente sinótica, ela omite uma solução da maior relevância para os problemas que aborda: o socialismo. O socialismo é a forma de política de vanguarda que, diferentemente do modernismo e sua progênie, acolhe com aplauso e, ao mesmo tempo com antagonismo, a grande herança burguesa liberal. Ele, portanto, junta duas correntes de pensamento que *Doutor Fausto* só pode ver como inexoravelmente conflitantes. Para Marx, pelo menos, não pode existir socialismo duradouro que não esteja firmemente fundado nos avanços revolucionários da era capitalista. Quando Mann passou a escrever, muitas esperanças socialistas haviam sido frustradas pela história da União Soviética, que não havia tido herança desse tipo que pudesse lhe servir de alicerce. E essa é, sem dúvida, uma razão por que seu romance se cala quanto a essa questão. Entretanto, foi, ironicamente, um *front* combinado da União Soviética e das democracias ocidentais liberais que finalmente livrou o mundo da demência dionisíaca que explodira no coração da Europa. Sejam quais forem as dúvidas intelectuais de Zeitblom, o fascismo e o comunismo revelaram-se, na prática, inimigos mortais e não gêmeos terríveis, e o último desempenhou um papel heroico na derrota do primeiro.

O fato de o resultado dessa luta ter sido positivo, entretanto, não significa que a ação não tenha sido trágica. Basta pensarmos em Stalingrado. A mesma coisa aplica-se ao romance de Mann; pois a derradeira nota dessa corajosa ficção – a maior audácia de todas – é uma nota de esperança. É, sem dúvida, uma esperança tão espectral e muda quanto a última nota trêmula do violoncelo de Leverkühn, em sua grande cantata, um mero fantasma vibrando no ar ou um silêncio que mal se podia ouvir. Se, de fato, há esperança, reflete o narrador, ela só pode ser "uma esperança que está além da desesperança", uma esperança que germina do absolutamente irredimível; ela não pode desfazer o horror do que aconteceu; mas é exatamente dessa tensão entre avaliar a fundo o desespero e recusar-se a reconhecê-lo como a última palavra que nasce a arte trágica mais fecunda.

O diabólico é misterioso porque parece não ter causa. É uma malignidade aparentemente injustificada que se deleita em destruir só por destruir; ou, como dizem, só pelo prazer de destruir. É difícil saber ao certo por que

Iago mostra tanto ressentimento contra Otelo. As feiticeiras de *Macbeth* não obtêm nenhuma vantagem conduzindo o protagonista à ruína. Esse tipo de maldade parece ser autotélico, tendo seus motivos, fins e causas em si mesmo. Ela junta-se, então, a uma classe privilegiada, com uma população um tanto quanto reduzida de objetos, entre os quais se incluem Deus e a arte. É enigmática porque ela é brutalmente ela própria, não porque tem a inescrutabilidade de algo profundo demais para compreender. Como observa Santo Agostinho nas *Confissões* de sua devassidão da juventude: "Eu não tinha motivos para a minha maldade, exceto a maldade em si; era repugnante, e eu adorava isso".[19]

Para muitos críticos, o Holocausto seria o exemplo supremo do mal diabólico. Parte de seu horror está na sua aparente falta de sentido. Mesmo que a intenção tivesse sido livrar o mundo dos judeus, poderia ter havido alguma forma menos horrível de fazê-lo. Quando, mais tarde, perguntaram a Stangl – o ex-comandante de Treblinka –: "Considerando que você ia matar todos eles [...] qual o propósito das humilhações, das crueldades?" Ou, como indaga Primo Levi:

> Por que se dar ao trabalho de arrastá-los para os trens, levá-los para morrer mais longe, depois de uma viagem sem sentido, morrer na Polônia, na entrada das câmaras de gás? Em meu comboio havia duas mulheres de 90 anos, agonizantes, retiradas da enfermaria de Fossoli; uma delas, cuidada em vão pelas filhas, morreu no caminho. Não teria sido mais simples, mais "econômico" deixá-las morrer, ou talvez matá-las na cama, em vez de acrescentar sua agonia à agonia coletiva do transporte? Somos, realmente, levados a pensar que, no Terceiro Reich, a melhor escolha, a escolha imposta de cima, era uma escolha que envolvia a maior quantidade de desgraça, a maior quantidade de desperdício, de sofrimento físico e moral. O "inimigo" não pode apenas morrer; ele precisa morrer sob tormento.[20]

---

19 Santo Agostinho, op. cit., p.62 (tradução alterada). Uma coletânea particularmente desigual de ensaios sobre o mal pode ser encontrada em Copjec (Ed.), *Radical Evil*. Para Immanuel Kant, esse mal demoníaco – que desconsidera a lei moral apenas por fazê-lo – seria incompreensível. De acordo com ele, ser uma pessoa é ser consciente, ainda que de modo vago, dos apelos da moralidade; e um ser que não tem ciência desses apelos não pode ser visto como se atuasse racionalmente, e de fato não estará realmente *atuando*. O mal, segundo Kant, deve ser feito livremente, o que pressupõe algum tipo de compromisso com a razão. Devo esse ponto a Peter Dewis.

20 Levi, *The Drowned and the Saved*, p.96.

Poderíamos ressaltar, de forma bastante banal, que os nazistas tinham motivo para matar os judeus, ou seja, o fato de serem judeus. Eles foram mortos por causa de sua etnia. O mistério está em por que eles foram mortos por serem judeus. Stalin e Mao foram, respectivamente, responsáveis pelas mortes de milhões de russos e chineses, mas não porque eles eram russos ou chineses. Suas mortes tiveram algum valor instrumental aos olhos dos que as perpetraram. "Guerras são detestáveis", escreve Levi, "[mas] não são gratuitas; seu propósito não é infligir sofrimento". Esse, contudo, não parece ser o caso do Holocausto. É verdade que o extermínio do povo judeu serviu, entre outras coisas, a um propósito ideológico. Unificar o *Volk* demonizando seu terrível Outro não é, de forma alguma, peculiar ao nazismo. Porém, não precisamos trucidar 6 milhões de homens e mulheres para criar um bicho-papão ideológico. Como Immanuel Wallerstein comenta, os racistas geralmente querem manter suas vítimas vivas com o intuito de oprimi-las; eles não obtêm nenhuma vantagem prática destruindo-as.[21] Slavoj Žižek chama a atenção para aqueles aspectos do Holocausto que parecem ridicularizações ou piadas obscenas – bandas tocando enquanto os prisioneiros marchavam para o trabalho, o *slogan* "Arbeit macht frei!"[O trabalho liberta!] – e pergunta a si mesmo se toda a questão não era "uma cruel piada estética criada apenas pelo prazer da criação, e que, portanto, se ajusta à noção kantiana de 'mal diabólico'".[22]

Žižek, no entanto, é cauteloso ao estabelecer uma diferença entre esse caso e o da propaganda ideológica, que vê o Holocausto como um mistério metafísico singular, sem paralelo ou explicação, um Mal a-histórico absoluto, muito além de qualquer compreensão. Os campos de concentração nazistas não são, de forma alguma, o único exemplo desse tipo de mal, e parte do sentido do presente argumento é que esse mal não está, na verdade, inteiramente além de nossa compreensão. "Mal" significa um tipo especial de perversidade, uma perversidade pela qual distinguimos, por assim dizer, entre a Solução Final e o Assalto ao Trem Pagador. Não significa "sem causa material". Também não envolve necessariamente um elitismo espiritual, glamoroso, byroniano. Muito tempo atrás, Hannah Arendt apontou a pura banalidade do nazismo.[23]

A própria resposta de Stangl à questão de por que os nazistas sentiam necessidade de tanta crueldade é brutalmente utilitária: "Para habituar

---

21 Wallerstein; The Uses of Racism, *London Review of Books*, v.22, n.10.
22 Žižek, *Did Somebody Say Totalitarianism?*, p. 63-4.
23 Ver Arendt, *Eichmann in Jerusalem*: A Report on the Banality of Evil.

aqueles que deviam ser os executores materiais da operação; para que fosse possível fazer o que eles estavam fazendo". Levi comenta a respeito dessa resposta: "antes de morrer, as vítimas precisam ser degradadas, para que o assassino sentisse menos o peso da culpa".[24] A resposta de Stangl, porém, obviamente levanta uma questão, pois por que eles estavam fazendo o que estavam fazendo em primeiro lugar? E, mesmo se os nazistas tivessem um propósito, os meios que usaram para alcançá-lo não foram delirantemente excessivos? O próprio Levi comenta que os anos de Hitler caracterizaram-se por "uma violência disseminada e inútil, como um fim em si mesmo, com o único propósito de criar sofrimento, ocasionalmente com algum propósito, no entanto, sempre desnecessário, sempre desproporcional ao propósito em si".[25] Sua própria linguagem verga sob a pressão dessa enormidade: essa violência "inútil" tinha o "único propósito" de criar sofrimento; entretanto, "ocasionalmente [tinha] um propósito"; esse propósito era "desnecessário", e também "desproporcional", o que não é bem a mesma coisa.

Não obstante, o ponto fundamental, sem dúvida, permanece. Falando logisticamente, o Holocausto foi contraprodutivo, utilizando pessoal, equipamento e recursos que poderiam ter sido usados no esforço de guerra alemão. E os nazistas poderiam ter se beneficiado militarmente das habilidades práticas de alguns daqueles que mataram. Levi comenta que a SS provavelmente não lucrou muito vendendo cabelo humano dos campos de concentração para fabricantes de tecidos; "a causa do horror prevaleceu sobre a causa do lucro".[26] Talvez, como sugere Geoffrey Wheatcroft, "a verdade mais difícil de todas é que o Shoah [Holocausto] não teve sentido".[27] Karl Jaspers, escrevendo à sombra do nazismo, fala do "deleite na atividade sem sentido, do torturar e ser torturado, do destruir por destruir, do imenso ódio contra o mundo e o homem, completado com o imenso ódio contra a própria existência desprezada".[28] Não se poderia encontrar um resumo mais sucinto do demoníaco.

Talvez a razão para o genocídio fosse o desejo de pureza racial por parte dos nazistas. Mas por que eles a desejavam? Não há nenhum motivo racional para isso, como há para envenenar alguém de quem queremos

---

24 Levi, op. cit., p.101.
25 Ibid., p.83.
26 Ibid., p.100.
27 Wheatcroft; Horrors Beyond Tragedy, *Times Literary Supplement*, 9 jun. 2000.
28 Jaspers, op. cit., p.101.

pegar o dinheiro. Entretanto, há, digamos, motivos irracionais para isso. Ver o mal como algo sem motivação não é necessariamente considerá-lo inexplicável. As pessoas que destroem só pelo prazer de destruir não estão fazendo isso propriamente. Elas destroem estranhos porque temem que eles representem uma ameaça à sua própria plenitude do ser, o que, de certa forma, é uma razão. O grupo que ameaça negar-lhes o ser precisa ser aniquilado porque significa a irrupção do caos e do *nonsense* dentro de seu próprio mundo. Essas pessoas são um sinal do vazio no âmago de nossa própria identidade. Portanto, aniquilar o outro torna-se a única maneira de nos convencer de que existimos; permite-nos forjar uma identidade ilusória quando agimos para evitar o não ser. Somente no prazer abominável de desmembrar os outros é que podemos nos sentir vivos. O mal é uma tentativa de autodestruição para negar o não ser, criando ainda mais entulho ao nosso redor.

É por isso que se diz que aqueles que estão no inferno se divertem com seu próprio tormento. Eles o fazem porque somente a dor pode convencê-los de que estão vivos. Os diabólicos são aquelas almas perdidas que só encontram alívio para a angústia do não ser destruindo os outros, mas que, ao fazê-lo, exaurem-se ainda mais. O condenado Melmoth, em *Melmoth the Wanderer*, de Charles Maturin, conhece um tormento que "busca louco e desesperado alívio no sofrimento dos outros" (v.2, cap.10), mas é, ao mesmo tempo, ferozmente hostil a qualquer um que alivie sua agonia. O demoníaco é como um bêbado tão arruinado pelo álcool que consegue ganhar um pouco de vitalidade ilusória incrementando o consumo, e isso, portanto, o abala de forma tão atroz que ele precisa consumir ainda mais. Aqueles que estão presos à espiral ascendente estão nas garras da pulsão de morte. A pulsão de morte é uma ardilosa maneira de tentarmos nos manter vivos, uma odiosa fonte de prazer à qual nos agarramos com todas as forças, e somos, assim, incapazes de morrer de verdade.

O inferno tem a ver com o fim derradeiro, e não com a perpetuidade – a incapacidade de escapar do circuito letal da Lei e do desejo e correr de volta para a vida. Com todo o respeito a Sartre, o inferno não são exatamente os outros; o inferno é a condição daqueles cujo destino é se suportarem a si próprios por toda a eternidade, como um chato em um bar. O inferno tem a absurdidade da solidão absoluta, já que nada do que pode acontecer só comigo faz qualquer sentido. Os amaldiçoados não podem renunciar a sua angústia porque ela está atrelada ao seu prazer, não podem escapar ao sadismo cruel da Lei, porque isso é justamente o que eles desejam. É por isso que eles se desesperam. Já estão sob o poder da morte; mas, uma vez que isso lhes concede satisfação, eles sempre podem se iludir e acreditar que estão cheios de vida. E o fato de encontrarem prazer na autodestruição é o que os mantém exatamente desse lado da morte.

O demoníaco, então, é a condição vampiresca dos mortos-vivos – o estado diabólico daqueles que não conseguem morrer, porque, da mesma forma que Pincher Martin, a personagem do romance de William Golding, eles já estão, na verdade, mortos, mas recusam-se a aceitar o fato. Pode parecer que o mal é tentador e que o demônio "está com tudo", mas sua vivacidade é apenas um melodrama de mau gosto. Se a virtude parece tão pouco apetitosa, é em parte por causa da mistura de prudência, obsessão sexual, autorrepressão e farisaísmo a que a classe média a reduziu. Ela é entediante para Fielding, mas não para Dante ou Chaucer. Para São Tomás de Aquino, o mal é uma incapacidade para a vida, e não devemos ser iludidos com sua energia ardente ou seu entusiasmo sedutor. "Uma coisa", afirma São Tomás de Aquino, "contém tanto o bem quanto o ser", e o mal é uma deficiência do ser;[29] o que não quer dizer que o mal seja irreal, do mesmo modo que a sede ou a escuridão não o são. Um ser que não é determinado por algum outro ser, acreditava São Tomás de Aquino, tem uma vida no mais alto nível, e é por isso que Deus é vitalidade infinita. Em *O conceito de angústia*, Kierkegaard escreve sobre o "terrível vazio e a falta de conteúdo do mal".[30] "O demoníaco", comenta ele, "é o enfadonho".[31] Em *O desespero humano*, ele retrata isso como a condição daqueles que se agarram teimosamente ao seu desespero e cospem na cara do mundo por tê-los trazido a esse desfiladeiro, aqueles que se recusam a ser salvos, pois isso os privaria do prazer que sentem em sua rebelde rejeição do mundo.

O demoníaco é, portanto, uma espécie de amuo cósmico. Consolo é a destruição desses indivíduos desesperados, que, como Pincher Martin, ficam absolutamente furiosos com a ideia de que a eternidade pode ter a insolência de privá-los de seu sofrimento. Tais homens e mulheres protestam contra a existência como tal. Os satânicos, declara padre Zozima, em *Os irmãos Karamazov*, de Dostoievski, "exigem que não haja nenhum Deus da vida, que Deus se destrua a si mesmo e toda a sua criação. E eles haverão de queimar eternamente nas chamas de seu próprio ódio e ansiar

---

29 *Thomas Aquinas:* Selected Writings, p.567.
30 Kierkegaard, *The Concept of Anxiety*, p.133.
31 Ibid., p.132.

pela morte e pelo não ser; mas a morte não lhes será concedida" (Parte 2, Livro 6, cap.3). Uma personagem anarquista em *O agente secreto*, de Joseph Conrad, declara que depende da morte, a qual não conhece limite e não pode ser atacada. A negação pura é invulnerável, já que ela não pode ser destruída; e, se nisso ela se assemelha a Deus, também o faz em sua falta de finitude. Os demoníacos, como aqueles que planejaram os campos de concentração na Alemanha, detestam o mero fato da existência, para eles simbolizada por suas vítimas judias, homossexuais e outras, porque ela os faz lembrar seu próprio e insuportável não ser. Eles cederam ao seu desejo, achando impossível viver com sua falta, e agora buscam destruir o próprio não ser. Como vivem apenas vicariamente por meio das agonias alheias, eles não podem morrer porque, em certo sentido, já estão mortos; são caricaturas dos vivos, caricaturas monstruosas – semelhantes a Drácula. Ademais, os maus também não conseguem morrer, porque se consideram preciosos demais para serem extintos. É por essa razão que Pincher Martin não aceita o inconcebível escândalo de que, na primeira página do romance, sem que ele próprio o saiba, ele se afogou.

A imagem-espelho invertida do mal, como já vimos, é a Criação. Os dois compartilham o caráter autotélico ou apenas o caráter do prazer pelo prazer da coisa. Desse ponto de vista, o Danton de Büchner engana-se quando afirma que "qualquer coisa criada jamais pode se alicerçar em si mesma" (*A morte de Danton*, Ato III, cena 1). O mal assemelha-se ao ser cuja existência pura ele acha tão escandalosamente ofensiva, uma vez que subsiste apenas e tão somente para seu próprio benefício. Da mesma maneira que o ser não tem outra finalidade exceto ser, também o mal não tem outro propósito exceto negá-lo. O que o mal acha tão intolerável é o fato de existir judeu, mulher, homossexual ou estrangeiro, e não o que ele ou ela efetivamente faz. O bem, por outro lado, aceita e se regozija no ser como tal, e não para algum propósito instrumental. Depois que Santo Agostinho repudia sua juventude pervertida, ele fala daqueles que cultuam Deus sem nenhuma esperança de recompensa, exceto a alegria que obtêm disso. Podemos entender, então, por que o demônio um dia foi anjo. O demônio é uma paródia de Deus, e não apenas sua antítese. O bem e o mal mantêm relações ousadamente estreitas, e ambos têm uma semelhança mais do que passageira com o estético. Nada deve existir para sua própria e solitária satisfação, exceto a arte, a escarnecer de nossa patética luta por realização. "Oh, autoengendrados chacoteiros da aventura humana!", como exclama Yeats a respeito de alguns ícones. Não obstante, o mal também escarnece de nossas realizações.

Essa desconfortável cumplicidade entre o bem e o mal pode ser observada em crianças. As crianças são sobretudo criaturas não funcionais – por exemplo, não trabalham –, e não é fácil dizer exatamente para que elas servem. Talvez essa seja uma razão pela qual um esteta como Oscar Wilde as achava tão fascinantes; mas pode ser também por isso que os evangélicos vitorianos as achavam tão sinistras, como são exatamente vistas por alguns filmes de horror modernos, já que tudo o que está fora do domínio da funcionalidade parece a um utilitarista estar também fora do domínio da moralidade. Os vitorianos, portanto, não conseguiam decidir se as crianças eram angelicais ou diabólicas, Olivers Twists ou Artfuls Dodgers. Elas são, é claro, igualmente sinistras porque misteriosas e estranhas, muito semelhantes a adultos, mas não são, de maneira alguma, iguais a eles.

Em boa parte de sua ficção, Milan Kundera vê o angelical como um discurso brando, "aterrorizado" de um idealismo ingênuo e um sentimento grandiloquente. O angélico é cheio de retórica moralista e *kitsch* edificante, avesso a dúvidas ou ironias. Para Kundera, angélicos são aqueles que, felizes, marcham em grupo na direção do futuro, gritando "Que seja longa a vida!", dando vivas e sorrindo de orelha a orelha, radiantes e fazendo piruetas. Parece que eles não percebem que um avanço no futuro é um passo em direção à morte. O angelical é uma negação estéril do inaceitável: é, como sugere Kundera, a fossa séptica que o Gulag usa para se livrar de seu lixo. Na esfera do angelical, a ditadura do coração reina suprema; por essa razão, os homens que fazem outros perderem o emprego tornam-se sentimentais em relação às própria famílias. A cultura oficial que hoje mais exemplifica o angelical é, sem dúvida, a dos Estados Unidos, pouco à vontade como estão com o negativo, o irônico, o ridicularizante ou o não higiênico. O angelical tem um sorriso vitrificado demais e está pronto demais para um aperto de mão para conseguir apreciar a semente da verdade no comentário de Sêneca em sua peça *Tiéstes*: "A dor é real e tudo o mais é meramente um interregno, irrelevante. As cicatrizes são as únicas partes do corpo nas quais confiar".

Kundera também vê o angelical como uma esfera em que há significados demais, em vez de significados de menos. O reino dos anjos é um reino em que tudo é instantânea e opressivamente significativo, em que não se pode tolerar nenhuma sombra de ambiguidade. É o bem-humorado mundo da ideologia oficial, em que a linguagem passa a assumir um obsoletismo autoritário e tudo é desoladoramente legível e transparente. Aqui, Kundera está pensando em especial no neostalinismo, dentro do qual ele cresceu. Não obstante, esse mundo em que tudo é flagrantemente exposto, comprimido e bidimensional, é também um mundo inundado de rumores e insinuações, vestígios reveladores, infidelidades sussurradas. Nada é exatamente aquilo que parece ser, de modo que somos convidados a um constante trabalho de decodificação.

Em *O livro do riso e do esquecimento*, Kundera conta a história de um tcheco que sente náusea no meio de Praga, durante o regime comunista. Um companheiro, também tcheco, passa por ele, balança a cabeça e murmura: "Sei muito bem o que você quer dizer". A brincadeira aqui é que o segundo tcheco lê como relevante o que é apenas um evento casual. Sob o comunismo, até mesmo vomitar precisa supor algum valor simbólico instantâneo. Nada pode acontecer por acidente. A versão extrema desse estado mental é a paranoia, em que os fragmentos mais casuais da realidade escondem uma grandiosa narrativa. Jamais podemos ter a certeza se, na Tchecoslováquia de Kundera, dominada pela União Soviética, um significado é o pretendido ou não – se existe algum significado fatal quando o cônjuge chega tarde, quando o patrão deixa de dizer "bom dia" ou naquele carro que segue atrás do nosso nos últimos quinze quilômetros.

Para Kundera, o oposto dessa condição é o demoníaco, em que há significado de menos, em vez de significado de mais. Talvez aqui haja um vago paralelo entre o angelical e demoníaco de Kundera e o Simbólico e o Real de Lacan. Se o angelical é solene demais quanto a significados, o demoníaco é cínico demais. Isso, com certeza, pode ter seu valor. O demoníaco é a gargalhada zombeteira, que esvazia as pretensões do angelical, esvaziando seu portentoso mundo. É o tipo de diversão que surge quando as coisas são subitamente privadas de seus significados habituais, uma espécie de distanciamento. É o subtexto absurdo de *Rei Lear*, em que Lear não consegue livrar-se de suas vestes reais por causa de um botão emperrado, ou Gloucester, que se lança dramaticamente de um penhasco imaginário em Dover apenas para terminar arrastando-se, humilde, no chão. Encontramos esse tipo de ridicularização na peça satírica que acompanhava a representação grega da tragédia, como um esvaziamento fundamental da solenidade trágica. Em nossos dias, o demoníaco ergueu sua cabeça chifruda, em outros tempos disfarçada de pós-estruturalismo, e deu de encontro à resposta ambivalente de sempre: trata-se de um questionamento revigorantemente cético de devoções suburbanas ou de um niilismo metafísico? Nunca é fácil distinguir entre a afirmação de que nenhum significado é absoluto e a sugestão de que não há significado algum.

O demoníaco é uma pausa momentânea na legibilidade tirânica das coisas, um reino de inocência perdida que antecede nossa calamitosa queda no significado. Como muitos reinos de inocência perdida, ele nunca está longe do cemitério, e Kundera o associa com a pulsão de morte. O demônio em *Os irmãos Karamazov*, de Dostoievski, diz a Ivan Karamazov que seu papel é agir como uma espécie de atrito ou negatividade nas criaturas de Deus, um fator renitente que as mantém na existência e evita que definhem por puro tédio. Do contrário, comenta ele, o lugar seria angelical demais – na verdade, "nada exceto Hosanas". O demônio descreve-se a si mesmo para Ivan como "o x de uma equação indeterminada", a "negatividade necessária" no universo, sem a qual a ordem irromperia e poria um fim a tudo (Parte 4, Livro 11, cap.9). É mais ou menos nesses termos que Jacques Lacan caracteriza o Real, esse insubordinável fator que, deslocado dentro da ordem simbólica, a mantém em funcionamento; e, já que o núcleo duro do Real é o desfrute indecoroso da pulsão de morte, sua ligação com o demoníaco é uma pincelada tipicamente imaginativa de Dostoievski. No inferno de *Doutor Fausto*, tormento mistura-se com prazer obsceno; gritos de agonia, com gemidos de desejo.

Anjos só podem ver demônios como cínicos, e não como céticos; mas, embora o demoníaco seja a brincadeira que zomba do superior e poderoso, há uma maldade implacável em relação a ele também. Como o diabo em *Doutor Fausto* nos diz, seu sorriso é de um "luciferino humor sardônico", um "divertimento dos diabos" com "gritos, berros, choros, balidos, lamentos, um esganiçar [...] o riso desdenhoso e exultante das Trevas" (p.378). O inferno é uma combinação de sofrimento e escárnio. Revoltado com a exagerada significação do angelical, o demoníaco soçobra no niilismo, nivelando todos os valores a uma porcaria amorfa. O satânico grito "Oh, mal, sê meu bem!" pelo menos preserva as distinções morais no ato de sua inversão, ao passo que o puro ceticismo que Kundera tem em mente não o faz; ele não consegue suprimir um espasmo de riso incrédulo diante da ingenuidade de homens e mulheres, sua patética avidez por acreditar que seus valores são tão sólidos como o ferro de passar. Para o demoníaco, valor é apenas uma farsa, e é por isso que ele tenta demoli-lo. Os demoníacos exasperam-se além de sua capacidade de tolerância com os insossos e aterrorizados anjos, sentindo um incurável comichão por desmascarar a falsa magnanimidade e mostrar que ela é falsa. Porém, ao fazê-lo, eles vêm a zombar do significado e do valor como tal. Os Iagos deste mundo não suportam a retórica ponderada e exagerada dos Otelos. Eles suspeitam que por trás dessa pomposa fachada alguma vacuidade absoluta ou algum não ser inimaginavelmente terrível está à espreita, e seu prazer sádico é expor isso pelo que é. Fora as posições superiores de organizações fascistas, essa é uma condição moral extremamente rara, embora, como demonstra o Holocausto, seja contagiosa também, e pode vir em surtos epidêmicos. Há muito pouco disso na arte trágica. É frustrante sentir que o inferno de Dante é habitado não por demoníacos, mas por uma gangue tristemente previsível de traidores, libertinos, glutões, hereges, hipócritas e similares; em suma, os suspeitos de sempre.

Não se trata, então, de uma férrea oposição ao valor por parte do demoníaco, e sim de sua incapacidade de ver o sentido desse valor, assim como um esquilo não consegue apreender o sentido da topologia algébrica. O que ele considera ofensivo não é esse ou aquele valor, mas toda a farsa da questão do valor como tal. Isso resolve uma aparente contradição, uma contradição que atormenta tanto Sade quanto Baudelaire: o mal precisa de valor para existir, mas, ao mesmo tempo, não acredita nele. O satanismo baudelairiano precisa, sem dúvida, ser irônico, pois como poderíamos obter *frisson* da maldade transgredindo códigos morais que sabemos ser, de qualquer forma, puramente convencionais? O demoníaco, entretanto, obtém seu *frisson* precisamente da exposição do valor como puramente convencional, e não de uma crença desafiadora na realidade do mal. O mal é a última coisa em que ele acredita, pois isso envolve conceder credibilidade ao bem. Ser malvado é compartilhar as mesmas condições com o virtuoso, ao passo que o demoníaco se enfurece com a ilusão de que qualquer coisa – boa ou má – poderia, de fato, ter importância. Como mostra o romance *Riso no escuro*, de Vladimir Nabokov, em relação a uma de suas personagens menos agradáveis: "Talvez a única coisa real a respeito dele fosse sua convicção inata de que tudo o que já foi criado no domínio da arte, da ciência ou do sentimento foi apenas um truque mais ou menos inteligente". O Mefistófeles de Goethe, um espírito que "nega sem cessar", acredita que "tudo o que vem a ser/ está apto para ser destruído, pois nada vale" (Parte 1, gabinete de trabalho de Fausto).

O que leva o demoníaco à fúria sardônica é a detestável plenitude da existência humana, sua presunçosa crença em sua própria solidez. É por isso que os satânicos têm um pacto secreto à *la* Baudelaire com os artistas boêmios, que, de modo semelhante, zombam da ostentação apática da burguesia. Ao esvaziar um mundo que calibra o valor por uma escala escrupulosamente matizada, o demoníaco despedaça essas identidades singulares, transformando-as na eterna mesmice do lixo, e, assim, acaba ironicamente na identidade pura. Ao destruir a aura única do angelical, ele cai em uma interminável reprodução mecânica, para a qual o protótipo, em Kundera, é a orgia sexual. Há algo ruidosamente cômico na suposta singularidade do amor erótico, que se repete sem cessar, em um sem-fim de espelhos. Entretanto, a visão de corpos nus desajeitados, comprimidos em um único espaço, é também, para Kundera, uma imagem da câmara de gás. O singular é um fetiche, sem dúvida, mas uma permutabilidade de objetos não é nenhuma alternativa. Se corpos são permutáveis para o carnaval, eles também o são para o nazismo e para o stalinismo. Movemo-nos em uma linha tênue como um fio de cabelo, entre a palhaçada e o cinismo, significados de mais e significados de menos, o desmascarar e o aniquilar, a mesmice que se assemelha a lixo e a diferença fetichizada. Em estilo classicamente cômico, nossa natureza biológica nos lembra do que temos em comum, ao contrário das discriminações da cultura, ciumentamente estimuladas; mas a identidade é também uma forma de morte. No inferno tudo é exatamente, eternamente o mesmo. É angustiante, não por causa de todos aqueles espetos de churrasco maldosamente afiados, mas porque ele é de uma monotonia intolerável. O inferno não é uma câmara de tortura, mas um eterno coquetel.

O problema, então, é como pisar a linha entre significado de mais e significado de menos. É uma linha que atravessamos cada vez que abrimos a boca, já que há sempre sentido de mais e sentido de menos naquilo que dizemos. Para Freud, o não significado está na base do significado; entretanto, o significado é também excessivo, pois o significante vem a sugerir mais do que pretendemos. E o significado do que dizemos é adensado mediante o puro ato de sua expressão. Vivemos suspensos entre um excesso de sentido e uma deficiência dele, angelical demais e demoníaco demais, e esses estados são imagens-espelho um do outro. As sociedades, por exemplo, precisam do angelical para preencher o vazio criado pelo demoníaco. Na esfera do angelical ou ideológico, afirmamos o valor singular da cada indivíduo: "Sou Willy Loman e você é Biff Loman!". Entretanto, na esfera do mercado, esses indivíduos são de uma mesmice repulsiva, indiferentemente permutáveis: "Pai! Não tenho nada de especial, e nem você!".

O mal, então, parece ter duas faces. Por um lado, há o desejo de negar a negação – aniquilar a coisa sem nome, pegajosa (vamos chamá-la de o judeu ou o muçulmano), que significa nossa própria vacuidade; por outro lado, há o impulso de destruir aquela plenitude abominável do ser, que nega sua própria falta de alicerce. Quase poderíamos chamar essas formas angelicais e demoníacas de mal – as primeiras reprimindo sua própria falta de ser, as últimas alegrando-se com isso. Vale notar que o nazismo combina os dois modos: ele está entremeado de uma retórica imprestável, um falso vitalismo, um idealismo purista e ontologias falsificadas, e também impregnado de uma destrutividade que se autoconsome.

Há um equivalente de esquerda nessa divisão demoníaco/angelical. Os esquerdistas tendem a ser ou demônios cáusticos, céticos e desmistificadores, ou anjos afirmativos, utópicos e humanistas. Os demônios enfatizam o conflito, o poder, a desmistificação, a hipocrisia da positividade, a necessidade de constante vigilância hermenêutica. Os anjos enfatizam a comunidade, veem o conflito como algo necessário, mas lamentável, respeitam significados comuns em vez de ridicularizá-los como falsa consciência, e veem um futuro justo, que amplia valores já ativos no presente. Raymond Williams e Jürgen Habermas são angelicais, ao passo que Michel Foucault e Jacques Derrida são demoníacos. É raro um esquerdista que combine as duas tendências; Edward Thompson, em seu melhor momento, manteve um pé em cada campo. Ambos os tipos de esquerdismo são indispensáveis, mas a tensão entre eles é inerradicável. Os demônios exageram na descontinuidade entre o presente e o futuro, enquanto os anjos são evolucionistas demais em relação a isso. Os demônios são céticos demais quanto ao presente, e os anjos, delicados demais para ele.

Os franceses têm certa pretensão de exclusividade sobre o demoníaco. Brincar com os sentimentos dos outros pelo prazer mortal do jogo é uma preocupação de protagonistas de Stendhal, assim como de *As ligações perigosas*, e um rosnado satânico novamente irrompe na poesia de Baudelaire. Não pode haver muita dúvida de que o diabo é um parisiense, embora ele tenha sua estranha contrapartida alemã: Fritz von Moor em *Os bandoleiros*, de Schiller, é uma figura que, deliberadamente, opta pelo mal. Goetz, o protagonista extremamente complexo da peça de Sartre *O diabo e o bom deus*, é um general alemão que adere ao mal apenas pelo prazer de aderir antes de se voltar para um culto igualmente esteticista do bem. É um drama metafísico maduro no cerne da modernidade tardia, embora o fato de ele remontar à Guerra dos Trinta Anos o torne mais plausível. Goetz proclama-se demoníaco ("Você não compreende que o Mal é minha razão de viver? [...] Eu pratico o Mal pelo prazer de praticar o Mal" (Ato I, cena 2) e decide destruir uma cidade apenas porque todos querem que ele a poupe. Para ele, praticar a violência é um ato puramente gratuito, em contraste com a violência estratégica do popular líder Nasti, o que a peça endossa. O mal é um assunto elitista: ele é praticado por causa das dificuldades envolvidas, valorizado por sua extrema raridade.

Goetz abomina ser amado, como Pinky, a personagem de Graham Greene, em *Brighton Rock*, ou como Pincher Martin, de William Golding, cuja resposta à oferta de perdão feita por Deus é "Estou me lixando pelo seu amor!". O demoníaco vivencia o amor como uma violenta ameaça ao seu não ser, pois ele é uma forma de valor e significado, e Martin é, finalmente, triturado pelo implacável "raio fatal" do amor de Deus. É esse amor apavorante que tradicionalmente se conhece como o fogo do inferno. Assim como Goetz, Martin sabe que a liberdade suprema é que Deus jamais irá perdoá-lo contra a sua vontade, de forma que ele tem seu Criador inteiramente em seu poder. Goetz preza o mal porque é a única coisa que Deus deixou para a humanidade criar, depois de, ele próprio, ter criado todas as coisas interessantes. "O homem", ele comenta, "foi feito para destruir o homem dentro de si mesmo e para se abrir como uma fêmea ao corpo imenso e negro da noite" (Ato III, cena 9). Curiosamente, o *Übermensch* é também um eunuco e a cópula aqui é também o prazer da pulsão de morte. Já que Deus não evita seus massacres, especula Goetz, ele deve implicitamente aprová-los, e os malfeitores são os instrumentos que ele hipocritamente esconde: "Obrigado! Oh, Deus! Muito obrigado! Obrigado pelas mulheres estupradas, pelas crianças empaladas, pelos homens decapitados" (Ato I, cena 3). Goetz acredita que, através dele, "Deus está indignado consigo mesmo"; portanto, talvez os maus sejam instrumentos do masoquismo divino; ou talvez Deus, sendo a própria plenitude do ser, não consiga apreender o nada e, portanto, seja inocente. Se Deus permite que os inocentes sofram, então ele está nas mãos de malfeitores, que devem, assim, ser – eles próprios – semelhantes a deuses, de forma que o mal é uma forma monstruosa de bem.

O mal, como vimos, mantém relações com o bem, e o demônio é um fiel devoto religioso. "Aqui estamos face a face novamente", diz um Goetz regenerado a Deus, "como nos velhos e bons tempos, quando eu praticava o mal" (Ato III, cena 9). Ele gosta de se enturmar com os grandes e poderosos; Deus, declara ele, é o único inimigo digno de seus talentos. É lógico, portanto, que, uma vez persuadido de que o mal é lugar-comum e o bem está com baixa oferta, Goetz deve deslocar sua lealdade para o culto de um sentimentalismo autoflagelante, que é a melhor paródia da virtude cristã que ele consegue encontrar. É uma espécie de auto-humilhação vangloriosa, que acaba sendo tão destrutiva da vida humana quanto o seu mal anterior. O altruísmo de Goetz, assim como o de Timão de Atenas, da peça de Shakespeare, é somente uma forma pérfida de egoísmo; mas pelo menos, como percebe mais tarde, por meio desses aparentes deslocamentos de sua lealdade, ele permaneceu coerentemente ele próprio, fiel ao seu próprio e terrível egoísmo: "permaneceste fiel a ti mesmo, fiel; nada além de um vigarista" (Ato III, cena 10). Melhor um vigarista autêntico do que um santo que se autoilude.

Como Will Ladislaw aconselha Dorothea Brooke em *Middlemarch: um estudo da vida provinciana*, de George Eliot, devemos nos precaver contra um "fanatismo da compaixão". O anverso do esteticismo do mal é uma utopia falsa – a crença sentimental de que o reino do céu pode ser o aqui e o agora – o que é tão desdenhoso da ação instrumental quanto o próprio mal. Tanto o mal quanto a falsa utopia são avessos à política, enquanto o revolucionário Nasti argumenta que a única alternativa para um falso amor é um ódio militante, e que a boa sociedade deve enfrentar uma luta violenta pela justiça, se realmente pretendemos que ela venha a nascer. O mal e os eleitos espirituais são iguais em seu desdém pela conveniência: falsos profetas como Goetz – comenta Nasti – afirmam "Farei o que acredito estar certo, mesmo que o mundo pereça" (Ato II, cena 4). A Antígona, que é uma heroína para Lacan, seria, para Nasti, uma egoísta politicamente irresponsável. Não obstante, a alternativa para esse arrogante desdém por consequências pode ser uma conveniência política que está preparada para escalar o reino da liberdade pisando uma pilha de cadáveres.

Goetz é, de fato, um boêmio de esquerda que fracassa horrivelmente, e Sartre dele se vale para sondar com uma franqueza louvável as falhas de sua própria fé. O que Goetz realmente deseja não é ser bom ou mal, e sim "não humano", além do alcance da má-fé e do conformismo da plebe. No fim, ele se redime rejeitando Deus e tornando-se um devoto existencialista sartriano, reconhecendo que seu mal pressupôs Deus tanto quanto o seu bem. Agora, ele assume a responsabilidade pela sua própria existência e luta ao lado de Nasti pela emancipação da humanidade, um fim que envolverá massacre e impiedoso cálculo. Sua imagem-espelho no teatro existencialista é o monstruoso Calígula, de Albert Camus, cuja única felicidade está no desprezo e na malevolência – no "glorioso isolamento do homem, que, durante toda a vida, acalenta a alegria inefável do criminoso impune e se vangloria disso; a lógica mentirosa que apaga vidas humanas [...] de modo a, finalmente, aperfeiçoar a completa solidão, que é o desejo de meu coração" (Ato IV). Assim como Goetz, Calígula é uma paródia assustadora do herói existencialista, expondo a parte vulnerável do credo. Se a liberdade é absoluta e o valor é arbitrário, e se o que importa é a autenticidade em vez da virtude, então por que simplesmente não arrasar e destruir?

As trágicas tensões do drama de Sartre são tão políticas quanto metafísicas. Não podemos lutar pela justiça sem alguma ideia reguladora de um bem que esteja além do presente; entretanto, como, então, não sacrificar o presente por ele? A sociedade justa, como admite o utopista, é um fim em si; entretanto, como não sabotá-la pela ação inevitavelmente instrumental e moralmente comprometida para garanti-la? Aqueles que lutam por um mundo como esse podem, portanto, ser as últimas pessoas a exemplificar suas virtudes, como Bertolt Brecht comenta em seu poema "To Those Born Afterwards" [Àqueles que Nasceram Depois]: "Ah, nós que tentamos preparar o terreno para a amizade / Não conseguimos – nós mesmos – ser amigos"; ou como um dos revolucionários de Camus insiste em *Os justos*: "Há afeto no mundo, mas ele não é para nós" (Ato III). Um ativista da classe operária no romance de Raymond William, *Second Generation*, comenta que "os sentimentos que aprendemos quando lutamos desqualificam-nos para a paz [...] Seríamos as piores pessoas, as piores pessoas possíveis em qualquer boa sociedade" (cap.18). No fim, a peça de Sartre resolve esse dilema, que Williams corretamente vê como trágico, ao equacionar efetivamente o autotelismo do bem com o egoísmo do mal, anulando ambos em nome da prática revolucionária. E ambos, sem dúvida, têm muito em comum para tornar essa proposição plausível; mas ela é também uma conhecida tática retórica: esqueça as utopias ingênuas e leve a sério a luta material. Porém, temos apenas de perguntar que valores essa luta pretende promover, que meios são permissíveis a ela, ou como tal caso difere do pragmatismo e do utilitarismo, para que as questões morais retornem.

Os demoníacos são aqueles que destroem os outros pelo prazer da destruição, uma condição gratificantemente rara. Valmont e o marquês de Merteuil, do romance de Laclos, *As ligações perigosas*, são os principais concorrentes literários para essa posição. Pechorin, o protagonista libertino de *Um herói de nosso tempo*, de Lermontov, também pertence a essa espécie incomum, com seu prazer em ferir os outros, usando-os como mera forragem para seu próprio ego. Como o diabo, ele é um idealista desencantado que já teve muitos sonhos de juventude. O conde Cenci, de Shelley, que extrai um prazer sádico da crueldade, embora acredite piamente em Deus, é outra dessas figuras diabólicas. Para o culto do mal na visão de Sade, a derradeira perversidade é a transgressão da própria transgressão, a destruição das fontes de destruição. Porém, visto que isso é impossível, o desejo diabólico precisa continuar insatisfeito, o que é uma razão por que os textos extraordinariamente monótonos de Sade ensaiam uma troca sexual após outra, com toda a repetição compulsiva da pulsão de morte, em sua busca da perversidade suprema. Todavia, enquanto tal perversidade for inteligível, ela não poderá ser, de forma alguma, suprema. Ferir a nós mesmos e aos outros é a única maneira de podermos triunfar sobre uma Natureza sem significado, removendo as suas limitações e penetrando no vazio, onde tudo é permitido e nada importa.[32] Mas essa liberdade – como percebe Ivan Karamazov, de Dostoievski – é uma liberdade absolutamente fútil: se nossa transgressão demonstra que nada importa, então isso precisa incluir o ato da transgressão; tem apenas valor de propaganda, como uma arma útil em uma campanha para *épater le bourgeois*.

Embora esse estado mental seja raro, uma versão não maligna dele é muitíssimo comum – na verdade, na forma de autodestruição ou sadomasoquismo, nada mais é do que a pulsão de morte, que, para Freud é um constituinte "demoníaco" de toda a existência humana. Freud identifica um masoquismo primário no interior de todo sujeito humano, que, então, se extroverte na forma de agressão sádica. Exteriorizar esse instinto é necessário para o organismo não se autodestruir – na verdade, não apenas necessário como também construtivo, pois a pulsão de morte, então, funde-se com uma forma sublimada do Eros para dominar a Natureza e moldar a civilização. Destruir os outros é nossa rota de fuga para não aniquilarmos a nós mesmos.

Isso é muito válido com relação ao atormentado teatro de August Strindberg. A relação entre Jean e a senhorita Júlia, por exemplo, representa uma luta mutuamente destrutiva pelo poder, do qual ambas as parceiras colhem um prazer perverso, detestando e desprezando uma à outra, de uma forma que provê o chocante prazer de ambas. O que é incomum é a destruição literal dos outros para o nosso prazer; a versão metafórica disso, para boa parte do pensamento moderno, é conhecida como relações humanas. E não apenas para o pensamento moderno. Sócrates faz observações a respeito da proximidade existente entre a dor e o prazer, e especula, à moda de Esopo, que Deus pode ter amarrado as cabeças de ambos uma à outra para que parassem com suas perpétuas querelas.[33] Se a excelente tragédia de John Dryden, *All for Love*, não é tão convincente quanto *Antônio e Cleópatra*, de Shakespeare, é porque, entre outras coisas, ela carece do complexo sentido de perversidade da última, de seu prazer na depravação. Franco Moretti vê a tragédia jacobina como "um mundo cujo

---

32 Para uma interessante análise filosófica, ver Airaksinen, *The Philosophy of the Marquis de Sade*.
33 Platão, *The Last Days of Socrates*, p.110 e 112.

desejo mais profundo é pelo oblívio",[34] escravo da *jouissance* da pulsão de morte. A relação profundamente perversa de Beatrice e De Flores em *The Changeling*, de Middleton, outra ligação patroa/serviçal, prefigura *Senhorita Júlia*, mais ou menos como *Quem tem medo de Virginia Woolf?* repete a peça com uma diferença.

No prefácio a *Senhorita Júlia,* Strindberg comenta a respeito de como encontra "a 'alegria de viver' nos cruéis e poderosos conflitos da vida". Em sua peça *A dança da morte,* Alice e o capitão estão presos em semelhante relação ambivalente, incapazes de se separar, já que sua única gratificação está na dor do outro. A peça descreve-os como se eles estivessem "no inferno". Como comenta o advogado em *O sonho*: "Então, a vida inteira um atormentando o outro! O prazer de um é a dor do outro!" Isso é o mais próximo a que podemos chegar do que costumava ser conhecido como relações amorosas. "Não existe mais lugar na vida civilizada de nossos dias", comenta Freud com melancolia, "para um amor simples e natural entre dois seres humanos".[35] Não é, entretanto, simplesmente do fato de que a tragédia nos mostra o entrelaçamento entre o amor e a morte no palco. A peça evoca uma reação igualmente ambivalente da plateia. Nesse sentido, o misto de desconforto e fascínio com que os espectadores recebem a ação denota também os seus movimentos internos em relação à pulsão de morte que eles veem encenada à sua frente.

Politicamente falando, uma alegria perversa diante da ruína absoluta é, ou o culto da morte praticado pelo fascismo, ou o tipo extremo de anarquismo que marca o ensandecido professor de *O agente secreto*, que realmente quer explodir o próprio tempo e a própria matéria e começar a história a partir do zero. Seu confrade espiritual é Souvarine, o revolucionário arrogante e purista do romance *Germinal*, de Zola, que anseia por despedaçar o mundo juntamente com o desprezível e politicamente comprometido proletariado. Existe semelhante absolutismo de ultraesquerda em relação ao jesuíta marxista Naphta de *A montanha mágica*, de Thomas Mann, conforme veremos mais adiante. O exaurido Danton do drama de Büchner também sonha com uma aniquilação orgástica da matéria, pois acha que o mundo está absurdamente repleto: "O nada matou a si mesmo; a criação é sua ferida" (Ato III, cena 7). As coisas são apenas defeitos ou irregularidades na absoluta perfeição do nada, manchas exasperantes na

---

34 Moretti, *Signs Taken For Wonders*, p.81.
35 Freud, *Civilization and Its Discontents*, p.77.

eternidade. "É melhor relaxar *debaixo* da terra" comenta Danton, "do que sair a correr lá em cima e ganhar calosidades".

Birkin, personagem de *Mulheres apaixonadas*, de D. H. Lawrence, anseia pela morte da humanidade para que algum produto menos detestável da força de vida possa tomar seu lugar – personagem que é outro expoente dessa pulsão de morte política. Birkin sente uma atração perversa pela ideia de depravação e de decadência absoluta, simbolizada no romance pela estatueta africana; porém, a imagem da lua na água, que ele tenta destruir com uma pedra regenera-se inexoravelmente, da mesma forma que os reveladores pedaços do corpo despedaçado de Stevie em *O agente secreto* sobrevivem à explosão da bomba no Observatório de Greenwich, o ponto fixo do mundo em rotação. A matéria não é tão facilmente erradicada, e, como uma horrenda ficção científica, a lama irá invadir a beira do abismo em que tentamos afundá-la sem deixar vestígios. Se a intenção é construir a Nova Jerusalém, isso só pode acontecer com os tijolos lascados e espatifados que temos à mão. Mesmo assim, nada parece mais maravilhosamente criativo do que a ideia de destruição total, o que faz uma diferença bem mais palpável para o mundo do que moldar um Estado político ou uma obra de arte. A política da pulsão de morte – de Georges Sorel e Patrick Pearse a W. B. Yeats e os apologistas do fascismo – vê a violência como uma força purificadora, induzindo uma entorpecida civilização suburbana a adotar uma nova vida, como os raios de eletricidade que o cientista maluco envia por intermédio de seu monstro.

O amor luta contra a morte, mas envolve um abandono extático do eu que é a imagem-espelho da morte.[36] A vida, como Yuri Jivago, de Boris Pasternak, escreve carinhosamente em um de seus poemas "é apenas o dissolver / de nós mesmos em todos os outros/ como se fôssemos um regalo para eles". Em um momento de epifania, Thomas Buddenbrook, ao final do romance de Thomas Mann, passa a compreender que

> [...] a morte era uma alegria tão grande, tão profunda, que só se poderia sonhar com ela em momentos de revelação como o presente. Era o retorno de uma perambulação indescritivelmente dolorosa, a correção de um grave erro, o afrouxamento de correntes, a abertura de portas – ela corrigiu uma lamentável desventura. (Parte 10, cap.5).

---

36 Para um estudo impressionantemente abrangente sobre esse tema, ver Dollimore, *Death, Desire and Loss in Western Culture*.

A vida ou Eros é o termo que o Freud da maturidade utilizou para designar esse indescritivelmente doloroso perambular, que nada mais é do que o sinuoso caminho tomado pelo ego em sua busca pela beatitude da extinção. Não é surpresa que buscamos uma saída para o amor, que no *Simpósio*, de Platão, é uma busca potencialmente trágica. Fedra, de Racine, está, literalmente, morrendo de desejo, e seu Hipólito fala do amor como autor de terríveis destruições e calamidades. Nem chega a ser surpresa que o ego, depois do injurioso trabalho de separar-se do mundo, sinta-se tentado pela confortável e temerosa alegria de dissolver-se e transformar-se nele uma vez mais.

"Terribilíssimo, embora gentilíssimo, para com a humanidade", assim Dioniso é retratado em *As bacantes*. Como acontece com Cristo, que diz "Venham a mim todos os que estão sobrecarregados de trabalho, e eu lhes darei descanso", o deus da peça de Eurípides traz consigo o esquecimento do eu e um misericordioso alívio da labuta, sobretudo para os pobres. Visto que ele é uma força indiscriminada, a emancipação que promete não respeita classe social. Para a *Dialética do esclarecimento*, "o pavor de perder o eu e de anular juntamente com o eu a barreira entre si mesmo e outra vida, o medo da morte e da destruição está intimamente associado a uma promessa de felicidade que ameaça a civilização a cada instante".[37] Essa pulsão dionisíaca, que para Nietzsche é exatamente o que a tragédia celebra, substitui a morte pela autodestruição, de forma que pelo menos nossa extinção chega até nós de uma forma agradável, mesmo que punitiva. Dioniso, como observa Nietzsche em *O nascimento da tragédia*, é uma horrível mistura de crueldade e sensualidade. Se o dionisíaco é êxtase e *jouissance*, ele é também a alegria repulsiva de brincar de jogar bola com pedaços do corpo mutilado de Penteus. Talvez o melhor drama dionisíaco do período moderno seja *Pentesileia*, de Kleist, uma extraordinária fusão de violência e erotismo, dominação e sujeição, ternura e agressão, em que a heroína amazona – muito dada a beijar homens de fibra e abraçá-los até a morte – destroça Aquiles, seu amante, com os dentes. É difícil imaginar que isso seja apropriado como entretenimento em família. Em uma tradução dos tempos modernos, Pentesileia descreve um beijo e uma mordida como estando "lado a lado", e lamenta o "descuido da língua" que foi o seu ataque selvagem a Aquiles.[38]

---

37 Horkheimer; Adorno, *Dialectic of Enlightenment*, p.33.
38 Ver a tradução da peça por Greenberg em *Heinrich von Kleist:* Five Plays.

A Lei não é nem um pouco avessa ao nosso prazer, desde que seja o prazer que colhemos por permitir que sua força de embate com a morte nos triture eroticamente até que nos tornemos migalhas. Ela é terna para a nossa satisfação, ordenando que colhamos uma gratificação mórbida de nos destruir a nós mesmos; e quanto mais culpa essa autorrepulsa gera em nós, mais clamamos para que a Lei nos castigue e, assim, aumente nosso prazer. Como toda autoridade eficiente, a Lei encoraja de bom coração a participação de seus sujeitos. De espírito admiravelmente paternalista, ela deseja que participemos da tarefa de nos torturarmos, trabalharmos sozinhos, fazer parecer que somos responsáveis por nossa autodestruição, para que ela possa ter mais sucesso na realização de seus fins.

Às vezes é difícil distinguir entre o mártir e o demoníaco, pois ambos são leais à morte. Ambos consideram o viver à sombra da morte a única forma autêntica de vida. Na verdade, se Freud merece crédito, é aqui que vivemos, gostemos ou não; mas tanto o mártir quanto o demoníaco fazem de seu destino sua decisão, apropriam-se daquilo que nós, os tipos menos virtuosos ou pecadores, a classe média moral, por assim dizer, simplesmente devemos suportar como fatalidade. Rilke tem essa distinção em mente quando contrasta *der eigne Tod*, querendo aludir a uma morte que, de alguma forma, deixa de caber em nossa vida e que pessoalmente autenticamos, com *der kleine Tod*, que é a morte como mero evento biológico, que nos ceifa arbitrariamente. Há um paralelo com a distinção que já observamos na teoria da tragédia entre imanência e acidente. A morte é, de fato, algo que acontece; mas prevendo-a, podemos permitir que ela deixe o significado em perspectiva, que é a mensagem de *A vida é sonho*, de Calderón de la Barca. Uma vez que percebemos o quão fugaz e vazia é a maior parte das realizações, podemos abdicar de nosso apego à pompa e ao poder, saborear o presente com mais intensidade e viver de maneira o menos ilusória possível. Ao aceitar nossa finitude, podemos viver provisoriamente, não fetichizando ou sobre-estimando a existência e, portanto, livres de desalento trágico. O que é fato trágico para alguns pode se tornar valor moral para outros.

A humanidade é "a única coisa viva que concebe a morte", como observa o filosófico Big Daddy em *Gata em teto de zinco quente*, de Tennessee Williams; ou, como Heidegger poderia ter afirmado com um tom nasal do Sul, *Dasein* é o único modo do ser que se pode colocar em dúvida. Abordar a questão da nossa morte é permitir que algo surja do nada. O demoníaco é a morte em vida daqueles que se alimentam da ruína dos outros, como vampiros ou necrófagos, aqueles que anseiam por estar vivos, mas somente conseguem uma reles paródia disso. A condição oposta, que pode parecer desconcertantemente semelhante, é a de mártir, que oferece sua morte como um presente aos vivos. Mesmo que isso esteja além de nossos meios, ou – o que é gratificante – não surja, podemos desarmar a morte, ensaiando-a aqui e agora nas nossas próprias concessões de vida. Essa postura em relação à morte ("morremos a cada instante") é a que São Paulo recomenda. Para alguns, esse ensaio ou antecipação prazerosa da morte é conhecido como tragédia. Em *Fenomenologia*, Hegel diz que "a morte […] é, dentre todas as coisas, a mais apavorante, e agarrar-se ao que está morto requer a maior força […] Mas a vida do Espírito não é a vida que recua da morte e se mantém intocada pela devastação, mas, em vez disso, é a vida que a tolera e se mantém dentro dela".[39] Sem dúvida, não é uma questão simples diferenciar entre um fetichismo mórbido da morte e essa recusa em recuar da questão de nossa própria finitude. Na realidade, não esperaríamos nenhuma distinção clara aqui.

Talvez a obra mais notável que temos sobre Eros e Tânatos seja o romance de Thomas Mann, *A montanha mágica*,[40] que trata inteiramente dessa mescla de gelo e fogo que é o que parece ser um paciente com febre. A versão inglesa, bem menos resplandecente, é *Mulheres apaixonadas*, de D. H. Lawrence, embora *Salomé*, de Oscar Wilde, também seja uma obra relevante. As preocupações do romance podem ser resumidas no esplêndido ato falho de uma das personagens, que exige que a *Erotica* seja apresentada ao lado do túmulo de um belo e jovem tuberculoso. A própria vida – especula o romance de Mann – talvez nada mais seja do que uma "febre da matéria" (p.275), e a febre do tuberculoso tem o rubor febril de uma falsa vitalidade. A vida pode ser uma espécie de doença, uma espécie de agitação febril da matéria que, então, nem bem é matéria nem espírito. Se for assim, ela dificilmente pode ser trágica, mas tem a não tristeza das coisas "que têm a ver com o corpo e somente com ele" (p.27). Um inválido é inteiramente corpo, e, portanto, uma afronta à afirmação humanista do espírito.

O amor é, sem dúvida, uma espécie de doença; de todos os nossos instintos, é o mais perverso, instável e propenso a erros, e distinguir seus aspectos sagrados de seus aspectos profanos é tão impossível quanto diferenciar matéria e espírito. Inversamente, a doença, em certa leitura

---

39 Hegel, *The Phenomenology of Spirit*, p.19.
40 Mann, *The Magic Mountain*. Todas as referências seguintes a essa obra são informadas entre parênteses após a citação.

psicanalítica que se faz dela, pode ser amor transformado, desejo esgotado no corpo como um sintoma decifrável. No romance, o ar da montanha do sanatório suíço expõe e também cura a tuberculose, sendo um *pharmakos* ou um amálgama homeopático de saúde e veneno. Na verdade, até mesmo o próprio médico que administra o local, Behrens, pode ter a doença. Como um "médico enfermo", é, então, ele próprio um *pharmakos*, tal qual o cirurgião ferido de *Quatro quartetos*, de T. S. Eliot. Como Mynheer Peeperkorn comenta no romance, todas as substâncias são veículo tanto da vida quanto da morte, e ambas, medicinais e venenosas; de fato, terapêutica e toxicologia são, para ele, exatamente a mesma coisa. Hans Castorp, em uma "abominação incestuosa", é inoculado com um soro preparado com seu próprio sangue. A própria clínica, que parece uma aberração no meio das benfazejas planícies lá embaixo, é também um microcosmo de suas doenças endêmicas, quando o romance termina com a carnificina da Primeira Grande Guerra. *A montanha mágica* é, dessa forma, outro dos grandes romances de guerra de Mann, uma contrapartida a *Doutor Fausto*. Entretanto, se a clínica tem, assim, a tipicidade de uma obra de arte, ela também compartilha algo da indolência e da decadência privilegiada da arte, como um cercado narcisista em que as emoções se tornam dissolutas e instáveis, e os estados mentais intensificam-se de modo extravagante. E a clínica é tão evasiva em relação à morte – o segredo em seu interior – quanto a retórica militarista do mundo lá embaixo.

A despeito de toda a mediania desajeitadamente bem-intencionada, o herói Hans Castorp tem um orgástico encontro inicial com a pulsão de morte. Por um precioso momento, ele saboreia "como deve ser a sensação de finalmente libertar-se do peso de uma vida respeitável e dos infinitos reinos da vergonha"; e estremece diante da "selvagem onda de doçura que o arrebata diante desse pensamento" (p.81). O instinto de morte, pelo menos, é decididamente antiburguês, uma forma de política em si mesma. Talvez, a vida e a morte – pondera o romance – sejam apenas pontos de vista diferentes sobre a mesma realidade, como, de fato, são o orgânico e o psicanalítico, o sagrado e o obsceno, o subjetivo e o objetivo ou o intuitivo e o científico. As fronteiras entre essas formas de conhecimento são tão indeterminadas quanto aquelas entre matéria e espírito. Em certo sentido, a morte é o próprio acme da objetividade, já que ela está totalmente além da nossa experiência e, em outro sentido, do próprio centro do sujeito humano.

A humanidade está hesitantemente suspensa entre a afirmação e a negação da vida, o que, nesse romance, quer dizer entre o humanismo esclarecido e liberal de Settembrini, com seu estilo de racionalismo progressista wellsiano, e o culto irracionalista da morte praticado por Naphta. A visão de Settembrini é tanto generosa quanto racista, tanto cosmopolita quanto eurocêntrica; o comunista Naphta é politicamente radical em seu desdém pelo progressismo burguês, mas ele descarta a crença de um ponto de vista neofeudalista e está intensamente apaixonado pela morte. Em seu aristocrático pessimismo, absolutismo moral e desprezo pelo Iluminismo, Naphta é um vigoroso modernista na revolta satânica contra o espírito de modernidade de Settembrini. Um exaurido humanismo liberal precisa agora ceder espaço para o inumano, o arcaico, o formalista e o oculto. O que agora é obsolescente é o próprio progresso, como sugere a clínica, onde, aparentemente, quase ninguém se cura. Se o humanismo de Settembrini afirma o ego e tenta racionalizar a morte, Naphta sacrifica o ego, achando, como um jesuíta, que seu prazer mais profundo está na obediência disciplinada e, assim, apresenta-se como símbolo de Tânatos. "Todos os seus pensamentos são voluptuosos e ficam sob a égide da morte" (p.412), como o opressivamente normativo Settembrini comenta a respeito dele; e, de fato, Naphta acaba se matando com um tiro. Ele é o puro espírito da tragédia da maneira como os tradicionalistas a concebem: ascético, elitista, sacrifical, hierárquico, antirracionalista, espiritualmente absolutista, hostil à modernidade.

Tanto Naphta quanto Settembrini representam uma espécie de morte em vida, o que quer dizer uma desconstrução das polaridades que eles, supõe-se, respectivamente significam. Settembrini celebra a vida e, no entanto, está morrendo; Naphta acredita em viver sua vida com todo o absolutismo, rigor formal e ardor autossacrifical da morte. Nesse romance, como em *Doutor Fausto*, a morte está do lado tanto da desintegração extática ("liberação, imensidão, abandono, desejo" – p.496) quanto de um rigoroso formalismo. A mesma coisa é verdadeira acerca de *Morte em Veneza*, também de Mann, em que, como artistas, quanto mais sublimamos a vida tornando-a forma pura, mais nos tornamos presas de uma dissolução mortal. Quanto mais a razão reprime os sentidos, mais ruidosamente eles clamam por atenção. A arte nos protege da consciência do abismo, mas, ao fazê-lo, ajuda a nos inclinarmos para dentro dele. O apolíneo busca a perfeição, mas, visto que não existe nada mais puramente imaculado do que o nada, ele junta-se novamente à própria sublimidade disforme que pretende evitar. O rigorosamente autodisciplinado Aschenbach de *Morte em Veneza* é tomado de uma "monstruosa doçura", um desejo dionisíaco de morte, doença e vazio; e esse é um risco ocupacional do artista, que precisa abordar o espírito por meio da carne e, assim, sempre pode ser seduzido por ela no caminho.

O ascetismo jesuítico de Naphta origina-se de maneira lógica, ainda que incongruamente, de um tipo de socialismo absolutista e dogmático. Ele é a mais perversa das figuras, um marxista católico, um oximoro humano que a história vomita de tempos em tempos. Entretanto, há uma forma alternativa de morte em vida que é afirmar o humano de uma maneira não arrogante, com a consciência de sua fragilidade e finitude. Esse humanismo trágico, que reflete a perspectiva do próprio Mann, aceita, ao contrário de Settembrini, a ruptura da morte, mas recusa-se a fazer dela um fetiche à *la* Naphta. Settembrini prega uma versão de morte em vida, mas apenas para juntar a morte à vida da razão e assim desarmar seus terrores. Para ele, ver a morte como um poder independente, "sentir-se atraído por ela, sentir-se solidário a ela, é, sem dúvida alguma, a mais sinistra aberração a que o homem pode ser atraído" (p.200). Com seu culto repressivo da saúde e da *sanitas*, em que doença é algo análogo à depravação, Settembrini vê a perversidade comum a todos os homens e mulheres como indescritivelmente escandalosa. Ele não percebe que a verdadeira anormalidade seria *não* achar a morte inconscientemente sedutora. Entretanto, a mórbida aceitação da morte por parte de Naphta é, na mesma medida, inaceitável. "A imprudência da morte está na vida, e não seria vida sem ela" (p.496), como Hans Castorp vem a compreender, mas isso não deveria autorizar um nietzschianismo vulgar, como ocorre com aqueles grotescos internos da clínica que bailam sozinhos, desesperadamente e sempre, exaurindo a taça da vida até a última gota e morrendo em *dulci jubilo*.

Ser humano é ser enfermo, como o humanista burguês reluta em admitir, mas essa enfermidade está próxima das origens de nossa realização. A vida e a morte não estão em desavença; pelo contrário, é somente saudando nossa mortalidade que podemos viver satisfatoriamente. Nessa grande epifania na neve alpina, Hans Castorp encontra uma forma de sublimidade pela qual ele toma conhecimento do "temeroso prazer de brincar com forças tão poderosas que chegar perto delas significa destruição" (p.477). Podemos encontrar relatos piores do humor do público de uma tragédia. No interior de sua comovente visão utópica do amor e da camaradagem esconde-se furtivamente uma imagem do Real, a apavorante descrição do dilaceramento do corpo de uma criança, o sacrifício de sangue que sustenta a civilização. Contudo, reflete Hans, é bem possível que a camaradagem por ele testemunhada em sua visão seja tão docemente cortês quanto é precisamente por causa de seu silente reconhecimento desse horror. Hans agarra-se com firmeza a essa revelação do humano erigida entre imprudência e razão, comunidade mística e individualismo enfatuado, e irá, de agora em diante, recusar-se a deixar a morte dominar seus pensamentos. É o amor, e não a razão, reconhece ele, que é mais forte do que a morte, e somente a partir disso é que pode surgir a doçura da civilização – mas "sempre em silente reconhecimento do sacrifício de sangue" (p.496). Precisamos honrar a beleza e o idealismo, muito embora reconheçamos quanto sangue e sofrimento se encontram nas suas raízes. O herói desse grande *Bildungsroman* agora amadureceu e finalmente deixará o sanatório para lutar nas planícies lá embaixo como um soldado, oferecendo sua vida, embora equivocadamente diante das circunstâncias históricas, em benefício de outros.

CAPÍTULO 10
O ouriço de Thomas Mann

Os radicais tendem a ser cautelosos em relação ao argumento de que a tragédia teve uma origem religiosa. Isso acontece em parte porque eles em geral têm imagens toscamente reacionárias da religião, em parte porque o argumento é, de fato, profundamente suspeito, e também porque a associação de tragédia com culto, mito e ritual é matéria-prima do academicismo conservador. Raymond Williams fala em nome de uma corrente inteira de críticos de esquerda, quando duvida do valor que existe em ver a tragédia "dentro do contexto – não importa de que maneira ela seja retoricamente definida – da virada do ano e das estações, do deus que está morrendo, do despedaçar como forma de sacrifício e de um renascer espiritual".[1] Há algumas notáveis exceções a esse ceticismo entre as fileiras radicais, principalmente o marxista classicista George Thomson, cujo *Aeschylus and Athens* endossa, de forma competente, o argumento de que a tragédia deriva de ritual. E Eva Figes, em um estudo feminista da forma, examina-a em termos de patriarcado tribal.[2]

Entretanto, geralmente é fácil perceber por que os radicais devem se sentir tão hostis a essa tese, mesmo que deixemos de lado sua aversão pela religião. Falar de sacrifício de sangue, de deuses que estão morrendo e de cultos de fertilidade sugere uma naturalização da história, uma oposição do mítico ao racional e do cíclico ao histórico, juntamente com uma dúbia crença de que o sofrimento é parte energizante, revitalizadora da existência humana. Quanto a esse último aspecto, o caminho que leva das planícies

---

1 Williams, *Modern Tragedy*, p.44.
2 Ver Figes, *Tragedy and Social Evolution*.

de Argos aos campos de esportes de Eton não é tão sinuoso quanto poderíamos suspeitar. É a atmosfera cultural da escola de antropologia de Cambridge e de *Terra desolada*, uma *mélange* profana de nietzschianismo e alto anglicanismo que antepõe o cultual ao lugar-comum, o pré-moderno ao moderno, a vitalidade natural à decadência urbana. É um mundo de heróis assassinados e redentores erguidos que facilmente se matiza em lendas arturianas e do Graal, e daí para as dimensões mais sobrenaturais do medievalismo de Oxford. Não parece que isso tenha muito a ver com *Juno e o pavão*.

A ideia de sacrifício parece especialmente insidiosa, combinando como o faz, um sopro de barbarismo com um traço de mortificação. Sacrifício significa abdicar de nossos próprios desejos para estar a serviço dos desejos de um patrão. Isso tem desagradáveis implicações de autor-repressão e autodilaceração, de falsos apelos para apertarmos o cinto em nome do interesse geral. É o que as mulheres fazem pelos homens, soldados de infantaria, pelos generais, ou o que se espera que a classe operária faça para benefício de todos; sugere um ascetismo falso, um exotismo antropológico – táticas da classe dominante. Para Jacques Lacan, sacrifício é o desejo inautêntico de preencher a falta do Outro, suprir os deuses com aquilo que lhes falta, bloqueando, assim, o reconhecimento traumático de que o Outro é intrinsecamente incompleto. A finalidade da psicanálise é persuadir-nos a sair de nosso culpado apaziguamento do superego e reconhecer que é a falta que existe no Outro que sustenta nosso próprio ser.

Não obstante, a esquerda política não deve jamais entregar a seus rivais uma noção de forma tão fácil. Sua tarefa é encontrar um uso radical para tais conceitos – se puder –, e não rejeitá-los de maneira descontrolada, em um acesso de prazeroso farisaísmo. Deveríamos tentar salvar até mesmo ideias aparentemente incômodas, porque, como teria dito Walter Benjamin, nunca se sabe quando elas podem ser úteis. Se ele próprio conseguiu dar uma virada revolucionária até mesmo na noção de nostalgia, a ideia de sacrifício poderia também ser imposta do começo ao fim, para ver se poderia emergir em algum contexto mais promissor. Horkheimer e Adorno dão à ideia esse útil significado em *Dialética do esclarecimento*, seja lá o que for que pensemos a respeito das teses que propõem. O eu moderno é produto de sacrifício e de renúncia interna, ao abrirmos mão de nossa unidade sensorial com a natureza de uma forma que é tanto a raiz da civilização quanto a causa de irreparável autoprejuízo. De qualquer modo, já que *tout commence en mystique et finit en politique*, neste ponto de nosso argumento é necessário reunir, à maneira de Benjamin, dois momentos bem diferentes da história e rastrear um improvável itinerário que parte do culto da fertilidade e chega à revolução política.

Sacrifício pode significar apenas o que a esquerda suspeita que ele significa, mas também implica que há momentos em que algo precisa ser desmembrado para que se renove. Se uma situação está bastante difícil, ela precisa ser interrompida para ser reparada. Exatamente a mesma coisa acontece com vidas individuais – não que elas devam ser extintas com violência, pois terror desse tipo é uma paródia do sacrifício. Como Robespierre sardonicamente comenta em *A morte de Danton*, de Büchner: "[Cristo] os redimiu com seu sangue, eu os redimo com o sangue deles próprios [...] A revolução rejuvenesce a humanidade, despedaçando-a" (Ato I, cena 6). A peça *Os justos*, de Camus, também se volta para o paradoxo da matança, a fim de criar uma sociedade pacífica. É como se, para estabelecer mudança política, precisássemos despir-nos de nossas identidades atuais, apoiadas como estão em uma situação falsa, e isso exige um doloroso processo de autoabandono. Não está claro como mais exatamente isso deva ser feito, já que necessitaríamos de uma individualidade extraordinariamente forte para podermos nos livrar dela. A questão, entretanto, é que a vítima sacrifical que importa não é um bode ou um estranho, mas nós mesmos.[3] Aqueles que se queixam, com boas razões, de que os teóricos da tragédia são otimistas demais porque veem a destruição como algo criativo, poderiam se dispor menos a protestar quando o que precisa ser leiloado são eles próprios. Objetar poderia sugerir uma fé robusta demais na nossa própria retidão.

O sacrifício ritual é uma espécie de mensagem ao Outro, perguntando ansiosamente se ele ainda está lá e tomou conhecimento de nossa existência. Visto que tal reconhecimento nunca pode ser garantido, o ato precisa ser repetido de maneira compulsiva. Tradicionalmente, ele envolve conciliação, apaziguamento dos deuses com um holocausto. O Javé do Velho Testamento tem surtos ocasionais de irritabilidade por causa dessa prática, informando bruscamente aos israelitas que seus holocaustos fedem e exigindo que eles façam alguma coisa para proteger os fracos da violência dos ricos. "Estou farto de holocaustos de carneiros e de banha de animais cevados", declara ele em um colérico ataque contra a religião. "Não tragam mais oferendas fúteis; a mim o incenso é absolutamente abominável

---

3 Sobre atitudes perante os "de fora" na Antiguidade clássica, ver Hail, *Inventing the Barbarian*.

[...] busquem a justiça, acabem com a opressão; defendam os órfãos, supliquem pela viúva" (Isaías 1: 11 e 17). Ou no Livro de Amós: "Odeio e desprezo seus banquetes [...] Mesmo que me tragam seus holocaustos e oferendas de cereal, não os aceitarei [...] Mas que a justiça corra como as águas e a retidão como um ribeirão em seu eterno fluir" (Amós 5: 21-24). O Novo Testamento inverte radicalmente a ideia usual de sacrifício, ao fazer do próprio Deus a vítima. Porém, em geral, o valor do antigo sacrifício está em aproveitar o poder dos deuses. A tragédia, nesse sentido, é um deslocamento humanista da religião, pois agora o valor que emerge da destruição não é tanto aquele dos deuses quanto o da própria vítima. De fato, é precisamente ao ser atacada que a vítima assume uma estranha espécie de divindade. O único poder autêntico é aquele que advém de uma transformação da fragilidade.

Walter Benjamin chama nossa atenção para o que vê como significado duplo do sacrifício trágico – como uma reparação ou expiação que afasta a ira divina, e também como "o feito representativo em que novos conteúdos da vida de um povo se anunciam".[4] Sacrifício é o ato performativo que faz nascer uma nova ordem social. Como afirma Simon Sparks, "o sacrifício trágico é o *locus* de transformação da ordem dos deuses na ordem da vida da comunidade", e o herói marca "a fissura entre os dois, o ponto da passagem violenta de uma para outra".[5] É dessa maneira, sem dúvida, que as epístolas de São Paulo e a Carta aos hebreus parecem compreender o sacrifício de Cristo, como aquele que tornou redundante a velha espécie cultual de sacrifício, relegandoa à antiga ordem; como afirma o autor da epístola aos hebreus: "Ele entrou de uma vez por todas no Lugar Santo [do sacrifício], tomando não o sangue de bodes e novilhos, mas seu próprio sangue" (Hebreus 9:11).

Essa transferência definitiva do sacrifício ritual para o passado implica redefini-lo em termos éticos, mais do que em termos cultuais, como um autossacrifício pelos outros. O rei assassinado torna-se o servo sofredor de outros, uma paródia de um deus ou herói. É por isso que o sacrifício é o ato que ancora e mantém a própria comunidade. Como um autossacrifício mútuo, ele não é mais um ritual esotérico, mas a estrutura da socialidade. Isso, entretanto, não é nenhuma invenção cristã moderna; é parte da Lei judaica. Marcos põe na boca de um escriba judeu que encontra Jesus a opinião de que "Amar o vizinho como a si mesmo é muito mais do que

---

[4] Benjamin, *The Origin of German Tragic Drama*, p.107.
[5] Sparks, op. cit., p.203.

todos os holocaustos e sacrifícios juntos" (Marcos 12: 33). Nenhum judeu piedoso iria discordar disso, apesar da visão grosseiramente tendenciosa de Marcos em relação aos fariseus (na verdade, a ala teológica dos zelotes militantemente anticolonialistas), vistos como legalistas insensíveis. Porém, isso não pôs fim à questão do sacrifício, pois estabelecer justiça e compaixão envolve exatamente isso, na forma de um desmantelamento do antigo mundo para construí-lo de novo.

Boa parte da teoria da tragédia é uma ressaca dos velhos dias de culto, uma versão do antigo ritual, atualizada para consumo moderno. Em vez de encontrar o valor do sacrifício trágico em termos éticos, ela vê tal destruição como sendo, de alguma forma, valiosa em si mesma, regressando, assim, a noções do poder fertilizador liberado pelo deus mutilado. Nesse sentido, ela desfaz a reinterpretação ética do natural, que é central à tradição judaica. O Velho Testamento é, entre outras coisas, um registro da não invejável luta de Javé para persuadir seu povo de que ele não é um deus da natureza a ser pacificado ou manipulado, mas o deus da liberdade e da justiça. O sacrifício ritual continua, mas agora seu significado precisa ser apreendido nesse contexto, como a afirmação simbólica de uma comunidade em que o culto é menos importante do que a justiça e a libertação. E o teste crucial desses valores é o que as escrituras dos hebreus chamam de *anawim*, que significa os destituídos e desapossados. São Paulo refere-se a eles de maneira bastante vívida como "a escória da terra". Os *anawim* são a escória e o refugo da sociedade, seus trágicos bodes expiatórios. Eles são os despojos da história trazidos à praia, que não precisam se render para serem refeitos, pois já se perderam de si mesmos. E é com eles que Javé se identifica. Ele será conhecido pelo que é, nas palavras de Lucas 1:53, quando virmos os poderosos derrubados e as ordens inferiores exaltadas, os famintos satisfeitos com boa comida e os ricos despachados de mãos vazias. A verdadeira figura sacrifical, aquela que, como o holocausto, passa do profano ao poderoso, da perda de vida à plenitude dela, é o desapossado e oprimido.

O bode expiatório, ou *pharmakos*, tem uma longa história no pensamento trágico. Tragédia significa "canção do bode", mas talvez pudesse ser mais bem traduzida por "canção do bode expiatório". É possível que a tragédia grega tenha algumas raízes no sacrifício de animais,[6] embora a questão seja controversa. Pickard-Cambridge e Gerald Else

---

6 Ver, por exemplo, Buckert, Greek Tragedy and Sacrificial Ritual, *Greek, Roman and Byzantine Studies*, n.7. Em *The Idea of a Theater*, p.26, Fergusson presume que a tragédia tem sua origem

não acreditam haver evidências de que o teatro grego deriva de algum ritual ou religião, de cultos de heróis, mistérios eleusinos ou até mesmo do culto de Dioniso.[7] As origens da forma artística são imprecisas, e Georges Bataille descreve-a um tanto hiperbolicamente como "o menos explicado de todos os 'mistérios'".[8] Se a tragédia é, de fato, uma forma dionisíaca, ela contém pouquíssima alusão ao deus. Porém, deixando a questão genética de lado, a figura do bode expiatório é claramente central a certa tendência da tragédia. No rito anual de Thargelia na Grécia antiga, a sujeira acumulada na cidade durante o ano anterior era expelida selecionando-se para purificação dois *pharmakoi* escolhidos entre os mais miseráveis e desfigurados da cidade, os quais eram abrigados e mantidos pelo Estado e alimentados com comida especial; depois desfilavam pelas ruas, eram golpeados nos órgãos genitais, expulsos da cidade e, em épocas anteriores, talvez até mesmo executados. Era possível ser, digamos, um *pharmakos* profissional, mas não é possível ser realmente um mártir profissional; porém existe lógica nisso, pois todo sentido do bode expiatório é sua anonimidade, como ser humano esvaziado de subjetividade e reduzido a refugo ou a nada. Quando se trata de fazer alguém de vítima, qualquer um servirá; ou, pelo menos qualquer um em uma condição adequadamente degradada, porque ser resgatado dessa condição exigiria uma transformação universal; essa figura desolada, abandonada, é um sinal negativo de totalidade social.

O *pharmakos* está simbolicamente carregado de culpa da comunidade; por isso ele é selecionado dentre os mais inferiores dos inferiores. Ele é, então, expulso para o deserto, o símbolo de um horror traumático que não ousamos contemplar. Entretanto, ao representar dessa forma a comunidade e tendo o poder de libertá-la de suas transgressões, ele é uma imagem invertida do rei, que é, igualmente, uma figura representativa à qual se atribui a saúde da pólis. Na figura do bode expiatório, as fronteiras entre poder e fragilidade, sagrado e profano, central e periférico, doença e

---

em cultos de fertilidade. Holloway, em *The Story of the Night*, aponta o que ele entende como um padrão de criação de um bode expiatório ritual em Shakespeare.

[7] Ver Pickard-Cambridge, *Dithyramb, Tragedy and Comedy*, e Else, *The Origin and Early Form of Greek Tragedy*. Caso semelhante é apresentado por Kitto em *Form and Meaning in Drama*, p.219, e por Taplin em op. cit., p.4. A clássica noção de tragédia como oriunda do ritual dionisíaco é famosamente antecipada por Harrison, *Themis: A Study of the Social Origins of Greek Religion*, que inclui uma célebre nota do acadêmico clássico Gilbert Murray sobre supostas formas rituais na tragédia grega.

[8] Bataille, *Visions of Excess:* Selected Writings, 1927-1939, p.218.

saúde, veneno e cura, são, por conseguinte, imprecisas. O bode expiatório é um terror sagrado, um "inocente culpado"[9] como Prometeu, outro pária cujo furto e doação do fogo evoca a duplicidade do *pharmakos*. Como A. E. R. Dodds comenta, "o *pharmakos* não é nem inocente nem culpado",[10] habitando, como o subjetivamente inocente, mas objetivamente corrompido Édipo, alguma zona indeterminada entre ambos. Tanto o governante quanto o bode expiatório estão livres das leis da cidade, o primeiro por ser colocado acima delas e o último por ficar abaixo delas. Ser sagrado é ser delimitado, ter espaço separado e, assim, assemelhar-se ao criminoso ou ao forasteiro; os *pharmakoi* humanos eram, às vezes, recrutados nos cárceres locais. O criminoso entrou em contato com os deuses, mesmo que seja de forma negativa, e, assim, retém algo dessa aura. Conforme comenta René Girard: "Como a vítima é sagrada, é crime matá-la, mas a vítima é sagrada apenas porque é morta".[11]

O bode expiatório encarna a sujeira, a deformidade, a loucura e a criminalidade, e, como o insano da Antiguidade clássica, ele é, ao mesmo tempo, evitado e tratado com reverência. Essa coisa impura é um substituto para as pessoas e, dessa forma, encontra-se em uma relação metafórica com elas; mas também atua como um deslocamento para seus pecados e, nesse sentido, é metonímica. Ao sobrecarregá-la com suas culpas, as pessoas admitem sua fragilidade e, concomitantemente, repudiam-na, projetam-na violentamente para fora delas mesmas ao assassinarem a vítima sacrifical ou ao expulsá-la para além de suas fronteiras políticas. A vítima é, assim, tanto eles próprios quanto não eles próprios, tanto uma coisa das trevas que eles reconhecem como deles próprios quanto um conveniente objeto no qual podem descarregar e repudiar sua criminalidade. Estão em jogo tanto piedade quanto temor, tanto identidade quanto alteridade. O bode expiatório não pode ser nem estranho demais nem familiar demais; ele precisa ser, em termos lacanianos, êxtimo, diferente o bastante para temer e detestar, porém com o suficiente de imagem-espelho para ser um ponto crível de deslocamento de nossos pecados. Como tal, ele tem uma relação oblíqua com a noção freudiana do "estranho", outro fenômeno ambíguo preso entre a vida e a morte, o estranho e o familiar.[12] É um

---

9 A frase é de Ricoeur em op. cit., p.225.
10 Dodds, *The Greeks and the Irrational*, p.41.
11 Girard, op. cit., p.l.
12 Ver Freud; The Uncanny. In: Strachey (Ed.), *The Standard Edition of the Psychological Works of Sigmund Freud*, v.17.

"monstruoso duplo",[13] como, na verdade, é a própria palavra "sagrado", que em latim pode significar tanto sagrado quanto maldito. O *pharmakos*, sendo ao mesmo tempo veneno e cura,[14] símbolo de transgressão e de redenção, tem uma duplicidade homeopática bastante análoga à catarse, que, de forma semelhante, provoca doença com a finalidade de curá-la.

Piedade e temor refletem aqui agendas políticas alternativas. Temer o bode expiatório é carregá-lo de seja lá o que for que aflige a pólis e empurrá-lo para além dos seus limites, de forma que o *status quo* possa ser purgado e fortalecido. Nesse sentido, o sacrifício é uma consolidação, e não uma revolução. Compadecer-se do *pharmakos*, entretanto, é identificar-se com ele, e, assim, sentir horror não dele, mas da ordem social cujo fracasso ele significa. O bode expiatório, estando ele próprio além da fala e da socialidade, torna-se um julgamento sobre essa ordem em seu próprio ser, incorporando o que ela exclui, um estigma da humanidade que ela expele como se tivesse muito veneno. É nesse sentido que ele carrega as sementes da ação revolucionária em sua absoluta passividade, pois qualquer coisa ativa e compromissada, por mais dissidente que seja, ainda é cúmplice da pólis, fala sua língua e, portanto, é incapaz de questioná-la como um todo. Somente o silêncio do bode expiatório pode fazer isso.

Charles Segal afirma que "a tragédia grega [...] opera tanto de dentro quanto de fora dos limites da pólis, nas fronteiras onde as polaridades se fundem, as definições tornam-se indistintas, a composição organizada das instituições humanas torna-se ambígua".[15] Na visão de Segal, o herói trágico demonstra a necessidade da ordem infringindo-a e, dessa maneira, tem um pé em cada campo. E o próprio drama é híbrido quanto a esse aspecto, liberando as forças da desordem dentro de uma forma artística que as refreia. A tragédia rompe as barreiras entre deuses, humanos e animais; e o *pharmakos* – um ser humano empurrado até as profundezas da privação animal e, ainda assim, curiosamente sagrado – combina algo das três espécies. O grande *pharmakos* da tragédia grega, como

---

13 Ibid., p.271.
14 Ver Derrida; Plato's Pharmacy. In: _____, *Dissemination*. Nesse ensaio, Derrida discorre apenas brevemente sobre o bode expiatório, uma vez que ele está mais interessado no caráter ambíguo da escrita como veneno e cura, morte e vida. Righter, em seu ensaio Fool and 'Pharmakon'". In: Norris; Mapp (Eds.), *William Empson:* The Critical Achievement, trata ambos os termos como exemplos das "palavras complexas" de Empson, mas ignora a conexão significativa entre eles.
15 Segal, *Tragedy and Civilisation*, p.45-6.

reconhece Segal, é Édipo – nas palavras de Adrian Poole, "o paradigma da duplicidade, monstruoso e, no entanto, familiar, e o mesmo, porém dois e diferentes".[16] Como aponta Francis Fergusson, "A própria figura de Édipo preenche todos os requisitos do bode expiatório, o rei ou a figura de deus desmembrados".[17] Entretanto, Antígona, descrita por Creonte como remissa e abandonada, é outra dessas ambiguidades encarnadas; como, de fato, é Filoctetes, esse monstruoso excomungado da sociedade humana que é, ao mesmo tempo, abençoado e amaldiçoado, inválido e ativo, temeroso e patético. Abandonado entre a vida e a morte, ele é um corpo humano em decomposição que, não obstante, se revela historicamente fecundo.

O *pharmakos* é, ao mesmo tempo, sagrado e apavorante, tendo, assim, algo da estrutura dual do sublime. Contudo, enquanto o sublime ultrapassa qualquer descrição por estar acima dele, o bode expiatório põe um fim à linguagem, caindo abaixo dela, resvalando pela rede do discurso até a pura e bruta inefabilidade. Ele é o que está separado da linguagem, e sobre o qual não há absolutamente nada a dizer – todas essas criaturas violentamente desfiguradas que se extraviaram para além da fronteira do humano, em algum limbo medonho da vida após a morte e para além dela. Repelindo as pretensões da ordem simbólica, tais criaturas – ou melhor, os Abraãos, os Lears, os Édipos e as Antígonas, que as representam – inauguram uma ética revolucionária por seu fatal e heroicamente tenaz compromisso com outra ordem de verdade muito diferente, uma verdade que mais revela a negatividade do sujeito do que legitima um regime positivo, e que, para Jacques Lacan, figura como o abismo apavorante da Coisa ou do Real.[18] Tais figuras representam uma verdade que o sistema precisa suprimir a fim de funcionar; mas, já que, de todos os grupos sociais, eles são os que menos se empenham nele, eles também têm o estranho e santificado poder de transformá-lo. Eles encarnam as contradições internas da ordem social e, assim, simbolizam em si mesmos o fracasso dela. O demoníaco nada vê no valor, exceto porcaria, ao passo que é na porcaria que o revolucionário encontra valor. *Holy shit*, como dizem. O mal acha insuportável sua própria carência do ser e busca preencher essa lacuna com as espoliadas vidas dos outros. Em vez de confrontar esse terrível abismo em si próprio, ele está

---

16 Poole, op. cit., p.106.
17 Fergusson, op. cit., p.27.
18 Sobre a discussão de Lacan acerca dessas questões, ver particularmente seu *Seminar VII: On the Ethics of Psychoanalysis*.

disposto a desejar o repulsivo e o excrementício, o louco e o sem sentido. Em contrapartida, o rito do *pharmakos* reconhece que o não ser é o único caminho para a verdadeira identidade, e que aceitar essa dissolução pode ser vivificante em vez de aniquilador.

Édipo, conforme comenta Poole, é um sujeito duplicado, como, de fato, é a humanidade em geral, contraditoriamente presa entre deuses e animais. O próprio teatro é uma imagem dessa condição dual, pois lá, de qualquer forma, os deuses precisam ser representados por humanos. Os temas da encarnação e do hibridismo, da diferença e da identidade, de semideuses e homens-deus, são parte integrante do próprio aparato teatral. A humanidade é uma charada definível apenas por paradoxo e aporia. Como o enigma da esfinge, ela está aberta a leituras conflitantes, uma questão que é a sua própria solução, já que só pode ser definida em seus próprios termos. Édipo, o decifrador de enigmas, é ele próprio um enigma que ele mesmo não consegue decifrar.[19] O incognoscível, o *númeno* kantiano, é a própria humanidade, constituída como é por alguma coisa que está faltando, mas que é essencial. E esse enigma no teatro de Sófocles é também a explicação ou a distorção do incesto, que embaralha ou condensa os vários estágios da vida (juventude/velhice, pais/filho) que o enigma da esfinge dispõe em sequência. O incesto anula fronteiras, como acontece com a resposta de Édipo à indagação da esfinge. O humano confunde categorias exatamente como faz a própria esfinge, um composto de pássaro, leão e mulher.

No entanto, Édipo é também dual, porque ele é tanto Lei quanto transgressor, *énonciation* e *énoncé*, um sujeito dividido "falado" pelo discurso do Outro (os deuses) de uma forma que está em desacordo com sua identidade consciente, recebendo de volta daquele Outro oracular, de uma forma enigmática, a sua verdadeira individualidade. Com sua costumeira eficiência administrativa, ele é bem-sucedido ao livrar Tebas da maldição; acontece que a maldição acaba sendo ele próprio. Édipo é um *tyrannos*, o que significa um rei que se fez rei a si mesmo, orgulhoso de sua independência e habilidades retóricas. Casar-se com sua mãe e tornar-se seu próprio pai é, sem dúvida, o mais próximo que se pode chegar de tornar-se completamente autogerado. Entretanto, alguma coisa bastante estranha age e fala dentro dele, persistindo como um subtexto enigmático em sua fala, descentrando sua individualidade e finalmente destruindo-o.

---

19 Para uma interpretação mais completa desses versos, ver Vernant; Ambiguity and Reversal: On the Enigmatic Structure of *Oedipus Rex*. In: Segal (Ed.), *Oxford Readings in Greek Tragedy*.

Esse é o verdadeiro sentido em que, como Freud sugere, Édipo somos todos nós, não porque somos todos parricidas em potencial ou aspirantes a amantes da própria mãe. Como acontece com o restante de nós, em Édipo há uma lacuna entre sua localização objetiva na ordem simbólica e a ideia imaginária que ele tem de si mesmo, entre o que ele é para o Outro e o que ele é para si mesmo. Ele é o que é –, rei, marido, pai – somente em virtude dessa separação. A verdade do ego não coincide com a verdade do sujeito, divididas como são por alguma derrapagem ou opacidade fatais; mas Édipo jamais é tão alienado de si mesmo do que quando esses dois registros se fundem diante da terrível luz do reconhecimento. Alcançar a individualidade é admitir a própria autoalienação, o fato de que a subjetividade é justamente o processo pelo qual o eu foge constantemente de si mesmo. Édipo é tanto rei de Tebas quanto um estranho à cidade, tanto parente quanto exilado. Por ter intimidade demais com o outro, a mãe--esposa ou pai-marido, o sujeito torna-se cego ao seu próprio ser, já que ele depende da distância e da alteridade para se constituir. Sondar demais as origens venenosas de nossa identidade extirpa nossos olhos.

Édipo, como vimos, encontra-se dividido em seu próprio nome entre conhecimento e monstruosidade – entre *oida* ("conhecer") e *oidieo* ("inchar", "estar inchado"), em referência ao seu pé ferido. Em seu nome, há uma fissura entre o sujeito esclarecido, com cognição, e o obscuro trauma que lhe dá vida. Simon Goldhill acrescenta outros possíveis jogos de palavras ao seu nome ("Não sei", "Presumo", "Sei onde"), observando que "o nome do rei é excessivo, superdeterminado em seu excesso".[20] Quando alcançamos o autoconhecimento, enfrentamos a nós mesmos como um pedaço de deformidade. Édipo acreditava equiparar-se aos deuses; mas o coro somou o total da vida desse homem tão talentoso em elaborar equivalências e concluiu que ele é zero.[21] O pé inflamado é o sinal de uma história secreta de dependência em relação aos outros;[22] mas é o reconhecimento dessas dependências inferiores e afinidades materiais que evita que sejamos monstros no sentido literal de um animal autossuficiente.

Então, é assim que, ao exilar-se, Édipo reconhece sua própria corrupção e chega a Colono como o *pharmakos*, a coisa difamada, suja, que assegurará

---

20 Goldhill, *Reading Greek Tragedy*, p.217.
21 Nesse ponto, devo ao trabalho de Bernard Knox, especialmente seu livro *The Heroic Temper* e seu artigo sobre Édipo, reimpresso em Draper (Ed.), op. cit.
22 A. D. Nuttall considera que a poesia grega é obcecada por pés (comunicação pessoal).

a salvação da cidade. A redenção está em aceitar para nós mesmos essa repulsiva deformação da humanidade, da mesma forma que Teseu dá as boas-vindas ao rei ferido à sua cidade. Ao fazê-lo, ele aprende a se compadecer daquilo que teme. "Venho para oferecer-te um presente – meu corpo torturado –, uma visão lamentável", informa Édipo a Teseu, "mas há nele valor mais do que beleza". Alguma coisa surgiu do nada, quando o corpo sujo do parricida é transformado em um totem sagrado para proteger a cidade; conforme comenta o coro: "Com certeza a mão justa de Deus levantá-lo-á novamente". Por identificar-se com os envilecidos e contaminados, um grande poder para o bem é levado a fluir.

É nesse sentido que valor e sofrimento trágico finalmente se encontram – não que a destruição seja um bem inerente, mas é que, quando a humanidade atinge seu nadir, ela torna-se um símbolo de tudo o que clama por transformação e, portanto, uma imagem negativa dessa renovação. "Sou transformado em um homem nesse momento em que deixo de ser um homem?" pergunta-se Édipo em voz alta ao chegar a Colono. Tal mudança pode surgir apenas de um reconhecimento pleno do extremo de nossa condição. Se até mesmo *isso* pode ser salvo, então realmente há esperança; que, porém, não terá valor, a menos que a promessa de redenção se estenda até mesmo para a carne daqueles que, como Édipo, são deploráveis e corrompidos. Nesse sentido, tragédia desse tipo é, ela própria, um *pharmakos,* tanto oferenda quanto ameaça, tanto poder quanto fragilidade. "Pela tragédia", escreve Adrian Poole, "reconhecemos e renovamos nosso sentido tanto do valor quanto da futilidade da vida humana, ou tanto de seus propósitos quanto de seu vazio".[23]

Na Grécia antiga, essa visão dual é nítida, com seu sentido do humano, ao mesmo tempo precioso e precário, sua afirmação da cultura juntamente com as forças obscuras que a ameaçam de desintegração. Talvez seja essa obstinada crença grega na civilidade, por um lado, e os turbulentos poderes que a arruínam, por outro, que estabelecem as bases da tragédia, como ocorre com os escritos posteriores de Freud. Sem dúvida, Platão discerne algo dessa mesma ambiguidade do bode expiatório no próprio poeta, uma figura emblemática que precisa, não obstante, ser levada para o exílio. Para Nietzsche e para o Romantismo tardio, o poeta é tanto sagrado quanto maldito, porque, portador de um conhecimento terrível, ele perscruta os alicerces e encontra, em vez deles, um abismo inextrincável. Se o poder

---

23 Poole, op. cit., p.239.

para fitar destemidamente tais profundezas torna-o quase divino, seu infinito vazio torna-o um símbolo do nada.

O bode expiatório representa uma espécie de morte em vida e, portanto, é uma versão mais positiva da morte em vida do mal. O mal, que colhe da destruição uma espécie de falsa vitalidade, é uma paródia do mártir ou da vítima sacrifical que extrai vida da morte. Slavoj Žižek observa que Édipo "viveu a 'condição humana' até o amargo fim, percebendo sua possibilidade mais básica; e por essa exata razão ele, de certa forma, 'não mais é humano', transformando-se em um monstro inumano, não comprometido com nenhuma lei ou consideração".[24] O monstro, nesse sentido, é tão altaneiro quanto o monarca. Instigar o humano todo o tempo é encontrar o outro que não é humano instalado em seu coração. Édipo, argumenta Žižek, é "menos do que nada, a personificação de algum horror inexprimível", um daqueles que, como Lear, transgrediram os limites da humanidade e penetraram naquela esfera infernal de horror e psicose que os gregos antigos chamam de *ate*. É um domínio liminar suspenso entre a vida e a morte, em que um ser humano "encontra a pulsão de morte como o limite máximo da experiência humana e paga o preço submetendo-se a uma radical 'indigência subjetiva', sendo reduzido a um resto excrementício".[25] Em termos cristãos, é a descida de Cristo ao inferno, sinal de sua solidariedade para com o tormento e o desespero.

Cristo é um dos muitos bodes expiatórios trágicos empurrados para fora da cidade e desmembrado em sacrifício, reduzido a um pedaço de carne de açougue, numa selvagem paródia da realeza. Na expressão de São Paulo, ele é "obrigado a pecar" para nosso bem, e os autores do evangelho retratam-no como uma espécie de *anawim*. O protagonista de *Fim de caso*, de Graham Greene, sente-e constrangido e indignado com a vulnerabilidade vulgar de Deus, a maneira como ele se deixa tão inocentemente ser ofendido por seres humanos. Na eucaristia cristã, assim como no sacrifício antigo, a identificação simbólica com o *pharmakos* não é apenas uma atitude mental ou predileção política. Ela toma a forma escandalosamente literal de comer, de fato, o corpo do bode expiatório. Ao nos ligarmos a esse animal abjeto, absorvendo esse nauseante pedaço de matéria em nossa carne, proclamamos uma solidariedade com o que a ordem social rejeitou como a uma enorme porcaria. O canibalismo da missa católica é a mais recente versão do culto da fertilidade.

---

24 Žižek, *The Ticklish Subject*, p.156.
25 Ibid., p.161.

Na verdade, ninguém come o rei Lear, embora essa seja uma das poucas desgraças que não lhe acontecem. Sem dúvida, alguém o teria feito tivesse o drama se estendido por mais um ato. Uma das principais duplicidades dessa peça envolve um conflito entre corporeidade e consciência – a primeira sendo o símbolo de nossa vida material como vida genérica, a qual compartilhamos com os outros animais, e a última significando nosso desejo potencialmente ousado. Ao banir Cordélia, Lear desliga-se de sua própria vida material e das constrições geradas pelos laços de consanguinidade, deixando que sua consciência se consuma em um vazio. Diante da insanidade, a mente estende-se, impotente, para além das fronteiras do corpo, capaz de destruir sua própria substância; Edgar nos diz que come matéria venenosa quando é possuído por demônios. A própria mente de Lear está tão angustiada que deixa seu corpo insensível à tempestade à sua volta: "Quando a mente está livre/ o corpo é frágil; essa tempestade em minha mente/ priva meus sentidos de tudo o mais,/ exceto o que lá dentro se passa" (Ato III, cena 4). Gloucester, uma vez cegado, aprende a "ver com o tato", a deixar que suas percepções sejam moldadas por seu corpo limitado e digno de compaixão. Quando é obrigado a "farejar o caminho até Dover", seu corpo torna-se um modo de comunicação com o mundo menos traiçoeiro do que as trapaças verbais de Edmundo, seu filho bastardo.

É a essa árdua redescoberta do corpo e das limitações materiais que Lear deve também ser forçado: "Disseram-me que eu era tudo; mentira – não sou imune a febre (Ato IV, cena 6). Ele "farejou" essa verdade, e, ao se abrir à própria finitude ou a uma condição semelhante a uma variável, ele se transforma, de acordo com o complexo cálculo da peça, em alguma coisa determinada, em vez de um tudo ilusório. *Rei Lear*, como várias obras de Shakespeare, brinca com "todo", "nada", "alguma coisa", "tudo" com tanta recorrência quanto *Édipo rei* conjuga "todo" "um" "vários" "zero". Conhecer nossa própria nulidade é negar a negação e nos tornarmos uma entidade ao mesmo tempo menos grandiloquente e mais definitiva do que algum régio "todo/todos". O truão, "a sombra de Lear", sabe, à sua maneira socrática, que sábio é aquele que sabe que nada sabe. O próprio Lear é cruelmente rebaixado de soberania régia para a condição de trágico bode expiatório; ele acaba louco, nu, deplorável, desfigurado e traído. As fantasias arrogantes que precisam ser cortadas pela raiz, são, no seu caso, tão extravagantes que sua purgação é um processo ao qual ele não sobrevive.

A peça não é sobre a emergência de uma nova vida a partir desse autodespojamento. Ela é, antes, sobre o fato de que se essa vida foi feita para a labuta, por conseguinte, como acontece nas últimas comédias de Shakespeare, isso só pode ser resultado de tal autoabandono. Edgar expõe a questão quando pondera que "ser tratado pela sorte como a pior,/ a mais vil e mais triste coisa/ ainda significa ter alguma esperança,/ significa viver sem temor./ É do que é perfeito que surge a deplorável mudança;/ o pior retorna ao riso" (Ato IV, cena 1). Ou, como Ross declara em *Macbeth*, "Tudo o que atinge seu ponto mais baixo aí estaciona ou, pelo contrário, ergue-se para a situação anterior" (Ato IV, cena 2). Se não podemos afundar ainda mais, então a única direção é para cima. Conhecer o pior é livrar-se do medo. É nesse sentido que o bode expiatório é, exatamente em seu desamparo, um antegozo de um mundo menos brutal. Que isso seja assim, entretanto, se deve à situação extrema da condição que necessita ser transfigurada. Não é um bem em si mesmo, e é trágico que deva ser necessário. Do contrário, enfrentaríamos uma versão de catastrofismo político – a heresia ultraesquerdista de que quanto pior é uma situação política, melhor é para as forças de mudança.

O que realmente entorpece o corpo em *Rei Lear* não é a loucura, mas a riqueza. Excesso de bens materiais embotam nossa capacidade de companheirismo, isolando os sentidos para que não se exponham à indigência alheia.

> Considera o material, a pompa;
> Expõe-te para sentires o que os miseráveis sentem,
> Para que teu supérfluo lhes seja dado
> E mostres os céus como mais justos [...] (Ato III, cena 4).

> Que o homem mergulhado na dieta do supérfluo e do prazer
> Que escraviza tuas normas, que não vê
> Porque não sente, sinta rapidamente teu poder;
> Assim, o repartir há de desfazer o excesso,
> E cada homem terá o bastante. (Ato IV, cena 1).

Raramente a economia política e os sentidos físicos foram tão intimamente combinados, exceto talvez em *Manuscritos econômico-filosóficos*, de Marx. Se pudéssemos despojar-nos da consciência abstrata que surge do embotamento do corpo com o excesso de bens, teríamos condições de sentir em nossos pulsos a desgraça daqueles foram desapossados por nossa riqueza e seríamos levados a descartar nossa superfluidade compartilhando-a com eles, convertendo, assim, um excesso nocivo em um excesso criativo. O argumento da peça, portanto, parte do corpo e chega ao comunismo, como, na verdade, faz o jovem Marx. Se quisermos emancipar os sentidos, precisamos alterar as relações sociais. *Rei Lear* é inteiramente sobre as ambiguidades da superfluidade, o que, em certo sentido, empresta à humanidade seu valor e, em outro, oferece-se para destruí-lo. Quando Lear é insolentemente indagado sobre sua necessidade de contar com um séquito de cavaleiros, ele responde:

> Oh, não discutas a necessidade! Os mendigos mais humildes
> São supérfluos nas mais ínfimas coisas.
> Não permitas à natureza mais do que ela necessita,
> A vida do homem é comum como as feras. (Ato II, cena 4).

Não há nenhuma *razão* por que homens e mulheres devam comprazer-se com o que é mais do que estritamente necessário para sua sobrevivência material, uma superfluidade conhecida como cultura. Ironicamente, isso faz parte de sua natureza. É constitutivo do animal humano que sua demanda exceda a sua necessidade. Uma capacidade de transgredir gratuitamente os limites materiais é, de fato, inerente ao seu ser. O suplemento da cultura não é mera superadição à natureza humana, mas sim necessário para suprir uma deficiência estrutural em seu cerne. *Rei Lear* percebe isso, como também percebe que entre essa espécie criativa de excesso e a outra, destrutiva, existe apenas uma linha muito tênue. O perdão é um pródigo transbordamento da medida, uma recusa em calcular equivalências; mas esse tipo de excesso benigno precisa ser diferenciado do excesso de arrogância de Lear, do discurso grotescamente inflado de suas filhas, ou do dandismo de Oswald. De maneira inversa, ser exato pode ser construtivo, como o zeloso rigor de Cordélia na primeira cena da peça contrasta com a linguagem hiperbólica e egoísta de suas irmãs; porém, rigor é também o que compartilhamos de todas as piores maneiras com os outros animais, na forma de uma cruel conveniência para a qual o gratuito é meramente um desperdício, ou uma inabilidade de sermos outra coisa senão fiéis à nossa impiedosa natureza. A automodelagem tem suas virtudes, bem como seus perigos.

Ao final de *Rei Lear*, Edgar nos aconselha a "Falar o que sentimos, e não o que é bom dizer" (Ato V, cena 3). Parece um lema bastante banal para concluir um drama tão poderoso. Entretanto, as implicações dessa aparente banalidade ("Sê sincero!") vão direto ao centro das preocupações da peça. A fala precisa ser moldada pelo sentimento – ou, como teria dito

Emmanuel Lévinas, o sujeito precisa estar *sujeito*, aberto à passividade de seus sentidos, uma criatura de senciência e sensibilidade.[26] "Somente um ser que come pode ser um ser para o outro", comenta Lévinas – ou, conforme o comentário de Simon Critchley, "somente tal ser pode saber o que significa retirar o pão da própria boca e dá-lo ao outro".[27] Nas cenas iniciais de *Rei Lear* é exatamente isso que Lear não sabe; ele ainda precisa se submeter, em todos os sentidos do termo. Reconhecer nossa condição de criaturas é reconhecer nossa dependência. A dependência humana é anterior à liberdade e precisa fornecer a base dela. "No que deve ser a refutação mais curta de Heidegger", comenta Critchley, "Lévinas se queixa de que o *Dasein* jamais sente fome".[28] Para Lévinas, conforme afirma Critchley, a ética envolve uma "obrigação corpórea" para com o outro, conforme Lear vem a reconhecer em seu grande discurso dos "miseráveis nus". Em seu *Dependent Rational Animals*, Alasdair MacIntyre fala de nossa racionalidade como parte de nossa animalidade, e não o que nos diferencia dela. Para muita teorização contemporânea do corpo, entretanto, Edgar toma suas prioridades da forma contrária. Corporeidade não é dependência, mas autonomia política, uma versão somática do sujeito autodeterminante; e não se trata de uma questão de moldar a linguagem ao corpo senciente, mas de reconhecer que o corpo é construído pela linguagem.

A tradição judaico-cristã extrai um significado ético-político do culto cíclico do sacrifício e do ciclo sazonal da fertilidade. Em vez de deixá-los para trás como um paganismo tão incivilizado, ela os lê sob uma nova luz. Agora, o natural torna-se uma metáfora para o ético e o histórico; porém, ao fazê-lo, precisamos tomar o cuidado de não *super*-humanizar o natural e, assim, arrogantemente, passar dos limites. Talvez seja esse o caso da incorporação final que *Oresteia* faz das terríveis Fúrias sagradas ao acordo democrático. Não devemos eticizar, politizar ou historicizar a ponto de nos esquecermos das raízes da humanidade, fincadas em uma alteridade recalcitrante que compartilhamos com arminhos e asteroides. Historicismos contemporâneos de esquerda têm se mostrado, em grande parte, surdos a essa advertência. Tragédias como as de Édipo e Lear retêm, dessa forma, um vestígio do arcaico como uma espécie de entrave ou lastro

---

26 Aqui acompanho a discussão de Critchley sobre Lévinas em seu livro *Ethics-Politics-Subjectivity*, p.63 ss.
27 Ibid., p.64.
28 Ibid.

dentro do histórico, um lembrete de que, sejam quais forem nossas realizações civilizadas, continuamos a ser um afloramento arbitrário da Natureza, animais monstruosos ou anfíbios escarranchados em dois domínios, que jamais se sentirão em casa em nenhum deles.

Talvez uma razão de não se falar em tragédia pós-moderna seja o fato de que o pós-modernismo, em sua crença de que a cultura percorre todo o caminho, reprimiu essa difícil dualidade. É verdade que não existe valor nem significado sem cultura; mas, para existir, a cultura depende de forças materiais que, por si mesmas, não têm nem significado nem valor. Esse é o "barbarismo" inumano que o modernismo detecta na raiz da civilidade; e o problema é como reconhecer essa escuridão sem sermos reclamados por ela, como confessar a fragilidade da cultura sem sermos ludibriados por seus inimigos. Esse é um dilema trágico, sobretudo para os gregos antigos. As forças das quais a virtude cívica foi arduamente arrancada não podem ter permissão para arruinar esses valores; mas essa civilidade também não pode ter permissão para exaurir as próprias energias que a sustentam. É difícil entender como a civilização não é sabotada pelos poderes que a mantêm no lugar. Entretanto, podemos tentar, como acontece com a santificação cerimonial das Eumênides, propiciar esses poderes, exteriorizando a agressão delas como forma de proteção da pólis. Ao final de *Oresteia*, Atena adverte seu povo de que "jamais devem banir o terror dos portões". A sublimidade tem seus usos políticos.

A teoria pós-moderna tende a valorizar o abjeto e o marginal, o que é uma face do *pharmakos*; mas ela é lenta em reconhecer seu outro e mais complexo aspecto – seu papel na construção de uma nova ordem social, uma ordem baseada, dessa vez, no Real, em uma confissão mútua de finitude e fragilidade, em vez de se basear em fantasias de automodelagem e maleabilidade sem fim. Para certo pensamento pós-moderno – preconceituoso que é em sua maneira romântico-libertária contra a ordem social como tal – isso, sem dúvida, contaria como uma "apropriação" do abjeto para a causa de um novo consenso tirânico. Na verdade, em certas visões pós-modernas, "tirânico" e "consenso" parecem mais ou menos sinônimos, fato que pode vir a ser uma enorme surpresa para aqueles que derrubaram o *apartheid* ou o neostalinismo búlgaro.

A questão, entretanto, não é apenas defender ou sentimentalizar esse vilipendiado excremento do atual sistema de poder, mas de reconhecer nele o assustador poder de transformar o próprio sistema. Empurrado para fora da cidade, o bode expiatório pode tirar vantagem de seu exílio, construindo uma nova habitação do lado de fora dos muros. Aquilo que o empreiteiro rejeitou como *skandalon* ou estorvo se tornará a base; ou, como coloca Marx de forma bem menos bíblica:

> [...] é preciso que se forme uma classe [...] que seja a dissolução de todas as classes, uma esfera da sociedade que tenha um caráter universal porque suas aflições são universais, e que não reivindique uma *reparação particular* porque o mal que lhe foi feito não é um mal *particular*, mas um mal em geral.[29]

Esse enigma de uma classe que não é uma classe – ao mesmo tempo a expressão suprema e a dissolução final da sociedade de classes como tal – está suspenso, como o *pharmakos*, entre identidade e não identidade, é simbólico, como o bode expiatório, do mal universal e, assim, tem o poder secreto de repará-lo. O processo que Marx descreve aqui é um processo classicamente trágico.

O eleito, de Thomas Mann, contém uma extraordinária paródia dessa condição. Nesse romance, o *pharmakos* é representado não pelo proletariado, mas por um ouriço. Consumido pela culpa, o incestuoso Gregorius projeta-se, à maneira de Édipo, para fora da sociedade humana e, em sua busca de um lugar de completo isolamento, acaba acorrentado a uma rocha no meio de um lago, onde permanece por dezessete anos, seu corpo encolhendo paulatinamente diante da invasão dos elementos, até que ele venha a se assemelhar "a uma coisa da natureza – espinhosa, musgosa e eriçada" (cap.24). Enquanto isso, o Vaticano está à procura de um novo papa e fica sabendo, por meio de uma visão, que ele será encontrado preso a uma rocha no meio da imensidão. É através desse processo levemente improvável que uma criatura peluda, semelhante a um ouriço, torna-se o papa Gregório, o Grande. Talvez ele tivesse provocado menos danos se tivesse permanecido empoleirado em sua rocha.

Gregório torna-se pouco mais do que um objeto natural no curso de sua longa penitência; e há uma compreensão de que o *pharmakos* é o próprio paradigma daquela noção atualmente muito ridicularizada, a objetividade. Lutar pela objetividade de julgamento, de fato, exige boa dose de coragem, realismo, abertura, modéstia, autodisciplina e generosidade de espírito; não há, aí, absolutamente nada de frieza. Porém, o verdadeiro paradigma da objetividade não é epistemológico, mas ético. O modelo de objetividade é uma atenção altruísta em relação às

---

29 Marx; Contribution to the Critique of Hegel's Philosophy of Right. In: Bottomore (Ed.), *Karl Marx: Early Writings*, p.58.

necessidades do outro. O sacrifício insiste nisso a um ponto extremo, convertendo o eu em um objeto na esfera pública, um eu-para-os-outros, que em sua pura materialidade inerte, sua total nulidade, nos faz lembrar, por meio de um duro contraste, da arrogância do poder e do atrevimento do desejo. Clym Yeobright é trazido a essa condição ao final de *A volta do nativo*, de Thomas Hardy – a contenção de sua ambição simbolizada pela sua perda da visão.

Essa não é uma condição na qual se deva repousar de forma confortável, como o ouriço congelado de Thomas Mann conspicuamente não faz. Passar a vida como um objeto material inerte dificilmente é a última palavra em emancipação. A vida como um mamífero ulcerado pelo frio não parece o *summum bonum*. A objetividade, o eu-para-os-outros, é apenas uma base para a liberdade e para o bem-estar, caso isso aconteça ao nosso redor. Se não houver reciprocidade, então é simplesmente a melancólica condição que temos agora, em que uns desperdiçam sua vida mimando outros. Somente pelo reconhecimento mútuo da finitude, da fragilidade e das necessidades materiais é que tal objetividade pode se tornar a base de um mundo emancipado. Contudo, o *páthos* dessa condição é, por assim dizer, uma prova do quão drasticamente fora de controle fica o desejo se, para purgá-lo, temos necessidade dessa selvagem depreciação; como o duque de *Medida por medida* comenta: "há tão intensa febre na virtude que somente a sua dissolução poderá curá-la" (Ato III, cena 2). Transformar o sujeito significa não desejar que a objetividade desapareça, mas insistir em suas implicações o tempo todo. É nesse sentido que há uma ligação interna entre virtude e materialismo.

"Admitindo que a desordem desfigura o padrão", escreve a antropóloga Mary Douglas, "ela também fornece os materiais do padrão".[30] É esse movimento dialético que muito pensamento radical da contemporaneidade ignora. Para algumas culturas tribais – argumenta Douglas –, a sujidade secreta um poder sagrado porque ela rompe com categorias estabelecidas. Se for para manter a ordem, é uma força desestabilizadora que precisa ser eliminada, de forma que "a reflexão sobre a sujidade envolve reflexão sobre a relação entre ordem e desordem, ser e não ser, forma e amorfismo, vida e morte".[31] Como matéria desorganizada, coisa que está fora de lugar, a sujidade representa uma ameaça à estrutura política, uma ameaça associada ao poder amorfo e subversivo do sagrado. E esse poder

---

30 Douglas, *Purity and Danger*, p.94.
31 Ibid., p.5.

pode ser sentido especialmente nas margens e nos interstícios da vida social, nas bordas esfarrapadas onde ele se harmoniza com o caos.

Até agora, não há nada na questão que possa incomodar um desconstrucionista. Entretanto, aqui, a oposição entre o poder das margens e a opressividade do centro não é, de forma alguma, simples, pois as muito bem forjadas estruturas sociais que definem a identidade de certos povos tribais são também, insiste Douglas, expressões do poder sagrado. Há um quê de sagrado em relação a significados coletivos, assim como em relação à ruptura deles. As forças não institucionalizadas que se chocam contra as margens da sociedade ameaçam dissolvê-la em muito limo disforme; mas elas também questionam de forma construtiva suas categorias. Se essas forças são confrontadas com firmeza, elas podem ser trazidas de volta à vida social em um movimento de renovação. "Aquilo que é rejeitado é novamente cultivado para uma renovação da vida."[32] Douglas comenta a respeito de um ritual em que o animal impuro é trazido e consumido: "Através do mistério desse rito eles reconhecem um pouco da natureza fortuita e convencional das categorias em cujo molde eles vivem sua experiência".[33] Quando alguém acata livremente os símbolos da morte", afirma ela, "[...] uma grande liberação de poder perene deve vir a seguir". Afinal de contas, talvez a tragédia não seja uma experiência restrita ao Ocidente.

Em sua maior parte, o efeito desses rituais é, sem dúvida, conservador. Ao desafiar suas próprias categorias, o sistema mostra sua resiliência; ao cultivar novamente o que foi rejeitado, ele ganha vida nova. Entretanto, essa não necessita ser a única política da sujidade. A sujidade não é um bem em si, assim como a ordem social também não o é. Ela torna-se "sagrada" somente quando remodela essa ordem com base no que exclui. E esse é um movimento tanto de dissolução quanto de reconstrução, o sagrado como estrutura e também como antiestrutura, o que é bem diferente da "inclusividade" multicultural. Não se trata de incorporar grupos refugados a formas que protegem o dado sistema. Pelo contrário, trata-se de perceber os excluídos como um sinal do que nessa ordem precisa ser rompido e refeito na sua própria raiz.

Esse ritmo sacrifical não é, de forma alguma, definitivo em relação à tragédia como um todo. Há muitas tragédias sem bodes expiatórios, sem matança ritual ou transições turbulentas da morte para a vida. E há

---

32 Ibid., p.167.
33 Ibid., p.170.

algumas em que esse ritmo está presente, mas de forma tão tênue que é difícil reconhecê-lo. Em *A morte de um caixeiro-viajante*, de Miller, o que costumava ser o sangue redentor do mártir assume a bem menos glorificada forma de uma apólice de seguro, com a qual Willy Loman irá, após sua morte, beneficiar sua família. Mesmo assim, parece haver algumas semelhanças de família nesse aspecto entre o antigo ritual da fertilidade, o culto do *pharmakos* e a arte trágica. Nesse sentido, a teoria da tragédia de Walter Benjamin é especialmente relevante. Benjamin vê no sacrifício um ato de liberação: com a morte do herói, a comunidade ganha a consciência de sua sujeição a forças mitológicas. Para Benjamin, contudo, a história, o oposto da mitologia nesse aspecto, não deve de forma alguma ser glorificada em seu lugar. Pelo contrário, o *Trauerspiel*, ou o drama trágico alemão, é marcado por um senso de vacuidade da história secular, que é descolorida de valor absoluto. Entretanto, Benjamin veicula sua própria versão do *pharmakos*, ao ter em mente que, quando esse domínio sonolento e infiel é compelido ao extremo, ele pode se tornar uma imagem negativa da salvação. Como afirma Richard Wolin: "[...] somente uma perspectiva que estivesse totalmente convencida da desgraça, da profanidade e da insignificância de toda existência natural e terrena era considerada capaz [pelo *Trauerspiel*] de se erguer acima das ruínas da mera vida e ganhar acesso ao reino da salvação".[34] Uma vez mais, o pior é o único lugar de onde começar.

Para Benjamin, então, é como se a história estivesse tão falida que alguma epifania salvífica precisasse inevitavelmente estar tremulando em seu horizonte. A indigência da história é um índice negativo de uma redenção situada para além dela. O crescente amontoado de entulho que é a vida histórica proclama a necessidade de uma salvação que só pode vir com a desvalorização de objetos mundanos. A natureza está adejando e apodrecendo, mas esse caráter transitório é, ele próprio, um sinal da messiânica morte da própria história. A enfermidade da história, portanto, torna-se, homeopaticamente, sua própria cura. O Benjamin marxista da maturidade irá encontrar uma espécie análoga de inversão dialética na mercadoria, um objeto tão esvaziado de significado imanente que é liberado para novos usos revolucionários. Alguma coisa análoga poderia ser dita da ideia de Georg Lukács a respeito do proletariado, que vem a ter consciência emancipatória de si mesmo exatamente por ser degradado ao nível de um objeto. "Tal redenção como [o *Trauerspiel*] sabe", escreve

---

34 Wolin, *Walter Benjamin:* An Aesthetic of Redemption, p.52.

Benjamin, "reside nas profundezas desse destino (isto é, a desesperança histórica), mais do que na concretização de um plano divino de salvação".[35] O tempo messiânico é, portanto, o oposto da teleologia: a redenção não é o que a história produz de forma imanente, mas o que surge de suas ruínas. Esperança e história viajam em direções diferentes, quando a primeira é posta em relevo pela desolação da última. Como nos lembra Ernst Bloch em *O princípio da esperança*, até mesmo o desespero projeta um futuro, mesmo que seja um futuro de nulidade.

Desconfianças em relação à ideia de sacrifício, contudo, não se dissipam tão facilmente, sobretudo quando o protagonista da ação é uma mulher. Hester Prynne, de *A letra escarlate*, romance de Nathaniel Hawthorne, é uma vítima sacrifical dessa condição, banida da comunidade, mas que logo se revela uma santa pecadora e um símbolo de humanidade para os outros. A letra escarlate que ela usa é um sinal de capacidade bem como de transgressão, significando tanto "Apta" quanto "Adúltera". Sendo ela própria objeto de difamação pública, torna-se ainda mais capaz de assistir os outros que se encontram em situação difícil, convertendo sua condição de impura em fonte de poder. Banida da estrutura moral da sociedade, "ela vagueara, sem comando nem rumo, em um deserto moral" (cap.18), isolada no espaço liminar do bode expiatório; mas essa é também uma forma ambígua de emancipação, visto que a letra escarlate se torna "o seu passaporte para regiões que outras mulheres não ousavam pisar". Ela deve despertar compaixão, medo, bem como um profundo respeito. Juntamente com as reações trágicas normais de piedade e terror, o *pharmakos* provoca uma reação de reverência. Hester está fora da lei – monstruosa, porém redentora; e seu pesaroso amante, Arthur Dimmesdale, declara publicamente sua solidariedade para com essa vítima impura antes de morrer. Nada, com certeza, poderia ser mais estereotípico do que a mulher ao mesmo tempo reverenciada e ofendida; mas Hester, desbravadora de regiões até então não registradas, também esboça as características de uma forma de vida que se estende para além da opressão patriarcal.

A ficção de Dostoievski não é estranha a mulheres virtuosas, autossacrificais; na verdade, nem a vítimas inocentes em geral. Ivan Karamazov rejeita, encolerizado, a noção de bode expiatório – que os inocentes, sobretudo crianças, precisam sofrer em nome de outros. Ao lado disso,

---

35 Benjamin, *The Origin of German Tragic Drama*, p.81.

ele despreza todas as teorias teleológicas de que o sofrimento exerce um papel fundamental no progresso evolutivo, bem como a hipótese de que precisamos do mal para iluminar o bem. Ao recusar a salvação em protesto contra essa beatice hipócrita, ele se torna uma figura genuinamente trágica. Os romances, porém, oferecem uma visão alternativa de sacrifício. Aliocha Karamazov acredita em um abrangente bode expiatório: todos precisam assumir a responsabilidade por todos os outros, em cujo caso o processo de criação de bodes expiatórios anula todo o percurso, de modo que uma comunidade de culpa mútua pode se converter em uma comunidade de liberdade e perdão mútuos. Trata-se de uma versão cristã ou existencial do *pharmakos*: precisamos assumir o peso da culpa do outro mesmo que sejamos, nós mesmos, inocentes, e, assim, tenhamos nos tornado, como o bode expiatório, "objetivamente" culpados, ou, nos termos de Pauline, "tornado pecado" em vez de simples pecadores. Entretanto, se esse ato é universalizado, tornado recíproco em vez de unilateral, ele pode se tornar uma base para igualdade e aceitação mútuas. Uma sociedade de vitoriosos e vítimas pode se transformar em uma sociedade de responsabilidade comum. Não se trata mais de uma questão de um indivíduo sofrer por todos, como Dimitri Karamazov se propõe a fazer em um suspeito momento de êxtase. Dostoievski tem plena consciência da tênue linha que separa o martírio do masoquismo.

A distinção entre martírio verdadeiro e falso pode às vezes parecer indeterminável, como não precisam ser lembrados os leitores do Henry James da maturidade. Seria a renúncia o altruísmo supremo ou o mais desonesto de todos os atos de egoísmo? Seria Maggie Verver de *A taça de ouro* uma virtuosa altruísta ou uma malvada conspiradora? A certa altura do romance, ela se lança explicitamente no papel de bode expiatório: sua função, reflete ela, é "acusar a si própria [de ser perigosa], da mesma forma que o bode expiatório dos tempos antigos, de quem ela certa vez havia visto um quadro terrível, fora acusado dos pecados das pessoas e partira para o deserto para sucumbir sob seu próprio peso e morrer" (Livro 2, cap.36). No entanto, no final, Maggie se sai muito bem de seu papel de bode expiatório, o que levou alguns críticos a vê-la como nada altruísta.

Mesmo assim, para James, o ato de renúncia pode conter uma beleza estética luminosa, um rompimento com o asqueroso jogo de poder e interesse, que, nessa medida, se assemelha muito ao próprio ato de escrever. A própria arte, tanto para James quanto para Flaubert e Joyce, é uma forma de sacrifício, uma abnegação sacerdotal, pois o escritor paga com a penúria de sua vida pela pródiga plenitude de sua arte. Alguma coisa em relação a esse aspecto pode surgir do nada. O próprio James tinha dinheiro suficiente para sobreviver o minimamente possível e praticar, como alternativa, a modalidade suprema de virtude conhecida como literatura. A versão modernista do sacrifício é a arte. Essa inteligência, dotada de um matiz sofisticado e existindo inteiramente por si mesma, precisa comprar seu desprendimento ao preço do afastamento. No final, parecia não haver nada que Henry não soubesse; mas, para ser completo, esse conhecimento precisava ser inteiramente impraticável, totalmente desprovido de valor de troca, tão grandiosamente inútil quanto o *acte gratuit* pelo qual Milly Theale de *As asas da pomba* transfere sua fortuna para o amante que ela sabe que a traiu.

Como Strether em *Os embaixadores*, James precisa sair de mãos limpas de toda a fatigante empreitada, não contaminado pelo egoísmo. Só podemos adentrar a eternidade de mãos vazias e, ainda assim, a abnegação que isso envolve pode parecer uma ominosa manipulação. É difícil decidir entre as duas, pois a mais tênue das linhas separa a estetização no sentido de viver nossa vida de uma forma rica e bela da estetização no sentido de fetichizar os outros como posses valiosas. As "tragédias de sala de estar" de James, como Jeanette King muito apropriadamente as denomina,[36] veem não apenas o que há de errado na rígida separação que Kant faz entre o ético e o estético, mas também o que há de certo nela. A virtude, com certeza, não pode ser a questão sem graça e pouco atraente que os utilitaristas pensam; e, sobretudo na prática de escrever romances, benevolência e refinamento podem momentaneamente chegar a uma conciliação, como uma crítica implícita de uma sociedade em que os refinados obtêm o prazer enquanto os bons levam a culpa. Porém, nos próprios romances e histórias, ao contrário do ato de produzi-los, benevolência e refinamento, ético e estético, estão frequentemente se engalfinhando, disfarçados de América *versus* Europa, personagem contra estilo, sintaxe do eu *versus* suas sensações. James percebia quantas vítimas inocentes teriam de ser sacrificadas para pagar a civilidade que ele praticava. Sua secretária, Theodora Bosanquet, assim escreve a respeito dele: "Quando ele saía do refúgio de seu estúdio para o mundo e olhava ao redor, via um lugar de tormento, no qual criaturas de rapina cravavam perpetuamente suas garras na carne trêmula dos amaldiçoados e indefesos filhos da luz".[37]

---

36 King, op. cit., p.10.
37 James, *The Wings of the Dove*, p.xi.

O sacrifício pode ser uma maneira de perder para ganhar, apaziguando a Natureza ou os deuses de forma a trazê-los para o nosso lado. Em *Dialética do esclarecimento*, Horkheimer e Adorno veem-no como inerentemente enganoso, sujeitando os deuses aos quais nos sacrificamos ao primado dos desígnios humanos. Isso pode ser verdadeiro em relação a uma Fleda Vetch ou a uma Maggie Verver, que se conduzem com uma abnegação tão escrupulosa que acabam alcançando seus propósitos – ou esperam alcançá--los – mediante o puro e elegante encanto de sua inteligência moral. No sacrifício, os prazeres masoquistas da pulsão de morte podem também se exteriorizar na forma de agressão, que é, assim, parte do que apreciamos em relação ao ato. A auto-oferenda pode ser uma transcendência da história, mas é também um ato histórico como qualquer outro, uma abstenção que tem toda a força de uma intervenção e que pode muito bem deixar os outros isolados com o peso de sua culpa e sua dívida. Talvez essa fosse o tempo todo a questão retaliatória, embora jamais teremos certeza absoluta. James compreende perfeitamente que entregar poder talvez seja o exercício supremo de sacrifício – que uma recusa em intervir na vida alheia pode ser uma irresponsabilidade esteticista, bem como um respeito liberal pela autonomia; que podemos persuadir alguém a se apaixonar por nós, cedendo-lhe nossa vida, enquanto exigimos vingança por esse sacrifício, não mais continuando lá para retribuir sua paixão. Talvez seja isso o que Milly Theale faz em relação a Densher; ou talvez ela seja um *pharmakos* moderno, que faz de sua condição de bode expiatório uma vitória, invocando vida de sua morte e obtendo redenção da derrota. Como a decisão final da heroína de *Retrato de uma senhora*, ela poderia ser vista como um expoente de um ato puro, independentemente da consequência, que tanto aceita como rejeita, coloca o agente inteiramente em risco, e ao fazê-lo transgride a comunhão simbólica de normas e expectativas para inaugurar uma nova ordenação. Para certa linhagem de pensamento, de Kierkegaard a Lacan, tal ato é o próprio paradigma do ético.

A vida na morte é o tema de *Moby Dick*, de Melville, centrado na indústria de caça à baleia, que garante a sobrevivência pela matança em um oceano que tanto gera vida quando lhe serve de túmulo. Toda a demoníaca existência de Ahab resume-se a um fanático estar para a morte, exatamente como sua perna de marfim é um pedaço de matéria morta literalmente incorporada à sua carne e sangue. Em sua implacável perseguição à baleia-branca, ele se recusa a desistir de seu desejo, e é finalmente destruído por sua fidelidade a esse imperativo macabro. "Teus pensamentos geraram uma criatura dentro de ti" (cap.44), reflete Ismael, reconhecendo que o desejo é uma cavilha estranha a nosso ser que obedece à sua própria lógica em vez de obedecer à nossa. O que Ahab deseja é Moby Dick, cuja brancura é sinal de santidade, de algo "doce e honorável e sublime" (cap.42), mas também de um vazio sinistro e abismal, que só podemos olhar sob o risco de nos cegarmos. O acromatismo de Moby Dick é, ao mesmo tempo, um sinal de verdade espiritual e uma assustadora imagem do Real. Ou demônio, ou arcanjo, assim pode ser a criatura – tudo depende, e disso somos informados, do temperamento de quem a vê. Como o Real, a baleia é, ao mesmo tempo, negação pura e estorvo, um código que escapa à cognição, mas também uma devastadora força de destruição. Sua indefinibilidade faz lembrar o narrador da aniquilação, dos "desumanos vazios e imensidões do universo" (cap.42), e o satânico Ahab só pode ver esse ser completamente insondável como vingativo e voraz, marcado por uma "malevolência impenetrável".

É certamente como a Lei sob a qual Ahab enxerga a baleia, um animal ao mesmo tempo maldito e fascinante. Ele desestabiliza todas as categorias zoológicas (como São Tomás de Aquino diz acerca de Deus), e só pode ser definido por analogia. O próprio Deus é uma espécie de *pharmakos*, com uma face terrível e outra afetuosa, mais ou menos como o cachimbo-machadinha de Queequeg, que pode tanto esmagar o crânio de seus inimigos quando apaziguar sua alma; ou mais ou menos como um porto em uma tempestade, que é igualmente bem-vindo e arriscado para um navio em perigo, "seu único amigo, seu pior inimigo" (cap.23). Há uma ambivalência semelhante em relação à indústria da caça à baleia, que é, por si só, uma questão sórdida, letal, e, não obstante, uma fonte vital de civilização. Baleeiros, lembra-nos o narrador, são almas desprezadas, rejeitadas, mas é na sua labuta que repousam as coroações de reis. A comunidade baleeira representa uma pedra angular. O próprio Ahab é um transgressor desvairado e diabólico, outra daquelas figuras trágicas que vagueiam além das fronteiras da humanidade, em alguma região satânica na qual, como ele grita à maneira de Milton, "todo encanto é angústia para mim" (cap.37).

Billy Budd, outra personagem de Melville, é uma espécie bem menos sutil de bode expiatório, com sua inocência adâmica contrastada com a malevolência de Claggart; mas Bartleby, da curiosa história *Bartleby, o escrivão*, tem alguns dos traços do *pharmakos* tradicional. Uma figura protobeckettiana, privada de esperança, história ou ocupação, há um pouco da qualidade traumática, catatônica do bode expiatório em seu enervante hábito de fitar uma parede durante horas, sua incapacidade de dar significado a seu mundo. Bartleby encarna uma espécie de suprema recusa

("Prefiro não" é seu lema) e, agindo assim, manifesta um pouco do perverso poder dos impotentes, ao morrer na prisão despojado de qualidades humanas; e, no entanto, pela mesma razão, ele é um enigma enfurecedor, uma fonte de perplexidade e frustração para seu empregador.

O *pharmakos*, portanto, não é, de maneira alguma, um tema restrito à Antiguidade clássica. Há ressonâncias dele hoje, por exemplo, na ficção de J. M. Coetzee. Ainda assim, é difícil ver historicistas à vontade diante da sugestão de que reis corrompidos e antigos cultos de fertilidade podem falar de forma pertinente à política dos tempos atuais. No entanto, a verdade nua e crua é que eles são muito mais pertinentes do que a orientação da maioria dos atuais historicistas de esquerda. De Sydney a San Diego, os esquerdistas culturais do presente repudiam, na maioria dos casos, um ardor revolucionário anterior, contentando-se – com impaciência ou desalento – com algum tipo de pragmatismo, pluralismo liberal ou social-democracia. Em um mundo de crescente pobreza e desigualdade, migrações impostas, conflitos étnicos, devastação social, predação da natureza e reiteradas agressões militares, até mesmo a mais leve pitada de social-democracia seria bem-vinda. Porém, é ridículo pensar que isso seria suficiente. A estrutura de um mundo cada vez mais governado pela ganância de corporações transnacionais é uma estrutura que precisa ser derrubada para que seja reparada. Se essa é a lição do *pharmakos*, ela é também a crença da revolução política.

Na atual preocupação com as minorias, um *insight* vital corre o risco de ficar obscurecido. O fato assustador a respeito do capitalismo global é que é a *maioria* que está desapossada. Há, sem dúvida, níveis de desapossamento, e operários de estaleiros não estão, de forma alguma, desamparados. Entretanto, embora a ideia de uma ordem social que exclui certas minorias vilipendiadas seja bastante familiar, e essas exclusões sejam absolutamente visíveis, a verdade chocante de uma análise de classe é que as ordens sociais sempre, e de forma invisível, excluíram a maioria. Esse é um fato tão paradoxal e, ao mesmo tempo, tão impalpável que acabamos não sendo suficientemente tocados por ele. Ele contém uma dupla mensagem: que um sistema extasiado pelo sucesso é, de fato, um triste fracasso; e que há mais do que o suficiente nesse fracasso para que ele se converta a si mesmo em poder. O *pharmakos* clássico pode ser expulso da cidade porque seus governantes não precisam dele senão como um objeto no qual descarregar sua culpa coletiva. Ele é também algo horrível de contemplar, medonho demais para ser tolerado intramuros. Contudo, o bode expiatório do mundo moderno é essencial para o funcionamento da própria pólis que o exclui. Não é uma questão de alguns pedintes ou presidiários contratados, mas de populações inteiras, desenraizadas e que trabalham arduamente. A dualidade poder/impotência retorna, mas em uma nova configuração.

Nesse contexto, o "Não desista de seu desejo!", de Lacan, torna-se uma injunção política. Significa "Esteja firme para a morte": não se deixe enganar pela "vida" como a vivemos; não se contente com o que é falso e de qualidade inferior, não aceite aquele conjunto de fantasias surradas conhecido como realidade, mas agarre-se à sua fé de que o vazio mortal dos desapossados é a única fonte da qual uma existência mais jubilosa, mais prazerosa pode, no fim das contas, surgir. E, para isso, a esquerda precisa de um discurso bem mais perscrutador do que o pluralismo ou o pragmatismo. Não pode haver nenhum retorno ao dogmatismo metafísico ou à autossatisfação fundacionista; mas, se a linguagem da crítica deve ajustar-se à profundidade da premência de nossa situação política, a esquerda também não pode se contentar em permanecer presa ao ciclo repetitivo de seus atuais interesses culturais.

Ironicamente, alguma coisa na mesma linha, pode ser dita do próprio sistema. À medida que as ambições globais do Ocidente se tornam cada vez mais predatórias, ele se verá, sem dúvida, cada vez menos capaz de defender suas operações por meio da fórmula culturalista ou pragmatista. "Acontece que é exatamente isso o que fazemos." O que pode funcionar em departamentos de filosofia revela-se bem menos convincente quando se pergunta ao capitalismo ocidental por que ele se ocupa em envenenar o planeta, gerar pobreza e preparar-se mais uma vez para um confronto nuclear. Apologias pragmatistas dessa agenda parecem ainda mais frágeis quando se enfrentam antagonistas como o Islã, do qual alguns seguidores – como o Ocidente deve ter percebido – não têm muitos problemas com reivindicações pragmáticas ou metafísicas. O que já está desafiando esse pragmatismo no Ocidente é um vergonhoso fundamentalismo religioso e político que, podemos esperar, irá disseminar-se mais amplamente. A última coisa que a esquerda necessita é sua própria versão de fundamentalismo. Contudo, também não é suficiente para ela difundir suas próprias versões de um pragmatismo que, de qualquer forma, provavelmente será cada vez mais desacreditado.

Podemos deixar a última palavra com Franz Kafka. Ao final de *O processo*, quando está prestes a ser executado, Josef K. vislumbra um vago movimento no andar superior de uma casa vizinha.

[...] O batente da janela se abriu como se uma luz brilhasse nela; uma figura humana, frágil e sem substância, naquela distância e altura, projetou-se para fora e estendeu mais ainda os braços. Quem era? Um amigo? Um homem bondoso? Alguém compadecido? Alguém que queria ajudar? Era uma só pessoa? Era todo o mundo?

REFERÊNCIAS BIBLIOGRÁFICAS

ADAMS, H. H. *English Domestic or Homiletic Tragedy 1575-1642.* Nova York: Columbia University Press, 1943.
ADDISON, J. *The Spectator*, n.40, 16 abr. 1711.
_____. *The Spectator*, n.548, 28 nov. 1712.
ADORNO, T. W. *Negative Dialectics.* Londres: Routledge & Kegan Paul, 1973. [Ed. bras.: *Dialética negativa.* Rio de Janeiro: Zahar, 2009.]
_____. *Aesthetic Theory.* Londres: Routledge & Kegan Paul, 1984.
_____. *Kierkegaard*: Construction of the Aesthetic. Minneapolis: University of Minnesota Press, 1989.
AIRAKSINEN, T. *The Philosophy of the Marquis de Sade.* Londres: Routledge & Kegan Paul, 1991.
ALLEN, P. *Alan Ayckbourn:* Grinning at the Edge. Londres: Eyre Methuen, 2001.
ALLOTT, K. (Ed.). *Poems of Matthew Arnold.* Londres: Penguin Books, 1965.
ALTHUSSER, L. Letter on Art to Andre Daspre. In: _____. *Lenin and Philosophy.* Londres: New Left Books, 1971. [Ed. bras.: *Lenin e a filosofia.* São Paulo: Mandacaru, 1989.]
ANDERSON, P. Modernity and Revolution. *New Left Review*, n.144, mar.-abr. 1984.
ANTON, C. *Plays.* Introduction. Londres: Oxford University Press, 1959.
ARENDT, H. *Eichmann in Jerusalem:* A Report on the Banality of Evil. Nova York: Viking Press, 1965. [Ed. bras.: *Eichmann em Jerusalém:* um relato sobre a banalidade de mal. São Paulo: Companhia das Letras, 1999.]
AUERBACH, E. *Mimesis:* The Representation of Reality in Western Literature. Princeton, NJ: Princeton University Press, 1953.
AYLEN, L. *Greek Tragedy and the Modern World.* Londres: Eyre Methuen, 1964.
BAKHTIN, M. M. *Collected Works.* Ed. S. G. Bocharov; L. A. Gogorishvili. Moscow: Russkie slovari, 1996. v.5.
BARKER, F. *The Culture of Violence.* Manchester: Manchester University Press, 1993.
BARTHES, R. *Sade-Fourier-Loyola.* Londres: Fontana Press, 1977.

BARTHES, R. In: SONTAG, S. (Ed.). *A Barthes Reader*. Londres: Jonathan Cape, 1982.
BATAILLE, G. *Visions of Excess:* Selected Writings, 1927-1939. Ed. Allan Stockl. Minneapolis, MN: University of Minnesota Press, 1985.
BECKETT, S. *Proust*. Londres: Chatto & Windus, 1931.
BECKSON, K. (Ed.). *Oscar Wilde:* The Critical Heritage. Londres: Routledge & Kegan Paul, 1970.
BEISTEGUI, M.; SPARKS, S. (Eds.). *Philosophy and Tragedy*. Londres; Nova York: Harper & Row, 2000.
BENJAMIN, W. *The Origin of German Tragic Drama*. Londres: NLB, 1977. [Ed. bras.: *Origem do drama trágico alemão*. São Paulo: Autêntica, 2011.]
_____. Fate and Character. In: _____. *One-Way Street and Other Essays*. Londres: NLB, 1979. [Ed. bras.: *Obras escolhidas II*: Rua de mão única. São Paulo: Brasiliense, 2004.]
BERGSON, H. *Time and Free Will*. Londres: Routledge & Kegan Paul, 1971.
BERLIN, I. *Four Essays on Liberty*. Oxford: Oxford University Press, 1969.
BERMAN, M. *All That Is Solid Melts Into Air*. Londres: Penguin and Simon & Schuster, 1982. [Ed. bras.: *Tudo que é sólido se desmancha no ar*. São Paulo: Companhia de Bolso, 2007.]
BERNBAUM, E. *The Drama of Sensibility*. Cambridge, MA: Harvard University Press, 1925.
BERNSTEIN, J. M. *Philosophy and the Novel*. Brighton: Harvester Press, 1984.
BITTNER, R. One Action. In: RORTY, A. O. (Ed.). *New Essays on Aristotle's Poetics*. Princeton, NJ: Princeton University Press, 1992.
BODKIN, M. *Archetypal Patterns in Poetry*. Londres: Oxford University Press, 1934.
BRADLEY, A. C. Hegel's Theory of Tragedy. In: _____. *Oxford Lectures on Poetry*. Londres: Macmillan, 1950.
_____. *Oxford Lectures on Poetry*. Londres: Macmillan, 1950.
_____. *Oxford Lectures on Poetry*. Nova York: Meridian Books, 1955.
_____. *Shakespearian Tragedy*. Londres: Macmillan, 1904.
_____. *Shakespearian Tragedy*. Londres: Macmillan, 1904. Reimpressão: 1985. [Ed. bras.: *A tragédia shakespeariana*. São Paulo: WMF Martins Fontes, 2009.]
BRECHT, B. *The Messingkauf Dialogues*. Londres: Eyre Methuen, 1965.
_____. *Writings on Theatre*. Londres: Eyre Methuen, 1973. [Ed. bras.: *Estudos sobre teatro*. Rio de Janeiro: Nova Fronteira, 2005.]
BRERETON, G. *Principles of Tragedy*. Londres: Routledge & Kegan Paul, 1968.
BROOKS, C. (Ed.). *Tragic Themes in Western Literature*. New Haven, CT; Londres: Yale University, 1955.
BROWN, N. O. *Life Against Death*. Londres: Routledge & Kegan Paul, 1959.
BUCKERT, W. Greek Tragedy and Sacrificial Ritual. *Greek, Roman and Byzantine Studies*, n.7, 1966.
BURKE, E. Philosophical Inquiry into the Origin of our Ideas of the Sublime and the Beautiful. In: _____. *The Works of Edmund Burke*. Londres: Oxford University Press, 1906. v.1.
_____. *A Philosophical Enquiry into the Origin of our Ideas of the Sublime and Beautiful*. Londres: Oxford University Press, 1958. [Ed. bras.: *Uma investigação filosófica sobre a*

origem de nossas ideias do sublime e do belo. Campinas: Editora da Unicamp; Papirus, 1993.]
BUSH D. (Ed.). *John Milton:* Poetical Works. Londres: Routledge & Kegan Paul, 1966.
BUTCHER, S. H. *A Theory of Poetry and Fine Arts*. Nova York: Dover Publications, 1951.
CARROLL, J. (Ed.). *Selected Letters of Samuel Richardson*. Oxford: Clarendon Press, 1964.
CASSIRER, E. *Kant's Life and Thought*. New Haven, CT; Londres: Yale University Press, 1981.
CAUDWELL, C. *Illusion and Reality*. Londres: Macmillan, 1937.
CAVE, T. *Recognitions*. Oxford: Clarendon Press, 1988.
COHEN, W. *Drama of a Nation*. Ithaca, NY: Cornell University Press, 1985.
COPJEC, J. (Ed.). *Radical Evil*. Londres: Verso, 1996.
CORNEILLE, P. *Writings on the Theatre*. Ed. H. T. Barnwell. Oxford: Blackwell, 1965.
CRITCHLEY, S. *Ethics-Politics-Subjectivity*. Londres: Verso, 1999.
DENNIS, J. *The Advancement and Reformation of Modern Poetry*. Londres: Rich. Parker, 1701.
DERRIDA, J. Plato's Pharmacy. In: _____. *Dissemination*. Londres: Athlone, 1981. [Ed. bras.: *A farmácia de Platão*. São Paulo: Iluminuras, 1991.]
_____. *The Gift of Death*. Chicago: University of Chicago Press, 1995.
DESMOND, W. *Perplexity and Ultimacy*. Albany, NY: State University of Nova York Press, 1995.
DEWS, P. *Logics of Disintegration*. Londres: Verso, 1987.
DIXON, W. M. *Tragedy*. Londres: Butler & Tanner, 1924.
DODDS, E. R. *The Greeks and the Irrational*. Berkeley; Los Angeles: University of California Press, 1951.
DODDS, E. R. *The Greeks and the Irrational*. In: GEORGOPOULOS, N. (Ed.). *Tragedy and Philosophy*. Londres: Routledge & Paul, 1963.
_____. On Misunderstanding the *Oedipus Rex*. In: SEGAL, E. (Ed.). *Oxford Readings in Greek Tragedy*. Oxford: Oxford University Press, 1983.
DOLLIMORE, J. *Radical Tragedy*. Londres: Macmillan, 1989.
_____. *Death, Desire and Loss in Western Culture*. Londres: Allen Lane the Penguin Press, 1998.
DOUGLAS, M. *Purity and Danger*. Londres: Routledge & Kegan Paul, 1966.
DRAPER, R. P. (Ed.). *Tragedy:* Developments in Criticism. Londres: Macmillan, 1980.
EAGLETON, T. *The Rape of Clarissa*. Oxford: Blackwell, 1982.
_____. *Shakespeare*. Oxford: Blackwell, 1986.
_____. *The Ideology of the Aesthetic*. Oxford: Blackwell, 1990.
_____. *Heathcliff and the Great Hunger*. Londres: Verso, 1995.
_____. *The Illusions of Postmodernism*. Oxford: Blackwell, 1996. [Ed. bras.: *As ilusões do pós-modernismo*. Rio de Janeiro: Jorge Zahar, 1998.]
_____. *Crazy John and the Bishop*. Cork: Cork University Press, 1998.
ELLIS-FERMOR, U. *The Frontiers of Drama*. Londres: Eyre Methuen, 1945.
ELSE, G. F. *Aristotle's Poetics:* The Argument. Cambridge, MA: [s.n.], 1957.
_____. *The Origin and Early Form of Greek Tragedy*. Cambridge, MA: Harvard University Press, 1965.

ELSE, G. F. *The Origin and Early Form of Greek Tragedy*. Cambridge, MA: Harvard University Press, 1967.
EMPSON, W. *Some Versions of Pastoral*. Londres: Penguin Press, 1966.
EWTON JR., Ralph W. *The Literary Theories of Schlegel*. Haia: Mouton, 1972.
FERGUSSON, F. *The Idea of a Theater*. Princeton, NJ: Princeton University Press, 1949.
FIGES, E. *Tragedy and Social Evolution*. Londres: Calder, 1976.
FINLEY, M. *The Ancient Greeks*. Harmondsworth: Penguin Pelican, 1966.
FLORIO, J. (Ed.). *The Essays of Montaigne*. Nova York: Modern Library, 1933.
FREUD, S. *Civilization and Its Discontents*. Londres: Leonard & Virginia Woolf at the Hogarth Press, 1930. [Ed. bras.: *O mal-estar na civilização*. São Paulo: Penguin; Classics Companhia da Letras, 2011.]
_____. In: STRACHEY, J. (Ed.). *The Standard Edition of the Psychological Work of Sigmund Freud*. Londres: Hogarth Press, 1955. v.17.
_____. Mourning and Melancholia. In: _____. *Sigmund Freud:* On Metapsychology. Harmondsworth: Penguin Freud Library, 1984.
FRYE, N. *Anatomy of Criticism:* Four Essays. Princeton, NJ: Princeton University Press, 1957. [Ed. bras.: *Anatomia da crítica:* quatro ensaios. São Paulo: Cultrix, 1973.]
GALLE, R. The Disjunction of the Tragic: Hegel and Nietzsche. In: GEORGOPOULOS, N. (Ed.). *Tragedy and Philosophy*. Londres: Routledge & Paul, 1963.
GARLAND, M. *Hebbel's Prose Tragedies*. Cambridge: Cambridge University Press, 1973.
GASCHÉ, R. Self-dissolving Seriousness. In: BEISTEGUI, M.; SPARKS, S. (Eds.). *Philosophy and Tragedy*. Londres; Nova York: Doubleday, 2000.
GELLRICH, M. *Tragedy and Theory:* The Problem of Conflict since Aristotle. Princeton, NJ: Princeton University Press, 1988.
GENET, J. *The Thief's Journal*. Harmondsworth: Penguin Books, 1967.
GEORGOPOULOS, N. (Ed.). *Tragedy and Philosophy*. Londres: Routledge & Paul, 1963.
GERSTLE, C. A. The Concept of Tragedy in Japanese Drama. *Japan Review*, n.1, 1990.
GHOSH, S. K. *Tragedy*. Calcutá; Londres, [s.n.]: [s.d.].
GIRARD, R. *Violence and the Sacred*. Baltimore, MD; Londres: Johns Hopkins University Press, 1977. [Ed. bras.: *A violência e o sagrado*. São Paulo: Paz e Terra, 1998.]
GOETHE, J. W. *Wilhelm Meister's Apprenticeship*. Princeton, NJ: Princeton University Press, 1989. [Ed. bras.: *Os anos de aprendizado de Wilhelm Meister*. São Paulo: Editora 34, 2006.]
GOLDHILL, S. *Reading Greek Tragedy*. Cambridge: Cambridge University Press, 1986.
GOLDMANN, L. *Immanuel Kant*. Londres: New Left Books, 1971.
GREEN, A. *The Tragic Effect*. Cambridge: Cambridge University Press, 1969.
GREENBERG, M. (Trad.). *Heinrich von Kleist:* Five Plays. New Haven, CT; Londres: Yale University Press, 1988.
HABERMAS, J. *The Philosophical Discourse of Modernity*. Cambridge: The MIT Press, 1987. [Ed. bras.: *O discurso filosófico da modernidade*. São Paulo: Martins Fontes, 2002.]
HAIL, E. *Inventing the Barbarian*. Oxford: Clarendon Press, 1989.
HARDT, M.; NEGRI, A. *Empire*. Cambridge, MA; Londres: Harvard University Press, 2000.
HARRIS, M. *The Case for Tragedy*. Londres: Macmillan, 1932.

HARRISON, J. E. *Themis:* A Study of the Social Origins of Greek Religion. Cambridge: Cambridge University Press, 1927.
HEGEL, G. W. F. *The Philosophy of Fine Art.* Londres: Bell, 1920.
_____. *The Phenomenology of Spirit.* Oxford: Clarendon Press, 1977. [Ed.: bras.: *Fenomenologia do Espírito.* 7.ed. Petrópolis: Vozes, 2011. (Pensamento Humano).]
HEIDEGGER, M. *Being and Time.* Oxford: Wiley-Blackwell, 1962. [Ed. bras.: *Ser e Tempo.* Campinas; Petrópolis: Editora da Unicamp; Vozes, 2012.]
HELLER, E. *The Disinherited Mind.* Londres: Bowes and Bowes, 1952.
HENN, T. R. *The Harvest of Tragedy.* Londres: Eyre Methuen, 1956.
HIRSCHKOP, K. *Mikhail Bakhtin:* An Aesthetic for Democracy. Oxford: Oxford University Press, 1999.
HOBBES, T. *English Works.* Ed. William Molesworth. Londres: Macmillan, 1890. v.4.
HOBSBAWM, E. *Age of Extremes:* The Short Twentieth Century, 1914-1991. Londres: Michael Joseph, 1994. [Ed. bras.: *Era dos Extremos:* o breve século XX, 1914-1991. São Paulo: Companhia das Letras, 1995.]
HÖLDERLIN, F. *Essays and Letters on Theory.* Albany, NY: State University of Nova York, 1988.
HOLLOWAY, J. *The Story of the Night.* Londres: Routledge & Kegan Paul, 1961.
HORÁCIO. On the Art of Poetry. In: DORSCH, T. S. (Ed.). *Classical Literary Criticism.* Harmondsworth: Penguin, 1965.
_____. Harmondsworth: Penguin, 1984.
HORKHEIMER, M.; ADORNO, T. *Dialectic of Enlightenment.* Londres: Verso, 1979. [Ed. bras.: *Dialética do esclarecimento.* Rio de Janeiro: Jorge Zahar, 1985.]
HOUSE, H. *Aristotle's Poetics.* Londres: Hildesheim, 1964.
HUME, D. *A Treatise of Human Nature.* Londres: Penguin Books, 1985. [Ed. bras.: *Tratado da natureza humana.* São Paulo: Editora Unesp, 2000.]
HURSTHOUSE, R. *On Virtue Ethics.* Oxford: Oxford University. Press, 1999.
HUTCHESON, F. *Short Introduction to Moral Philosophy.* Glasgow: Robert Foulis, 1747.
_____. *System of Moral Philosophy.* Londres: Continuum International Publishing Group, 1755.
_____. *An Essay on the Nature and Conduct of the Passions and Affections.* Glasgow: Robert & Andrew Foulis, 1769.
_____. An Inquiry Concerning the Original of our Ideas of Virtue and Moral Good. In: SELBY-BIGGE, L. A. *British Moralists.* Londres: The Claredon Press, 1897. Reimpressão.
JAEGER, W. *Paideia:* The Ideals of Greek Culture. Oxford: Oxford University Press, 1945.
JAMES, H. *The Tragic Muse.* Londres: William Heinemann Ltd, 1921. v.l.
_____. *The Wings of the Dove.* Ed. Peter Brooks. Oxford: Blackwell, 1998.
JAMES, W. *Pragmatism and Other Writings.* Londres: Penguin, 2000. [Ed. bras.: *Pragmatismo e outros textos.* São Paulo: Abril Cultural, 1979. (Os Pensadores.)]
JAMESON, F. *Marxism and Form.* Princeton, NJ: Princeton University Press, 1971. [Ed. bras.: *Marxismo e forma.* São Paulo: Hucitec, 1985.]
_____. *The Political Unconscious.* Ithaca, NY; Londres: Cornell University Press, 1981.

JASPERS, K. *Tragedy Is Not Enough*. Londres: Macmillan, 1953.
JONES, J. *On Aristotle and Greek Tragedy*. Londres: Chatto & Windus, 1962.
KAFKA, F. *The Castle*. Harmondsworth: Penguin Books, 1962.
KAUFMANN, W. *Tragedy and Philosophy*. Nova York: The Blakiston Division, 1968.
KELLY, H. A. *Ideas and Forms of Tragedy*. Cambridge: Cambridge University Press, 1993.
KERMODE, F. *An Appetite for Poetry*. Londres: Collins, 1990.
KERR, W. *Tragedy and Comedy*. Nova York: Simon and Schuster, 1968.
KERRIGAN, J. *Revenge Tragedy*. Cambridge: Cambridge University Press, 1989.
KIBERD, D. *Irish Classics*. Londres: Granta, 2000.
KIERKEGAARD, S. *The Concept of Anxiety*. Princeton, NJ: Princeton University Press, 1980. [Ed. bras.: *O conceito de angústia*. Petrópolis: Vozes, 2010.]
_____. *Fear and Trembling*. Harmondsworth: Penguin Books, 1985. [Ed. bras.: *Temor e tremor*. São Paulo: Hemus, 2008.]
_____. *The Sickness Unto Death*. Londres: Penguin Books, 1989. [Ed. bras.: *O desespero humano*. São Paulo: Editora Unesp, 2010.]
KING, J. *Tragedy in the Victorian Novel*. Cambridge: CUP, 1978.
KITTO, H. D. F. *Greek Tragedy*. Londres: Methuen, 1939.
_____. *Form and Meaning in Drama*. Londres: Methuen, 1956.
KNOX, B. *The Heroic Temper*. Berkeley; Los Angeles: University of California Press, 1954.
KOELB, C. "Tragedy" as an Evaluative. In: KRIEGER, M. *The Tragic Vision*. Chicago; Londres: University of Chicago Press, Term. *Comparative Literature Studies*, v.9, n.1, mar. 1974.
KOSMAN, A. Acting: Drama as the Mimesis of Praxis. In: RORTY, A. O. (Ed.). *Essays on Aristotle's Poetics*. Princeton, NJ: Princeton University Press, 1992.
KRELL, D. F. A Small Number of Houses. In: BEISTEGUI, M.; SPARKS, S. (Eds.). *Philosophy and Tragedy*. Londres; Nova York: Routledge, 2000.
KRIEGER, M. *The Tragic Vision*. Chicago; Londres: [s.n.], 1960.
KROOK, D. *Elements of Tragedy*. New Haven, CT; Londres: Yale University Press, 1969.
KUHNS, R. *Tragedy, Contradiction and Repression*. Chicago; Londres: University of Chicago Press, 1991.
KWANG-TSIEN, C. *The Psychology of Tragedy*. Strasbourg: Libraire Universite d'Alsace, 1933.
LACAN, J. *Seminaire* n.7. Paris: Le Seuil, 1986.
_____. *Seminar VII*: On the Ethics of Psychoanalysis. Nova York: Routledge, 1992.
LACOUE-LABARTHE, P. On the Sublime. In: APPIGANESI, L. (Ed.). *Postmodernism*: ICA Documents 4. Londres: Free Association Books, 1986.
LANGER, S. K. *Feeling and Form*. Londres: [s.n.], 1953.
LAWRENCE, D. H. *Phoenix* v.I. Londres: Chatto and Windus, 1955.
LEAR, J. Katharsis. In: RORTY, A. O. (Ed.). *Essays on Aristotle's Poetics*. Princeton, NJ: Princeton University Press, 1992.
LEAVIS, F. R. *The Common Pursuit*. Londres: Chatto and Windus, 1962.
LEFEBVRE, H. *Critique of Everyday Life*. Londres; Nova York: Verso, 1991.
LESSING, G. E. *Hamburgische Dramaturgie*. [s.l.]: [s.n.], 1767-1768.

LEVI, P. *The Drowned and the Saved.* Londres: Faber and Faber, 1988.
LEWIS, C. S. *Experiments in Criticism.* Londres: Faber and Faber, 1961. [Ed. bras.: *Um experimento na crítica literária.* São Paulo: Editora Unesp, 2009.]
LOVEJOY, A. O. *Essays in the History of Ideas.* Baltimore, MD: Johns Hopkins University Press, 1948.
LUCAS, F. L. *Serious Drama in Relation to Aristotle's Poetics.* Londres: The Hogarth Press, 1966.
LUKÁCS, G. *Goethe and his Age.* Londres: Merlin Press, 1968.
_____. *Soul and Form.* Londres: Merlin Press, 1974.
LYOTARD, J.-F. Adorno as the Devil. *Telos*, n.19, primavera 1974.
_____. The Other's Rights. In: SAVIC, Obrad (Ed.). *The Politics of Human Rights.* Londres: Verso, 1999.
MACHEREY, P. *A Theory of Literary Production.* Londres: Routledge & Kegan Paul, 1978.
MACINTYRE, A. *After Virtue.* Londres: Gerald Duckworth & Co, 1981. [Ed. bras.: *Depois da virtude.* Bauru, SP: EDUSC, 2001.]
MANDEL, O. *A Definition of Tragedy.* Nova York: Nova York University Press, 1961.
MANN, T. *Doctor Faustus.* Londres: Penguin, 1996. [Ed. bras.: *Doutor Fausto.* São Paulo: Saraiva de Bolso, 2011.]
_____. *Reflections of a Nonpolitical Man.* Nova York: Frederick Ungar, 1983.
_____. *The Magic Mountain.* Harmondsworth: Penguin, 1962. [Ed. bras.: *A montanha mágica.* São Paulo: Saraiva de Bolso, 2012.]
MANZONI, A. *The Betrothed.* Trad. Archibald Colquhoun. Londres: Dent, 1959. [Ed. bras.: *Os noivos.* São Paulo: Nova Alexandria, 2012.]
MAQUIAVEL, N. *The Discourses.* Londres: Routledge & Kegan Paul, 1970. [Ed. bras.: *Discursos sobre a primeira década de Tito Lívio.* São Paulo: Martins Fontes, 2007.]
MARTIN, G. Language and Belief in Eliot's Poetry. In: _____ (Ed.). *Eliot in Perspective.* Londres: Macmillan, 1970.
MARX, K. Contribution to the Critique of Hegel's Philosophy of Right. In: BOTTOMORE, T. (Ed.). *Karl Marx:* Early Writings. Londres: Lawrence & Wishart, 1963.
_____. *Grundrisse.* Harmondsworth: Penguin Books, 1973.
MASON, H. A. *The Tragic Plane.* Oxford: Oxford University Press, 1985.
MCNEILLIE, A. (Ed.). *The Essays of Virginia Woolf.* Londres: The Hogarth Press, 1994. v.4.
MILLER, A. *Arthur Miller:* Collected Plays. Londres: Cresset Press, 1961.
MOLESWORTH, W. (Ed.). *The English Works of Thomas Hobbes.* Londres: Bohn, 1839. v.7.
MOMMSEN, W. J. *The Political and Social Theory of Max Weber.* Cambridge: Cambridge University Press, 1989.
MORETTI, F. *Signs Taken For Wonders.* Londres: Verso, 1983.
_____. The Great Eclipse. In: _____. *Signs Taken For Wonders.* Londres: Verso, 1983.
_____. The Spell of Indecision. *New Left Review*, n.64, jul.-ago. 1987.
_____. *The Way of the World.* Londres: Verso, 1987.
_____. *Modern Epic.* Londres: Verso, 1996.
MORRELL, R. The Psychology of Tragic Pleasure. *Essays in Criticism*, v.6, 1965.
MULHERN, F. *Contemporary Marxist Literary Criticism.* Londres: Longman, 1992.

MULHERN, F. *Culture / Metaculture*. Londres: Routledge, 2000.
MURRAY, G. *The Classical Tradition in Poetry*. Cambridge, MA: Harvard University Press, 1930.
NIETZSCHE, F. *Human All Too Human*. Edinburgh; Londres: T. N. Foulis Publisher, 1909. v.l.
_____. Londres: Methuen, 1956. Seção 23. [Ed. bras.: *Humano, demasiado humano*. São Paulo: Companhia das Letras, 2000.]
_____. The Genealogy of Morals. In: KAUFMANN, W. (Ed.). *Basic Writings of Nietzsche*. Nova York: The Viking Press, 1968. [Ed. bras.: *Genealogia da moral*. São Paulo: Companhia das Letras, 2009.]
_____. *The Will to Power*. Nova York: Random House, 1968. [Ed. bras.: *A vontade de poder*. Rio de Janeiro: Contraponto, 2008.]
NORRIS, C. *William Empson and the Philosophy of Literary Criticism*. Londres: Athlone Press, 1978.
NUSSBAUM, M. *The Fragility of Goodness*. Cambridge: Cambridge University Press, 1986.
_____. *Love's Knowledge*. Nova York; Oxford: Oxford University Press, 1990.
_____. Tragedy and Self-Sufficiency: Plato and Aristotle on Fear and Pity. In: RORTY, A. O. (Ed.). *Essays on Aristotle's Poetics*. Princeton, NJ: Princeton University Press, 1992.
NUTTALL, A. D. *Why Does Tragedy Give Pleasure?* Oxford: Oxford University Press, 1996.
O'DONOGHUE, B. The Faultline. In: _____. *Here Nor There*. Londres: Chatto & Windus, 1999.
OLSON, E. *Tragedy and the Theory of Drama*. Detroit: Wayne State University Press, 1961.
ORR, J. *Tragic Drama and Modern Society*. Londres: Macmillan, 1981.
OSBORNE, P. Modernity is a Qualitative, Not a Chronological Category. *New Left Review*, n.192, mar.-abr. 1992.
_____. *The Politics of Time*. Londres: Routledge, 1995. cap. 3.
OVÍDEO. *Tristia ex Ponto*. Cambridge, MA: Harvard University Press, 1996.
PAOLUCCI, A.; PAOLUCCI, H. (Eds.). *Hegel on Tragedy*. Nova York: State University of Nova York, 1962.
PASCAL, B. *Pensées*. Londres: Penguin Books Ltd., 1995. [Ed. bras.: *Pensamentos*. São Paulo: WMF Martins Fontes, 2000.]
PEYRE, H. The Tragedy of Passion. Racine's *Phèdre*. In: BROOKS, C. (Ed.). *Tragic Themes in Western Literature*. New Haven, CT; Londres: Yale University Press, 1955.
PICKARD-CAMBRIDGE, A. W. *Dithyramb, Tragedy and Comedy*. Oxford: Clarendon Press, 1927.
PLATÃO. *The Republic*. Londres: Penguin Books Ltd., 1987. [Ed. bras.: *A República de Platão*. São Paulo: Loyola, 2011.]
_____. *The Last Days of Socrates*. Londres: Penguin Books Ltd., 1993.
POOLE, A. *Tragedy:* Shakespeare and the Greek Example. Oxford: Basil Blackwell, 1987.
PRAWER, S. S. *Karl Marx and World Literature*. Oxford: Oxford University Press, 1976.
PROUST, M. *Three Dialogues*. Londres: Calder and Boyars, 1965.

RAPHAEL, D. D. *The Paradox of Tragedy.* Londres: George Allen & Unwin, 1960.
RAWSON, C. *God, Gulliver, and Genocide.* Nova York: Oxford University Press, 2001.
REDNER, H. *In the Beginning was the Deed.* Berkeley; Los Angeles: University of California Press, 1982.
REISS, T. *Tragedy and Truth.* New Haven, CT; Londres: Macmillan, 1980.
RICHARDS, I. A. *Principles of Literary Criticism.* Londres: Routledge & Kegan Paul, 1963.
RICOEUR, P. *The Symbolism of Evil.* Boston: Beacon Press, 1969.
RIGHTER, W. Fool and "Pharmakon". In: NORRIS, C.; MAPP, N. (Eds.). *William Empson: The Critical Achievement.* Cambridge: Cambridge University Press, 1993.
ROBB, S. *Balzac.* Londres: Edward Arnold Ltd., 1994.
ROBERTS, P. *The Psychology of Tragic Drama.* Londres; Boston: Routledge & Kegan Paul, 1975.
ROBERTSON, J. G. *Lessing's Dramatic Theory.* Cambridge: Cambridge University Press, 1939.
RORTY, A. O. Introduction. In: _____ (Ed.). *Essays on Aristotle's Poetics.* Princeton, NJ: Princeton University Press, 1992.
_____ (Ed.). *Essays on Aristotle's Poetics.* Princeton, NJ: Princeton University Press, 1992.
ROUSSEAU, J.-J. *Lettre a d'Alembert sur les spectacles.* Paris: Hachette, 1939.
_____. *A Discourse on Inequality.* Londres: Penguin Books, 1984. [Ed. bras.: *Discurso sobre a origem e os fundamentos da desigualdade entre os Homens.* Porto Alegre: L&PM, 2008.]
RUNCIMAN, W. G. *A Critique of Max Weber's Philosophy of Social Science.* Cambridge: Cambridge University Press, 1972.
RYMER, T. *The Tragedies of the Last Age.* [S.l.], 1678. [Reimpressão: Cambridge: Cambridge University Press, 1972.]
_____. *A Short View of Tragedie.* Londres: R. Baldwin, 1693.
SANTO AGOSTINHO. *Confessions.* Londres: Dent, 1963. [Ed. bras.: *Confissões.* São Paulo: Martin Claret, 2002.]
SCHACHT, R. *Nietzsche.* Londres: Routledge & Kegan Paul, 1983.
SCHELLING, F. W. J. *The Philosophy of Art.* Minneapolis, MN: University of Minnesota Press, 1989. [Ed. bras.: *Filosofia da arte.* São Paulo: Edusp, 2001.]
SCHLELER, M. *Le phenomène de tragedia.* Paris: Gallimard, 1952.
SCHOPENHAUER, A. *The World as Will and Representation.* Nova York: Dover Publishing Inc., 1969. [Ed. bras.: *O mundo como vontade e representação.* São Paulo: Editora Unesp, 2005.]
SCHUMACHER, C. (Ed.). *Artaud on Theatre.* Londres: Methuen, 1989.
SCHWEIZER, H. Tragedy. In: PAYNE, M. (Ed.). *A Dictionary of Cultural and Critical Theory.* Oxford: Oxford University Press, 1996.
SEGAL, C. *Tragedy and Civilization.* Cambridge, MA: Harvard University Press, 1981.
SEN, A. Rational Fools: A Critique of the Behavioral Foundations of Economic Theory. *Philosophy and Public Affairs,* n.6, 1977.
SEWELL, R. B. *The Vision of Tragedy.* New Haven, CT: Yale University Press, 1959.
SHAFTESBURY, 3rd Earl of [Anthony Ashley Cooper]. *Characteristics.* Ed. J. M. Robertson. Londres: Grant Richards, 1900. v.l.

SIDNEY, P. *An Apology for Poetry*. Londres: Duckworth, 1986. [Ed. bras.: Defesa da poesia. In: *Defesas da poesia:* Sir Philip Sidney e Percy Bysshe Shelley. Ensaio, tradução e notas E. A. Dobranszky. São Paulo: Iluminuras; Fapesp, 2002.]

SIMMEL, G. On the Concept and Tragedy of Culture. In: _____. *The Conflict in Modern Culture and Other Essays*. Ed. K. P. Etzkorn. Nova York: The Teachers' College Press, 1968.

_____. *The Conflict in Modern Culture and Other Essays*. Ed. K. P. Etzkorn. Nova York: The Teachers' College Press, 1968.

SIMON, U. *Pity and Terror:* Christianity and Tragedy. Londres: Macmillan, 1989.

SMART, J. S. Tragedy. *Essays and Studies*. Oxford: Blackwell, 1922. v.8.

SNELL, B. *The Discovery of the Mind*. Oxford: Blackwell, 1953.

SNYDER, J. *Prospects of Power*. Kentucky: University Press of Kentucky, 1991.

SONTAG, S. (Ed.). *A Barthes Reader*. Londres: Jonathan Cape, 1982.

SPARKS, S. Fatalities. In: BEISTEGUI, M.; SPARKS, S. (Eds.). *Philosophy and Tragedy*. Londres; Nova York: Columbia University Press, 2000.

SPINOZA, B. *Ethics*. Londres: Avebury Press, 2000. [Ed. bras.: Ética. Belo Horizonte: Autêntica, 2009.]

STEELE, R. *The Spectator*, n. 290, 1º fev. 1712.

STEIN, W. *Criticism as Dialogue*. Cambridge: Cambridge University Press, 1969.

STEINER, G. *The Death of Tragedy*. Londres: Faber and Faber, 1961. [Ed. bras.: *A morte da tragédia*. São Paulo: Perspectiva, 2006.]

SYNDER, J. *Prospects of Power*. Kentucky: University Press of Kentucky, 1991.

SZONDI, P. *On Textual Understanding and Other Essays*. Manchester: Manchester University Press, 1986.

TAPLIN, O. Emotion and Meaning in Greek Tragedy. In: SEGAL, E. (Ed.). *Oxford Readings in Greek Tragedy*. Oxford: Oxford University Press, 1983.

TAYLOR, C. *The Sources of the Self*. Cambridge: Cambridge University Press, 1989.

THE GUARDIAN, 15 fev. 2001.

THE POEMS of Matthew Arnold. Ed. Kenneth Allott. Londres: Longmans, 1965.

THE WORKS of John Milton. Nova York: Columbia University Press, 1931. v.4.

THOMAS Aquinas: Selected Writings. Londres: Penguin Books, 1998.

TIEDEMANN, R.; SCHWEPPENHAUSER, H. (Eds.). *Walter Benjamin*: Gesammelte Schriften. Frankfurt am Main: Suhrkamp. 1966. v.l.

TIHANOV, G. *The Master and the Slave*. Oxford: Oxford University Press, 2000.

TIMPANARO, S. *On Materialism*. Londres: Verso, 1975.

UNAMUNO, M. de. *The Tragic Sense of Life*. Londres: Macmillan, 1921.

VERNANT, J.-P. Ambiguity and Reversal: On the Enigmatic Structure of *Oedipus Rex*. In: SEGAL, E. (Ed.). *Oxford Readings in Greek Tragedy*. Oxford: Oxford University Press, 1983.

VERNANT, J.-P.; VIDAL-NAQUET, P. *Tragedy and Myth in Ancient Greece*. Brighton: Harvester Press, 1981.

WAGNER, R. Cultural Decadence of the Nineteenth Century. In: GOLDMAN, A.; SPRINCHORN, E. (Eds.). *Wagner on Music and Drama*. Londres: Victor Gollancz Ltd., 1977.

WALDOCK, A. J. A. *Sophocles the Dramatist.* Cambridge: Cambridge University Press, 1951.
WALLERSTEIN, I. The Uses of Racism. *Londres Review of Books*, v.22, n.10, maio 2000.
WASSERMAN, E. The Pleasures of Tragedy. *English Literary History*, v.14, n.4, 1947.
WATLING, E. F. *Sophocles:* Electra and Other Plays. Londres: Penguin Books, 1953.
WEBER, M. *Max Weber:* Essays in Sociology. Ed. H. H. Gerth; C. Wright Mills. Londres: Routledge, 1991.

_____. *The Protestant Ethic and the Spirit of Capitalism.* Londres: Hutchinson and Company Publishing Ltd., 1989. [Ed. bras.: *A ética protestante e o espírito do capitalismo.* São Paulo: Companhia das Letras, 2004.]

WEISINGER, H. *Tragedy and the Paradox of the Fortunate Fall.* Londres: Routledge & Kegan, 1953.
WELLMER, A. *The Persistence of Modernity.* Cambridge: Polity Press, 1991.
WHEATCROFT, G. Horrors Beyond Tragedy. *Times Literary Supplement*, 9 jun. 2000.
WHITFIELD, J. H. *Giacomo Leopardi.* Oxford: Basil Blackwell, 1954.
WILDING, M. Regaining the Radical Milton. In: KNIGHT, S.; WILDING, M. (Eds.). *The Radical Reader.* Glebe, Austrália: Wild & Woolley, 1977.
WILLIAMS, R. *Modern Tragedy.* Londres: Chatto & Windus, 1966. [Ed. bras.: *Tragédia moderna.* São Paulo: Cosac Naify, 2002.]

_____. *Drama from Ibsen to Brecht.* Londres: Chatto & Windus, 1968.

WOLIN, R. *Walter Benjamin:* An Aesthetic of Redemption. Nova York: Telos Press Ltd., 1982.
WU, D. (Ed.). *The Selected Works of William Hazlitt.* Londres: Pickering &. Chatto, 1998. v.1.
YEATS, W. B. The Tragic Theatre. In: _____. *Essays of W. B. Yeats.* Londres: Macmillan, 1924.

_____ (Ed.). *The Oxford Book of Modern Verse.* Oxford: Oxford University Press, 1936.

YOUNG, R. J. C. *Postcolonialism:* An Historical Introduction. Oxford: Oxford University Press, 2001.
ŽIŽEK, S. *The Ticklish Subject.* Londres: Verso, 1999.

_____. *The Fragile Absolute.* Londres: Verso, 2000. [Ed. bras.: *O frágil absoluto.* São Paulo: Boitempo. No prelo.]

_____. *Did Somebody Say Totalitarianism?* Londres: Verso, 2001.

ÍNDICE REMISSIVO

abjeção, 111
Abraão e Isaac, 79-80
absolutismo, 109, 114, 166, 206, 249
Absoluto, o, 101, 248, 294
absurdidade, 109, 111
ação, 145, 162
acidente, 159, 178-82, 364
Addison, Joseph, 54, 162, 197, 202, 221, 239-40
Adorno, Theodor, 15, 89, 134, 173, 229, 275, 307-8, 326-7, 372, 396
agência, 163, 227, 285
Albee, Edward, *Quem Tem Medo de Virginia Woolf?*, 210, 361
aleatoriedade, 159, 178-81, 185
alegria trágica, 156, 311
Alfieri, Vittorio, *Mirra*, 231
alienação, 97, 104, 227, 286, 326, 381
alteridade, 14, 230, 276, 298
Althusser, Louis, 90, 281-2
altruísmo, 226, 241
amor, 210, 225, 233-7, 361-2, 366
   incondicional, 235-7
   não reciprocidade, 237
anagnorisis, 28, 147-8
angélico, o, 351, 353, 355-6
Anouilh, Jean, *Antígona*, 103, 151, 153
anti-heroísmo, 116

anti-humanismo, 120, 270, 340, 343
Aquino, São Tomás de, 37, 161, 349
Arden of Feversham, 140
Arden, John, *A dança do sargento Musgrave*, 318
Aristófanes, 134
Aristóteles, 25-7, 29, 51, 118, 120-4, 127, 130, 172, 182, 218-21, 228
   Ética, 123, 313
   Poética, 26, 44, 110, 122-3, 127, 134, 151, 229
Arnold, Matthew, 245, 266
   Empedocles on Etna, 52-3
Artaud, Antonin, 55
arte modernista, 342-3, 395
arte trágica, 35, 38, 41-50, 59, 77, 89-91, 94, 103, 114, 119, 152, 177
atomismo, 325
Auden, W. H., 139, 170, 237
Auerbach, Erich, 263-4
   Mímesis, 263
Austen, Jane, 267
autenticidade, culto da, 316
autoafirmação, 157, 179
autoalienação, 299
autodeterminação, 112, 160, 167, 172, 190, 283, 317
automodelagem, 13-4, 312

autorrealização, 63, 299, 315
Averroes, Ibn Rushd, 37

Bacon, Francis, 71, 301
Bakhtin, Mikhail, 258-9, 272, 275, 287
Balzac, Honoré de, 140-1, 212, 251, 257, 263
  Esplendores e misérias das cortesãs, 257
  O primo Pons, 257
barbárie, 91, 144, 285, 336, 341, 388
Barthes, Roland, 66, 111-2, 199, 231
Baudelaire, Charles, 354, 356
  As flores do mal, 304
Beckett, Samuel, 61, 68, 75, 104-10, 226, 242
  Esperando Godot, 106
  Fim de jogo, 235
Benjamin, Walter, 45, 91, 99-100, 118, 154, 158, 170, 185, 204, 214, 275, 326, 372-4, 392-3
Bergson, Henri, 223
Berlin, Isaiah, 313
Berman, Marshall, *Tudo que é sólido se desmancha no ar*, 329-30
Bittner, Rudiger, 262
bode expiatório, 39, 65, 243, 278, 295, 297, 301, 315, 375-7, 383-5, 388-9, 393-8
Boécio, 38
Bolt, Robert, *Um homem para a eternidade*, 145
Bond, Edward, *Lear*, 66
Bradley, A. C., 29, 42, 57, 78, 191-4, 213, 320
Brecht, Bertolt, 103, 107, 134, 157, 182-3, 218, 227, 324, 359
  Mãe Coragem, 183
Brereton, Geoffrey, 24, 29, 35-6, 43, 159
Brontë, Emily, *O morro dos ventos uivantes*, 213, 250
Büchner, Georg, 63, 146
  A morte de Danton, 63, 123, 133, 164, 243, 335, 350, 361, 373
  Woyzeck, 61, 146

Bunraku, 113
Burke, Edmund, 218, 240
Byron, Lord
  Cain, 232, 331
  Manfred, 283

Calderón de la Barca
  A vida é sonho, 170, 187, 364
  The Surgeon of Honour, 203
  Three Judgements in One, 170
Camus, Albert, 61
  Calígula, 300, 358
  O homem revoltado, 103, 157, 184
  Os justos, 301, 359, 373
capitalismo, 14, 21, 72, 148, 326, 398
carnavalesco, 68, 106, 116, 258-9, 323
catarse, 60, 127, 217, 242, 247, 378
causalidade, 151
Chapman, George, 320
Chekhov, Anton, 52, 96, 105, 139, 256, 321-3
China, 113
chronos, 253
civilização, 205, 214, 286-7, 334, 360
Coetzee, J. M., 398
colonialismo, 333
comédia, 101, 115, 121, 179, 273
Conrad, Joseph, 59, 90-1, 109, 148, 154, 163
  Nostromo, 154
  O agente secreto, 163, 300, 350, 361-2
  O coração das trevas, 59, 91, 163
consequencialismo, 71
Constant, Benjamin, *Adolfo*, 188
contingência, 158, 169, 178-82, 184, 196, 306
Corneille, Pierre, 23, 27, 123, 320
  Cinna, 128, 314
  El Cid, 102, 128, 130, 314
corpo, o, 19, 277, 312
  corpo bakhtiniano, 277
  corpo foucaultiano, 277
  significante, 312
corporeidade e consciência, 384, 387

costume, 296
Criação, 184, 337, 350
cristianismo, 35, 72-3, 94, 96, 118, 162, 190
culpa, 164, 180, 315, 376-7, 394
culto, 372, 375
cultura, 91, 112, 166, 286-7, 331, 334, 336, 341
culturas tribais, 390-1

daimon, 170, 172
Dante, 38, 354
   Inferno, 126
Dasein, 169, 364
Defoe, Daniel, 267
democratização da tragédia, 136-9, 142-3, 145
demoníaco, o, 35, 83, 337, 343-6, 348-57, 360, 364-5, 379
demônio, 82, 337, 341, 343, 358
deontologia, 122
Derrida, Jacques, 139, 165, 276, 307, 356
Descartes, René
   Discurso do método, 167, 241, 305-6
desejo, 177, 209-10, 212, 214, 248, 300, 318, 332, 334-8, 361
desespero, 88-9
destino, 151-2, 177-80, 185-6, 195, 241
destino, 158, 162-3, 170, 172-3, 178, 182, 186-7, 189, 192
determinismo, 31, 72, 97, 163-4, 171-2, 189-90, 270, 282, 308
Deus, 83, 162, 164, 281, 288-9, 358, 373, 397
   arbitrariedade, 291
   Deus cristão perfeito, 290
   estar escondido, 287-9
   inescrutabilidade, 289
   morte de Deus, 95, 295, 310
   transcendência, 184
Dickens, Charles, 251, 257
   Dombey and Son, 258
   Nicholas Nikleby, 257

Diderot, Denis, *O sobrinho de Rameau*, 259, 288
diferença, 20, 128, 230, 307, 355
dionisíaco, o, 35, 45, 91, 93, 205, 309, 344, 363, 367
distinção entre arte e vida, 34, 42-3, 45
diversidade, 102-3, 314
Dostoievski, Fiodor, 154, 244
   Crime e castigo, 83, 211, 223, 244, 335
   Os irmãos Karamazov, 83, 128, 349, 353, 360, 394
Dryden, John, 35, 200, 220
   All for Love, 360
   Aureng-Zebe, 130

Édipo, 65, 73, 76, 144, 161, 228-9, 297, 318, 379-83
Eliot, George, 35-6, 52, 256
   Adam Bede, 138, 220
   Daniel Deronda, 250
   Felix Holt, 187
   Middlemarch, 133, 167, 250, 358
   O moinho do Rio Floss, 175, 250, 315
   Scenes From Clerical Life, 63
Eliot, T.S., 84-8, 336
   A terra desolada, 82, 85, 263
   Assassinato na catedral, 71, 84-5
   O coquetel, 86
   Reunião de família, 84-7
   Quarta-Feira de Cinzas, 71
   Quatro quartetos, 72, 85, 366
elitismo trágico, 84, 87
empatia, 222-3, 226-7, 235
empirismo, 222, 291, 305-6, 325
Empson, William, 115, 291
Encarnação, 38, 85, 290
Eneida, 38
Engels, Frederick, 170
épicos indianos, 113
Eros, 94, 153, 243, 287, 339-40, 360, 363
esfera pública da tragédia, 132, 249
especismo, 18
esperança, 74
Ésquilo, 35, 102, 121, 134-5, 162

As Suplicantes, 128
Oresteia, 63, 73, 121, 128, 205, 387-8
Os Persas, 178
Prometeu Acorrentado, 157, 172, 195
Sete Contra Tebas, 128, 162
essencialismo, 79, 179
ética da virtude, 118, 122-3, 202, 225, 281-2, 302-3, 336
eucaristia, 96, 383
Eurípides, 78, 121, 134-5, 145, 162, 204
Alcestes, 128
Andrômaca, 124
As bacantes, 29, 124, 198, 244, 363
As suplicantes, 124, 128, 132, 195
As troianas, 103, 195
Ifigênia em Áulis, 68, 132
Ifigênia em Táuris, 127, 129
Íon, 130
Medeia, 210
existencialismo, 35, 170-1, 291, 317

falsa consciência, 111, 149, 295
fascismo, 327, 337, 340-1, 344
fatalismo, 19, 153-4, 162-3, 165, 170-1, 182, 226
Faulkner, William, 255-6
Absalão, Absalão!, 255-6
Luz em agosto, 127
fé, 80-1, 88, 118, 206, 291-2
felicidade, 121-2, 241, 284, 300, 303, 310
fetichismo da mercadoria, 163
fideísmo, 292
Fielding, Henry, 202, 252, 302
filosofia da tragédia, 47, 60, 173
filosofia, 45-6, 77, 268
finais felizes e infelizes, 127-30
Fitzgerald, Scott
Este lado do paraíso, 62
O Grande Gatsby, 138, 338
Flaubert, Gustave, 141, 189, 212, 251-2, 254-5, 394
A educação sentimental, 252
Madame Bovary, 141, 253
Fluidez, 102-3

Ford, John
Pena ela ser o que é, 231, 320
Perkin Warbeck, 320
The Broken Heart, 231, 278
forma dramática, 183
formalismo, 343, 367
Forster, E. M., 263, 273
Passagem para a Índia, 263, 273
Foucault, Michel, 311, 356
fracasso, senso de, 159
Freud, Sigmund, 41, 56, 90, 144, 185-6, 189, 208, 245-6, 286-7, 338, 355, 360-1
Friel, Brian, *Dançando em Lughnasa*, 185
Frye, Northrop, 33, 73, 121, 158, 180, 191, 199, 205, 245, 331
fundamentalismo, 399

Geist, 75-7, 121, 186, 194
Genet, Jean, 317
Gide, André
A porta estreita, 302
O imoralista, 286
Os subterrâneos do Vaticano, 300
Gnosticismo, 83, 193
Goethe, 172, 206, 264
Egmont, 129, 141
Fausto, 252, 338-9, 354
Ifigênia em Táuris, 129
Os anos de aprendizado de Wilhelm Meister, 264, 317
Os sofrimentos do jovem Werther, 210, 251
Torquato Tasso, 129
Wilhelm Meister, 37, 171, 261, 265
Golding, William, 349
Em queda livre, 201, 261, 263
Pincher Martin, 349-50, 357
Goldmann, Lucien, *The Hidden God*, 255, 266, 288, 293
grandes narrativas, 285-6
gratuidade, 108, 183-4
Greene, Graham
Brighton Rock, 82, 357
Fim de caso, 83, 383

Grillparzer, Franz, *Sappho*, 128
grotesco, o, 33, 62
Gunn, Thom, 155-6

Habermas, Jürgen, 301, 310, 356
hamartia, 120, 125, 172, 180, 335
Hardy, Thomas, 52, 131, 136-9, 154, 163-6, 312
   A volta do nativo, 390
   Judas, o obscuro, 165, 323
   Tess of the D'Urbervilles, 136, 154, 183
Hauptmann, Gerhart, *Os tecelões*, 146
Hawthorne, Nathaniel
   A letra escarlate, 393
   O fauno de mármore, 333
Hazlitt, William, 130, 241
Hebbel, Friedrich, 63, 177
   Judith, 63
Hegel, Georg, 37, 45, 64, 75-9, 89, 91, 113, 121, 151, 160, 173, 182, 186, 188, 193, 206, 213, 220, 261, 300
   Fenomenologia do Espírito, 75, 78, 365
Heidegger, Martin, 68, 180
Hemingway, Ernest, *Adeus às armas*, 143
herói trágico, 56, 64, 69, 75, 79-80, 91, 118, 119-49, 160-1, 288
   caso de autodestruição, 177, 180-1, 189, 192, 220
   defeitos, 192
   democratização, 135-40, 142, 144, 146-7
   ergue-se acima da necessidade, 174
   estatura nobre, 129-30, 200
   finais, 127-9
   heróis patrícios, 129-33
   introversão, 178
   isolamento, 121, 130
   morte, 127, 175
   personagens pouco atrativas e que não merecem compaixão, 124-5, 202-3
   protagonistas modernos, 142
historicismo de esquerda, 13-6, 388, 397
historicismo, 12, 90, 100

Hitler, Adolf, 126
Hobbes, Thomas, 153, 169, 221, 223, 229, 233, 289
Hölderlin, Friedrich, 58, 152, 215
Holocausto, 42, 70, 111-2, 181, 345-7, 354
Homero, *Odisseia*, 127, 151
Horácio, 134
   A arte poética, 27, 134
Horkheimer, Max, 229, 308, 372, 396
húbris, 20, 201, 293, 332
humanidade, 115, 189, 296-7, 334, 365-7, 380
humanismo, 60, 94, 114, 144, 283-4, 295, 338, 340-1, 367-8
   humanismo burguês, 341-2
   humanismo liberal, 54, 189, 341, 367
   humanismo romântico, 337-8
Hume, David, 28, 202, 220, 223-5, 233, 238-40, 292
Huxley, Aldous, 253

Ibsen, Henrik, 20, 53, 90, 133, 180, 183, 214, 315
   Casa de bonecas, 315
   Espectros, 102, 232
   Hedda Gabler, 316
   O pato selvagem, 315
   Os pilares da sociedade, 315
   Quando despertamos de entre os mortos, 314-5
   Rosmersholm, 44, 231, 315
   Solness, o construtor, 315
   Um inimigo do povo, 315
idealismo, 74, 115, 254, 276, 260
ideologia, 47, 90, 106, 198,
Iluminismo, 128, 141, 144, 285, 307-8, 329
ilusão, 90
imanência da tragédia, 29-30, 78, 178-9, 364
imparcialidade, 225
imperialismo, 333
incesto, 230-2
inconsciente social, 162
indiferença, 78, 175

individualidade, 78, 101, 292, 380
individualismo, 80, 113, 190, 259, 284, 309, 325
inércia espiritual, 336
inevitabilidade, 152, 180, 184
inferno, 348, 355
injustiça, 191-3, 197-8, 201, 203
instrumentalismo, 71
ironia, 29-30, 160, 164, 166, 229

James, Henry, 265, 394-6
   A herdeira, 36
   As asas da pomba, 395
   A taça de ouro, 394
   Os embaixadores, 395
   Retrato de uma senhora, 36, 396
James, William, 56, 184
Japão, 113
Jaspers, Karl, 44, 100, 118, 193, 204, 332, 347
Jesus Cristo, 38, 66-7, 70, 73, 116-7, 308, 374, 383
Johnson, Samuel, 27, 32, 183, 260
Jonson, Ben, 126
   Sejanus, 126
   Volpone, 140
Joyce, James, 228, 263, 269, 272
   Dublinenses, 263
   Finnegans Wake, 273
   Retrato do artista quando jovem, 228, 272
   Ulisses, 263, 269, 272
justiça cósmica, 238
justiça, 171, 176, 187, 192, 199-201, 203, 214, 296, 318, 343, 358
   justiça poética, 199, 202, 214-7, 279

Kafka, Franz, 210, 399
   O castelo, 211
   O processo, 186-7, 399
kairos, 253
Kant, Immanuel, 76, 79, 158, 171, 213, 288, 291, 294, 302, 304, 306, 311
karma, 113
Kaufmann, Walter, 28, 60, 70, 228

Kavanagh, Patrick, 146, 261
Keats, John, 56, 95
kenosis, 38, 305
Kerr, Walter, 30-1, 60, 69, 189
Kierkegaard, Søren, 74, 79-81, 87-9
   O conceito de angústia, 87, 89, 349
   O desespero humano, 74, 87-8, 298, 349
   Temor e tremor, 79, 319
Kipling, Rudyard, 256
Kleist, Heinrich von, 42, 124
   A vingança de Michael Kohlhaas, 175, 318
   Pentesileia, 42, 363
   Prince Friedrich von Homberg, 175
Krook, Dorothea, 31, 53, 119-20, 215
Kulturkritik, 284
Kundera, Milan, 351-5, 355
   O livro do riso e do esquecimento, 352
Kyd, Thomas, *A tragédia espanhola*, 32, 40, 192

Lacan, Jacques, 81, 160, 171, 318-9, 352-3, 372, 379
Laclos, Pierre, *As ligações perigosas*, 278, 356, 359
Langer, Susanne K., 23, 112-3, 151
Lawrence, D. H., 136-7, 172, 270, 272, 316
   A serpente emplumada, 93
   Mulheres apaixonadas, 263, 343, 362, 365
Lebensphilosophie, 326
Lefebvre, Henri, 262
Lei, 187, 207, 210-1, 212-3, 234, 247-8, 364, 397
   arbitrariedade, 210, 207
   e desejo, 177, 214, 248
   lógica, mas não equitativa, 186
   paranoia vingativa, 212
Leopardi, Giacomo, 299
Lermontov, Mikhail, *O herói de nosso tempo*, 125, 359
Lessing, Gotthold, 197-8, 219, 227
   Natan, o Sábio, 140, 228, 232

Levi, Primo, 345-7
Lewis, C. S., 42
liberação, 100, 104, 309, 392
liberdade, 19, 21, 113, 129, 157, 161-4, 166-75, 177, 282, 294, 300-1, 342
  concepção moderna de, 297
  conflito com razão, 300-1
  e fatalidade, 167, 170-1
  e necessidade, 169-70, 174, 282
  numênico, 291
  paradoxo da, 299
  preço da, 312-3
libertarismo, 136, 270, 300
livre arbítrio, 157, 180
Livro de Jó, 198
Lorca, García, 172
  A casa de Bernarda Alba, 185, 255
  Yerma, 210
Lowry, Malcolm, 229
  À sombra do vulcão, 158
Lucrécio, 239
Lukács, Georg, 100-1, 104, 133, 179, 198-9, 252, 268-9, 277, 288, 305, 326, 331, 392
  Teoria do romance, 252-3
Lyotard, Jean-François, 82, 111

mal, 69, 83, 191, 193, 282, 300, 337, 346-51, 354-9, 383, *ver também* demoníaco, o
Mandel, Oscar, 29, 73, 154, 173, 220, 228, 245
Mann, Thomas, 250
  A montanha mágica, 82, 264, 336, 361, 365-6
  Doutor Fausto, 82, 336, 340, 344, 353, 366-7
  Morte em Veneza, 367
  O eleito, 229, 336, 389
  Os Bruddenbrooks, 133, 264, 363
Manzoni, Alessandro, *Os noivos*, 138, 202, 250-1, 277
Maquiavel, Nicolau, 169, 294, 299
  O príncipe, 169
Marlowe, Christopher
  Doctor Fausto, 167, 338
  Tamburlaine, 32, 331
Marston, John
  Antonio and Mellida, 127
  Antonio's Revenge, 25, 32
  The Malcontent, 127
martírio, 71, 84, 156, 320, 364-5, 394
Marx, Karl, 144, 163, 206, 250, 308, 329-30, 337, 344, 385, 389
marxismo, 35, 72-3, 326-7, 329
masoquismo, 123, 223, 244, 247-8, 360, 394
materialismo, 15, 16, 166, 276
Maturin, Charles, *Melmoth the Wanderer*, 338, 348
medo, 217-8, 229, 233, 247, 321, 378
Melville, Herman
  Bartleby, o escrivão, 397
  Billy Budd, 397
  Moby Dick, 116, 137, 140, 175, 245, 251, 396-7
Messias, 100, 117
metanoia, 118
Middleton, Thomas
  The Changeling, 361
  Women Beware Women, 32, 130, 231
Miller, Arthur
  A morte de um caixeiro-viajante, 147, 149, 392
  Um panorama visto da ponte, 96, 148, 232, 321
Milton, John, 51, 117, 135, 289-91
  Areopagítica, 335
  Paraíso perdido, 117, 127, 201, 291, 318, 334
  Paraíso reconquistado, 117, 187
  Samson Agonistes, 175, 199, 218, 290, 320
mimese, 94, 218, 232, 237
misericórdia, 201
mitologia, 307-9
modernidade, 141, 184, 330-1
  a tragédia como crítica da, 89, 282-3
  contradições do idealismo, 287

individualismo, 325
modernidade capitalista, 331
ordem moral, 313
progressismo, 325, 329
modernismo, 105, 143, 185, 205, 262, 275, 285, 335, 341-3
monstruosidade, 296
Montaigne, Michel Eyquem, de, 114, 294
moralidade, 201-2, 302
Moretti, Franco, 41, 58, 206, 212, 232, 241, 252-3, 255, 261-2, 264, 267, 275, 338
morte, 16, 69, 154, 273-4, 276, 363-9
   abarcar, 156-7, 175, 177, 368
   elo entre o estranho e o íntimo, 176
   morte em vida, 368-9, 383
   negação da, 157
   predeterminada, 176
   prenúncio, 169-70
   pulsão de morte, 91, 94, 153, 238, 243, 246, 248, 286-7, 311, 338-9, 348, 361-2, 366-7
mudanças da sorte, 123
Musil, Robert, *O homem sem qualidades*, 270
mutabilidade, 90, 121, 129, 183, 187

Nabokov, Vladimir, 244
   Riso no escuro, 354
nacionalismo, 276
Naipaul, V. S., 131
naturalismo, 188, 272
natureza, 166, 170, 173, 187-8, 213, 215, 299, 308-9, 331, 334, 339, 341, 360
nazismo, 42, 111, 340, 346-7, 355
necessidade, 168-70, 172-3, 177, 186, 190, 282
negatividade, 75, 88, 188, 353
Nietzsche, Friedrich, 45, 49, 54, 68, 89-93, 95, 112, 136, 144, 170-1, 219, 295, 307, 309-10, 382
   A vontade de poder, 310
   O nascimento da tragédia, 45, 54, 91, 112, 363

niilismo, 33, 103, 106, 352
nominalismo, 26
Novo Testamento, 66-7, 116-7, 234-5, 374
Nussbaum, Martha, 122-3, 204, 219, 314

O'Casey, Sean, 255
   Juno e o pavão, 182
O'Neill, Eugene, 54
   A Moon for the Misbegotten, 127
   Electra e os fantasmas, 36, 130, 187, 232
objetividade, 18, 298-9, 312, 390
   ordem moral, 119, 194-5, 204, 215
ordem, 208-9
Orr, John, 27, 145, 255
otimismo, 182
Otto of Freising, 40
Otway, Thomas
   The Orphans, 231
   Venice Preserv'd, 314
Outro, o, 276, 298, 334-5, 372-3, 380
Ovídio, 37, 51

padrão cósmico, 119, 196, 214
paranoia, 191, 352
Pascal, Blaise, 70, 82-3, 115, 236, 293, 295-7
Pasternak, Boris, *Doutor Jivago*, 98, 362
patético, o, 23, 28
pecado original, 163, 208, 315, 332
peças satíricas, 353
penalidade desproporcional, 199
perdão, 200, 386
peripeteia, 29, 160, 180-1, 286, 327
perspectivismo, 164-6
pessimismo, 48, 52, 94, 105, 326-7
pharmakos, ver bode expiatório
piedade, 203, 217-30, 247, 335
   compaixão desumana, 234
   dor e prazer, 222-6, 361
   e medo, 217, 229, 233, 247, 321, 379
   e simpatia, 222-4
   fator bem-estar, 227
   interesse próprio, 220, 222, 225-6

pelos moralmente repugnantes, 126-7, 202-3
sentimentalismo, 222, 224, 227, 237, 306, 357
Pirandello, Luigi, *Henrique IV*, 325
Plácido, 37
Platão, 53, 123, 127, 135, 217, 243, 383
   A República, 53, 82, 198
   Fédon, 244
   O banquete, 363
platonismo, 73, 91
pluralismo, 16, 283, 314
políticas da emoção, 217-8
Pope, Alexander, *Dunciad*, 303
pós-colonialismo, 333
pós-estruturalismo, 12, 309, 311, 327, 352
pós-modernismo, 105, 142, 186, 251-2, 300, 311, 329-30, 388
positivismo, 188, 292
prazer, 91, 191, 222, 225, 237-47, 364
predeterminismo, 153-4, 161
progressismo, 302, 305, 367
protestantismo, 21, 88
Proust, Marcel, 67, 269
psicanálise, 189, 287, 318-9, 372
Pushkin, Alexander, 203, 253-4
   Boris Godunov, 203
   Eugene Onegin, 125, 254
Puttenham, George, 38

Queda, a, 164, 331-4

Racine, Jean, 23, 51, 129, 183, 199, 209, 231, 322
   Fedra, 199, 204, 231, 363
racionalismo, 188, 301, 305, 342
   racionalismo cósmico, 271
Razão, 75, 77, 176, 185, 294, 297, 301, 308
Real, o, 75, 91, 164, 232-3, 236, 308, 353, 368, 388, 397
realismo, 19, 99, 105, 183, 263-4, 268, 277, 296
rebelião, 103, 154, 215
redenção, 87, 100, 105, 393

reificação da palavra, 275
Reiss, Timothy, 47-9, 102
relativismo, 207
religião, 20-1, 81, 371
responsabilidade moral, 162
revolução, tragédia como, 97-8, 110, 182
Richards, I. A., 32, 54, 198, 229
Richardson, Samuel, 117, 304
   Clarissa, 117, 250-1, 278-9, 303-4
Ricoeur, Paul, 25, 153, 178
Rilke, Rainer Maria, 94-5, 364
riso, 258-9
ritual, 371
romance, o, 249-79
   Bildungsroman, 252-3, 255, 261-2, 267, 272
   contos, 256
   emergência, 251
   romance picaresco, 260, 267, 277
   romance realista, 256, 260-7, 277
   temporalidade, 260
romantismo, 64, 222, 262, 283, 295, 307, 316, 382
Rorty, Amélie Oksenberg, 60, 238
Rousseau, Jean-Jacques, 131, 168, 203, 226, 334
   A nova Heloísa, 228

sacrifício, 63, 75, 79, 91, 124, 159, 278, 371-8, 390-7
   afirmação de uma nova ordem social, 374, 388
   sacrifício ritual, 374-5
   ver também bode expiatório
Sade, Marquês de, 215, 240, 257, 299, 307, 354, 359
sadismo, 226, 241, 245-8
sadomasoquismo, 239, 244, 360
salvação, 116, 293
Santo Agostinho, 226, 228, 246-7, 345, 350
Santo Anselmo, 332
São Paulo, 68, 169, 212, 234, 267, 365, 374-5, 383
Sartre, Jean-Paul, 170-1

A prostituta respeitosa, 318
Entre quatro paredes, 312
O diabo e o bom deus, 356
O Ser e o Nada, 170, 311-2
Sátira, 303
Schadenfreude, 132, 221, 224, 245-6
Schelling, F. W., J.45, 172-5, 177
Schiller, Friedrich, 64, 128-9, 167, 263, 266, 332
   Don Carlos, 128, 232, 337
   Maria Stuart, 129
   Os bandoleiros, 356
Schlegel, 64, 177
Schopenhauer, Arthur, 26, 77, 94, 112, 132, 139, 142, 144, 186, 189, 195, 203, 226, 242-3, 285, 308
Scott, Sir Walter, 35, 277
Sêneca
   Fedra, 28, 33, 125
   Medeia, 26
   Tiéstes, 33, 351
sentimentalismo, 221, 227, 237, 306, 357
Shaftesbury, Anthony Ashley Cooper, 201, 225, 242, 273, 302-4
Shakespeare, William, 172, 206-7, 227
   Antônio e Cleópatra, 155, 306, 360
   Coriolano, 125
   Macbeth, 128, 153, 345, 385
   Medida por medida, 155, 169, 201, 213, 319, 390
   Otelo, 58, 110, 345
   Rei Lear, 59-60, 74, 103, 115, 192, 199, 233, 352, 384-7
   Timão de Atenas, 357
   Troilo e Créssida, 220, 317
Shaw, George Bernard, 271-2
   Santa Joana, 272
Shelley, Percy Bysshe, 64, 103
   Prometeu liberto, 172
   The Cenci, 103, 232, 359
Sholokov, Mikhail, *And Quiet Flows the Don*, 277
Sidney, Sir Philip, 132, 201, 239
significado, 355

Simmel, Georg, 28-9, 163, 286-7
simpatia, 222-5, 234
sobredeterminação, 161
socialismo, 14, 20, 97, 237, 326, 333, 344
Sócrates, 45-6, 122-3, 244, 360
Sófocles, 62, 195, 227, 318
   Antígona, 51, 314, 319, 379
   Édipo em Colono, 65, 161, 297
   Édipo rei, 64-5, 127, 230, 233, 384
   Filoctetes, 17, 59, 62-3, 379
sofrimento, 12, 15, 18, 58, 61-2, 112, 189, 196, 335
   comunidade de sofrimento, 20
   concepção de, 69-70
   enobrecimento do, 60
   expiatório, 119, 215
   postura do espectador, 240, 244
   racionalização do, 77, 92
   redentor, 66, 215
   sabedoria por meio do, 63
   sofrimento acidental, 196
   trama de, 103
   valores, 66-8
solidão, 104, 133
sorte, 178, 182
Spinoza, Benedictus de, 153, 167, 208, 281-3, 289
stalinismo, 326-7, 355
status semelhante ao de Deus, *status*, busca de, 69-70
Steele, Richard, 117, 131
Steiner, George, 31, 34-5, 49, 63, 72, 95, 133, 135, 144, 196, 198, 249, 284
Stendhal, 251, 253-5, 257, 263-4, 316, 356
   A Cartuxa de Parma, 254
   O vermelho e o negro, 254-5
Sterne, Laurence, 259, 268
   A vida e as opiniões do cavalheiro Tristram Shandy, 306
Strindberg, August, 140, 312, 360-1
   A dança da morte, 361
   O pai, 315
   O sonho, 245, 361
   Senhorita Júlia, 140, 360-1

subjetividade, 171, 294-5, 298, 304, 306, 381
sublime, o, 177, 213, 221, 243, 247-8
suicídio, 61
Swift, Jonathan, 303
    As viagens de Gulliver, 303
    Uma modesta proposta, 303
Synge, J. M.
    Deirdre of the Sorrows, 239
    O prodígio do mundo ocidental, 212
    Riders to the Sea, 185, 255

tabu, quebra de, 214
Tânatos, *ver* morte, pulsão de morte
teatro Noh, 113
tédio, 300
teleologia, 69-70, 72, 75, 79, 97, 188, 302, 322
Teofrasto, 37
teoria trágica, 46-7, 49, 203
teóricos da morte da tragédia, 34-6, 46, 49, 105-6
Thompson, Edward, 356
Thomson, George, 371
Tolstói, Liev
    A morte de Ivan Ilich, 264
    Anna Karienina, 264
    Guerra e paz, 264
    Ressurreição, 265
tortura, 61, 312
totalidade, 165
Tourneur, Cyril
    The Atheist's Tragedy, 231
    The Revenger's Tragedy, 197, 214
tradição judaico-cristã, 234, 387
tragédia burguesa/doméstica, 131, 141
tragédia da vida real, 40, 48, 113
tragédia descritiva, 33
tragédia grega, 25, 54, 121, 160-1, 172-4, 195-6, 204-5, 218-9
tragédia normativa, 33
tragédia renascentista, 206
tragédias estáveis, 36
tragedie heureuse, 199
transcendência, 99-100, 287, 304

transgressão, 208, 215, 332-4, 360
tristeza, 24-5
triunfalismo, 64, 97, 271, 326
Turgueniev, Ivan
    Águas da primavera, 128
    Na véspera, 311
    Ninho de fidalgos, 127
    Pais e filhos, 125

Übernenschen, 92, 95, 189, 357
Unamuno, Miguel de, 55
universalidade, 20, 146, 306
universo evolutivo, 138, 165-6
utilitarismo, 122, 154, 359
utopismo, 98, 158, 358

valor, 105, 114, 317, 379
    conflitos de, 313
    da tragédia, 51-74, 114
    desmistificação do, 106
    último, 289
Vega, Lope de
    O cavaleiro de Olmedo, 153
    Punishment without Revenge, 231
Velho Testamento, 234, 290, 373, 375
verdade, 77, 149, 310, 343
vidas sem conflito, 314
violência, 65, 356, 362-3
virtudes heroicas, 114, 117, 119
visão cômica, 274
visão de mundo trágica, 34-5
visão medieval da tragédia, 36-41
visão tradicionalista da tragédia, 50, 112
visões críticas da tragédia, 23-50
Voltaire, 35, 81, 213, 228
    Cândido, 53
Vontade, a, 77, 94, 112, 140, 186, 243, 285, 308
    Vontade de Potência, 92, 332
    Vontade Geral, 168

Wagner, Richard, 54
Wallerstein, Immanuel, 346
Weber, Max, 301, 313

Webster, John, *The Duchess of Malfi*, 99, 179, 214, 231
Wedekind, Franz, *Lulu*, 140
Wilde, Oscar, 187, 271, 352
   De profundis, 271
   Salomé, 365
William of Malmesbury, 40
Williams, Raymond, 26, 35, 43-4, 50, 52, 56, 92, 97, 105, 131, 135, 144, 181-2, 205, 208, 227-8, 232, 276, 315, 322, 356, 359, 371
Williams, Tennessee
   A descida de Orfeu, 325
   De repente no último verão, 101, 255
   Gata em teto de zinco quente, 43, 364
   Um bonde chamado desejo, 25, 36
Wittgenstein, Ludwig, 18, 207, 289, 292, 297-8

Woolf, Virginia, 57, 181, 265
   As ondas, 252
Wordsworth, William, 53, 138

Yeats, W. B., 53, 94-5, 145, 152, 178, 274, 309, 343, 350
   Deirdre, 255
   On Baile's Strand, 320
   The Herne's Egg, 145

Žižek, Slavoj, 117, 181, 246, 308, 319, 346, 383
Zola, Émile
   A taberna, 146
   A terra, 188
   Germinal, 146, 361
   Nana, 36, 187
   Teresa Raquin, 189

SOBRE O LIVRO

Formato: 16 x 23 cm
Mancha: 27,4 x 44 paicas
Tipologia: SchneidlerLt 10/13
Papel: Pólen Soft 80 g/m² (miolo)
Cartão Supremo 250 g/m² (capa)
1ª Edição: 2013

EQUIPE DE REALIZAÇÃO

Edição de textos
Eloiza Helena Rodrigues (Preparação de original)
Tomoe Moroizumi (Revisão)

Capa
Marcelo Girard

Imagem de capa
Caravaggio. *O sacrifício de Isaac*. Latinstock /Summerfield Press/ Corbis

Editoração eletrônica
Sergio Gzeschnik (Diagramação)

Assistência editorial
Jennifer Rangel de França

Impressão e acabamento

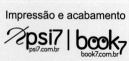